文化自信与国家凝聚力

2017广东社会科学学术年会“文化传承与国家凝聚力”
分会场论文选集

陈剑安　陈载舸　肖　莉　肖承罡　主编

广东高等教育出版社
Guangdong Higher Education Press
·广州·

图书在版编目（CIP）数据

文化自信与国家凝聚力：2017 广东社会科学学术年会“文化传承与国家凝聚力”分会场论文选集/陈剑安等主编. —广州：广东高等教育出版社，2020. 12

ISBN 978 - 7 - 5361 - 6878 - 7

Ⅰ. ①文… Ⅱ. ①陈… Ⅲ. ①中华文化 - 关系 - 中华民族 - 民族精神 - 学术会议 - 文集 Ⅳ. ①K203 - 53 ②C955. 2 - 53

中国版本图书馆 CIP 数据核字（2020）第 186597 号

出版发行	广东高等教育出版社 地址：广州市天河区林和西横路 邮政编码：510500 电话：（020）87554153 http://www. gdgjs. com. cn
印　　刷	广州市穗彩印务有限公司
开　　本	787 毫米 ×1 092 毫米 1/16
印　　张	19. 25
字　　数	366 千
版　　次	2020 年 12 月第 1 版
印　　次	2020 年 12 月第 1 次印刷
定　　价	56. 00 元

前　言

党的十八大以来，习近平总书记围绕“文化自信”做出了一系列重要论述，强调坚定中国特色社会主义道路自信、理论自信、制度自信，说到底是要坚定文化自信。文化自信，是更基础、更广泛、更深厚的自信，也是更基本、更深沉、更持久的力量。

文化自信，是国家发展推力——国家凝聚力形成的必要条件，而文化自信与国家凝聚力的形成前提和基础则是文化认同。没有文化认同，不可能产生民族认同，更不可能产生政治认同、国家认同，也就不可能形成国家凝聚力。没有文化认同，不可能产生文化自信，更不可能实现民族国家的价值追求。从某种角度看，文化自信的程度制约着国家凝聚力的状况，而国家凝聚力的状况左右着国家的发展。博大精深的中华优秀传统文化，积累和沉淀着中华儿女深沉的精神追求，是中华民族凝聚力和创造力的不竭源泉，也是中华民族生生不息、发展壮大的丰厚滋养。传承中华优秀传统文化，势在必行。

自 2017 年初中共中央办公厅、国务院办公厅印发《关于实施中华优秀传统文化传承发展工程的意见》始，“文化传承”便成了中国社会的热门话题。习近平总书记强调：“我们要善于把弘扬优秀传统文化和发展现实文化有机统一起来，紧密结合起来，在继承中发展，在发展中继承。”① 这段话指出了文化传承的总体思路，既弘扬传统又立足现实，既注重继承又致力发展。近年来，我国社会各界对弘扬中华优秀传统文化的热情大大增强，参与的主体越来越多，涉及的面越来越广，展示出文化传承的良好势头。但是，在如何增强文化自信、如何认知传统文化、如何传承中华优秀传统文化等方

① 习近平. 在纪念孔子诞辰 2 565 周年国际学术研讨会暨国际儒学联合会第五届会员大会开幕会上的讲话［N］. 人民日报，2014－09－25（2）.

面，仍存在着一些不容忽视的问题。改革开放以来，随着西方文化的大量涌入和中外文化的激烈碰撞，一些以洋为美、以洋为尊的文化误区有所抬头，释放出有碍于实现中华民族伟大复兴的负能量。对此，决不可等闲视之。

我们发起对“文化传承与国家凝聚力”的研究，是期望从文化传承的角度对国家凝聚力的形成发展、变化规律和增强途径等进行探索和研究，从而增强广大人民群众的文化自信心和民族认同感，进而提升国家凝聚力，推动中国社会又好又快发展。

希望我们的研究成果能从某种角度有益于国家发展，希望读者能从这些研究成果中获得某些启迪和感悟。

编　者
2018 年 8 月

目　录

爱国主义是国家凝聚力的精神核心

吴灿新

一个国家的兴衰荣辱，与其国家凝聚力有着紧密的正相关关系。可以说，国家凝聚力强，则国家兴旺强盛；国家凝聚力弱，则国家衰弱败落。然国家凝聚力的强弱，有着许多相关因素，其中，爱国主义精神是至关重要的因素。

一、爱国主义精神是国家凝聚力的精神核心

爱国主义有多种解释，《辞海》里解释为“爱国主义是对祖国的忠诚和热爱。是千百年来巩固起来的对自己祖国的一种最浓厚的感情。”① 爱国主义精神集中表现为民族自尊心和民族自信心，为保卫祖国和争取祖国的独立富强而献身的奋斗精神。习近平总书记指出：“爱国主义是中华民族精神的核心。爱国主义精神深深植根于中华民族心中，是中华民族的精神基因，维系着华夏大地上各个民族的团结统一，激励着一代又一代中华儿女为祖国发展繁荣而不懈奋斗。”②

爱国主义精神作为中华民族精神的核心，无疑是中华民族凝聚力的精神核心，也是中国国家凝聚力的精神核心。民族凝聚力“就是使民族结成统一的有机整体以确保其生存和发展的内在力量。”③ 民族凝聚力是以一种观念形态（感情、愿望、理想、价值观等）蕴藏在每一个民族成员之中，它本质上是一种文化凝聚力，它建立在一种文化精神的认同与共有的基础上。由此来看，民族凝聚力的核心是民族精神，或者说，民族精神是民族共同的精神支

---

① 辞海编辑委员会. 辞海［M］. 上海：上海辞书出版社，1980：149.

② 爱国主义是中华民族精神基因［N］. 新华日报，2015-12-31.

③ 孔庆榕，张磊. 中华民族凝聚力学［M］. 修订本. 北京：中国社会科学出版社，2008：11.

柱和民族凝聚力的核心。中华民族精神“就是以爱国主义为核心的民族精神。”[①] 爱国主义是中华民族精神形成的基础和生长、发育、壮大的强大力量，它以一种深沉的忧患感和历史责任感纵贯于历史过程的始终，是中华各族人民的共同心理积淀与思维定式。由此可言爱国主义是中华民族凝聚力的精神核心。

国家凝聚力是使一个国家的全体成员结成一个统一的有机整体的内在政治力量，它本质上是一种政治凝聚力。因为国家是一个政治组织，其凝聚力主要来自于掌握国家政权的统治集团的政治向心力、吸引力、感召力和亲和力。然而，现代国家基本上都是民族国家，民族凝聚力是国家凝聚力的根基，没有民族凝聚力就不可能有国家凝聚力。民族凝聚力的本质是文化凝聚力，而国家凝聚力的本质是政治凝聚力；文化凝聚力是政治凝聚力的根基，爱国主义精神作为民族凝聚力（文化凝聚力）的精神核心，也必然是国家凝聚力（政治凝聚力）的精神核心。

二、爱国主义精神是国家凝聚力最具广泛性的道德基石

爱国主义精神是国家凝聚力的精神核心，首先表现为它是国家凝聚力最具广泛性的道德基石，有以下几点原因：

1. 爱国主义精神是一种国家伦理精神

所谓国家伦理精神，就是一个国家的伦理文化精华的综合反映和集中体现，是一个国家的成员在其特定的生存空间的社会生活环境基础上，于长期的共同生活和共同的社会实践中历史地形成和发展的，为国家大多数成员所认同和景仰的伦理道德理念内核，表现为一个国家的伦理精神风貌；它是以特有的善恶样式从根本上反映社会经济利益关系的一种特殊的社会意识形态现象，反映了其所内涵的人民性、正义性和进步性。[②] 爱国主义精神的伦理精神实质可以从以下三个方面去认知：

（1）爱国主义精神伦理是一种“精神意识”现象，社会存在决定社会意识，社会意识是社会存在的反映。不仅每个国家的社会存在是不一样的，而且社会存在是发展变化的，因此被其所决定的爱国主义精神就有其特有的民族性、社会性、时代性。现代中国的爱国主义精神，从民族性来说，是中

---

① 中共中央宣传部. 习近平总书记系列重要讲话读本（2016 年版）［M］. 北京：学习出版社，2016：11.

② 参见吴灿新. 当代中国伦理精神：市场经济与伦理精神［M］. 广州：广东人民出版社，2001.

华民族的爱国主义精神。从社会性来说，是社会主义的爱国主义精神。从时代性来说，是改革开放时代的中国特色社会主义的爱国主义精神。

（2）伦理精神是以善恶的形式对社会存在的反映。古希腊著名伦理学家柏拉图曾将人类的认识样式分为真假样式、善恶样式和美丑样式三种。而伦理精神，就是以善恶样式去认识世界。爱国主义精神将“爱不爱国”作为区分人们特别是掌握国家政权的统治集团言行的根本善恶标准。掌握国家政权的统治集团如果是爱国的，他就具有善性，就能够真正形成其政治向心力、吸引力、感召力和亲和力，国家凝聚力也就强盛；否则，就会被人民谴责、所抛弃，就无法形成其政治向心力、吸引力、感召力和亲和力，国家凝聚力也就衰弱。

（3）伦理精神又是通过善恶矛盾从根本上反映社会的利益关系。善恶矛盾的根源则是社会的经济关系特别是利益关系，爱国主义精神作为一种伦理精神，正是通过善恶矛盾来从根本上反映社会利益关系的内在要求的，它不仅反映了一个国家人民的根本利益的要求，也反映了一个国家顺应世界发展潮流的根本要求，它倡导以人民根本利益为基础的集体主义，从而对人们特别是掌握国家政权的统治集团的道德活动和道德行为起着根本性的价值导向作用。

2. *爱国主义精神是最具广泛性的一种国家伦理精神*

一个民族、一个国家，在其特定的生存空间的社会生活环境基础上，于长期的共同生活和共同的社会实践中历史地形成和发展的伦理精神，是有着不同特点的。但在这诸多的国家伦理精神中，唯独只有爱国主义精神最具有广泛性。这种广泛性，从利益要求来说，它反映了一个民族和一个国家中最广大人民的根本利益。因为“国家”是人民的现实的最基本的生存空间和发展基础，没有“国家”的人也就丧失了现实的最基本的生存空间和发展基础，沦为无家可归的“难民”或者“亡国奴”。从历史纵向性来说，它是人类社会进入文明时代以来历史上各个国家各个民族都倡导的一种国家伦理精神，正是这种精神，使许多民族、国家能够延续发展至今。从世界横向性来说，它是当今世界各个民族各个国家都倡导的一种国家伦理精神，正是这种精神，使这些民族和国家才可能有发展的未来。从一个民族和国家的内部要求来看，一个民族、一个国家要获得生存发展的较好条件，最基本的要求，就是各个民族之间、各个集团之间、各个人之间的团结合作。特别是当国家被外敌侵犯，民族国家面临生死存亡之际，这种国内（民族）大团结更是一种救国图存的紧迫性根本要求。而最能够促成最广泛国内（民族）大团结的就是爱国主义精神。中国的现代史充分证明了这一点：抗日战争时期，日本军国主义铁蹄践踏中国大地，中华民族面临民族危亡；而由中国共产党倡导，在爱国主义旗帜下，国共两党重新合作，并联合其他一切抗日力量，结成了最广泛的抗日民族统一战线，打败了日本侵略者，挽救了国家和民族。故2014年9月3日习近平总书记在纪念中国人民抗日战争暨世界反法西斯战争胜利69周年座谈会上的讲话中指出："以爱国主义为核心的伟大民族精神是中国人民抗日战争胜利的决定因素。古往今来，任何一个有作为的民族，都以自己的独特精神著称于世。爱国主义是中华民族民族精神的核心。近代以来，中国人民为争取民族独立和解放进行的一系列抗争，就是中华民族觉醒的历史进程，就是中华民族精神升华的历史进程。这种民族觉醒和民族精神升华，在抗日战争时期达到了全新的高度。"① 从今天中国的现实情况来看，随着改革开放的历史进程，社会分层日益显现，社会矛盾与社会问题也不断出现；同时，实现中华民族伟大复兴的中国梦也到了攻坚的时候，在这样的一个关键时刻，能够最广泛地整合全民族、全体人民的利益，促成民族、人民大团结的也就是爱国主义旗帜。无疑，"爱国主义始终是把中华民族坚强团结在一起的精神力量。"

三、爱国主义精神是国家凝聚力最坚实的精神支柱

爱国主义精神是国家凝聚力的精神核心，其次表现为它是国家凝聚力最坚实的精神支柱。

人与动物的差别，就是有无"精神"的差别；在动物世界中，物质性的生存是它的全部；而在人的世界中，物质性的生存发展只是他的一个基础的部分，而更重要的，则是他的精神性生存发展。人与人的差别，不仅有物质性的差别，也有精神上的差别；而在一定意义上说，精神性的差别才是最根本性的差别。因此，精神支柱是人之为人的本质规定性，而精神支柱的高低则是人与人之间最重要的差别。

人的精神世界是一个极其复杂的世界，因此，世界上几乎没有一个人有着同样的精神世界。然而，在每一个人的精神世界中，却又有着一些与其他人相同、相似、相近的精神要素。可以说，爱国主义精神就是人的精神世界中最具广泛性的一种相同、相似、相近的精神要素。正是爱国主义精神，成为了每一个民族、国家中最大多数人的精神支柱，也就成为了许多民族、国家的精神支柱。

---

① 习近平．在纪念中国人民抗日战争暨世界反法西斯战争胜利69周年座谈会上的讲话［N］．人民日报，2014－09－04．

中华民族的爱国主义精神是中华民族的精神支柱，也是中国国家凝聚力最坚实的精神支柱。

华夏文明延绵不断，发展至今，其中最重要的一个秘密，就是中华民族有着最强烈的爱国主义精神。众所周知，世界上最早出现的四大文明古国是：古巴比伦、古埃及、古代中国、古印度。而除中国之外的其余三大古老文明，都在人类社会发展的历史进程中先后中断，而唯有古代中国文明延续不断。这个秘密就在于中国社会的历史进程的特殊性。由于中国古代特有的地理环境，使古代中国社会成为一个早熟的农耕社会，也使其从野蛮走入文明的过程中，比较完整地保留了原始氏族制，并进化为宗法制。家庭、家族是古代中国的社会基础，在此基础上形成的国家，具有家国一体的特征。特别在国家受到外敌侵略之时，强烈感受到国破家亡的屈辱，保家卫国成为每一个有血性的中国人的坚定信念。从而在家国命运一体化的历史进程中，爱国主义精神日趋强盛，成为了中华民族的精神支柱，成为了中国国家凝聚力的最坚实的精神支柱。

精神支柱对内成为一种强大的精神支撑力；在外则成为一股强劲的精神力量。爱国主义精神不仅是中华文明延绵不断的强大精神支柱，也是中华文明不断进步的强劲精神力量。自古以来，在中国历史上，无数杰出的政治家、思想家、军事家、教育家、科学家等，往往都是在爱国主义精神的支撑、激励下，谱写出许许多多可歌可泣、可敬可佩的爱国主义篇章，推动着中华文明不断进步。

当前，我国正处在全面建成小康社会、实现伟大的中国梦的攻坚阶段。在这个阶段中，实现中华民族伟大复兴的中国梦是当代中国 56 个民族、近 14 亿中国人最大的公约数，最大、最根本的利益所在。“中国梦的本质是民族复兴、国家富强、人民幸福”。① 中国梦把国家、民族和个人作为一个命运共同体，把国家、民族和个人三者的利益紧紧联系在一起，体现了中华民族“家国天下”情怀。中共中央政治局 2015 年 12 月 30 日下午集体学习时，习近平总书记就强调，伟大的事业需要伟大的精神。实现中华民族伟大复兴的中国梦，是当代中国爱国主义的鲜明主题。要大力弘扬伟大爱国主义精神，大力弘扬以改革创新为核心的时代精神，为实现中华民族伟大复兴的中国梦提供共同精神支柱和强大精神动力。

---

① 中共中央宣传部．习近平总书记系列重要讲话读本（2016 年版）［M］．北京：学习出版社，2016：8.

四、弘扬爱国主义精神当前要解决的几个认识问题

要增强我国的国家凝聚力，就必须弘扬爱国主义精神。然而，在弘扬爱国主义精神问题上，当前还存在着不少思想理论上的阻碍，其中最主要的有以下几个方面：

1. 把“世界主义”与爱国主义对立起来，进而否定爱国主义精神

当今世界话语中，世界主义开始流行起来。虽然学术理论界，在何谓世界主义问题上众说纷纭，但顾名思义，所谓世界主义，就是将整个世界视为一个共同体。因此，世界主义有两个核心命题：一是将人类全体视作一个利益共同体；二是将世界中个体的人视作道德关怀的平等单元。本来，“世界主义”应当是一种积极的理想的“思想”，它以人类的共同利益为基础。然而，当下却有一股混浊思潮，就是把世界主义与爱国主义对立起来。在他们的眼里，在当今世界全球化时代，讲爱国主义就是一股违背所谓历史潮流的“逆流”；倡导爱国主义精神就必定会阻碍世界主义的实行。这是一种典型的形而上学观点。事实上，马克思主义就是一种积极的理想的世界主义，其创始人马克思在其青少年时代，就写下了如此激动人心的思想：“如果我们选择了最能为人类福利而工作的职业，那么，重担就不能把我们压倒，因为这是为大家做出的牺牲；那时我们所享受到的就不是可怜的、有限的、自私的乐趣，我们的幸福将属于千百万人，我们的事业将悄然无声地存在下去，但是它会永远发挥作用，而面对我们的骨灰，高尚的人们将洒下热泪。”① 马克思在后来的革命理论创建和实践中，也反复指出，无产阶级只有解放全人类，才能最后解放自己。然而，马克思主义从来都没有将世界主义与爱国主义对立起来，反而，它主张爱国主义与世界主义的统一，爱国主义与国际主义的统一。马克思认为，无产阶级代表了最广大人民的根本利益，因此，无产阶级的解放包括了广大人民的解放。无产阶级解放和人类解放是一致的：人类的解放只有通过无产阶级的解放才能实现；无产阶级只有解放全人类才能最终解放自己。无产阶级解放运动是为大多数人谋利益的运动，是要用社会主义代替资本主义，最终消灭一切阶级和剥削制度，实现共产主义，解放全人类。习近平发展了马克思主义这一思想，在新的历史条件下，提出了一系列新观念：一是提出世界整体主义和共同发展的思想。习近平说，人类生活在同一个地球村，越来越成为你中有我、我中有你的命运共同体。二是提

---

① 王磊. 马克思恩格斯论道德［M］. 北京：人民出版社，2011：1.

出主权平等思想和不干涉内政原则。习近平屡次提及，各国和各国人民应该共同享受尊严；要坚持国家不分大小、强弱、贫富一律平等；呼吁尊重各国人民自主选择发展道路的权利，反对干涉别国内政；主张主权国家在国际社会中地位平等，倡导“国际关系民主化”；反对国际事务中的以大欺小、以强凌弱、以富压贫。三是提出文明平等与融合的思想。习近平总书记主张文明平等和文明间的对话、交流、互鉴，指出“文明因交流而多彩，文明因互鉴而丰富”，文明间应当“各美其美，美人之美，美美与共”。四是提出聚同化异的民族梦表述，将道德关怀的终极目标落实到“人民”，追求“各国人民共享发展成果”，既体现了世界主义“人人均应享有美好生活”的理念，又谨守了主权的边界。五是提出保留防御权的和平主义思想。习近平总书记说，“中国将始终做一个维护和平的国家”，“中国始终奉行防御性的国防政策，不搞军备竞赛，不对任何国家构成军事威胁”。[①]

2. 把爱国主义等同于狭隘民族主义，从而否定爱国主义精神

“民族主义原本是来自西方学术界的一个概念，关于它的定义众说纷纭。许多学者把它视为一种社会意识形态，通常是指以维护本民族利益和尊严为出发点的思想与行为。”[②] 对于民族主义有多种分类方法。根据民族主义在政治、经济、文化和宗教方面的表现形式，民族主义可以分成四种：政治民族主义、经济民族主义、文化民族主义、宗教民族主义。其中，政治民族主义的影响最大。所谓政治民族主义，就是表现在政治方面的民族思想、态度和行为。在民族国家依然普遍存在的社会历史条件下，政治民族主义在各个国家也是普遍存在的。政治民族主义又可分为五种：一是推翻殖民统治、实现民族独立的政治民族主义，如在20世纪第一次和第二次民族主义浪潮的冲击下，众多亚非拉殖民地国家纷纷赶走殖民统治者，建立独立的民族国家。二是爱国主义，当民族尊严受到侮辱、国家受到外来侵略、国家利益受到侵害时，民众往往表现出强烈的民族主义意识。三是分离主义，即把一个多民族国家分成若干个民族国家。四是排外主义，表现为闭关锁国，即反对与外国交往交流，反对借鉴外国的经验和制度，反对和歧视外国移民等。五是极端主义，认为本民族是世界上最优秀的民族，歧视别的民族，甚至把某些民族视为劣等民族。[③] 由此可见，第一、二种民族主义，是正面的民族主义；而第三、四、五种民族主义，是负面的民族主义。事实上，可以把第一、二种民族主义统称为“爱国主义”；把第三、四、五种民族主义统称为“狭隘

① 应琛. 习近平外交演讲中的世界主义情怀［J］. 当代世界，2014（11）：6－9.
② 何星亮. 民族主义释义［N］. 人民日报，2017－06－26.
③ 参见何星亮. 民族主义释义［N］. 人民日报，2017－06－26.

民族主义”。爱国主义与狭隘民族主义的根本区别在于：前者为理性民族主义、正义性民族主义；后者为非理性民族主义、非正义性民族主义。爱国主义无论对于本民族与国家还是他民族与国家，都有着十分积极的作用：即有利于维护本国主权、利益和尊严，对于侵犯和损害本国主权和利益的人和事进行自觉抵制，甚至与之坚决斗争；有利于本民族自身发展进步，民族自尊心、自信心可成为推动国家、民族、社会发展的巨大动力；不仅关心本民族、国家的利益，也关心他国他民族乃至全人类的利益，将爱国主义与世界主义、国际主义统一起来。而狭隘民族主义则无论对于本民族与国家还是他民族与国家，都有着十分消极的作用：它使人只关心本国本民族的利益，把本国本民族的利益、价值看得高于一切，具有民族利己主义内涵；它排斥外民族进入本民族地区或国家，对外民族文化采取拒绝、排斥态度；它认为本民族的传统文化完美无缺，不愿进行理性思考，不思变革和创新；它还可以用来煽动民族情绪，挑拨民族关系，达到分裂国家的目的。①

值得警惕的是，现在有些学者和媒体，先是把爱国主义的政治情感与民族主义的政治思潮等同起来，然后再片面地把民族主义等同于盲目排外、狭隘自私的极端民族主义或曰狭隘民族主义，从而达到否定爱国主义之目的。在这个问题上，我们必须旗帜鲜明：我们应该提倡积极的、理性的爱国主义，既坚决反对消极的、非理性的非正义性的狭隘民族主义，又坚决反对将爱国主义等同于狭隘民族主义的谬论。我们应该大力倡导人类命运共同体理念，在追求本国利益同时兼顾他国合理关切，在谋求本国发展中促进全人类共同发展。习近平总书记在中央民族工作会议暨国务院第六次全国民族团结进步表彰大会上的讲话就明确提出：“坚决反对大汉族主义和狭隘民族主义，自觉维护国家最高利益和民族团结大局。”②

3. 把爱国主义与社会主义分裂开来，因而把人们的认知引向歧途

当下兴起这样一个“理论”：“国家”与“祖国”不是一回事；故爱“祖国”可以不爱“国家”，不爱“社会主义”，也可以是爱国主义。

马克思主义创始人从阶级社会的基本事实出发，指出，国家是一个阶级压迫另一个阶级的机器，是使一切被支配的阶级受一个阶级控制的机器。它包括三层含义：第一，国家是阶级矛盾不可调和的历史的产物。第二，国家的本质在于国家政权总是属于在经济上占统治地位的阶级。第三，国家是由许多部件所组成的互相联系的有机整体。它有强迫被统治阶级服从国家意志

---

① 参见何星亮．民族主义释义［N］．人民日报，2017－06－26．

② “反对大汉族主义和狭隘民族主义”［N］．新京报，2014－09－30．

的能力和有行使这种权力的官吏（干部），有实现这种权力的军队、警察、法院、监狱等强制机关，还有供养官吏与强制机关的捐税和国债，这三项构成一种组织力量和物质力量，即特殊的社会权力。

一般国家行政管理当局（政府）是国家的象征，它是一种拥有治理一个社会的权力的国家机构，在一定的领土内拥有外部和内部的主权。

在国家与政府的关系上，国家大于政府，尤其是国家是主权者的同义词，而政府只是国家的仆人、权力的执行者、被委托人。但在国际舞台上，国家是国际法中的主体，是该国范围内的整个社会的代表，与国内政治中的政府十分相近。

而祖国既是一个地理概念，也是一个文化概念，更是一个法理概念，带有丰富的感情色彩。祖国是指世代居住、并对所在国文化有着高度文化认同感的并且自己和祖先国籍共同所在的国家。而国家是一个政治概念，一个政治权力机构。

看到“国家”与“祖国”的不同，无疑是一种学术理论上的必要。但是，问题不在这里，问题在于从此出发而走上的错误认知。

其之所以走上错误认知，首先是缺乏唯物史观的认识方法。从历史唯物论的眼光来看，“国家”与“祖国”都是具有历时性的，是发展变化的。祖国重在地理和文化上的发展变化，国家则重在政治与政权方面的发展变化。前者的发展变化相对比较缓慢，后者的发展变化相对比较快些。也就是说，在一个相对稳定的“祖国”中，会有许多“国家（政府）”的变动。在同一个祖国中，会有不同性质的“国家（政府）”，也会有不同的“国”“民”关系。在新中国以前的时代，都是剥削阶级的“国家（政府）”，其“国”“民”关系的本质是对立的。因此，当这些剥削阶级的“国家（政府）”残酷压迫和剥削劳动人民，搞得民不聊生之时，劳动人民奋起反抗，这无疑是一种爱国主义行为。

然而，中华人民共和国成立之后，中国在历史上第一次成为人民的国家，因为这个国家实行社会主义制度，政府成为人民根本利益的代表者，执政党——中国共产党的最高宗旨就是全心全意为人民服务。因此，在中国历史上，新中国第一次使中国共产党、“社会主义国家（人民政府）”与人民、“祖国”达到了高度的统一。在这种新的历史条件下，将“国家”与“祖国”刻意分割，把爱国主义与社会主义分裂开来，说爱“祖国”不爱“国家”，不爱“社会主义”，就是爱国主义，显然是极其错误的。

其之所以走上错误认知，其次是缺乏唯物辩证法的方法。在唯物辩证法看来，一切事物既对立又统一；而形而上学则往往只看到对立而看不到统一。爱国主义的对象是“国”，“国”的含义有两种：一是祖国，二是国家。

正如上述，祖国和国家虽有区别，却又有联系。祖国，就是自己的国家。祖国首先是国家，其次是自己对这个国家有归属感。没有“国家”支撑的“祖国”，不是现实中的祖国。所以现实中的人们爱祖国一般也爱国家。而近现代中国的历史发展明确地告诉我们：只有社会主义才能救中国，只有社会主义才能发展中国，也只有社会主义才能富强中国。邓小平强调：“一旦中国抛弃社会主义，就要回到半殖民地半封建社会，不要说实现‘小康’，就连温饱也没有保证。”① 可以说，爱国主义与爱社会主义制度相一致、相统一，是由近现代中华民族的独立发展、人民的解放历史进程和中国的国情所决定的。在近现代，是中华民族“独立起来”的共同理想和目标，将爱国主义与中国共产党的领导内在地一致起来；在当代，是中华民族“富强起来”的共同理想和目标，把爱国主义与社会主义制度内在地统一起来。因此，坚持爱国主义与爱社会主义的统一，是新时期爱国主义的基本特征，在当代中国，爱国主义首先体现在对社会主义中国的热爱上。针对“不爱社会主义不等于不爱国”的论调，江泽民曾经就有过明确的说法，“在今天，我们讲爱国就是要爱社会主义祖国”②。邓小平也曾深刻指出：“有人说不爱社会主义不等于不爱国，难道祖国是抽象的吗？不爱共产党领导的社会主义的新中国，爱什么呢，港澳、台湾、海外的爱国同胞，不能要求他们都拥护社会主义，但是至少也不能反对社会主义的新中国，否则怎么叫爱祖国呢？”③

参考文献：

[1] 辞海编辑委员会．辞海［M］．上海：上海辞书出版社，1980.
[2] 爱国主义是中华民族精神基因［N］．新华日报，2015－12－31.
[3] 孔庆榕，张磊．中华民族凝聚力学［M］．修订本．北京：中国社会科学出版社，2008.
[4] 中共中央宣传部．习近平总书记系列重要讲话读本（2016年版）［M］．北京：学习出版社，2016.
[5] 吴灿新．当代中国伦理精神：市场经济与伦理精神［M］．广州：广东人民出版社，2001.
[6] 习近平论爱国主义：十八大以来重要论述摘编［J］．党建，2016（2）.
[7] 应琛．习近平外交演讲中的世界主义情怀［J］．当代世界，2014（11）.
[8] 王磊．马克思恩格斯论道德［M］．北京：人民出版社，2011.

① 邓小平．邓小平文选：第3卷［M］．北京：人民出版社，1993：206.
② 江泽民．江泽民文选：第一卷［M］．北京：人民出版社，2006：437.
③ 邓小平．邓小平文选：第2卷［M］．2版．北京：人民出版社，1994：392.

[9] 何星亮. 民族主义释义 [N]. 人民日报，2017 - 06 - 26.
[10] “反对大汉族主义和狭隘民族主义” [N]. 新京报，2014 - 09 - 30.
[11] 马志德. 论爱国与爱党爱社会主义的一致性 [N]. 西藏日报，2009 - 06 - 06.
[12] 邓小平. 邓小平文选：第 2 卷 [M]. 2 版. 北京：人民出版社，1994.
[13] 邓小平. 邓小平文选：第 3 卷 [M]. 北京：人民出版社，1993.
[14] 江泽民. 江泽民文选：第一卷 [M]. 北京：人民出版社，2006.

（作者系中共广东省委党校教授）

试论民族文化是立国之本

——兼评香港当前的政治生态

孔庆榕

“文化传承与国家凝聚力”是一个很值得深入探讨研究的重大课题。从学科研究如何深化的角度说，这是一个必须突破的学术重点和难点；从现实需要的角度说，这更是一个关系着我国国家主权、安全、发展利益的重大课题。笔者拟就这一问题并结合香港政治生态中存在的某些问题谈一些认识，以求教于诸位。

（1）在近现代，帝国主义、殖民主义发动的侵略战争，已由过去单纯的硝烟战争改变为硝烟加无硝烟的战争，即武力侵略与文化侵略双管齐下。日本侵略中国便是典型，一方面武力掠夺我大片国土，另一方面在敌占区则大搞文化奴役，宣传日本文化，强迫学生学用日语，污蔑中国传统文化。他们在中国台湾省，更是以所谓“皇民文化”去殖民。二次世界大战后，美国国务卿杜勒斯提出的“和平演变”战略，其中就包括以美式的文化取代被演变国家的民族文化。帝国主义、殖民主义侵略手段这一转变，是因为他们懂得，民族文化对于一个国家、对于那个被其侵略的国家的凝聚力是何等重要。要彻底征服一个国家，就一定得切断、摧毁其民族文化。

民族文化既是民族的根，也是国家之本。所谓“本”，即渊源、本体、主干之意。对于国家来说，本固邦宁，失本就失去凝聚力。

第一，在一个多民族的国家里，尽管各民族的传统文化有差异，但其基本价值观是必须相同的，或者说，彼此都认同同一的基本价值，否则就不可能建立起统一的国家。世界上一些通过非文化的手段硬凑起来的国家后来走向分裂，足以说明民族文化在国家的建立和国家凝聚上的重要纽带功能。

第二，国家的巩固与发展，离不开民族文化的指导与支撑。建设一个什么样的国家，换句话说，国家的发展理论、国家的发展道路、国家实行的政治制度、国家奉行的各种政策，都离不开民族文化（尤其是民族文化的组成部分即政治文化）的指引。诚然，民族文化不是一成不变的，在不同时代，其内容和形式会有新的变化，但任何变化都只可能是在民族基本价值观的基础上扬弃，而不允许从根本上背弃民族传统的基本价值观。习近平总书记讲的很对，他说："数千年来，中华民族走着一条不同于其他国家和民族的文化发展道路。我们开辟了中国特色社会主义道路不是偶然的，是我国历史传统和文化传统决定的。"①

第三，国家凝聚力来自政治认同。一个国家的国民如果对国家的认同和热爱仅仅停留在感性认识、表层的认识上，是不够的，只有进而认同国家的政治文化，认同国家的发展道路、社会制度、发展战略，对国家的成就无比振奋，对国家的前途充满信心，把国家的命运和自己的命运紧紧结合在一起，并决心为国家的发展贡献自己的力量，国家才有强韧的凝聚力量。

鉴于此，提高国民的文化自觉和文化自信，对于增强国家凝聚力确实非常重要。同时，也使我们明白，为什么国外反华势力不遗余力地攻击我国现行坚持的政治文化，丑化我国政治制度，目的正是企图离散中国人民对国家的凝聚力，分裂中国、搞垮中国。台湾蔡英文之流不承认"九二共识"，一再搞"去中国化"，目的就是"台独"。

第四，民族文化决定了国家凝聚力发展的方向。民族文化的核心是民族共同的世界观、价值观，是指导、制约国家行为的基本出发点和依据。国家对内的建国方略，对外政策的制定和实施，都决定于该民族的文化基因。我们不妨从正反两方面举例说明。日本大和民族的文化特点是武士道文化，它总是把自己民族看成是"世界上最优秀的民族"，别的民族都是"劣等的"，它崇尚强权，欺善怕恶。这样的文化导致日本建国之后不断发动侵略战争，第二次世界大战时期更达到了疯狂的地步。他们以这样的民族文化去凝聚日本人民，用侵略战争去强化日本的国家凝聚力，其最后的结果已为人所共知。今天的日本政府拒不承认二战的侵华历史，继续参拜日本靖国神社为军国主义招魂，妄图修改宪法以便放手在国外发动侵略。这都不是偶然的，是日本文化土壤上不可避免地结出的果实。日本要改变其侵略本性，唯一的出路是其民族文化的根本改造。中国则完全不同。中国民族文化的特质是和合文化、厚德自强文化，中国人追求的人际关系是和谐友爱的关系，中国人追求的国际关系是和平共处、求同存异，中国人对自己的要求是厚德载物、自强不息等等。这些中华民族的核心价值，千百年来早已深深地铭刻在中国人的脑海里，落实到行动中。一百多年来，中国不断受帝国主义欺压、侵略，但终于在中国共产党领导下，经过艰苦奋斗，站立起来了。不仅站立起来，

---

① 特里尔. 文化软实力直接关系道路命运：《习近平复兴中国》连载[EB/OL]. (2016-11-03)[2017-12-21]. http://theory.people.com.cn/n1/2016/1103/c40531-28832241.html.

而且成为国民生产总值（GDP）占世界第二位的最大发展中国家。中华人民共和国诞生至今，西方国家一再通过多种手段，包括禁运、技术封锁、不共同合作等企图限制、阻挠中国的发展。然而，中国人民在中国共产党领导下，坚持自力更生、艰苦奋斗等伟大精神，帝国主义越是封锁就越发激发我们的斗志和夺取世界最高点的决心。今天，我国已经在经济、军事、科技发展上创造了令世人无比震惊和称佩的辉煌成就，令西方一些有识之士不得不承认："任何封锁、杜绝交往都没有令中国沉沦。""中国是个不屈的民族，也是一个不服输的民族，这是深深刻在中国人骨髓里面的文化基因。"① 国家如此巨大和迅速的发展，正是中国国家凝聚力持续提升、增强的根本原因。

（2）民族文化对于国家凝聚力的重大作用已如上述。然而，具有重大作用与实现其重大作用并非一回事。要实现其重大作用，就必须解决好传承问题。

什么是"传承"？"传"就是传播、普及，"承"就是承接、继承。"传承"必须解决好两个方面的问题：一是在正确认识、甄别的基础上辩证地对民族传统文化进行扬弃，创新民族文化；二是搞好教育，使国人对创新的民族文化（尤其是民族精神）增进共识，深入人心，指导实践。这样才能有效地增强国家凝聚力。

文化（这里指的是狭义的文化）是社会意识形态（文化与文化成果是有一定区别的，文化成果有的属于精神范畴，有的属于物质范畴）。民族文化具有以下三个特点：其一，它是民族的，是一定民族在长期实践中创造和积累起来的精神成果，它构成了该民族成员独特的共同的文化心理基础。精神文化的核心是民族的价值观，最核心的部分是该民族的民族精神。其二，民族文化是连续的，不可中断。文化中断就意味着该民族的瓦解。其三，具有时代性。一定时代的文化总是一定时代政治、经济的反映，并为一定的政治、经济服务。文化总是随着政治、经济的发展不断修正、补充、更新其内容。文化的发展是一个否定之否定的过程。由于一定时代的文化是一定时代政治、经济的反映并服务于该时代，决定了传统文化不可避免的局限性和时代性。但是文化也有相对独立的品格，其基本内容、核心价值不会因为时代的改变而失去其存在的价值，在新的时代，它仍然对人们的生活实践以指导，继续发挥其对民族、国家不可或缺的凝聚剂作用。

鉴于文化有以上特点，在对传统文化的传承上，既不应对传统文化顶礼膜拜，搞复古那一套；也不应采取文化虚无主义态度，一概否定。应当以科

---

① 外国媒体惊呼：中国这个民族太可怕了！［EB/OL］．（2017－08－19）［2017－12－21］．http://www.pinlue.com/article/2017/08/1907/204133043830.html.

学的、理性的态度，实事求是地对其进行扬弃，发扬其精华，改造其缺失，抛弃其糟粕。传承是科学的扬弃，是在原有基础上的创新、发展。

在对待我国传统文化的态度上，我们有过沉痛深刻的经验教训。例如，“五四时期”的新文化运动是有功绩的，但对待我国已流传几千年的传统文化的态度就值得反思，“打倒孔家店”的口号即是一个错误。许多年来，对“五四运动”的进步意义我们肯定了，这是对的；但对其错误的方面一直不够正视，致使一百年后的今天，不少人对我国传统文化的错误认识仍未彻底清除。我们在革命时期和新中国成立后所犯的“左”的错误，也许与“五四”时期的“左”有共同的认识论根源。在相当长的时期里，我们对祖国的传统文化肯定的少，否定的多；提倡的少，鞭挞的多。“文化大革命”实质就是革我国传统文化的命。一直到“文化大革命”后期，在批判林彪的运动中，还莫名其妙地把孔子拉出来陪批。“文化大革命”中的“反四旧”、“批孔”把中国优秀的传统文化糟蹋到无可复加的地步，而这正是今天我国社会道德严重下滑的原因所在。从文化的角度说，“文化大革命”是践踏中国传统文化的，由此造成中华民族凝聚力和中国国家凝聚力在后来相当长时间内的削弱，这是深刻的历史教训。

综观我国历史，国家凝聚力的状况与国家的统治（领导）集团是否传承中国优秀传统文化有着必然的联系。在中国古代，汉朝的“文景之治”、唐代的“贞观之治”、清代的“康乾盛世”，国家凝聚力是较强的，是因为当时的统治集团比较重视民生。修水兴农、减免徭役、利商便民、励精图治、团结各族、抗击外敌等一系列举措，传承和体现了中华民族优秀传统文化，从而使国家有较大的发展。民心悦，国家富，国家凝聚力空前发展。而当统治集团背离了中国优秀传统文化，就一定出现民不聊生、内乱不断、四分五裂，国家凝聚力必然削弱。我国著名史学家范文澜评价“五代”时写道：“五代时，道德完全破坏，……武夫们分裂成毫无黏性的无数碎片，组成的朝廷，坏的固然很快就消灭，偶有较好的同样不免于被劫夺，统治阶级丑恶到如此地步，社会就无法得到安定。”① 20 世纪上半叶，以蒋介石为首的国民党政府，实行与中国优秀传统文化相悖的反动政策，反共反人民，把中国糟蹋到无以复加的地步，致使中国国家凝聚力降至最低点。

近一个多世纪的历史充分说明，只有以科学的世界观和方法承传中华民族传统文化，结合时代需要和吸收最新实践成果创新中华民族传统文化，才能发挥民族文化对国家的凝聚作用。

---

① 贺金瑞，苏日娜. 历史上发展统一多民族国家关系的“德治”理论与实践 [J]. 中南民族大学学报（人文社会科学版），2001 (5)：67 – 70.

中国共产党坚持的社会主义文化，一方面科学地继承了中国传统文化的精华，另一方面又补充了革命时期广大人民创造的进步文化，并且与改革开放的时代精神有机地结合起来。中国的社会主义文化，是中国民族文化的创新和发展。中国共产党以社会主义文化为指导，提出了一系列科学的执政理念，如：全心全意为人民服务、建设中国特色社会主义、全面建设小康社会、建设社会主义和谐社会、实现中国梦等等，对全国人民营造出巨大的吸引力和亲和力。中国共产党重视以社会主义文化引领社会，提出了社会主义核心价值体系，为中国国家凝聚力的提升不断注入新的活力和动力。尤其令国人无比振奋的是，党的十八大以来，我国面貌出现巨大变化。中国国力全面增强，中国的国际影响力不断发展，尤其是党中央提出的“一带一路”和实现“人类命运共同体”的伟大战略，极大地提升了我国的威望。这些伟大战略，充分体现了中华民族文化独特的文化基因和文化底气。中国国家凝聚力持续不断地增强，完全是情理之中。

（3）“一国两制”是中国共产党为解决香港、澳门、台湾回归祖国，实现国家完全统一所实行的伟大战略。这个伟大战略，充分体现了中华优秀文化尤其是整体主义、实事求是、求同存异、和衷共济、民本思想等理念和精神。香港回归祖国已 20 多年，其成就举世公认，完全证明“一国两制”是一项完全正确的科学战略决策。

“一国两制”决策在香港之所以成功，一来是因为它符合国家和香港的整体利益和长远利益；二来是因为香港本来就是中国的一部分，香港同胞与中国大陆同胞有着共同的文化底蕴，尤其是拥有爱国爱港、自强不息、拼搏向上、灵活应变等民族精神。

“一国两制”是新生事物，它实施的过程不可避免地也是一个不断探索、不断总结经验并使其内涵更加丰富、更加完善的过程。

近几年，香港实施“一国两制”受到很大干扰，先后出现政改失败、占中之乱、旺角暴乱、宣誓风波等“港独”分子兴风作浪，一乱未平一乱又起，导致行政主导名存实亡，司法独大，立法掣肘。立法会内外的某些人，逢中央决策必反，逢香港特区政府决策必反，通过立法会会议的“拉布”（上届立法“拉布”达四次），妄图瘫痪香港特别行政区政府。尤其值得注意的是，“港独”已不只是几年前的思潮，而成为一小撮人的具体行动。香港“港独”的主要特点是反对“一国两制”，挑拨香港与内地关系，矛头对准中央。有些人早已与台湾及国外的“独派”相互勾结，甚至已成立所谓“组织”。如有人公开宣称：中国不可能在不分裂的情况下实现民主，必须为“两制”重新输入政治力量，即以身份认同及自治愿望为依归的民族主义运动，动员港人对抗“一国”的多方政治压迫。从这种谬论可见，他们是赤裸裸地挑战中央对香港的全面管治权；“港独”问题已被提升为国家安全层面上的问题。

香港出现上述问题的主要原因，其一是香港落实“一国两制”受到港英余孽的掣肘和西方反华势力的破坏。早在香港回归前，英国就先埋下了搞乱香港的楔子。1985 年中英关于香港回归协议换文后，“港英”当局就马上干了两件事：一是取消在港实施的“公安条例”（该条例规定，总督认为社会组织有里通外国的嫌疑，即可宣布非法及取缔）；二是把作为行政机构的立法局改为选举产生的立法会。取消这两个文件的结果，一是为香港的反对派接受国外反华组织资助开了绿灯；二是让香港立法机构成为他们干扰特区政府依法施政、搞乱香港的基地。香港回归后，“港英”的代理人，奔走于台前幕后，不断挑起事端，唯恐天下不乱。举一个最近的例子：广深港高铁将开通，这是中央对香港发展的又一重大支持，香港特区政府准备在西九龙口岸实行“一地两检”。所谓的民主派却发动群众竭力反对，立法会内竟有人口吐狂言，认为这样做就是等于给大陆“割地”，是“割地两检”，竟然否认了香港是中国固有的领土，把此项正确的措施与英帝国主义发动鸦片战争，令清政府割地赔款相提并论，这是何等荒谬。其二是回归后对“一国两制”宣传不够，甚至片面。有的人“两制”不断挂在嘴边，“一国”却很少提及，甚至认为“两制”是主体，“一国”只是陪衬。许多人不明白中央对香港实行“一国两制”的历史背景，更不清楚“一国两制”的主体是“一国”，首义是“一国”，香港回归 50 年后，作为中国的一部分也绝对不会改变。

上述事例说明，香港尽管已回归多 20 多年，但不少港人对国家的认识仍然是肤浅的，居港的中国人对国家的向心力和亲和力尚待增强。

对此，笔者拟提出以下几点意见：

（1）要准确全面地宣传“一国两制”的真义，揭露“港独”反中乱港的嘴脸，增强居港华人的国家凝聚力。要让港人充分认识，“一国两制”中国家是主体，香港是中国的组成部分，中央对香港具有无可争辩的全面管治权，香港特区政府的权力是中央授予的；香港不仅实行香港特区基本法，国家宪法对香港同样适用，必须按国家宪法和香港基本法施政。中央与香港政府是领导与被领导关系，绝不是平起平坐的伙伴关系，更不是“主权对等”的“两国关系”。香港必须切实负起维护国家主权、安全和发展利益的责任，决不允许任何组织及个人把香港变成反对中国的桥头堡。一切“港独”言论必须批判揭露，一切“港独”组织和行为必须依法取缔和处理。

（2）在维护“一国两制”真义这一原则问题上，香港特区政府应当更有作为。近几年来，香港出现的种种乱象好些是处理得不及时的，有的甚至未作出处理。这固然是施政乏力所造成的，但也有体制不完善的原因（如香港现行的管治机制，特别是立法会独大，是无法按香港基本法实施行政主导的）。至今，香港基本法第二十三条（内容是保障国家安全）未有立法，一批“占中搞手”仍逍遥法外。看来，香港政府如果不掌握强有力的舆论阵地，不通过多种渠道、组织进一步发动群众，不进一步通过揭露某些人的反中乱港阴谋，从而分化反对派阵营，现时时局怕难以改变。如何形成有利于香港发展的政治生态？这是香港特区政府迫切要解决的根本性问题。

（3）香港应大力加强爱国主义教育和中华优秀文化教育。在历史上，香港居民是有光荣的爱国传统的，他们也非常热爱祖国的传统文化。然而，回归以来，这方面由于工作上的失误，不仅未见增强，反而出现缺失。尤其是部分青年，国家观念淡薄，不懂传统文化，对国家的历史文化知之甚少甚至无知，这与教育工作的失误尤其是中学取消历史课不无关系。这是香港特区政府应当严肃对待、深刻反思的重大问题。增强港人对国家的向心力十分迫切。幸而新一届香港特首已意识到解决这一问题的重要性。

民族文化的传承无疑包括民族文化的大普及，中华民族的优秀文化特别是中华民族精神只有为广大国民所掌握，才能培育出强韧的国家凝聚力。有了强韧的国家凝聚力，中国一定能够继续谱写出为世人惊叹的伟大诗篇，为人类创造更加辉煌的历史奇迹。

参考文献：

[1] 习近平．习近平谈治国理政 [M]．北京：外文出版社，2014．
[2] 刘学谦．增强当代中国的凝聚力 [N]．人民日报，2004－03－29．
[3] 把握历史方位　开启新的征程 [N]．人民日报，2017－08－03．

（作者系原广东省社会主义学院副院长、教授）

中国共产党与当代中国国家凝聚力的形成与增强

曾学龙

中国共产党成立后，为了实现中华民族复兴的中国梦，一直注重凝聚全体人民的力量，不仅是当代中国国家凝聚力形成的倡导者和推动者，也是当代中国国家凝聚力增强的促进者和引领者，是当代中国国家凝聚力的中坚力量。

一、中国共产党是当代中国国家凝聚力形成的推动者

所谓国家凝聚力，是指一个国家中不同民族、不同政党及人民群众在理想、目标、利益等一致的基础上所产生的向心力、聚合力。① 这是刘学谦从政治学的角度下的定义。根据这个定义，当代中国的国家凝聚力指的是：当代中国各民族、各政党及人民群众为实现国家和自身的一致利益而形成的对中华人民共和国的认同、归属与聚合的力量，是在共同的理想、目标、利益一致的基础上所产生的吸引力、聚合力，体现为实现国家的整体利益与奋斗目标而实施团结协作的程度。

理解当代中国的国家凝聚力，要把握三点：一是凝聚力的指向是当代中国，也就是中国共产党领导的中华人民共和国，是当代中国人对以中国共产党为领导核心的中华人民共和国的认同而形成的凝聚力。二是凝聚力产生的动力来自对共同的理想、目标和利益的追求，即为了建设中国特色社会主义，实现民族复兴的中国梦。三是凝聚力形成的力量来自民族、政党及社会各阶层的人民群众。换言之，国家凝聚力的基础是民众凝聚力和民族凝聚力，是中国共产党对民众和民族的凝聚，推动了当代中国国家凝聚力的形成。

严格地说，从1921年7月中国共产党诞生起，中国共产党就通过发动工农运动逐步形成民众凝聚力和民族凝聚力，之后在革命根据地的发展中又

① 刘学谦．增强当代中国的凝聚力［N］．人民日报，2004－03－29（9）．

通过局部执政孕育了国家凝聚力，不仅成为革命根据地的凝聚核心，也对国民党统治区的民众产生了很大的吸引力。① 从这个意义上说，中国共产党是当代中国国家凝聚力形成的倡导者和孕育者。

众所周知，从鸦片战争开始到1949年这段历史，是中国人民挨打受欺的历史，也是中国人民不断抗争的历史。那时的中国最大的国情就是一盘散沙，不仅西方人看不起，连过去一向以中国为师的日本人也看不起。八国联军攻打北京时只有8 000多人，十多万京城禁军只能望风而逃。孙中山领导的辛亥革命虽然把皇帝赶下了台，但并没有完全把人民群众凝聚起来，尤其是没有把工人农民发动起来。1922年，孙中山因广州发生叛乱而避居上海时，共产国际和中国共产党伸出了援助之手，这让孙中山惊喜不已，也使他意识到，要真正实现新三民主义，就必须实行“联俄联共、扶助农工”的政策，由此引发了国民党的改组。但好景不长，孙中山的早逝尤其是国民党右派的叛变使得新三民主义政策无法实施，政府依然是军阀把持，帝国主义依然操纵中国的事务，人民群众还是群龙无首，仍然处于散沙状态。原因就在于，当时的国民党政府并没有将国家的生死存亡与人民群众的疾苦放在第一位，始终维护的是少数剥削者的利益。

真正改变这种一盘散沙状况的是掌握了救国救民真理的中国共产党。首先，是中国共产党最早认识到国家凝聚力形成的基本力量是以工人、农民为基础的劳动阶级，主张建立劳农专政的政治制度。这为当代中国国家凝聚力的形成奠定了阶级基础。中共一大党纲根据马克思主义的原理，明确提出要“由劳动阶级来重建国家，直至消灭阶级差别”，党纲第三条还规定，“我党采取苏维埃的形式，把工农劳动者和士兵组织起来，宣传共产主义，承认社会革命为我党的首要政策”②。中共二大宣言则指出，中国共产党的目的是“要组织无产阶级，用阶级斗争的手段，建立劳农专政的政治，铲除私有财产制度，渐次达到一个共产主义的社会。”但在目前历史条件下的最低纲领是：“消除内乱，打倒军阀，建设国内和平；推翻帝国主义的压迫，使中华民族完全独立；统一中国为真正的民主共和国。”

中国共产党在建党初期就形成了统一战线的思想，推动了第一次国共合作的形成，并由此唤醒了民众的凝聚意识，促进了民众凝聚力的形成。面对强大的敌人，根据马克思主义提出的劳工联合的思想，中国共产党意识到，除了工人、农民是自己的基本力量之外，还必须联合众多的力量，组成强大的统一战线。二大通过的《关于“民主的联合战线”的议决案》指出：“在

---

①② 1921年，《中国共产党纲领》于中国共产党第一次全国代表大会通过，选自上海中共一大会址纪念馆照片。

中国的政治经济现状之下，在中国的无产阶级现状之下”，“我们共产党应该出来联合全国革新党派，组织民主的联合战线，以扫清封建军阀推翻帝国主义的压迫”。① 这为当代中国国家凝聚力的形成奠定了策略基础。由于党的二大提出的最低纲领与孙中山领导的国民革命的目标一致，加上二大提出的统一战线方针，使中共三大很快做出决定，共产党员以个人名义加入国民党。在共产党员的推动下，1924 年 1 月，国民党一大通过的新三民主义纲领成为国共合作的政治基础，这意味着中国共产党推动的国民革命统一战线正式形成。虽然，国民革命统一战线的领导者是以孙中山为首的国民党，但中国共产党在第一次国共合作中产生的历史影响是深远的，不仅推动和帮助了国民党的改组，推动了新三民主义纲领的实行，也为国民党注入了活力，为国民革命培养了一批政治和军事人才，更使年轻的中国共产党以一支新生的政治力量登上中国的政治舞台，实现了中国工人阶级和其他民主力量的联合，这意味着现代史上中国民众的力量第一次被真正凝聚起来。它给我们的启示是：一个国家革命政党之间共同的目标追求一致，就有可能推动民众凝聚力的形成。

在民族存亡的危难时刻，中国共产党再一次推动了民众的大联合，促成了第二次国共合作，推动了民族凝聚力的形成。“九一八”事变后，中国共产党就发表通电，支持东北抗战。1933 年 1 月，中共中央又发表了《为反对日本帝国主义侵入华北愿在三条件下与全国各军队共同抗日宣言》，支持了冯玉祥等人领导的局部抗战。1935 年 3 月，华北事变后，中共中央再次发表了《为抗日救国告全体同胞书》，主张捐弃前嫌，集中国力（人力、物力、军力），停止内战。同年 12 月，中共中央召开瓦窑堡会议，通过了抗日民族统一战线的纲领及策略路线，把“反蒋抗日”改成“逼蒋抗日”。1936 年 12 月，西安事变爆发后，中国共产党在科学分析形势的基础上，从中华民族的根本利益出发，以抗日大局为重，确定了和平解决西安事变的重大决策，迫使蒋介石接受了“停止内战，联共抗日”的主张，基本形成了抗日民族统一战线。这个统一战线虽然没有固定的组织形式和具体的政治纲领，但目标明确，都是为了全民族的抗战，而且成员广泛，不仅包括工人、农民、城市小资产阶级和民族资产阶级，还包括以国民党蒋介石集团为代表的亲英美派大地主大资产阶级，具有广泛的民族性。可以说，是中国现代史上一次全民族的联合。但也正是由于阶级成分的广泛、复杂和阶级利益的差异，使得抗日

① 中共上海市委党史研究室. 多个“第一”续写党的创建新篇章[EB/OL]. (2012-01-16)[2017-12-21]. http://dangshi.people.com.cn/n/2012/0716/c138911-18526254-2.html.

民族统一战线内部存在着复杂的矛盾和斗争，因而其凝聚力并不是很牢固。尽管如此，这次国共合作也是共产党占主动，是共产党推动了全民族的联合，唤醒了民众的救亡意识与民族精神，使中国民众的凝聚力和民族的凝聚力达到了一个高峰。它给人的启示是：全民族的最高利益可以让不同的阶级、政党走到一起，实现民族的联合，增强民族的凝聚力。但根本利益的差别也使得民众的凝聚遇到很多阻力，在这个过程中，又是中国共产党以民族大义为重，协调各方利益，排解多重阻力，最终推进了抗战的胜利进行。

抗战胜利后，中国何去何从，是摆在国共两党面前的大问题。广大人民热切希望实现和平、民主，建设一个新的中国。蒋介石政府表面上邀请毛泽东到重庆举行和平谈判，但其最终目标还是回复到抗战前的状态，试图用武力消灭共产党及其领导的军队和解放区政权。尽管如此，中国共产党仍然顺应历史潮流，尽一切可能争取国内和平，推动和平进程。虽然最终未能阻止全面内战的爆发，但让更多的人民群众看到了中国共产党才是民族团结、和平发展的中坚力量，是当代中国国家凝聚力形成的真正推动者。

二、中国共产党是当代中国国家凝聚力形成的促进者

中国共产党不仅是当代中国国家凝聚力形成的推动者，也是当代中国国家凝聚力形成的促进者。这种凝聚作用早在革命战争年代就开始发挥作用，主要体现在通过党的文献、党的政策和党员的模范作为来唤起民众的觉悟，组织民众参与，凝聚民众的力量。特别是中国共产党在革命根据地建立的红色政权为当代中国国家凝聚力的形成奠定了基础。

如前所述，中国共产党很早就认识到中国革命的基本力量是以工人农民为基础的劳动阶级，所以，党的二大文献明确提出要组织无产阶级，唤起民众，组织民众。二大还通过了关于工会运动、青年运动与妇女运动的三个决议，对开展群众运动做出了前瞻性规划。也就是从那时起，中国共产党的基层组织和党员就开始深入工厂农村，组织和发动工人农民开展工人运动和农民运动。这样，中国民众的力量开始得到发动和凝聚。如工人运动一开始就聚焦铁路，并选定长辛店、唐山、南口和丰台作为工作试点，主要通过开设工人夜校，开办工人俱乐部，创办工人刊物，对工人进行革命意识启蒙，进而建立工会，发动工人开展罢工斗争。如 1922 年爆发的香港海员罢工和安源路矿工人大罢工以及之后爆发的京汉铁路工人大罢工。此外，不少熟悉农村生活的共产党员也回到家乡发动农民。如浙江萧山县（现浙江省杭州市萧山区）在 1921 年就成立了中国第一个村级农会。毛泽东在他的家乡韶山也成立了中国最早的农村党支部之一。广东省海丰县的共产党员彭湃，在家乡

身着农民的衣服，用当地方言，专找在农民往来多的十字路口宣传，还用魔术、留声机来吸引听众。听讲的农民感到十分亲切，引起了极大的反响。彭湃还拿出自己的钱帮助困难农民。在彭湃的组织下，海丰成立了中国第一个乡农会，并以乡农会为依托，发动农民同土豪恶霸作斗争，迫使土豪恶霸不敢勒索农民，使地主不敢随意加租易佃。农民们尝到了组织起来的甜头，增强了对农会的信任，越来越多的人团结在农会的周围。[①] 由于党的组织在当时处于地下工作的秘密状态，表面上是工会、农会在起作用，实际上是党的基层组织和党员在发挥核心引领作用。换言之，早期的中共党组织实际上是通过工会或农会来做动员群众、凝聚人心的工作，而且卓有成效，深受群众欢迎，并且逐步成为党的政治优势，成为党的优良传统。可以说，当代中国国家凝聚力正是从中国共产党得到人民群众的信任起开始萌芽。

中国共产党发动群众、凝聚人心的工作不仅是通过宣传群众，用通俗的语言宣传革命道理，而且十分注重与人民群众的根本利益紧密联系在一起。正如马克思、恩格斯在《共产党宣言》中指出的：“无产阶级的运动是绝大多数人的运动，是为绝大多数人谋利益的独立的运动。”[②] 建党初期，党开展工人运动一定与给工人增加工资、改善劳动条件密切相关，开展农民运动则注意给农民减租减息，减轻农民负担。到了第二次国内革命战争时期，党的工作重心转向农村，为农民谋利益的重点是解决农民的土地问题。

1927 年党的“八七”会议提出了土地革命的方针，开始了打土豪、分田地、废除封建剥削和债务，满足农民土地要求的革命。1928 年 12 月，毛泽东制定了中国历史上第一部彻底消灭封建土地所有制的土地法——《井冈山土地法》，之后，经过修改完善，形成了《兴国土地法》和福建上杭的《土地问题决议案》，到 1931 年春，制定出一条完整的土地革命路线。即依靠贫农、雇农，联合中农，限制富农，保护中小工商业者，消灭地主阶级，变封建半封建的土地所有制为农民的土地所有制。这就调动了一切反封建的因素，使广大贫雇农政治上翻身，经济上分地，生活上有了保证。为了保卫胜利果实，农民积极参军参战，努力发展生产。如湘鄂赣革命根据地在半年之内参加红军的农民就达 3 万多人。鄂豫皖革命根据地的黄安七里坪的一个招兵站，一天就招收 800 名农民入伍。这说明，党的土地革命政策在很大程

---

① 饶品良. 中共早期开展的农民运动［J］. 濮阳职业技术学院学报，2011（4）：65－67.

② 马克思，恩格斯. 共产党宣言（1847 年 12 月—1848 年 1 月）［M］//马克思，恩格斯. 马克思恩格斯全集：第四卷. 中共中央马克思恩格斯列宁斯大林著作编译局，译. 北京：人民出版社，1974：477.

度上满足了广大农民的利益要求，也使农民成为中国革命的一支重要力量。也就是从中国共产党在农村建立革命政权开始，当代中国国家凝聚力就在民众凝聚力的基础上逐步形成。

根据不同时期的历史任务调整党的政策，达到总揽全局、协调各方的目的，是中国共产党发动群众、凝聚人心的一个基本特点，目的是尽量兼顾到各个方面、各个群体的利益需求，最大限度地团结和凝聚各方力量。如减租减息是抗日战争时期党的基本土地政策，也是当时调整地主与农民关系、调动广大农民生产积极性的根本措施。为推行减租减息，晋察冀边区普遍实行了二五减租，广泛开展了回赎抵押地和典地的运动。1942 年 1 月 28 日，中共中央政治局在总结了各根据地减租减息经验的基础上，又通过了《关于抗日根据地土地政策的决定》，制定了抗日时期土地政策的三项基本原则。即减租减息、交租交息和奖励富农发展生产。特别是“奖励富农发展生产与联合富农”这一条，既承认了富农的生产方式带有资本主义性质，富农是农村中的资产阶级，是抗日与生产的一个不可缺少的力量，强调不能削弱富农阶级与富农生产，也看到了富农有一部分封建性质的剥削，对富农的租息也须照减。这就使党的土地政策更符合实际，也有利于调动各方面的积极性，凝聚包括富农在内的抗日力量。

到了第三次国内革命战争时期，随着社会主要矛盾的变化，农村的减租减息政策改为没收地主土地归农民所有的政策，并由此开始了土地改革运动，纲领性文件就是 1947 年颁布的《中国土地法大纲》。1950 年 6 月 30 日，中央人民政府又在《中国土地法大纲》的基础上，颁布了《中华人民共和国土地改革法》，规定废除地主阶级封建剥削的土地所有制，实行农民的土地所有制。并将过去征收富农多余土地、财产的政策，改变为保存富农经济的政策，以便更好地孤立地主，保护中农和小土地出租者，稳定民族资产阶级，以利于早日恢复和发展生产。这个政策调整符合新民主主义社会的实际，有利于统战工作的开展，有利于凝聚各方面的力量。

革命战争时期，党不仅在经济上关注农民的根本利益，在政治上号召人民团结起来反抗封建压迫，而且还建立各种形式的组织，如工会组织、失业救济委员会、互济会等，保障根据地人民的生活。这些问题的解决，不仅有利于稳定军心，巩固政权，也有利于安定人心，增强各方面的凝聚力。特别是 1949 年人民政协第一次会议的召开，中国共产党提出的成立民主联合政府，建立独立、自由、和平、统一的新中国的主张，得到各民主党派、人民团体、各界爱国民主人士以及少数民族、海外华侨的一致赞同，以“民革”为代表的民主党派表示愿意接受共产党的领导，共同建设新中国，这意味着中国共产党与各民主党派、各人民团体、各界民主人士、国内少数民族和海外华侨团结奋斗的共同政治基础已巩固地形成，也就意味着当代中国国家凝聚力的初步形成。其标志就是中国共产党的领导得到全国各族人民的认同，中国共产党成为当代中国国家凝聚力的核心力量。

从上述革命战争时期不同阶段党的政策调整与作为中，我们看到，中国共产党在任何时候都是始终把全心全意为人民谋利益作为自己的宗旨，作为自己的首要任务的。而为民谋利必须抓住老百姓最关心的切身利益，同时努力兼顾各方利益，才能真正凝聚人心，团结各方。在这个过程中，中国共产党始终通过自己的政策和党员干部的模范带头作用感召人民，凝聚人心，不仅成为党领导下的革命根据地人民的核心，也让国民党统治区的各界人士看到了国家的希望。正是从这样的意义上说，中国共产党不仅是当代中国国家凝聚力形成的推动者，也是当代中国国家凝聚力形成的促进者。

三、中国共产党是当代中国国家凝聚力增强的引领者

中华人民共和国的成立，意味着当代中国国家凝聚力的初步形成，也让受尽欺凌的中国人民看到了国家未来的希望。但这并不意味着当代中国国家凝聚力增强的任务已经完成，境外有帝国主义封锁，境内有土匪和敌特分子的破坏，更多的人是在审视共产党，会不会成为第二个李自成，能否把一个百废待兴的国家建设成一个崭新的现代化强国。也就是说，中国共产党又面临着巩固与增强当代中国国家凝聚力的历史任务。

面对如此艰巨的任务，毛泽东等第一代中央领导集体把它看成是一次赶考，强调这堂考试要考好，不仅共产党自身不能倒下，更要不负人民的重托，带领全国各族人民把国家治理好、建设好。关键是继续依靠群众、发动群众，进一步调动人民群众的积极性，最大限度地凝聚各方面的力量。

首先，中国共产党引领各族人民战胜了国内外反动力量的挑衅，使新生的人民政权站稳了脚跟，从而使当代中国国家凝聚力的巩固与增强达到了一个高潮。从 1949 年中华人民共和国成立，到 1956 年中国共产党领导全国各族人民有步骤地实现了从新民主主义社会向社会主义社会的转变，消灭了土匪，镇压了敌特，荡涤了旧社会留下来的污泥浊水，恢复了由于帝国主义、封建主义和官僚资本主义的黑暗统治及长期战争破坏所造成的千疮百孔的国民经济，完成了对生产资料私有制的改造，把中国人民引上了社会主义道路并开始了有计划的经济建设。特别是抗美援朝这一战，一扫中国近代以来历史上的耻辱，彻底改变了中国近代以来在国际上的形象。从此，以往帝国主义国家架起几门大炮就可以征服中国的时代一去不复返了。而这一战也使得美国开始将中国视为一个真正平等的对手，最终改变了中华民族在世界上的

地位。这不仅巩固了新生的政权，也增强了全国各族人民建设社会主义现代化的信心，也使当代中国国家凝聚力的巩固与增强走向一个高潮。

其次，中国共产党引领各族人民走上了社会主义建设的康庄大道，在曲折前进中增强了对当代中国国家凝聚力的认识。党的八大之后到 1966 年，我国开始进入社会主义建设的高潮时期，这一时期带有“探索”和“曲折前进”两大特征。中国共产党为建设社会主义进行了许多有益的探索，形成了“八大”正确的理论和调动一切积极因素、为社会主义事业服务的社会主义经济建设方针。在这一方针的指导下，人民群众建设社会主义的积极性充分调动起来，经过 10 年的努力，初步形成了社会主义的经济、政治制度，建立起一个初步的工业体系和坚实的农田水利建设体系，开始了农业国向工业国的转变。与此同时，科技、教育、文化、卫生和国防建设都得到较大的发展，人民的生活水平有了较大改善。这为改革开放后我国的经济起飞和全面发展奠定了扎实的物质基础与文化基础，也在一定程度上巩固和增强了当代中国的国家凝聚力。

但由于我们党对迅速到来的社会主义缺乏充分的思想准备，在工作指导方针上发生了严重失误，“左”倾错误不断滋长。当时主要面临两大问题：即社会主义条件下的阶级斗争问题与社会主义建设的规模速度问题。在前后约 20 年（1957—1976 年）的时间内，党在这两个大问题上连续发生严重失误，主要表现为阶级斗争扩大化和盲目追求经济建设的高速度，导致发生 1957 年的“返右运动”和 1958 年“大跃进”与人民公社化运动，特别是 1966 年到 1976 年出现“文化大革命”的动乱，使社会主义建设的探索过程出现了歧途和曲折，给我国的社会主义建设带来严重损失，也使当代中国国家凝聚力的巩固与增强受到极大的冲击。尽管遇到曲折，但这之中，坚持马克思主义正确路线的共产党人努力纠正失误，使社会主义建设在经历曲折的过程中仍保持前进趋势，人们对当代中国国家凝聚力的认识也在曲折中得到提升。

最后，中国共产党引领各族人民通过改革开放走上了中国特色社会主义道路，使当代中国国家凝聚力的巩固与增强迎来了新的生机与活力。党的十一届三中全会的召开，使当代中国国家凝聚力的增强翻开了历史的新篇章。在中国共产党的领导下，经过近 40 年的奋斗，全国各族人民以一往无前的进取精神和波澜壮阔的创新实践，谱写了中华民族自强不息、顽强奋进的壮丽新诗篇，社会主义中国出现了从高度集中的计划经济体制向充满生机和活力的社会主义市场经济体制转变、从封闭半封闭的社会向全方位开放的社会转变以及人民生活从温饱向基本小康的社会转变的三个重大变化。今天，我国的经济总量稳步提升，人民生活水平显著提高，教育、文化产业大发展，国家在外交、国防、军队建设等方面取得的重大成就以及香港、澳门回归祖国等等，都说明中华人民共和国的综合国力在不断增强，中华人民共和国的国际威望在不断提高，这为我国实现民族复兴的中国梦的发展目标奠定了雄厚基础，也使当代中国国家凝聚力的巩固与增强达到了又一个新的高潮。

在40多年的改革实践中，中国共产党对人民群众的引领与凝聚主要有五个特点。

1. 主动推进

改革开放是党领导和组织的，目的是为了完善社会主义制度。每次重大改革的决策，都是中央通过决定做出的决策，说明改革是党在主导，党在主动推进。由于我们党掌握了改革的主动权和主导权，就能很好地把住改革的社会主义方向，不让人民群众的利益受到损失，也就使当代中国国家凝聚力的巩固与增强有了根本保证。

2. 阶段推进

改革开放以来，中国共产党对人民群众的引领与凝聚大体经历了四个阶段。第一个阶段是十一届三中全会后的思想解放运动，促进了人们的观念更新，焕发了人民群众参与改革开放的热情，尤其是调动了广大农民参与农村责任田承包的积极性；第二个阶段是1992年邓小平的南方谈话及党的十四大召开，调动了人民群众发展社会主义市场经济的积极性，促进了社会主义市场经济体制的形成；第三个阶段是2003年科学发展观的提出，不仅促进了党的执政理念的转变，促进了和谐社会的建设，也让人们对发展的本质有了更新更深的认识；第四个阶段是党的十八大以来，两个百年奋斗目标与实现中国梦的感召，再次凝聚起人民群众推进中国梦实现的力量。尽管在发展过程中出现了如贫富差距、腐败猖獗等问题，不同程度地对当代中国国家凝聚力的巩固与增强产生了负面影响，但随着习近平治国理政思路的展开及四个全面战略的推进，人们对当代中国国家凝聚力形成规律的认识在不断深化，人民群众参与社会主义现代化的积极性和创造力也在不断地挖掘出来，而当代中国国家凝聚力则伴随着国家的发展与人民生活水平的提高得到了巩固与增强。特别是党的十九大宣布中国特色社会主义进入新时代，更是增强了全国人民的信心，人们完全有理由相信，在习近平中国特色社会主义思想的引领下，中国梦的实现指日可待。

3. 问题推进

即抓住社会主义现代化建设的核心问题效率与公平的关系处理来凝聚各方面的力量，调动各方面的积极性。四个阶段中，前两个阶段的重心在效率，后两个阶段的重心在公平。

4. 协调推进

凝聚中国力量的目的是促进中国发展，这就要处理好经济建设与其他建设的关系，既要以经济建设为中心，又要加快自身改革；既要学习西方先进东西，又要防止西方敌对势力的干扰。同样，在凝聚中国力量的同时，既要抓好凝聚力量，又要防范消解力量，这就要处理好核心力量、主体力量与依靠力量三者之间的关系。

5. 初心推进

也就是说，凝聚中国力量的根本目的是调动广大人民群众建设中国特色社会主义的积极性，但最终目的仍是为了实现人民的全面发展，满足人民提高生活质量的需求。而这与中国共产党最初的意愿是一致的，离开了人民的根本利益，当代中国国家凝聚力就不可能形成，当代中国国家凝聚力的巩固与增强也就失去了根基，失去了动力。正是因为中国共产党几十年不忘初心，始终为民谋利益的立场与宗旨没有改变，所以，中国共产党作为国家凝聚力的核心就始终能保持牢固的吸引力。反过来，不管出现什么曲折与困难，民众的凝聚力也不会散，人民群众总是坚定不移地凝聚在中国共产党这个核心的周围。而这恰恰是由当代中国国家凝聚力形成的中国力量能够坚不可摧的根本原因。

总之，当代中国国家凝聚力的形成与增强离不开中国共产党这个中坚力量，其独特魅力，就是在马克思主义指导下，用政党的力量和全民族的根本利益，通过建立现代国家，推动中国特色社会主义道路健康发展的现代文明建构路径来凝聚人心，整合力量。这一点在改革开放近 40 年的实践中尤为明显，且更加成熟。从当代中国发展与改革的实践看，只有充分发挥党的引领作用，通过为民谋利的政策引领以及党员干部的行为示范，才能不断地巩固和增强当代中国的国家凝聚力。

参考文献：

[1] 刘学谦. 增强当代中国的凝聚力 [N]. 人民日报，2004 - 03 - 29 (9).
[2] 张晓辉. 中国共产党局部执政与当代中国国家凝聚力的孕育 [J]. 广东省社会主义学院学报，2017 (4).
[3] 中共上海市委党史研究室. 多个“第一”续写党的创建新篇章[EB/OL].(2012 - 01 - 16)[2017 - 12 - 21]. http://dangshi.people.com.cn/n/2012/0716/c138911 - 18526254 - 2.html.
[4] 饶品良. 中共早期开展的农民运动 [J]. 濮阳职业技术学院学报，2011 (4).

（作者系广州科技职业技术学院教授）

中国式管理与国家凝聚力

——论习近平的公共“治理”观

袁 忠

“治理”是一个新的学术范式，意味着管理方式的变革和创新，其基本含义是“对公共事务的有效管理”。现代意义上的“治理”概念，最早于1989年由世界银行探讨非洲“治理危机”的报告《撒哈拉以南非洲：从危机到可持续增长》所提出，其具体含义则是由联合国全球治理委员会1995年《我们的全球之家》报告所界定：即治理是或公或私的机构在管理公共事务过程中所采取的各种方式的总和，这一概念得到学术界的普遍认可。治理与管理的区别在于：治理的主体是多元的、平等的，治理的方式主要是协商，治理的结果是利益参与各方的妥协和满意，即善治。治理理论的出现对传统公共管理带来了严重的挑战，它以多元主体协商为特征颠覆了过去以政府为单一主体的“行政主导”管理模式，倡导达成“共治”、“善治”的管理结果与境界。20世纪90年代后“治理”作为一种新观念、新模式在全世界范围内迅速传播、借鉴、发展和广泛采用。习近平作为我党和国家的最高领袖，其治理观形成较早且具有自身的显著特征。习近平公共治理观是习近平治国理政方略的概括和凝结，是宏大精深的习近平思想的重要组成部分。它的产生和发展，直接折射出我国当代公共管理的变革与模式特色。

一、相关研究文献综述

近年来，国内学术界开始对习近平的治理观进行初步探讨、梳理和阐析，主要围绕如下四个领域展开：

1. 一般治理

目前理论界大多是从某一具体治理领域如社会治理、国家治理、网络治理等角度阐述习近平的公共治理观，只有少数学者从一般治理的角度进行概括性研究。2014年5月20日，中国社科院马克思主义研究所、浙江出版联合集团、广西师范大学出版社集团联合举办首届习近平系列重要讲话学术论坛，姜辉、辛向阳、许耀桐、李慎明、秦宣等围绕治理、国家治理现代化问题作了重要阐述。管玄同针对“实现什么样的治理、怎样治理”这些重要治理问题就习近平的治理观作了阐析：全面深化改革是建立现代治理体系的前提条件，全面依法治国是治理的基本方式，全面以德治国是治理的价值取向，全面从严治党是治理的坚强领导核心和必要保障。①

2. 政党治理

习近平的政党治理观主要体现在对执政党的治理。侯远长提出习近平政党治理观具有“全面从严”的鲜明时代特征。② 赵付科认为习近平首次将“从严治党”提升为“全面从严治党”，并首次提出“抓好党建是最大的政绩”；“五位一体”揭示了全面从严治党的基本内涵，从思想建党和制度治党同发力、抓住从严治吏的关键、严明纪律与严肃党内政治生活、用好巡视这一反腐“利剑”及发挥人民群众的监督作用五个方面，阐述了全面从严治党的着力点。③ 蒯正明认为习近平把从严治党作为新时期推进党的建设新常态的重要抓手，并对如何推进“全面从严治党”进行了探索：一是全面从严治党的根本路径是将思想建党和制度治党结合起来；二是全面从严治党的关键在于治吏；三是作风建设是全面从严治党的切入口和必须始终紧绷的一根弦；四是落实管党治党政治责任是全面从严治党的重要保障。④ 张士海、王国龙提出建设“服务型”政党是中国共产党全面从严治党的主要目标：从严加强思想建设，进一步巩固党的意识形态领导权；从严加强组织建设，进一步发挥党员干部的模范带头作用；从严加强作风建设，进一步密切党与人民群众的血肉联系；从严加强反腐倡廉建设，进一步完善惩治与预防相结合的反腐体系；从严加强制度建设，进一步建立健全党内法规制度。⑤ 吴怀友认为以习近平为总书记的党中央提出了全面从严治党的系列新思想、新观点、新论断，形成了以“原因论”“意义论”“目标论”“系统论”“责任论”

---

① 管玄同. 实现什么样的治理　怎样治理：习近平系列重要讲话基本问题探析［J］. 大连干部学刊，2015（7）：20－24.

② 侯远长. 习近平“三大治理”鲜明的时代特征［J］. 中国延安干部学院学报，2017（1）：13－20.

③ 赵付科. 习近平全面从严治党思想论析［J］. 当代世界与社会主义，2015（6）：67－72.

④ 蒯正明. 习近平关于全面从严治党思想研究［J］. 中国特色社会主义研究，2015（2）：19－25.

⑤ 张士海，王国龙. 习近平“全面从严治党”思想研究［J］. 社会主义研究，2015（6）：9－13.

“重点论”“核心论”“方法论”“常态论”和“规律论”等为主要内容的全面从严治党思想体系。[①] 吴阳松认为习近平政党治理观涵括五大方面：以“补钙论”为中心的思想建党论；以“守纪律、讲规矩”为中心的组织建设论；以“反四风”为中心的作风整党论；以“零容忍”为中心的反腐肃党论；以“笼子论”为中心的制度治党论。[②]

3. 社会治理

陈姝宏认为习近平从思想和实践两方面对社会治理进行了创新和发展，提出了新的理念和措施：群众路线是社会治理的核心原则；依法治国是社会治理的法律保障；多元治理与合作共治是社会治理的政治保障；基层社区建设是社会治理的根本落脚点。[③] 代山庆总结习近平社会治理观有四大内容：以实现中国梦为目标，以深化社会体制改革为动力、以加强民主法治建设为抓手、以培育和弘扬社会主义核心价值体系和核心价值观为共同思想道德基础，并阐述实现路径：坚定不移地坚持走中国特色社会主义道路、注重保障民生促进社会公平、注重法律规范和道德约束形成社会治理的长效机制、注重社会治理机制体制创新提高社会治理水平、注重党的能力建设不断提高党领导社会治理的能力。[④] 孙波、李勇杰、杨奎臣从历史和现实的角度阐述了习近平社会治理观产生的四大渊源：中国传统管理思想和管理文化、马克思主义理论、中国社会治理发展面临的困境及其现实需求、国内外治理理论的探讨。[⑤] 鲁春艳从社会治理体制、社会治理方式、社会治理核心、社会治理重心、维护社会稳定、健全公共安全体系等方面对习近平社会治理观进行了概括，认为其新思想、新论断是指引我国社会建设和社会治理、构建全民共建共享的社会治理格局的思想引领和行动指南。[⑥] 王雪珍较为全面地论述了习近平社会治理观的中国特色和自身特征，概括分析了习近平社会治理观的主线、结构、精神、目标和内部关系，提出改革是灵魂、治理是载体、创新

---

① 吴怀友. 习近平全面从严治党思想论纲［J］. 毛泽东研究，2015（4）：99－104.

② 吴阳松. 十八大以来习近平管党治党思想的道路与效应［J］. 广州大学学报（社会科学版），2017（1）：14－18.

③ 陈姝宏. 习近平社会治理思想探析［J］. 吉林省社会主义学院学报，2015（4）：46－49.

④ 代山庆. 论习近平社会治理思想［J］. 学术探索，2015（3）：63－69.

⑤ 孙波，李勇杰，杨奎臣. 论习近平社会治理思想的渊源［J］. 中国成人教育，2015（20）：5－8.

⑥ 鲁春艳. 习近平社会治理思想探析［J］. 辽宁行政学院学报，2016（5）：27－30.

是生命。[①]

4. 国家治理

黄建钢提出《之江新语》是习近平国家治理观的雏形，“全面观”是国家治理的核心，“群众观”是国家治理的基础，“干部观”是国家治理的关键。[②] 宋道雷提出习近平的国家治理观分为格局、方略与使命三个维度，其国家治理的历史观、时代观与发展观体现在“四个全面”战略布局路线图中。[③] 许耀桐认为国家治理现代化是我党继“四化”之后提出的“第五化”，是共产党执政发展的最新阶段，它包括治理体系和治理能力两大系统。国家治理体系涵盖经济、政治行政、文化、社会、生态文明、国防建设、党的建设等七大领域，国家治理能力系统涵盖依法治国、改革发展稳定、内政外交国防、治党治国治军等十大能力。[④] 刘志昌总结了习近平国家治理观的基本框架包括治理体系、治理方式、治理主体、治理目标几方面，阐述了国家治理现代化的内涵和要求。[⑤] 张雷声从中国话语、中国风格和中国智慧角度研究习近平国家治理观，总结出其四大中国特色：马克思主义国家理论与当代中国社会发展实际的辩证统一，秉承了以毛泽东为代表的党的第一代中央领导集体的现代化思维方式，以人民性与国家性的统一为基础，寻求实现国家治理现代化的途径。[⑥]

近年来，也有不少国外学者开始关注并研究习近平的治理观，特别是2014 年《习近平谈治国理政》一书由外文出版社以多语种出版发行以来，外国政要学者掀起了学习研究习近平思想的热潮。

现有研究成果多角度地对习近平的治理观作出剖析阐述，为我们深入理解、认识习近平治理观提供了大量观点和有益启示，是学习研究传播习近平治理观的重要理论基础。但研究也尚存明显不足：一是从某个单一角度如社会治理、政党治理、国家治理等研究的多，全面系统地研究的少；二是从习近平治理观所产生的时代背景、历史文化条件研究的多，着重于现实需要和

① 王雪珍. 习近平社会治理思想探究［J］. 中共云南省委党校学报，2015（5）：49 –53.

② 黄建钢. 从《之江新语》看习近平的“国家治理观”［J］. 浙江海洋学院学报（人文科学版），2015（3）：1 –6.

③ 宋道雷. 国家治理的三个维度：格局、方略与使命——学习习近平关于治国理政的论述［J］. 毛泽东邓小平理论研究，2016（3）：50 –56.

④ 许耀桐. 习近平的国家治理现代化思想论析［J］. 上海行政学院学报，2014（4）：17 –22.

⑤ 刘志昌. 习近平国家治理现代化思想研究［J］. 社会主义研究，2016（5）：16 –19.

⑥ 张雷声. 习近平国家治理思想的中国智慧［J］. 教学与研究，2016（11）：5 –12.

未来发展展望的研究少；三是从政治学、哲学、党建等角度对习近平治理观解读的多，从公共治理、管理学角度研究的少。因此，随着习近平治理观的日益发展丰富和完善，在党的十九大召开前夕迫切需要从整体角度对其进行梳理，在公共治理背景下总结剖析习近平治理观的起源、形成、主要内涵及其特点，为我党治国理政的下一步行动提供清晰的理论指导和行动指南。

二、习近平公共“治理”观的形成

早在20世纪90年代，习近平就开始使用“治理”一词，1998年元旦时任福建省委副书记的习近平就为长汀水土流失治理写下“治理水土流失，建设生态农业”的题词①。2000年，习近平在接受《中华儿女》杂志社记者专访回忆当年党风廉政建设时谈到“治理整顿也是一种机遇，把大家心气提一提”②。2001年8月23日，时任福建省省长习近平就全面治理餐桌污染问题接受央视《经济半小时》节目专访指出：全省3年内23座城市基本实现治理餐桌污染的目标，5年内全省范围基本实现治理餐桌污染目标。

多种文献资料表明，习近平很早就开始使用“治理”一词，逐步形成“治理”的理念和意识，对治理理论有着独到深入的思考认识。2013年，在党的十八届三中全会上，习近平系统地阐述了公共治理观，他在《切实把思想统一到党的十八届三中全会精神上来》讲话中指出：“怎样治理社会主义社会这样全新的社会，在以往的世界社会主义中没有解决得很好……我们党在全国执政以后，不断探索这个问题”③，也“发生了严重曲折”④。会议通过的《中共中央关于全面深化改革开放若干问题的决定》（以下简称《决定》）指出全面深化改革的目标之一就是“推进国家治理体系和治理能力现代化”。《决定》中前后共24次提到“治理”，主要有国家治理、政府治理、社会治理、小区治理、治理体系、治理能力、治理体制、治理结构、治理方式、系统治理、依法治理、综合治理、源头治理、第三方治理等等提法。⑤2014年在参加十二届全国人大二次会议上海代表团审议时，习近平明确指

① 阮锡桂，郑璜，张杰．绿水青山就是金山银山：习近平同志关心长汀水土流失治理纪实［N］．福建日报，2014－10－31.

② 韩雨亭，鲁礼义．习近平福建从政17年反腐获称赞．经济观察报［N］，2012－11－20.

③④ 习近平．切实把思想统一到党的十八届三中全会精神上来［J］．求是，2014（1）：3－6.

⑤ 许耀桐．习近平的国家治理现代化思想论析［J］．上海行政学院学报，2014（4）：17－22.

出："治理和管理一字之差，体现的是系统治理、依法治理、源头治理、综合施策"，[①] 这表明习近平的"治理"理论日臻成熟，并且已经形成了自己的理论体系和特色。

三、习近平公共治理观的主要内涵和特点

习近平的公共治理观，按照治理领域包括党的治理、国家治理、社会治理三大方面；按照理论体系，分为两大部分，即回答"实现什么样的治理、怎样治理"两大问题；前者明确治理的目标和价值取向、事关治理的战略问题，后者明确治理的方式方法、事关治理的策略问题；二者相互渗透融合，共同构成习近平治理理论的新体系和新模式。

公共治理的价值取向符合中国国情。中国公共治理模式必须符合中国具体国情，习近平明确指出"一个国家选择什么样的治理体系，是由这个国家的历史传承、文化传统、经济社会发展水平决定的"[②]。我国的公共治理模式，是在我国历史传承、文化传统、经济社会发展的基础上长期发展、渐进改进、内生性演化的结果。发展和创新中国治理模式既要继承我国传统管理经验，又要借鉴西方公共治理的合理成分，但绝不是照搬照套西方治理模式。习近平强调：推进国家治理体系和治理能力现代化绝不是西化、资本主义化，他在阐述中国梦时明确提出"实现中国梦必须走中国道路，这就是中国特色社会主义道路"[③]。总之，中国式公共治理首先是共产党领导下的治理，必须坚持共产党的统一领导，以社会主义核心价值观为基本价值取向。

为了人民的幸福生活。建立和完善我国公共治理体系究竟要达到什么样的目标？2015 年 2 月 27 日习近平在中央全面深化改革领导小组第十次会议上作出了明确回答：就是要"让人民群众有更多获得感"，习近平治国理政的根本目的和出发点就是要"让改革发展成果更多更公平惠及全体人民"[④]。他强调推进国家治理体系和治理能力的现代化，目的在于从人民利益出发谋划公共治理思路、制定公共治理举措，就是要"以百姓心为心"，大力发展制度和公共服务的有效供给，充分满足人民群众的真实需求，实现"国家富

---

① 习近平. 推进中国上海自由贸易试验区建设，加强和创新特大城市社会治理［N］. 人民日报，2014－03－06.

②④ 中共中央宣传部. 习近平总书记系列重要讲话读本（2016 年版）［M］. 北京：学习出版社，2016：75.

③ 中共中央宣传部. 习近平总书记系列重要讲话读本（2016 年版）［M］. 北京：学习出版社，2016：10.

强、民族振兴、人民幸福”的中国梦。

实现公平正义。实现公共治理现代化的另一目标在于促进社会公平正义。习近平在2014中央政法工作会议上提出“公平正义是政法工作的生命线，司法机关是维护社会公平正义的最后一道防线”。公平正义是社会主义的核心价值，习近平多次强调全面深化改革必须以促进社会公平正义、增进人民福祉为出发点和落脚点，“我们党推进全面深化改革的根本目的，就是要促进社会公平正义”①，强调通过全面深化改革，加强制度建设，全面从严治党，努力让社会变得更加公平正义，让更多的人分享改革发展的成果。

四、公共治理的工具与方式

治理方式是习近平公共治理观的重要组成部分，回答的是“怎样治理”的问题，它决定着中国公共治理的模式和特色。从治理主体、治理方法、治理工具、治理网络等角度进行概括剖析，可以归结为如下几方面。

1. 以党治理

共产党作为我国的领导核心力量，是我国诸多公共事务的决策者、组织者、指挥者、协调者，因此共产党的各级组织及其组成人员是我国公共治理的重要主体，它和政府等其他治理主体共同构成我国公共治理体系。习近平十分重视党的领导作用，在庆祝中国共产党成立95周年大会上强调指出：“办好中国的事情，关键在党”。中国特色公共治理最本质的特征是中国共产党的领导，中国特色公共治理的最大优势也是中国共产党领导。只有在党的坚强领导下，才能把全国各种治理力量、各种资源有效调动起来，集中全国的力量办大事；只有在党的科学领导下，才能逐步加大中央财政转移支付的力度，实现基本公共服务均等化。这一点与西方治理模式显著不同，是构成“中国模式”、“中国道路”的核心因素。

2. 民主治理

宪法规定，社会主义国家一切权力属于人民，人民享有公共事务管理的知情权、参与权、监督权。习近平多次强调民主的政治和管理意义，他在谈到中国梦的时候，指出“人民是中国梦的主体，是中国梦的创造者和享有

① 中共中央宣传部．习近平总书记系列重要讲话读本（2016年版）［M］．北京：学习出版社，2016：75.

者……其最深沉的根基在中国人民心中，必须紧紧依靠人民来实现”。[①] 中国式民主治理包括三层含义：①人民是治理的当然主体，人民直接或间接从事公共事务的治理活动；②政党和政府在内的其他治理主体在管理公共事务时必须充分尊重人民的意见、自觉听取人民的呼声；③中国治理的根本目的是维护人民的利益、营造公共福祉。习近平指出：“在中国社会主义制度下，有事好商量，众人的事情由众人商量，找到全社会意愿和要求的最大公约数，是人民民主的真谛”[②]。这表明在治理方面，中国式民主有别于西方民主。

3. 依法治理

法治与人治是相对而言的，法治指的是依据法律和制度治理公共事务。它是现代公共治理的基本形式和要求。习近平高度重视法治的战略意义，“法律是治国之重器，法治是国家治理体系和治理能力的重要依托”[③]，他十分明确地指出依法治国是党领导人民治理国家的基本方略，法治是治国理政的基本方式。只有建设“法治中国”，确保党和国家各级组织和领导干部有依法行政、依法治理的能力，才能管理好国家和社会各方面的事务，才能避免“运动式”、“一阵风式”的低效治理。习近平还强调依法治国首先是依宪治国，他在2012年首都各界纪念现行宪法公布施行30周年大会上指出：“宪法是国家的根本法，是治国安邦的总章程”、“依法执政，关键是依宪执政”。新形势下，我们党要履行好执政兴国的重大职责，必须依据党章从严治党、依据宪法治国理政。党领导人民制定宪法和法律，党领导人民执行宪法和法律，党自身必须在宪法和法律范围内活动，真正做到党领导立法、保证执法、带头守法，“坚决纠正违宪违法行为”。

4. 以德治理

道德是社会文明的基石，是以礼义廉耻忠孝节悌为核心内容的一种社会主流价值观下的非强制性约束法则，它和法律一样具有规范社会行为、调节社会关系、维护社会秩序的作用，在公共治理体系中发挥着不可忽视的作用。习近平在主持中共中央政治局第三十七次集体学习时强调：必须坚持依法治国和以德治国相结合。一方面法律有效实施有赖于道德支持，以德立法、重视发挥道德的教化作用，强化道德对法治的滋养和支撑作用，为全面

---

① 中共中央宣传部. 习近平总书记系列重要讲话读本（2016年版）［M］. 北京：学习出版社，2016：8－9.

② 找到全社会意愿的最大公约数［N］. 京华时报，2014－09－22.

③ 中共中央文献研究室. 习近平关于全面依法治国论述摘编［M］. 北京：中央文献出版社，2015：6.

依法治国创造良好人文环境。另一方面道德践行也离不开法律约束，要以法守德，在道德体系中体现法治要求，在道德教育中突出法治内涵，注重培育人们的法律信仰、法治观念、规则意识。法治和德治在公共治理中相互补充、相得益彰，共同促进国家治理体系和治理能力现代化。

5. 系统治理

公共事务涵括内政外交众多领域，纷繁复杂；对诸多公共事务的治理涉及方方面面利益，其复杂程度也不一样。因此公共治理是一个巨大的系统工程，需要有整体观念。只有坚持系统思维，才能推进公共治理现代化。习近平一针见血地指出："治理……体现的是系统治理、依法治理、源头治理、综合施策"。在中共十八届四中全会第二次全体会议，习近平强调："全面推进依法治国是一项系统工程，是国家治理领域一场广泛而深刻的革命"。谈到具体的安全生产治理，2017 年在全国安全生产监管监察系统先进集体和先进工作者表彰大会上，习近平强调要"坚持标本兼治、综合治理、系统建设，统筹推进安全生产领域改革发展"。其"四个全面"即全面建成小康社会、全面深化改革、全面依法治国、全面从严治党战略思想的提出，是其公共治理系统观的集中体现，完整地展现了以习近平为首的中央领导集体治国理政总体框架。

6. 全球治理

全球治理是习近平公共治理观的重要组成部分。近年来，习近平多次在不同场合阐述对全球治理的看法，"一带一路"倡议规划构想的实施就是其思想的有效践行。2013 年 3 月习近平接受金砖国家媒体联合采访时，主张全球经济治理体系"必须反映世界经济格局的深刻变化"，"更符合世界生产力发展要求"。2015 年 9 月 22 日习近平访美前夕接受《华尔街日报》书面采访时再次强调："全球治理体系是由全球共建共享的"。2015 年 10 月中共中央政治局围绕全球治理格局和全球治理体制进行集体学习，习近平指出："要推动全球治理理念创新发展……弘扬共商共建共享的全球治理理念"。2017 年 1 月 18 日习近平出席日内瓦"共商共筑人类命运共同体"会议并发表主旨演讲，提出"全球事务应该由各国共同治理"，全面深刻地阐述全球命运共同体理念。在 2017 年 G20 峰会上习近平开出全球治理的药方：政治上"奉行多边主义，共同推动各方以政治和和平方式解决地区冲突和争端，努力实现各国和平共处"，经济上"致力于加强伙伴关系、建设开放型世界经济、稳定和促进全球经济增长的积极信号；主张通过加强"规则"和"制度"建设打造一个更加公正合理的全球治理体系，应对全球性挑战。

综上所述，习近平公共治理观自成体系、内涵丰富，覆盖内政外交、国内国际公共治理的各个方面，博大精深；既吸收了我国传统管理思想、管理文化的精华，也借鉴了西方治理理论的有益成分，是对中国特色社会主义理论的继承、发展和创新，理论性、开放度显著突出；其以问题为导向，直面当前中国公共管理面临的热点难点，有效地解决国内国际事务纷争，几经实践检验而彰显出其科学性和实效性。中国当前正处在一个承前启后、励精图治实现中国梦的关键时期，与第一代、第二代国家领导人不同的是习近平肩负着更加复杂而艰巨的治理使命和历史宏愿，其国家治理“现代化”理念是继工业、农业、国防、科技四个现代化之后的我国“第五个”现代化，既是对“四化”理论的发展完善，也是对现代公共治理理论的丰富和创新。

参考文献：

[1] 管玄同. 实现什么样的治理　怎样治理：习近平系列重要讲话基本问题探析［J］. 大连干部学刊，2015（7）.
[2] 侯远长. 习近平“三大治理”鲜明的时代特征［J］. 中国延安干部学院学报，2017（1）.
[3] 赵付科. 习近平全面从严治党思想论析［J］. 当代世界与社会主义，2015（6）.
[4] 蒯正明. 习近平关于全面从严治党思想研究［J］. 中国特色社会主义研究，2015（2）.
[5] 张士海，王国龙. 习近平“全面从严治党”思想研究［J］. 社会主义研究，2015（6）.
[6] 吴怀友. 习近平全面从严治党思想论纲［J］. 毛泽东研究，2015（4）.
[7] 吴阳松. 十八大以来习近平管党治党思想的道路与效应［J］. 广州大学学报（社会科学版），2017（1）.
[8] 陈姝宏. 习近平社会治理思想探析［J］. 吉林省社会主义学院学报，2015（4）.
[9] 代山庆. 论习近平社会治理思想［J］. 学术探索，2015（3）.
[10] 孙波，李勇杰，杨奎臣. 论习近平社会治理思想的渊源［J］. 中国成人教育，2015（20）.
[11] 鲁春艳. 习近平社会治理思想探析［J］. 辽宁行政学院学报，2016（5）.
[12] 王雪珍. 习近平社会治理思想探究［J］. 中共云南省委党校学报，2015（5）.
[13] 黄建钢. 从《之江新语》看习近平的“国家治理观”［J］. 浙江海洋学院学报（人文科学版），2015（3）.
[14] 宋道雷. 国家治理的三个维度：格局、方略与使命——学习习近平关于治国理政的论述［J］. 毛泽东邓小平理论研究，2016（3）.
[15] 许耀桐. 习近平的国家治理现代化思想论析［J］. 上海行政学院学报，2014（4）.
[16] 刘志昌. 习近平国家治理现代化思想研究［J］. 社会主义研究，2016（5）.
[17] 张雷声. 习近平国家治理思想的中国智慧［J］. 教学与研究，2016（11）.
[18] 阮锡桂，郑璜，张杰. 绿水青山就是金山银山：习近平同志关心长汀水土流失治理纪实［N］. 福建日报，2014-10-31.

[19] 韩雨亭，鲁礼义．习近平福建从政17年反腐获称赞．经济观察报［N］，2012－11－20．
[20] 许耀桐．习近平的国家治理现代化思想论析［J］．上海行政学院学报，2014（4）．
[21] 习近平．推进中国上海自由贸易试验区建设，加强和创新特大城市社会治理［N］．人民日报，2014－03－06（1）．
[22] 中共中央宣传部．习近平总书记系列重要讲话读本（2016年版）［M］．北京：学习出版社，2016．
[23] 找到全社会意愿的最大公约数［N］．京华时报，2014－09－22．
[24] 中共中央文献研究室．习近平关于全面依法治国论述摘编［M］．北京：中央文献出版社，2015．
[25] 习近平．切实把思想统一到党的十八届三中全会精神上来［J］．求是．2014（1）．

（作者系中共广东省委党校教授、硕士生导师）

关于社会主义核心价值观建设与国家文化软实力的思考

冯颖红

当代中国国家实力是一个综合性的概念，既包括由经济、科技、军事实力等表现出来的“硬实力”，也包括以文化、意识形态、制度吸引力等体现出来的“软实力”。文化软实力是与经济力、军事力、科技力相对应的，通过文化载体和文化方式表现的影响和能力。在构成文化软实力的诸因素中，价值观处于最高地位，它对于文化政策、国民素质乃至文化产业等都起着核心的、统摄引领的作用。核心价值观是文化软实力的灵魂，是文化软实力建设的重点。加强社会主义核心价值观建设，就是用社会主义核心价值观塑造国家，培育公民，影响世界，树立中国的形象，这是增强当今中国国家文化软实力和国家凝聚力的重要课题。

一、核心价值观是国家文化软实力的重要组成部分

当今世界，国家文化软实力是综合国力的重要组成部分，国无论大小都把提高文化软实力作为提升国家实力的战略。“软实力”（Soft Power）是由美国哈佛大学肯尼迪政府学院前院长约瑟夫·奈在1990年出版的《美国定能领导世界吗》一书首次提出的，后被政界人士和学术界广泛运用。[①] 一般而言，文化软实力包括三个层面：一是该国的文化传统、价值观念以及制度体系。二是建立在公共文化服务体系基础上，以人的精神、品格为核心的国民素质，发展文化软实力就是要继承、培育和发展一种独特的民众精神和品格。三是包括音乐、表演艺术、电影、电视、出版、会展、动漫游戏、新媒

---

① 1990年，约瑟夫·奈（Joseph Nye）在其出版的《注定领导世界：美国权利性质的变迁》（*Bound to Lead: The Changing Nature of American Power*）一书及同年在《对外政策》（*Foreign Policy*）杂志上发表的题为《软实力》（*Soft Power*）一文中，最早明确提出并阐述了“软实力”概念。“软实力”随即成为冷战后使用频率极高的一个专有名词。

体等可以运营的文化产业。因此，文化软实力是一种依靠该国家的文化、价值观和政策（包括对内政策和对外政策两个方面）、国民素质、文化产品等的吸引力而非通过军事威逼或经济利诱的手段来实现目标的能力，是区别于军事与经济外的第三种力量。其中，核心价值观是文化软实力的最高层次，起着统摄作用，并通过国民素质和文化产品表现出来，是文化软实力的灵魂。

1. 大国的崛起就是价值观的崛起，没有核心价值观的崛起就没有世界性的大国崛起

历史和现实都表明，大国崛起不仅是经济现象，而且是文化现象；不仅是经济增长，而且是文化繁荣。观察世界历史上近500年来先后崛起的大国，如英国、美国、法国、俄罗斯等国家，我们可以发现一条规律，就是大国崛起离不开精神崛起，离不开思想崛起，离不开文化崛起，离不开价值观的崛起。这些国家都有自己的核心价值观，有自己的奋斗精神，有自己的文化创造，绝不只是纯粹的经济崛起和军事崛起。而在西方世界发生的文艺复兴运动、启蒙运动、法国大革命运动、十月革命等等都推动了大国的思想解放，这些运动都是对大国崛起的一种精神洗礼，它们都为大国崛起准备了思想能源。现在中国要实现大国崛起也必须有核心价值观的崛起，中国如果不能成为一个价值观大国，我们就不可能实现伟大复兴的辉煌崛起。

2. 核心价值观是塑造国家形象的核心要素，没有稳定的核心价值观，国家就失去了信仰和方向

国民向心力很重要的是核心价值观的感召力和凝聚力，是人民对其核心价值观的认同和信仰。核心价值观是形成国家的核心要素，它是维系国家的精神纽带，是支撑国家的文化支柱。核心价值观具有的一般功能，主要体现在两个方面：一是社会的方向盘，决定人心向背；二是国家的稳定器，关系长治久安。从某种意义上讲，任何一个国家，特别是大国无一例外都是精神国家，是文化国家，是价值观国家。春秋初期著名的政治家、思想家管仲提出了“礼、义、廉、耻”四个道德要素。管子对这四个要素非常看重，称“礼义廉耻，国之四维”，“四维张则君令行”，“四维不张，国乃灭亡”。[①] 从关系国家生死存亡的高度强调了这四大道德要素之重要。汉代的董仲舒把“仁、义、礼、智、信”五大道德要素整合在一起加以全面阐述和规范。他

① 语出《管子·牧民》。

认为“仁义礼智信五常之道”[①]，要在世间推行，以此教育民众，改变民间陋习，形成良好的民风。在西方，资产阶级在反对封建统治、夺取政权的斗争中，掀起文艺复兴和思想启蒙运动，提出“自由、平等、博爱”等价值观念，形成了一套以个人主义为主要内容的价值体系，对建立和巩固资本主义制度发挥了重要作用。现代国家是用核心价值观塑造出来的，任何一个国家的核心价值观都是这个国家的文化基因，它根植于这个国家的土壤和血液中，从根本上决定了这个国家的性质和性格，成为任何一个国家社会发展的一种精神推动力。从这个意义上，我们可以说，封建社会国家是封建社会价值观塑造出来的，资本主义国家是用资本主义核心价值观塑造出来的，社会主义国家是用社会主义核心价值观塑造出来的。这样，我们就不难理解，作为社会主义性质的中国必须要建设社会主义核心价值观了。

3. 核心价值观体现了国家的核心竞争力，没有核心价值观，国家就失去了立国之本

核心价值观确立的是一个国家价值判断的基本标准，它展示的是一个国家的根本性质和奋斗目标，它体现的是一个国家的内在追求和外在诉求。核心价值观是国家政治和意识形态的内核，是文化和道义的制高点，因此，人们判断和定位一个国家的性质必然是从分析它的核心价值观入手。不但如此，核心价值观是一个国家在国际上的形象和旗帜，在当今国际交往中，价值观作为能够影响他国人民的隐性的力量，已经成为连接国与国之间的精神纽带。事实证明，具有相同价值观的国家和人民往往容易产生亲近感，而价值观外交也越来越成为当今国家对外交流交往的重要形式和纽带，因此具有重要的战略意义。现代国家之间的战略竞争首先是核心价值观的竞争。从这个意义上，我们就不难明白，国家无论大小都十分注重国家核心价值观的建设，如：1991 年 1 月 15 日新加坡国会通过了政府提出的“共同价值观”，其内容是“国家至上，社会为先；家庭为根、社会为本；社会关怀，尊重个人；协商共识，避免冲突；种族和谐，宗教宽容。”“共同价值观”成为了新加坡的核心竞争力。

在这个越来越重视综合实力的大时代，中国拿什么来与世界进行精神对接和沟通，直接关系着中国在国际战略中地位的大问题。不少西方政要认为，中国在向世界输出自己的价值观之前不可能成为真正的世界大国。这句话表达了一种观点，就是大国之所以大，一个重要的标志是要有既能够凝聚

---

① 语出董仲舒《举限量对策》。

自己，又能够风靡世界的一种大文化，能够激励本国又感召世界的核心价值观。因此，中国要成为一个真正意义上的强国，在发展经济、军事和科技等显性实力的同时，必须把文化、价值观等隐性实力展现出来，凝练出既能够全面真实地反映中国发展理念又能够为世人所接受的价值观表述，使支撑中国发展模式背后的价值理念特别是中国的发展理论、道路和制度等亮相于世人，让更多的人认知、认同而不是一味地反对或者偏颇地理解甚至故意歪曲，从而对社会主义的中国更有亲近感。这是提升中国国家形象，增强国家文化软实力，使中国真正走向世界大国、强国的必由之路。因此，提高中国在国际上的核心竞争力，必须要建设文化大国，建设价值观大国，使中国价值观走向世界，为世界所认知理解，并与世界其他进步文化互相包容、互相借鉴、互相融合。

二、社会主义核心价值观是凝聚全中国的最大公约数

价值观是指人对客观事物（包括人、物、事）及对自己的行为结果的意义、作用、效果和重要性的总体评价，是对什么是好、是应该的总看法，是推动并指引一个人采取决定和行动的原则、标准。而“核心价值观”是指“核心主体的价值观”，即是指在多元社会各种各样的价值观中，有一套价值观居于核心的地位。比如，在全国各地区、各民族、各阶级、各阶层，所有不同行业、不同年龄的人各种各样的价值观当中，有一套价值观成为所有价值观的核心。目前，中国24字的社会主义核心价值观，是2012年中共十八大报告提出，并于2013年12月，中共中央办公厅印发《关于培育和践行社会主义核心价值观的通知》中正式确认的。它用12个词、24个字来表述：“富强、民主、文明、和谐，自由、平等、公正、法治，爱国、敬业、诚信、友善24个字是社会主义核心价值观的基本内容”。可以说，24个字的社会主义核心价值观的表述，超越了各地区、各民族、各阶级、各阶层，所有不同行业、不同年龄的人的价值观，是国家的共同意志，具有鲜明的民族性、现实性和显著的人民性，反映现阶段全国人民思想观念的最大公约数，是当今中国核心主体价值观。

1. 社会主义核心价值观根源于中华民族的文化，具有鲜明的民族性

社会主义核心价值观是“中国”的，中华传统优秀文化是社会主义核心价值观的民族根基。对社会主义核心价值观的凝练或者践行，都必须是基于中华优秀传统文化基础上。因为，中华优秀传统文化既是中华民族共有的精神家园，又是每个中国人的安身立命之所。只有扎根于中华优秀传统文化，继承中华民族的优秀道德传统和价值理念，才能接地气，得到民众的认同、

支持、拥护，才能动员广大群众自觉投身到培育践行社会主义核心价值观的活动中。“越是民族的就越是世界的”，实现中华民族伟大复兴，就是中华民族近代以来最伟大的梦想。社会主义核心价值观是根植于中国传统文化，紧密结合当代中国的社会文化状况，把传统文化的主导价值观与当代中国的现实价值导向、价值理想有机结合起来，创造源于中国传统文化又高于中国传统文化的当代价值观。如，同样是“自由”，西方价值观也提倡“自由”，中国社会主义核心价值观也提倡“自由”，但不同的是，社会主义核心价值观的“自由”是深深的刻上了中华优秀传统文化的烙印的，具有浓郁的民族色彩，使之成为区别其他价值观的显著标志。中国人追求的独立自由不同于西方人追求的独立自由，根本原因在于中西方文化传统不同：西方人受卢梭天赋人权理论的影响，其价值取向主要追求个人的独立自由，如财产独立、人身自由；而中国人受儒家文化影响，其价值取向主要是追求道德完善，把个体的气节情操、人格尊严置于生命、财产、自由之上，所谓“生亦我所欲也，义亦我所欲也；二者不可得兼，舍生而取义也。”语出《孟子·告子上》。可以说，中华优秀传统文化是社会主义核心价值观最深厚的民族根基，如果抛弃这个根基，社会主义核心价值观就没有生命力、凝聚力、向心力了。

2. 社会主义核心价值观是符合当代中国人民的迫切需求，具有重要的现实意义

强调中华优秀传统文化是社会主义核心价值观的民族根基，并不意味着把中华优秀传统文化等同于社会主义核心价值观。满足现实的需要，解决现当代中国社会的现实问题是人们自觉认同和践行社会主义核心价值观的根本动力。社会主义核心价值观是针对解决中国现当代问题而凝练出来的。社会主义核心价值观不是虚无缥缈的口号，而是实实在在的，与人们的生活密切相关的，是切合中国当今社会的现实追求的。如：作为第一层次国家层面的“富强、民主、文明、和谐”，是中国近现代以来历代仁人志士的梦想，它是伟大“中国梦”的价值表述，毫无疑问，这是全体中国人的共同价值追求；作为第二层次社会层面的“自由、平等、公正、法治”，是符合现代中国社会治理能力和治理体系现代化要求的，是全面推进“依法治国”战略，建设一个有序社会的价值表达，同样，也是被全体中国人所认同的；作为第三层次的公民个人层面的“爱国、敬业、诚信、友善”，是调节个人与国家、社会关系的行为准则。它要求人们以振兴中华为己任，促进民族团结、维护祖国统一、自觉报效祖国。要求公民忠于职守，克己奉公，服务人民，服务社会，它强调诚实劳动、信守承诺、诚恳待人。强调公民之间应互相尊重、互相关心、互相帮助、和睦友好，努力形成社会主义的新型人际关系，这是完

全符合全体中国人的现实需求的价值表达。可见，社会主义核心价值观不是中华优秀传统文化的简单继承，而是对中华优秀传统文化的超越升华，达到了前所未有的时代高度，实现了“三个统一”：传统与现代的统一，继承与超越的统一，民族性与时代性的统一。

3. 社会主义核心价值观兼顾了不同人群的不同价值追求和价值认同，具有显著的人民性

社会主义核心价值观的主体不是某个政治集团，而是全体中国人民，是整个中华民族，是我们大家的共同利益整体。社会主义是人民当家做主的社会，那么它的主导价值观就必须要以人民为主体，以人民的利益为标准。虽然社会主义核心价值观是由执政党提出来的，但是它是代表着最广大人民利益的。所以，我们的主导价值观不论以什么方式表述出来，它的实质和根基是不能改变的，这就是：它是以人民为主体，以人民的利益为标准的价值观念体系。如果离开了这一点，那么它要么不是社会主义的，要么它成不了主导价值观。正是因为社会主义核心价值观有这样的特性，当西方舆论如何攻击我们的制度和文化价值观，我们始终具有根植于内心不动摇的自信，不管西方对我们的制度和文化以及背后的价值观如何的不接受甚至攻击，但是，这是中国发展道路在意识形态的根本体现，是中国各族人民的共同思想基础。它就如同一双鞋，鞋子合不合脚穿着才知道一样，中国的发展道路、理论、制度以及文化，只有生活在这里的人民才知道。

可见，社会主义核心价值观是凝聚当代中国人民心理认同的最大公约数，大力培育和弘扬社会主义核心价值观，不仅有利于凝聚社会共识、提升自身文化软实力，也有利于把跨越时空、跨越国度、富有永恒魅力、具有当代价值的中华文化精神弘扬起来，把继承优秀传统文化而又弘扬时代精神、立足本国而又面向世界的当代中华文化创新成果传播出去，提高中国文化影响力，增强国家文化软实力。

三、建设社会主义核心价值观关键在于构建其“话语体系”

社会主义核心价值观虽然已经提出并且成为国内人民的共识，但是在意识形态的话语体系中，社会主义核心价值观的影响力仍然较弱。习近平总书记在2015年全国党校工作会议上强调指出：“落后就要挨打，贫穷就要挨饿，失语就要挨骂。形象地讲，长期以来，我们党带领人民就是要不断解决‘挨打’、‘挨饿’、‘挨骂’这三大问题。经过几代人不懈奋斗，前两个问题基本得到解决，但‘挨骂’问题还没有得到根本解决。争取国际话语权是我

们必须解决好的一个重大问题。”① 因此，如何与西方争夺意识形态领域的话语权是建设社会主义核心价值观的重要使命。

长期以来，西方话语长期主导着国际学术话语权，这种状况在很大程度上导致了中国的学术话语出不去、走不远，中国的形象被歪曲、遭丑化，中国在国际上面临有理无处说、有理说不出去的局面。同时，我们的学术话语中有些概念范畴难以让人明白理解，如：我们在理论宣传过程中，经常用一些如“本质”“核心”“灵魂”“精髓”“关键”等概念，不接地气，没有感染力，不仅外国人看不懂，国内的老百姓也看不懂。结果，导致我们的意识形态话语出现“概念漂浮”或“话语空转”的局面。事实上，中国已作为崛起中的大国被世界所瞩目，不管西方国家承认不承认，中国发展背后的价值观包括中国特色的社会主义道路、理论、制度、文化更应该得到人们的关注。如何打破在价值观方面的“西强我弱”的国际话语格局，扭转“有理说不出、说了传不开”的被动局面，主动使中国文化走出去，在国际交流交往中普遍被认同和受欢迎，从而提高国家形象和影响力，关键在于我们的核心价值观话语体系的构建，构建一套新的有感染力的具有中国特色的话语方案。

1. 要有高度的理论自觉和理论自信，不断加强对中国社会主义核心价值观话语体系的理论探讨和研究

中国是世界上唯一历经几千年没有文化中断的文明古国，也是唯一在短短几十年内创造了现代化奇迹的国家。中国的革命、建设、改革走的是一条世界上独一无二的道路，借用西方学术话语解释不了中国发展道路和制度，只有依靠中国学者自身的努力，因此，中国学者必须有高度的理论自信。

2. 立足中华优秀传统文化，坚守在我国大地上形成和发展起来的道德价值，努力实现中华传统美德的创造性转化、创新性发展

中华文明绵延数千年，形成了独特的价值观念。像“己所不欲，勿施于人”；“天行健，君子以自强不息；地势坤，君子以厚德载物”；“大道之行也，天下为公”；“不义而富且贵，于我如浮云”；“与人为善”；“助人为乐”；“扶贫济困”等，都是人们公认的道德要求，国际社会也广泛接受。像这样的道德理念，不论过去还是现在，都有其鲜明的民族特色，都有其永不褪色的时代价值。对于中华优秀传统文化的时代价值，习近平有一个概

① 习近平. 在全国党校工作会议上的讲话[EB/OL].(2016-05-01)[2017-12-21].http://cpc.people.com.cn/n1/2016/0501/c64094-28317481.html.

括："讲仁爱、重民本、守诚信、崇正义、尚和合、求大同。"这一概括抓住了中华优秀传统文化的精髓，是鲜明的中国概念，又适应了以改革创新精神发展社会主义市场经济的时代要求，可以视之为当代中国核心价值观的又一新凝炼。我们在社会主义核心价值观的建设上，应充分考虑本国、本民族、本地区的文化传统，高度重视对文化遗产的继承和利用。一是重视传统文化基础及对文化遗产的继承、保护和利用。政府要妥善保护和自觉利用一些与我国历史发展历程密切相关遗迹，立法确定纪念日，通过举办纪念或者庆祝活动不断强化国人的历史记忆，以促进国家民族认同，激发民众意志，增强民族自豪感与自信心。二是挖掘本地文化资源，建立主流价值形态与民间伦理规范的对接点。不同的地区在发展过程中都已经形成了特色鲜明的地区文化，各地相关部门特别是要注重挖掘本地乡土文化资源，本地文化资源是身边的历史与故事，我们在宣传核心价值观的过程中，要积极发挥这些文化建设的优秀成果，抓住其与社会主义核心价值观的结合点，注重与身边历史和故事联系起来，才能让普通民众感受到社会主义核心价值观与我们的生活和家园是息息相关的。三是深入实施"中华文化传承工程"，广泛开展中华优秀传统文化的宣传普及活动。要围绕反映中华民族历史特别是近现代史、党史、国史，围绕实现中华民族伟大复兴的中国梦，制定"中华文化传承工程"规划，加强重点扶持，注重创新的价值观的传播，传播的具体方式应更加柔和，少做玄奥的解释、理论的推演和硬性的灌输，多做具体的描述、形象的体验和日常的感知，增强核心价值观的吸引力。四是创新中华文化"走出去"的模式。支持文化产业多元化的发展，特别是提升文化产业在国际的影响力，鼓励和支持民营文化创意企业做好做大做强，赋予有影响力的企业在经济走出去的同时，要承担和履行文化走出去的责任和使命。

3. 要掌握构建中国特色社会主义核心价值观话语体系的方法

一要认真汲取中国优秀历史文化中的合理元素，挖掘和阐释其中符合时代精神、具有普遍意义的思想精华，使之成为创新和发展中国特色话语体系的重要源流。二要立足于当代，着眼于解决中国现实问题，致力于时代精神的中国表达。要努力概括出理论联系实际的、科学的、开放融通的新概念、新范畴、新表述，对"民主、自由、平等、公正、法治"等概念给予中国化的新解释。三要面向未来，着力探索影响中国经济社会发展的战略性、全局性、前瞻性问题，取得学术原创性和开拓性的成果。四要面向世界，广纳世界学术成果，让中国学术走向世界，让世界倾听中国的声音，让中华文明巍然屹立于世界文明之林。

参考文献：

[1] 罗诗钿．社会核心价值观的伦理维度与哲学建构［J］．内蒙古社会科学，2015（2）．
[2] 杨增崇，李敏敏．美国社会核心价值观建设的主要路径及其启示［J］．学术论坛，2014，37（12）．
[3] 高惠珠．社会核心价值观的构建与认同［J］．探索与争鸣，2007（5）．
[4] 胡锦涛．坚定不移沿着中国特色社会主义道路前进　为全面建成小康社会而奋斗［N］．人民日报，2010－11－18．
[5] 习近平．在全国党校工作会议上的讲话［EB/OL］．（2016－05－01）［2017－12－21］．http://cpc.people.com.cn/n1/2016/0501/c64094－28317481.html.

（作者系广东省社会主义学院教授）

中华传统文化价值学理阐释与传承演绎

曾祥耿

人类从野蛮到文明，从充满动物野性转化为具有社会习性，需要文化的不断进步，需要进步文化的熏陶和教化。习近平总书记指出：“文化是民族生存和发展的重要力量。人类社会每一次跃进，人类文明每一次升华，无不伴随着文化的历史性进步。”① 人类的理念追求与个性特质依靠文化赋予，人类的品行修养与言行举止依靠文化培养，人类多元的价值取向依靠文化确立。以儒家文化为主流的中华传统文化“一以贯之”表达着人的价值，涵括个人安身立命、个人置身其中的家庭、社会、国家的群体价值诉求。习近平总书记强调：“中国特色社会主义文化，源自于中华民族五千多年文明历史所孕育的中华优秀传统文化。”② 从个体意识方面看，中华传统文化是每一个中华民族成员认知自我、明晰思路、寄托精神的坚实理论基础；从社会活动方面看，中华传统文化是全民族变迁发展的历程，经验的总结，由古到今逐渐传承的历史积沉；从国家秩序方面看，中华传统文化表达着中华民族共同认可的理念与思想，不仅有治国方略的法律规范和社会管理的道德约束，而且蕴含着迎合时尚的时代标杆和理念趋同的凝聚价值，是引导中华民族不断繁荣发展和实现国家强大统一的有力保障。

一、中华传统“文化”语义与动态传承

在中国早期的文献典籍中，“文化”一词频繁出现，并具有丰富的含义。起初，思想家们单独使用“文”与“化”两个字。

“文”的本义，指色彩斑斓的纹饰图案、交错的纹理或花纹。《周易·

---

① 坚持以人民为中心的创作导向　创作更多无愧于时代的优秀作品［N］. 人民日报，2014-10-16（1）.

② 习近平. 决胜全面建成小康社会　夺取新时代中国特色社会主义伟大胜利［M］. 北京：人民出版社，2017：41.

系辞下》称“物相杂，故曰文”，《诗经·小雅·六月》称“织文鸟章，白旆央央”。随着人类活动能力的提高，“文”趋于抽象化，表达着人类深邃的思想与抽象的思维等；《礼记·乐记》称“五色成文而不乱”，赋予“文”修饰、礼仪的意蕴。首先，“文”由纹理符号发展到有关语言文字的符号，成为文化学术的总称，并包含礼乐制度的内涵。《论语·学而》称“行有余力，则以学文”；《论语·八佾》称“周监于二代，郁郁乎文哉，吾从周”等。其次，“文”涵括人类刻绘、华丽修饰等。《广雅·释诂》释“文”为“饰”；《周礼·考工记》称“画缋之事，杂五色。……青与赤谓之文，赤与白谓之章，白与黑谓之黼，黑与青谓之黻，五彩备谓之绣”等。最后，“文”内含着人类修养、美德与善行。《礼记·乐记》称“礼减两进，以进为文”；《论语·雍也》称“质胜文则野，文胜质则史，文质彬彬，然后君子”等。

“化”有着本义和引申义的内涵。《黄帝内经》称“物生谓之化，物极谓之变”；《庄子·逍遥游》称“北溟有鱼，其名为鲲，……化而为鸟，其名为鹏。”可见，“化”的本义是改变、变化。在思想家们看来，“变”与“化”有着明显的区分：“变”属于渐变、量变，“化”是变化的最后结果，属于质变。随着应用范围的扩大，“化”在“变化”本义的基础上，逐渐被引申为“化育”、“造化”，泛指事物性质的改变：《礼记·中庸》称“可以赞天地之化育”，《易·系辞下》称“男女构精，万物化生”等；后来，“化”被赋予了教行迁善的引申义。《说文解字》称“教行也。就是教化实行，由七、由人会意”；“化，教行也。教行于上则化成于下”。

“刚柔交错，天文也；文明以止，人文也。观乎天文，以察时变；观乎人文，以化成天下。”（《周易·贲卦》）这里阐述的“天文”，泛指自然景观与宇宙万象，表达出人类对自然的关注与思考；“人文”与野蛮、混沌相对立，象征人类文明与规范教化。这强调国家管理者或统治者需要明确自然规律的变化，同时还要深刻把握人伦秩序关系，促使人们遵循传统礼仪，并由此推广开来，达到“化成天下”的目的。至此，“文”、“化”连接起来，表达自然的功能，体现人类社会活动原则，营造良好的传统历史氛围，形成“以文教化”、“百物皆化”、以文化人的思想。西汉刘向连接“文”与“化”，倡导运用文明礼仪道德教化百姓，是一个动态词汇。其后，西晋束皙从治理国家的方法和手段上提及“文化”一词，与“武功”并列，是一个名词，在《补亡诗·由仪》中称“文化内辑，武功外悠”。中国古代思想家们无论从哪种形式表达“文化”一词，都明显隐含着“以文教化”的本义，带有封建教化理念或者传统德治思想；而这一含义跟现代完整、独立的“文化”定义迥然不同。

随着社会发展和人们研究的深入，“文化”含义日益丰富，并在使用中形成共识：文化是人类对自然界与人类社会的认识和改造的结果，是人类一切创造物的总和；它既是人类集体认知和辛劳创造所形成的综合体，又是人类历史传承积累的产物。从文化发展历程和结果看，文化是主客体相互渗透的统一体：文化主体借助形式多样实践活动，有目的地利用或改造文化客体，而文化客体被注入人类价值理念，显示出越来越多人类印痕的成分；两者相互影响，推陈出新的创造文化。

综观中国古代思想家们表达的“文化”相关因素，可以厘清“文化”动态发展的逻辑：世间万物有序聚合、和谐相处、协调运转，就是“文”；运用有序、和谐、协调等理念，实施与自然界与人类社会中，改变失序状况，达到“文化”的要求；而这一要求经过时间的锤炼、筛选和证明，逐渐成为中华传统文化动态传承的格式。

提及“传统”，部分学者理所当然地将其等同于“过去”，等同于以往已经固定、定型的东西，从而抹杀了中华传统文化中的现代价值和未来意义。因此，必须强调的是，“传统”与“过去”不同：“传统”既有“过去存在着”有影响的内涵，还包含着现在有价值的范畴，更蕴含着未来有意义的追求，是涉及过去、现在、未来的动态历时性“过程”模式，而并非由古至今乃在未来一成不变的静态凝固“实体”模式。

首先，中华文化的传统特性在时间上是在过去定格下来的。中华民族现在的辉煌文化在漫长的历史活动中形成并发展起来；后世的人能从时间上进行追溯，并从中能找到中华文化踪迹和成果。春秋时期，我国处于奴隶制的结束和封建制建立的转型期，汇集着夏商西周等朝代发展而来的宗法制、分封制等政治、经济、文化模式，形成富有民族色彩的中华传统文化。其后，中华文化历经两千多年封建王朝、多个不同民族的冲突融合，形成特色鲜明、辉煌灿烂的文化成果。

其次，中华文化的传统特性在文字记载开始形成后，一直延续到现在。中华民族在发展过程中存在着百家争鸣的许多流派及不同文化知识体系，各种文化始终处于产生、交流、冲突、融合的过程，在验证、淘汰、保留中形成新型文化，即成为符合时代要求的文化模式，并传承发展，构成中华传统文化，古代许多典籍、文学作品、科技发明等，虽然是以往的文明成果，但至今仍然发挥着重要作用。

最后，中华文化的传统特性将在未来发挥着应有的积极作用。中华传统文化之所以能从过去传承至今，因为它内在地蕴含着时间属性的传递功能：当前的文化从过去演变而来，并以此为基础发展至以后。显而易见，中国古代的诸子百家经典名篇、文学著作、科学著作等，所包含的伦理理念、价值体系、法律观念等不仅在过去有着深远的价值，还能在当前与以后展示出内在能力。

可见，中华传统文化的形成是一个动态的传承过程，不是停留在过去的某个时刻，也不是局限在某一种僵死的结构模式，而是具有无限广阔的可能性和未来的多样性。中华民族子孙后代学习掌握中华传统文化，绝不是纯粹学习和掌握历史文化，更不是要回到以前的历史阶段，而是深入反思，发扬有价值的传统文化精神，发展当前并启迪未来。

二、中华传统文化的价值彰显

文化不仅是人类对自然界和社会的认识和改造，而且是人类内蕴精神的外显化。中华传统文化价值的核心在于人，在于彰显人类的价值。中华传统文化发展与延续的过程中，表面上体现为一种时间存续状态的传统特性，实质上是彰显出内在的“仁”“礼”思想、内圣外王、人伦宗法的价值追求与精神特质。

1. 仁礼思想与道德规范

“仁”和“礼”是孔子理论学说的核心要点，仁礼思想是儒家学派的理论基础，是维系我国社会运行的秩序规范，是中华传统文化的重要范畴。“仁”是内在修养的道德境界，表达着内隐的思想和理念，“礼”是外在行为的准则规范，表达着外显的制度和形式；“仁”引导着“礼”，“礼”制约着“仁”，两者紧密结合，相辅相成。孔子对“仁”的释义较为广泛，既有对外“爱人”的理念和情怀，又有对内克制约束自己，学习并遵守准则规范的道德自觉，达到至善至美的道德修为和境界。“礼”不仅是约束和规范人们行为思想等的典章或制度，也是象征着古典和传统的德行，一直是传承中国社会礼仪与律法的支柱、连接理想与现实的桥梁，辨别正与邪的标准：“《诗》三百，一言以蔽之，曰：‘思无邪’。”① 当然，孔子尽管十分重视“礼”，并立志于学“礼”，但清楚认识到“礼”的规范功能和协调功能等，取决于作为实质核心的“仁”。实际上，“仁”这种内在道德心的操持或操存，从亲亲为仁到四海之内皆兄弟，统归仁爱之心；“礼”“是一个具有普遍性的原则，是适用于每一个个人的”② 外在的角色规范，对于不同角色之间有着不同规范却又存在着协调关系。

---

① 语出《论语·为政》。

② 余英时. 中国思想传统的现代诠释［M］. 南京：江苏人民出版社，2006：21.

2. 内圣外王与成人之道

儒学是一门人学，《大学》所讲的“修身为本”的“三纲领”“八条目”是人格修养的学说。起初，儒家强调格物致知、诚意正心，旨在修身立己、提升个人道德修养，完善自身美好人格品质，达己成己；接着，儒家主张由己及人，强调审视将自己置放于如何与他人相处而产生的社会关系，履行社会职责。这种由己及人的方法途径能够彰显着由点到面的积极示范意义：一是个人身体力行，行善积德，为他人、社会、国家、民族谋福祉，树立典范；一是社会大众向贤者思齐，以模范人物为学习标准，完善自我，实现整体素质与文明的提升。儒家所主张的“内圣外王”，在道德上通过克己复礼，加强内心修行，完善道德人格，成为圣人，达到“内圣”的目标；在政治上建立功业、治人治国、施行王道，达到“外王”的目标。“内圣外王”是道德与政治的合一，是每一个个人的成人之道，也是社会共同理想的最终目标。这一理想追求奠定了中华传统文化数千年来的格调与习性，人们的伦理道德处于至高无上的地位，尤其是个人在社会担当与践行道义的道德人格品行更是备受关注与推崇；也就在儒家文化的长期整合下，符合主流社会价值取向的责任意识在古代文人心中凝聚了巨大的能量和内驱力。在这种氛围中，中国古代知识分子普遍存在着明显的政治抱负，并不断转化为积极的社会行为。这些文人习惯于将个人的政治追求、价值理念与天下苍生、国家命运密切联系在一起，并习惯于“八条目”奋斗模式的路径依赖，实现诉求。

3. 人伦与宗法

中华传统文化价值中强调人文修为，主张道德至上，并落实到人伦关系上；然而，在这貌似温情脉脉的人伦关系背后，却隐含着严酷无情的宗法制，表达出二重属性。中国古代一方面注重敬天祭祖、尊老爱幼、尊师重教、尊重贤能、重视信义和德行、以人为先，讲究人伦。然而，另一方面，统治者制定一系列礼仪规范，将维系社会正常运转的普遍礼仪上升为符合统治阶级利益要求的政治工具，确立宗法等级制度。可见，中华传统文化以伦理和宗法为根本，两条线平行发展：宗法为中国社会和政治提供了管理秩序支持，而伦理则为统治阶级提供道德支持，为统治阶级打造一个稳定的“和谐社会”。这“既是自然的又是人为的，既是等级森严的又是讲团结和睦的；既把人按尊卑上下名分分离对立起来，又要人按亲爱感情联系起来。”① 宗法制源于父权制，以父系血缘亲疏远近关系为判断标准以处理家族事务，从而

① 杨适．中西人论的冲突：文化比较的一种新探求［M］．北京：中国人民大学出版社，1991：32.

维护父权家长的地位和威严，借助宗族的血亲、世系、长幼等关系来维护政治关系的上下尊卑贵贱秩序，以确保各级贵族的特权地位和巩固国家的统治基础。与单一的强权政治管理模式相比较，宗法制倡导伦理道德、人格修养、仁义礼智等美德，同时较好地处理宗族成员之间的财产分配以及地位尊卑等事项，能凝聚效忠宗族成员的力量，还强化王权，巩固统治者的统治根基。尽管这种管理模式专制独裁，不具备西方文化中民主、法治和平等等因素，但由于它具有超稳定的凝聚功能，显得更为全面，更能有效统摄天下人心的作用，从而促使中国的封建社会延续两千多年。总之，中国古代史是一部法儒交缠，相辅相成的文化史，在文化层面体现着宗法人伦的价值。

三、中华传统文化价值的传承演绎

中华传统文化根植于中华民族一切文明成果中，综合民族共体意识，传承民族精髓，具有无形而强有力的精神力量。虽然中华传统文化存在着多种文化流派的异同，但主流传统文化所彰显的价值时至今日仍然发挥出积极作用，促使人们修身立德、社会和谐发展、民族融合与国家统一，显示出满足个人、群体和国家需要的价值，推动当代中国社会发展和国家繁荣富强。

1. 克己修身，塑造高尚人格

中华传统文化主张每一个个体修身养性，提升觉悟和境界，一方面从个人内隐层面强调修养和自觉性，控制情欲，祛除杂念，变他律为自律，将外在的规范转化为内在的自觉，保持积极心态和宁静心境，严于律己，坚持履行体现修养情操和意志坚强的“慎独”行为，严格遵守道德规范，达到“修己以敬”的状态。另一方面从个人外显层面展现自我磨砺、吃苦耐劳、追求崇高的风格，崇尚“君子以自强不息”的精神境界，秉持“不受嗟来之食”的尊严气节，树立“见利思义，见危授命”的价值旨趣，倡导“苦其心志，劳其筋骨，饿其体肤”的奋斗进取状态，践行“为天地立心，为生民立命，为往圣继绝学，为万世开太平”的理想信念追求。在现代社会多元价值背景下，中华传统文化无论对于个人的内隐层面，还是外显层面，都具有深刻的指导意义。改革开放以来，我国同世界其他国家、地区、民族在经济、政治、文化等方面相互影响、相互吸纳、相互渗透。我国社会出现诸多不同的风俗习惯、道德准则、思想观念等，并与我国传统文化习俗交流融合，形成主流文化与非主流文化、东方文化与西方文化、精英文化与大众文化、传统文化与现代文化等多元文化并存的状况。在理想信仰模糊和泛化、生活节奏日益加快的今天，人们思维活跃，获取信息量大、范围广、时效快、观念新，可供选择余地大；但这致使人们难以有效的正确取舍与判断，从而产生犹豫不决、盲目冲动、情绪波动大等特征，缺乏对面临的现实问题进行持久长远、理性有效的认知和应对。尤其是网络媒体全方位渗透到人们的日常生活工作中，个人本位主义和功利主义凸显，理想信念淡薄，急躁心理明显。中华传统文化所蕴含的教育引导功能能够在不同文化潮流中彰显自身价值，深厚的文化底蕴和丰富的文化内涵能厘清个人的思维路径，协调个人的情绪，同时能规导社会行为，发挥价值判断标准功能，逐步改变人们的外在自发为内在自觉，协调人们意志、情感等非理性因素，鼓励人们吃苦励志，坚定意志，修身立德，塑造高尚人格，确立奋斗目标，并为其付诸实践。

2．“道”德“齐”礼，促进社会和谐

历来，古代中国借助道德引导和礼仪约束的有效途径，提升社会成员的素养，协调人际关系，缓和社会矛盾，自觉维护社会运行的正常秩序。一方面，推行道德教化。儒家学派的思想家们无论如何定位人性善恶观念，但都推崇道德教化方式。孔子没有区分人的本性善恶，但强调“性相近，习相远”来推行道德；孟子尽管承认人“性本善”，但通过教化，才能成为尧舜；荀子在分析人性恶的同时也指出“善者伪也”，人可以通过后天教育来获得道德。这种教化确保从上到下都富有德行，从而能成为治国安邦的统治者或维护者。教化内容既概括着将心比己、推己及人、并延伸到兼济天下的情怀，又概括着人与人之间相互友爱亲爱的仁义爱心与人伦关系：父慈、子孝、兄良、弟悌、夫义、妇贞、长惠、幼顺、君仁、臣忠。另一方面，重视礼仪规导。“礼”自起源至今，源远流长，在中华传统文化有着举足轻重要的地位与作用，并促使中国享有“礼仪之邦”的美誉。如前所述，孔子将“礼”作为自己思想理论两大核心要点之一，孟子并列阐释仁义礼智，荀子更是明确要求“隆礼”。儒家重“礼”，缘于“礼”在古代中国中表征着上下、尊卑的等级观念和社会秩序，同时渗透到人们衣食住行等日常活动中。“礼”所包含的典章制度和道德规范意义，既是明显的外在管理规则，又是强烈的内在修养标准，容易被人们接受与践行，是一种高水平的社会管理模式。在家庭原有凝聚力逐渐丧失、社会压力日益增大、伦理道德规导“失范”（迪尔凯姆语）、由一系列的家庭危机和社会危机导致当前道德信仰危机的社会现实中，中华传统文化通过传承与教化，不断提升公民道德素养，优化活动环境氛围，传递优良传统道德和崇高人伦精神，由此衍生出“道”德“齐”礼的新型人际关系和维护社会秩序的行为准则，克服社会中存在的人与人之间的冷漠和隔膜、为金钱关系所冲击或取代而出现人际关系的淡化和扭曲等不良现象，维护社会和谐，体现出符合时代要求的道德礼仪文化价值。

3. 天下为公，凝聚民族共识

“天下为公”是中国人共同的传统理想和价值追求，有很多伟人从思想、理论和行动上为之具体化而做出不懈努力。早在我国远古的圣人时代，尧舜禹视“天下”为公共所有而非一家私有，怀着大公无私的理念治理国家，造福百姓，传为佳话。由中华民族创造出来的中华传统文化内在包含着为国为民的“天下兴亡，匹夫有责”的历史担当意蕴，经历了从个人到家庭、宗族，并延续至国家层面的道德教化过程，体现出一种层次性。最为明显的是“八条目”所表达出来的内涵：格物、致知是获得道德价值的方法，是整个伦理体系的根基，为第一层次；诚意、正心、修身从个人层面树立道德信念，是伦理体系的支柱，为第二层次；齐家、治国、平天下体现为一种社会集体价值，涵括整个道德体系，是大德，为第三层次。任何个人在国家、民族整体利益面前，必须“舍己为群”，“以身任天下”（王夫之语），为社会尽责，为天下尽忠的崇高道德精神。由于血缘关系的缘故，家庭中的规范约束体系具有内在伦理和外在宗法的双重职能；这一体系延伸到国家领域，管理约束的范围和职能随之扩大与加强，家庭与国家成为“家国同构”的特殊模式。对此，费孝通先生形象比喻：“我们的格局不是一捆一捆扎清楚的柴，而是好像把一块石头丢在水面上所发生的一圈圈推出去的波纹。每个人都是他社会影响所推出去的圈子的中心。被圈子的波纹所推及的就发生联系。每个人在某一时间某一地点所动用的圈子是不一定相同的。”① 从个人、家庭、家族发展延伸形成的重群观念，自觉表达出凝聚群体的特性，经过提炼总结上升为国家管理或统治的意识形态观念。中华传统文化历经五千年的磨合、继承、发展、创新，长兴不衰，从未中断，凝聚着中华民族对历史现实的认知感受和对未来发展的精神追求，汇集着趋同或近似的思维模式、行为规范、道德理念、价值标准、科学技术、风俗习惯等文化因子，置国家、民族的公共利益于首位，并永远铭刻于每一个中华儿女的价值理念中。这是国家民族公共利益的精粹所在，也是凝聚国家民族共识的精神纽带，具有强大的生命力和凝聚力。

以儒家文化为主流的中华传统文化遵循人类社会发展规律和文化发展模式，逐渐被赋予民族特色与时代精神，不断传承优秀的价值理念，由内及外、由个人到群体发挥着积极作用，促进个人的内在素养的提升和外在磨炼

① 费孝通．乡土中国［M］．北京：生活·读书·新知三联书店，1985：23.

的加强，实现个人理想价值与社会、国家、民族等群体价值的契合与统一。这种传统文化价值不仅有利于个人自我完善、家庭和睦相处、社会和谐发展，而且更有利于凝聚共识，促进民族团结，维护国家整体利益，激励中华儿女为实现中华民族伟大复兴而努力奋斗。

参考文献：

[1] 余英时. 中国思想传统的现代诠释［M］. 南京：江苏人民出版社，2006.
[2] 杨适. 中西人论的冲突：文化比较的一种新探求［M］. 北京：中国人民大学出版社，1991.
[3] 费孝通. 乡土中国［M］. 北京：生活·读书·新知三联书店，1985.

（作者系广州民航职业技术学院博士、副教授）

共同价值与中华民族凝聚力

孙霄汉

对一个民族、国家而言，共同价值或者说核心价值观是其赖以产生凝聚力的精神纽带和持续发展的文化条件。在全球化深入发展的今天，人类要走向更加光明的前景，需要正确的、能够为全人类带来福祉的价值引领，习近平共同价值思想为解决当今世界各民族、各主权国家之间的纷争提供了重要的思维范式和价值坐标。中国的发展和世界息息相关，增强民族凝聚力、提升中国文化影响力与国家发展强大存在必然的逻辑关联。实现中华民族伟大复兴，需要凝聚起千千万万人的力量，凝练、践行社会主义核心价值观和人类共同价值，是增强中华民族凝聚力和提升中华文化影响力的重要途径。

一、共同价值是人类文明进步的重要条件

在人类产生以前，自然界遵从的是弱肉强食的丛林法则，人类在谋求“类”的生存和发展的共同需要中开始了相互协作，这也是人类共同价值萌芽的基础。在社会生活中，人们的共同价值形成缘于相互之间的交流。譬如两个不同文化背景的人，各自有其价值观念，在相互交流中彼此会了解到对方的价值取向。两个不同文化背景的人价值观肯定是有差异的，甚至是对立的。如果两个人之间完全没有共同认同的价值，那他们可能见过一面，就此一别，不再相交；但多数情况下不同人之间总会有一些彼此认同的，或者是比较接近的、甚至完全相通的价值观念，这些能够彼此认同、比较接近的甚至完全相通的价值取向，就成为两个价值主体的共同价值。共同价值也是在人际交流中得到发展的。如社会生活中的“朋友”，彼此之间因交往加深而相互影响，共同价值不断扩展；又如作为社会“细胞”的家庭，其成员之间特别是夫妻之间的共同价值会因相互影响不断扩展并较高程度的吻合。在共同价值的建构和发展过程中，不同价值主体对共同价值的贡献也不是均等的，一般而言，有利于增进相互之间合作、实现互利的价值会更容易发展成为共同价值。当然，共同价值的构建和发展不是一方强加给另一方，而是建

立在彼此认同、自愿接受的基础之上。追求共同价值是人的本质属性，是不同的组织、团体乃至不同民族、国家之间正常交往、彼此接近的基本方式，也是人类文明进步的重要条件和方式。

共同价值也是一个民族、一个国家的精神纽带。人类从自觉的协作走向文明社会是一个漫长的过程。最初的人类是以“群体”的方式生活，由较松散的群体到较稳定的群体，逐步过渡到部落、部族，形成早期的社会。早期的部落维系、部族的形成除了依靠其血缘关系、自然生存环境依托外，共同的文化、共同的价值观念是其不可或缺的精神纽带。反过来看，部族所形成的共同文化、共同价值又成为其向更高级社会发展的精神条件，民族就是在这种共同文化、共同价值的演进中形成和发展的，民族是地缘共生、血缘相通、价值与共的人类有机统一体。部族的壮大，推进着人类相互协作向纵深发展，提升了人类生产力，产生了剩余产品，为生产和劳动分工创造了条件；而分工进而又导致人与人的差别，分化出阶层、阶级。人类进入阶级社会后，社会的稳定发展需要更加复杂的管理，国家作为维护阶级利益的工具也应运而生了，这就是民族与国家发展的历史逻辑。人类的共同价值也是在这种历史逻辑中演绎和发展的。

人类的共同价值是分层的、多维的。两个个体之间的价值交集是共同价值的起点，是最简单的共同价值；一个群体或组织，其成员的价值“公约数”构成这个群体或组织的共同价值，相对前者而言，这是较表面的共同价值；更大范围看，一个民族、一个国家体系内，其共同价值更呈现多元性、多维性和多层性，其最高层面的共同价值则是这个民族、国家的价值“最大公约数”，也就是核心价值观，它是一个民族和国家的精神纽带和魂魄所在。习近平曾指出：“人类社会发展的历史表明，对一个民族、一个国家来说，最持久、最深层的力量是全社会共同认可的核心价值观”；“如果没有共同的核心价值观，一个民族、一个国家就会魂无定所、行无依归。”① 从世界范围看，随着各民族、国家之间的文化交流、碰撞、互鉴，也必然会产生和扩大价值交流，形成人类共同价值，支撑人类文明进步。

二、社会主义核心价值观是中华民族的最高共同价值

中华文明是世界上唯一未曾中断过的文明，中华民族的共同价值是中华文明五千年来生生不息的文化血脉和精神纽带。早在远古时期，以农牧生产

---

① 中共中央宣传部．习近平总书记系列重要讲话读本（2016 年版）［M］．北京：学习出版社，2016：189.

方式为主的华夏先民们就逐渐形成了重农、勤俭、孝先、仁爱、尚和、国家一统等鲜明而独特的中华共同文化与共同价值取向，这些至今仍然广泛流传于中国诗词、文献、典故乃至人们日常生活中鲜活的语言里。妇孺皆知的古诗《锄禾》道："锄禾日当午，汗滴禾下土，谁知盘中餐，粒粒皆辛苦。"其所表明的是中国人对劳动的敬重和劳动成果的珍惜；"百善孝为先"、"老吾老以及人之老"等格言体现了中国人敬老孝先的道德追求；"天行健，君子以自强不息"、"天生我才必有用"等名言彰显的是中华民族勤奋向上、不折不挠的精神价值；"和为贵"、"和而不同"、"厚德载物"等哲理体现的是中国人待人处事追求和谐、宽厚仁爱的重要准则；"普天之下、莫非王土，率土之滨、莫非王臣"、"协和万邦"、"天下兴亡、匹夫有责"、"先天下之忧而忧、后天下之乐而乐"等俗语警句体现的是中国人天下一统、家国相连的大统一思想和家国情怀。这些都是中国传统社会的重要核心价值。秦汉代以降，儒家思想逐步占据中国传统文化和价值的主导地位，"仁、义、礼、智、信"等儒家主要价值也逐步成为中华传统文化的核心价值。

总体看，虽然传统文化在其历史长河中难免有一些糟粕，但由以儒家思想为主构成的中国传统文化核心价值维系了几千年中国封建社会的相对稳定、统一和发展，它是中华文明血脉相传的精神纽带，是维系中国传统社会大一统和民族凝聚力的核心价值。

进入近代，中华民族的核心价值的演进与中华民族的命运一样经历了曲折。晚清以后，随着"大清帝国"的衰落，中国传统文化与核心价值日渐式微，社会核心价值观出现弥散状态。在"五四"新文化运动冲击下，在"打倒孔家店"的声浪中，在走马灯式的近现代政权更迭中，传统儒家主要思想作为民族核心价值的地位渐次丧失，中国社会一度呈现出思想和价值观的杂乱状态，当时的中国，改良主义、资本主义、实用主义、工团主义、无政府主义等各种思潮都曾努力登上思想舞台，但这些思想和主张都无法挽救中华民族衰落的命运，也不可能成为中华民族的核心价值。近代的中国，呈现出核心价值观的弥散与国家政权风雨飘摇、社会走向积贫积弱互为因果，恶性循环。最终是中国共产党人找到了马克思主义，并把马克思主义普遍真理同中国实践相结合，领导中国人民进行新民主主义革命，社会主义改造和建设，推进改革开放。在中国共产党的领导下，经过几代人近百年的不懈奋斗，中国不仅从根本上扭转了国家衰落的命运，而且走上了民族伟大复兴的光明大道。

中国共产党领导人民奋斗的过程也是自身核心价值建构和为民族、国家建构核心价值的过程。中国共产党在成立之初就把马克思主义写到了自己的旗帜上，马克思主义价值观就是中国共产党的基本价值，它的最高理想是实现共产主义和人的自由全面发展。中国共产党人在推进马克思主义中国化的实践中，凝炼出以“全心全意为人民服务”为宗旨、“共同富裕”为方向、“实现中华民族伟大复兴”为目标等主要核心价值。随着中国改革不断取得成功，中国共产党更加重视文化建设，在推进文化强国建设中也自觉地推进民族和国家核心价值观的建构。党的十六届六中全会把社会主义核心价值体系归纳为马克思主义指导思想、中国特色社会主义共同理想、以爱国主义为核心的民族精神和以改革创新为核心的时代精神、社会主义荣辱观等四个方面；党的十八大进一步对社会主义核心价值观进行高度概括，即“富强、民主、文明、和谐、自由、平等、公正、法治、爱国、敬业、诚信、友善”。社会主义核心价值观把涉及国家、社会、公民三个层面的价值要求融为一体，深刻回答了我们要建设什么样的国家、建设什么样的社会、培育什么样的公民的重大问题，是新时期中华民族的最高共同价值。历史也再次昭示，民族凝聚力的提升、国家走向强大和复兴，必须有全民共同尊崇的核心价值。

三、习近平人类共同价值思想体现了当今世界文明进步的方向和要求

党的十八大以来，习近平同志在治国理政的实践中不仅就国内改革发展提出了一系列新理念、新思想、新战略，而且以宽广的世界视野，深邃的历史眼光，立足于实现中华民族伟大复兴和推动全球共同发展的崇高目标，提出了许多具有重大国际影响的政治主张和创新思想，关于“和平、发展、公平、正义、民主、自由是人类的共同价值”的思想，是他在国际关系和人类文明发展领域的重大思想创新。

和平是世界各国人民的共同愿望。但自从有了民族与国家间的利益冲突，和平就经常被打破，当今世界仍然是冲突和局部战争不断。从表面上看是利益冲突所致，但深层的原因是对人类共同价值缺乏认同和遵循。对此，习近平指出：“各国应该共同推动建立以合作共赢为核心的新型国际关系，各国人民应该一起来维护世界和平、促进共同发展。”①

发展是人类文明进步的基本内容。人类正是通过发展不断摆脱野蛮社会，走向更高级的文明。虽然由于自然禀赋、历史文化等差异，各国发展水平存在较大差异，但不断实现更好的发展无疑是各民族、各个国家共同追求的目标。习近平同志所指的发展，是各国人民的共同发展，而不是少数一两

① 中共中央宣传部．习近平总书记系列重要讲话读本（2016 年版）［M］．北京：学习出版社，2016：261．

个国家的发展，更不是以牺牲别国利益为代价来实现本国的发展。他强调："中国追求的是共同发展。我们既要让自己过得好，也要让别人过得好。"①

公平是社会关系的基本准则，是社会有序的重要条件。作为一个哲学范畴，公平包涵权利公平、机会公平、规则公平等多个维度。当今世界各国发展极不平衡，发展中国家与发达国家的差距呈现拉大之势，这与不公正不合理的国际政治经济秩序有极大关系，由西方国家主导的国际经济制度、金融体系与贸易规则，无疑是造成当今世界发展失衡的重要根源。而近些年来国际贸易保护主义的抬头，更成为世界公平发展的逆流。对此，习近平强调，要构建更加公平的国家关系与国际秩序。他指出："各国政府都有责任继续推动经济全球化朝着均衡、普惠、共赢方向发展，都有责任继续采取措施坚定不移促进经济增长，推进国际金融体系改革，推动世界经济平衡发展，推动解决世界财富分配失衡、资源拥有和消耗失衡、经济发展失衡。"②

正义，从字面上理解是指正确的道理。正义之"义"，从哲学上讲是与"利"相对的范畴。中国古代先贤们对"义"与"利"有着丰富的思想和鲜明的价值取向。所谓"君子爱财，取之有道"，强调的是趋利以循道为前提，甚至倡导舍生取义。从人际关系和社会关系角度看，所谓正义，基本的要求是，在追求自身利益的同时，关切他人的利益，不损人利己。较高的要求是，在增进自身利益的同时更多地为他人、社会带来利益。习近平认为，每个国家都有谋求自身正当利益的权利，但不能以牺牲别国利益为代价来谋求自身利益；各国都应当为世界共同发展作贡献。他指出："我们在处理国际关系时必须摒弃过时的零和思维，不能只追求你少我多、损人利己，更不能搞你输我赢、一家通吃。只有义利兼顾才能义利兼得，只有义利平衡才能义利共赢。"③"中国的发展绝不以牺牲别国利益为代价，我们绝不做损人利己、以邻为壑的事情。我们将从世界和平与发展的大义出发，贡献处理当代国际关系的中国智慧，贡献完善全球治理的中国方案，为人类社会应对21世纪的各种挑战作出自己的贡献。"④

民主，是与独裁、专制相对的范畴，其要义是组织内部各主体对组织的

---

① 弘扬丝路精神，深化中阿合作[EB/OL].(2015-07-21)[2017-12-21].http://cpc.people.com.cn/xuexi/n/2015/0721/c397563-27338175.html.

② 习近平．在2010经济全球化与工会国际论坛上致辞［N］．人民日报，2010-02-26（2）．

③ 习近平．共创中韩合作未来 同襄亚洲振兴繁荣：在韩国国立首尔大学的演讲［N］．人民日报，2014-07-05（2）．

④ 习近平．在德国科尔伯基金会的演讲［N］．人民日报，2014-03-30（2）．

共治，组织的决策要体现多数人的意志。民主作为一种国家制度，实质是人民当家作主，以实现最广大人民的根本利益。从独裁到民主、从占少数的统治阶级代替占多数的广大人民作主，到由最广大人民共同决定自己的命运，这是人类制度文明发展之大势。面对当今复杂的国际政治格局和利益冲突，习近平认为，国际事务要由世界各国共同参与，要推动国际规则变革，改变不公正的国际秩序，发展国际民主。他曾指出："要推动变革全球治理体制中不公正不合理的安排，推动国际货币基金组织、世界银行等国际金融组织切实反映国际格局的变化，特别是要增加新兴市场国家和发展中国家的代表权和发言权，推动各国在国际经济合作中权利平等、机会平等、规则平等，推进全球治理规则民主化、法治化，努力使全球治理体制更加平衡地反映大多数国家意愿和利益。"① 这些主张反映了世界各国人民对国际民主的共同心声。

自由，是一个多维的、历史的范畴。一般而言，自由是与纪律、规则相对的，自由是对纪律、共同规则遵守前提下的行为自决；从法律的角度看，自由是与权利、责任、义务相联系的，自由是合法利益不受他人侵犯的权利。自由也是相对的，从来就没有不受规则约束的自由。习近平认为，国际关系领域的自由，应当是各国在遵守公认的国际关系准则前提下自行决定本国事务的权利，是各国人民共享发展成果和尊严的自由。当今世界，发展仍然是人类面临的首要任务，只有实现各国共同发展，才能让世界人民更多的享有自由。对此，习近平指出，"各国和各国人民应该共同享受尊严、共同享受发展成果、共同享受安全保障。"②

和平、发展、公平、正义、民主、自由作为人类共同价值不是彼此分割的，而是紧密联系的有机整体。和平与发展是互为条件、相互促进的。"没有和平，中国和世界都不可能顺利发展；没有发展，中国和世界也不可能有持久和平。"③ 因此，"各国要共同维护世界和平，以和平促进发展，以发展巩固和平。"④ 公平、正义是和平的基础，也是发展的要求，我们追求的和平，是正义的和平，是公正的发展，"不能把世界长期发展建立在一批国家

---

① 推动全球治理体制更加公正更加合理　为我国发展和世界和平创造有利条件［N］. 人民日报，2015－10－14（1）.

② 中共中央宣传部. 习近平总书记系列重要讲话读本（2016年版）［M］. 北京：学习出版社，2016：261－262.

③ 中共中央宣传部. 习近平总书记系列重要讲话读本（2016年版）［M］. 北京：学习出版社，2016：263.

④ 中共中央宣传部. 习近平总书记系列重要讲话读本（2016年版）［M］. 北京：学习出版社，2016：262.

越来越富裕而另一批国家却长期贫穷落后的基础之上”①；公平正义也只有在和平和发展环境下中才能得到彰显。民主是维护和平、促进发展的制度前提，也是实现公平正义的重要条件，自由则是人类共同价值的目标。习近平关于“人类共同价值”思想为解决当今世界各民族、各主权国家之间的纷争提供了重要的思维范式和价值坐标，体现了当今世界文明发展的要求和方向。

四、践行共同价值，增强中华民族凝聚力和中华文化影响力

社会主义核心价值观是中华民族的最高共同价值，“和平、发展、公平、正义、民主、自由”作为全人类共同价值观代表当今世界文明进步的潮流和方向，这两者之间是相互关联和有机统一的。总体看，当今世界文明无疑发展到了一个前所未有的高度，成为这个宇宙里最璀璨的文明之星；但具体看，人类文明发展又面临着诸多矛盾和问题，到了一个非常重要的十字路口。人类文明下一步的发展方向如何把握？“人类共同价值”思想的提出是对这一问题的重要探索。

中华文明是世界文明重要组成部分，在民族走向复兴的历史当口，中华文化不仅要凝聚自身的核心价值，增强民族凝聚力，更需要通过推进思想创新、发展和繁荣为世界文明贡献思想和价值财富，增强中华文化的影响力。

人类共同价值观、社会主义核心价值观的凝练与形成不只是一个思想和理论创新的问题，更是一个实践探索过程。应当在实现中华民族伟大复兴中国梦的征程中，自觉践行社会主义核心价值观和人类共同价值观。要在推进国内全面深化改革的实践中，协调好各方利益关系，持续推进社会主义和谐社会建设，实现以人民共享为目标的更加公平的发展；持续推进中国特色社会主义民主政治建设，发展社会主义民主，全面加强法治建设，让人民群众充分感受到社会公平和正义；规范公权力的运行，加强对权力的监督，充分保障宪法和法律赋予公民的权利和自由。要在国际事务和中国参与全球治理的过程中，遵循人类共同价值观的基本准则，践行人类共同价值观的理念，坚持国际正义，努力为世界和平发挥更大作用；积极参与国际新秩序构建，支持发展中国家在国际事务中的正当诉求，在遵守联合国宪章、履行中国国际义务的同时，努力推动联合国改革，发展国际民主，促进世界更加公平地发展。要统筹好国内国际两个大局，深入实施好“一带一路”倡议，不断创

① 中共中央宣传部．习近平总书记系列重要讲话读本（2016 年版）［M］．北京：学习出版社，2016：262.

造中国与世界各国尤其是发展中国家合作共赢的新成果，彰显中国特色社会主义制度优势、中华文化的魅力、社会主义核心价值观和人类共同价值观的实践魅力。如此，中华文化将以更加自信的姿态走向世界，中华民族的凝聚力也会越来越强。

参考文献：

[1] 中共中央宣传部. 习近平总书记系列重要讲话读本（2016年版）[M]. 北京：学习出版社，2016.

[2] 习近平. 习近平谈治国理政 [M]. 北京：外文出版社，2014.

[3] 中央政策文献研究室. 习近平总书记重要讲话文章选编 [M]. 北京：中央文献出版社，2016.

[4] 王文. 美国的焦虑：一位智库学者对美国的调研手记 [M]. 北京：人民出版社，2016.

[5] 任仲平. 凝聚当代中国的价值公约数：论培育和践行社会主义核心价值观 [N]. 人民日报，2015-04-20（02）.

[6] 林伯海，王伟宾. 习近平的人类共同价值思想初探 [J]. 当代世界与社会主义，2016（2）.

[7] 虞崇胜，叶长茂. 社会主义核心价值观与人类共同价值 [J]. 中共中央党校学报，2016，20（2）.

（作者系东莞市社会主义学院教授）

国家凝聚力的因素与增强的思考

卜鼎焕

国家凝聚力是一个国家生存和发展的内在动力。国家凝聚力的强弱，直接影响一个国家发展快慢以及在世界上所处的地位。我们要实现中华民族的伟大复兴，必须大力增强国家凝聚力。

一、国家凝聚力形成和发展的必然性

国家凝聚力是指一个国家中不同民族、不同政党以及人民群众在共同理想、目标、利益等一致的基础上，国家满足人民物质、精神、政治、文化、安全等需要，所产生的聚合力、吸引力。只有当国家成员具有共同理想、目标和利益时，人们才会心往一处想，劲往一处使，自觉为共同事业而奋斗；只有当一个国家能够满足人民的物质、精神、政治、文化、安全等方面的需要时，才能维持国家的健康发展和稳定。国家凝聚力是一个国家生存、发展和强大的内在动力。

国家凝聚力的形成具有必然性。国家是一个历史范畴，是随着历史、政治、经济、军事、社会的变化而变化的，国家凝聚力也是随着历史、政治、经济、军事、社会的变化而变化的，国家凝聚力的变化，不是偶然发生的，而是由其必然的内在的因素决定的，在其形成和发展过程中，需要有多种因素所促成的。笔者认为至少需要有如下必不可缺少的因素。

1．根本因素

国家实力是国家凝聚力形成和发展必不可缺少的根本因素。一个国家的实力可分为硬实力和软实力，硬实力主要是指国家的物质力量，如军事实力、经济实力以及他们的规模、数量、速度等等，它们以强制力和支配力为共同特征；软实力主要是指精神力量，如，主流的思想、道德、信仰、理想、价值观、文化影响力、社会制度影响力等等，其实质是使人们内心佩服和认同。硬实力和软实力之间互为转化，可交叉地、辩证地存在与发挥作用的，似难以截然分割；硬实力和软实力的统一为国家实力。国家实力是一个国家强弱重要的标志之一。回顾历史可知，在旧中国，由于国力弱，中国人民饱受列强侵略欺凌，国人对国家的向心力必然弱化。新中国成立后，尤其是实行改革开放政策，取得了辉煌的成就，国家发生了翻天覆地的变化，使我国跃升世界第二大经济体，经济实力的增强，使我国综合国力和文化软实力大幅度提高，人民生活总体上达到小康水平，由于改革开放的成果惠及全体国民，这更激发了广大人民群众的积极性，更加深地体会到我国社会主义制度的优越性，也对人民群众产生了强大的内在驱动力、聚合力和吸引力。可见，国家实力与国家凝聚力是一种正比关系，国家实力是国家凝聚力形成和发展必不可缺少的根本因素。

2. 关键因素

利益关系是国家凝聚力形成和发展的必不可缺少的关键因素。利益关系是指国家能给予国人利益的状况。国家实力强，还要人民能得到实惠，改革有成就，还要使人民能共享这个成果，即做到国强民富。这就要求，国家执政者的执政理念和实施的大政方针，能体现以人为本，要求有调节社会各种利益的执政能力，即能做到文明、公平、民主、法治、人权、环保、科学发展，使国民利益关系得到全面、合理的协调。这样就能符合人民群众的意愿，满足人民群众的需要，就会体现为对执政者的高度信任，并聚合为强大的国家凝聚力。相反，执政者的理念及其方针政策，不能体现以人为本，背离人民群众的利益，必然为人民群众所唾弃，更谈不上国家凝聚力。由此可见，利益关系是国家凝聚力形成和发展必不可缺少的关键因素。

3. 重要因素

文化是国家凝聚力形成和发展必不可缺少的重要因素。文化是一种精神力量，它不同于物质属性，虽然，物质载体本身的性能对文化的效用也有重要影响，但是，文化的效用主要不是取决于它对人们的物质需要的满足，而是取决于对人们精神需要或思想感情需要的满足，思想感情或精神属性是它的本质属性。文化的特殊属性决定了它具有重大的特殊的主要作用。文化是民族的血脉和灵魂，是人民的精神家园，是维系国家统一和民族团结的精神纽带，是民族的生命力，创造力和凝聚力的集中表现，是一个国家最鲜明的精神旗帜。文化软实力对于社会进步和发展始终起推动作用。因此，国民的精神状态，如，国民的心理状态健康，文化素质提升，核心价值的认同，以及对执政者诚信度的认可等等，这些都是促进和推动国家凝聚力的形成和发展必不可缺少的重要因素。

4. 保证因素

执政党及其领导下的政府是国家凝聚力形成和发展必不可缺少的保证因素。国家凝聚力也可以称为国家政权的凝聚力。处于政党政治的社会里，国家政权通常是由政党领导的。因此，国家凝聚力可以说是一个国家的执政党及其领导的政权组织即政府，对国民所产生的聚合力、吸引力。这种聚合力、吸引力是建立在国民对执政党及其政府政治认同基础上所产生主动信仰凝聚力。国家的发展需要主动信仰凝聚力，有主动信仰凝聚力能产生凝聚起来的巨大团结力量和创造力，这是国家发展强大的，战无不胜的力量。相反，如果国家没有国民这种对国家的主动信仰凝聚力，国家凝聚力就不强，国家就难以发展强大，世界各国的发展历史都证明了这一点可见，只有这种国家政权凝聚力，才能保证有极强国家凝聚力，才能保证国家的发展和强大。

二、增强国家凝聚力的思考

1. 增强国家凝聚力，必须要强化国家物质凝聚力

不断提高人民群众的物质生活的数量和质量，实现共同富裕，是国家物质凝聚力的重要内在动力。经过近 40 年的改革开放，我国发生了翻天覆地的变化，在现阶段，人民群众在温饱基础上不断增长的物质需求，已不是简单的物质生活的供给量的增加，还包括质量的提升，包括生活环境的改善和空气、水的清洁与安全。习近平总书记在省部级主要领导干部专题研讨班上说得好，人民对美好生活的向往更加强烈，人民群众的需要呈现多样化多层次多方面的特点，期盼有更好的教育、更稳定的工作、更满意的收入、更可靠的社会保障、更高水平的医疗卫生服务、更舒适的居住条件、更优美的环境、更丰富的精神文化生活。① 对美好生活的向往，就是对美丽中国的渴求。人民群众对美丽中国的渴求和国家对人民渴求的满足，已经成为我国国家物质凝聚力的重要内在动力。实现广大人民群众的共同富裕，是凝聚最广大人民群众的重要物质因素之一。但是，在社会上广泛存在的分配不公问题，则带来一系列的问题，严重影响、损害国家的凝聚力。在改革开放中，出现贫富差距，也是难于避免的现象，且一定的合理的贫富差距往往是人们追求更大富裕的动力，但是，如果这种差距超过了人民群众可接受的程度，就会导致社会结构失衡甚至畸形化发展，激化阶层矛盾，严重时甚至造成社会对立

---

① 把握历史方位 开启新的征程 [N]. 人民日报，2017－08－03 (2).

与冲突、动荡，对国家凝聚力造成损害，差距越大，损害就越大。现实的情况，贫富差距总体上还是呈扩大的态势。据国家统计局统计的数据显示，全国居民收入的基尼系数已从改革开放时不足0.3上升至2000年的0.417，首次突破0.4这一国际常用的警戒线，此后继续上升，2004年基尼系数达到0.462，近几年，贫富差距仍不见缩小，2016年基尼系数竟达到0.473。分配不公带来的贫富差距，如果长期不能得到解决，就会使弱势群体丧失了国家认同，国家对为数不少的困难群体的内向聚合力就会丧失，国家凝聚力就难以建立起来。党和国家高度重视这个问题，习近平总书记指出："消除贫困、改善民生、实现共同富裕，是社会主义的本质要求。"[①] 习近平总书记特别强调，我们的责任，就是要坚持改革开放，不断解放和发展社会生产力，努力解决群众的生产生活困难，坚定不移走共同富裕的道路。2017年6月23日，习近平总书记在深度贫困地区脱贫攻坚座谈会上强调，要强化支撑体系，加大政策倾斜，聚焦精准发力，攻克坚中之坚，确保深度贫困地区和贫困群众同全国人民一道进入全面小康社会。[②] 党的十八届三中全会提出了"促进社会公平正义，增进人民福祉"及"让发展成果更多更公平惠及全体人民"的要求，习近平总书记在党的十九大报告特别强调："必须始终把人民利益摆在至高无上的地位，让改革发展成果更多更公平惠及全体人民，朝着实现全体人民共同富裕不断迈进。"这些要求要落到实处，在贫富差距拉大的今天，一定要体现公平发展的理念，不仅要从收入分配的调节上，从社会保障的机制上确保弱势群体的基本生活，维护他们的基本权益，尊重他们的人格尊严，更要在政策导向，资源配置与收入分配的导向上，适当地向弱势群众群体倾斜，为他们提供更多的发展空间，创造更多发展机会，在社会公平环境中实现共同富裕，重建国家意识和国家责任，增强国家凝聚力。

2. 增强国家凝聚力，必须强化国家政治凝聚力

国家政治凝聚力，是增强国家凝聚力的重要内容。要重视政治文明建设，推进国家的政治民主化。要通过加强以民主、法治为核心的社会主义政治文明建设，做到依法规范政治权力的授予、行使和监督，提高政府的合法性和管治能力，密切政府与人民的关系；同时，还要做到保障人民群众依法行使各项民主权力，更好地维护和实现自身的合法利益，从而达到在政府和人民之间建立起一种协调和谐的关系，使人心安定、社会稳定。这是强化国家政治凝聚力的必要条件和重要基础。

---

① 习近平．习近平谈治国理政［M］．北京：外文出版社，2014：189．

② 强化支撑体系加大政策倾斜 聚焦精准发力攻克坚中之坚［N］．南方都市报，2017－06－25（A03）．

政治民主化包括多方面的要求，下面仅从两方面看：

从政府层面来看，政府对强化国家政治凝聚力起重要作用，要使人民取信于政府，对政府有吸引力。首先，要推进政府决策的民主化和科学化：决策民主化是科学决策的重要基础，而决策民主化的核心是尊重民意。民意是政府合法性和凝聚力的宝贵资源，尊重民意应成为各级政府决策的首要要求。现实的情况是，以民意来指导决策还没有真正成为所有政府官员的自觉行为。有些地方，不断出现由于决策失误，乱上项目、盲目搞建设，造成既损害了群众利益，又造成国家重大损失的严重事件，究其原因就是决策民主化的缺失。因此，要根据党中央关于“增强决策透明度和公众参与度”的要求，加强民主决策、科学决策的制度建设，健全和完善社情民意反映制度、公示制度、听证制度、专家咨询制度、论证制度、责任追究制度等一系列民主科学决策的制度和机制，推进决策的民主化和科学化。其次，加强干部执政能力建设。干部是代表政府管理社会的，干部的素质直接影响人民对政府的信任度。必须加强干部队伍的建设，健全和完善干部尤其是领导干部的各项制度和规定，努力把社会方方面面的优秀分子选拔充实到干部队伍中来，不断提高干部的执政能力和水平，做到政府决策的民主化和科学化，取信于民。我们的干部队伍，只有由最优秀分子所组成，才能取得人民群众的高度信任，产生强烈的凝聚力；也才能担当起领导全国人民全面建成小康社会，实现中华民族伟大复兴的重任。

从人民角度来看，切实保障、发挥人民的民主权利。民主的基本含义就是一切权力来源于人民，由人民当家作主。习近平总书记关于民主政治建设的一系列重要讲话，贯穿着一个重要的精神旨趣，那就是尊重和保护人民当家作主的权利，充分调动广大人民群众的积极性和创造性，以凝聚改革发展的正能量。“中国特色社会主义是亿万人民自己的事业，所以必须发挥人民主人翁精神，更好保证人民当家作主。”① 人民当家作主是社会主义政治的本质和核心要求，是社会主义民主政治建设的根本出发点和归宿。推进国家的民主政治建设，就要紧紧围绕人民当家作主这个核心，健全民主制度，丰富民主形式，拓宽民主渠道，保障人民依法实行民主选举、民主决策、民主管理、民主监督，保障人民的知情权、参与权、表达权、监督权，从各层次各领域扩大公民有序政治参与。人民群众是国家的主人，是我们能够凝聚全体人民的智慧和力量战胜任何困难，把中国特色社会主义伟大事业推向前进的重要保证。只有广大人民群众都以主人翁的姿态热爱、服务和建设我们的国

---

① 紧紧围绕坚持和发展中国特色社会主义　深入学习宣传贯彻党的十八大精神［N］. 人民日报，2012-11-19（1）.

家，自觉维护国家形象和利益，当代中国才能焕发出强大的政治凝聚力。

3. 增强国家凝聚力，必须强化国家精神凝聚力

习近平总书记指出，“精神的力量是无穷的”。① 一个没有理想、信仰和价值准则的国家，不可能有强大的精神凝聚力。现今中国则不同，在现阶段，实现中华民族伟大复兴的中国梦集中反映了中国人民的理想、目标和利益；中国梦是全国人民共同的奋斗目标，是国家未来发展的政治宣言，是团结凝聚海内外中华儿女的一面精神旗帜。全国人民不但认同，而且积极践行，在践行过程中，不但将极大地促进我国国家精神凝聚力的形成和强化，同时，国家精神凝聚力又为实现中华民族伟大复兴的中国梦提供不竭的强大动力。中国特色社会主义理论指导我国改革开放取得了举世公认的巨大成就，成为中国人民的共同政治信仰，这是历史的必然，人民的选择。习近平总书记强调：“中国特色社会主义是改革开放以来党的全部理论和实践的主题，全党必须高举中国特色社会主义旗帜，牢固树立中国特色社会主义道路自信、理论自信、制度自信、文化自信。”② 党的十八大以来理论上产生了新的飞跃。习近平新时代中国特色社会主义思想是马克思主义中国化最新成果，是党和人民的实践经验和集体智慧的结晶，是中国特色社会主义理论体系的重要组成部分，是党和全国人民为实现中华民族伟大复兴而奋斗的行动指南。继续以中国特色社会主义理论指导中华民族伟大复兴，在实践中，在全体人民中进一步形成坚定、统一、稳定的理想、信仰和价值准则。党的十八大报告提出：“倡导富强、民主、文明、和谐，倡导自由、平等、公正、法治，倡导爱国、敬业、诚信、友善，积极培养和践行社会主义核心价值观。”《报告》提出的“三个倡导”继承了中华传统文化的精髓，顺应了当今时代发展的要求，体现了国家、社会和个人价值追求的统一。《报告》分别从国家、社会和个人三个层面明确提出了社会主义核心价值观的价值目标，价值取向和价值准则，这是当代中国国家精神凝聚力的基础和纽带。习近平总书记指出：“人类社会发展的历史证明，对一个民族、一个国家来说，最持久、最深层的力量是全社会共同认可的核心价值观。核心价值观，承载着一个民族、一个国家的精神追求，体现着一个社会评判是非曲直的价值标准。”③ 积极培育和践行社会主义核心价值观，使之家喻户晓、深入人心，形成社会普遍认同、共同遵循、具体可行的道德规范和行为准则，形成国家统一的指导思想、共同的理想信念、强大的精神支柱，使人们超越民族、血

① 习近平. 习近平谈治国理政［M］. 北京：外文出版社，2014：158.

② 把握历史方位　开启新的征程［N］. 人民日报，2017－08－03（2）.

③ 习近平. 习近平谈治国理政［M］. 北京：外文出版社，2014：168.

缘、语言、地域等方面的差异，超越阶层、行业、职业、利益等方面的差异，增强中华民族大家庭的向心力和归属感，不断巩固国家团结、和睦的精神纽带。这是一项重要的基础工程、灵魂工程，这是关系国家长治久安的千秋基业，是实现中华民族伟大复兴的强大精神支撑。全体社会成员只有自觉践行社会主义核心价值观，并使之成为习惯，成为风气、成为规范，才能成为当代中国国家精神凝聚力的强化奠定基石。

4. 增强国家凝聚力，必须强化国家文化凝聚力

习近平总书记在党的十九大报告中指出："文化是一个国家、一个民族的灵魂。文化兴国运兴。没有高度的文化自信，没有文化的繁荣兴盛，就没有中华民族的伟大复兴。"文化是一个民族的精神和灵魂，是国家发展和民族振兴的强大力量。我国拥有五千年的文明历史，我们的祖先曾创造了丰富灿烂的中华文化。习近平总书记指出："中华文化源远流长，积淀着中华民族最深层的精神追求，代表着中华民族独特的精神标识，为中华民族生生不息、发展壮大提供了丰富滋养。"① 如：国家兴亡，匹夫有责，艰苦奋斗，自强不息，爱国爱民，舍生取义，仁义道德，礼义廉耻，崇尚中庸，注重适度，一方有难，八方支援等等都是中华文化优秀传统。习近平总书记强调指出："中华优秀传统文化是中华民族的精神命脉，是涵养社会主义核心价值观的重要源泉。"② 优秀传统文化凝聚着中华民族自强不息的精神追求和历久弥新的精神财富，是发展社会主义先进文化的深厚基础，是建设中华民族共有精神家园的重要支撑。这些取之不尽的传统文化宝库正待我们挖掘。习近平总书记指出："深入挖掘和阐发中华优秀传统文化讲仁爱、重民本、守诚信、崇正义、尚和合、求大同的时代价值，使中华优秀传统文化成为涵养社会主义核心价值的重要源泉。"③ "博大精深的中华优秀传统文化是我们在世界文化激荡中站稳脚跟的根基。"④所以，我们不能仅仅停留在为古代文化的璀璨而自豪的层面上，必须创造出属于我们这个时代的崭新的先进文化，来丰富和拓展中华民族的文化宝库。因为，只有这样，我们才无愧于时代，才能延续当代中国的文化凝聚力。崭新的社会主义先进文化，必须以文化的复兴促进国家和民族的复兴；必须抓住历史机遇，努力创造出具有中国特色、能够在世界民族之林具有影响力与感召力的先进文化；必须大力弘扬社会主义先进文化，使现代优秀中国文化走向世界。

---

①③④ 习近平. 习近平谈治国理政［M］. 北京：外文出版社，2014：164.

② 习近平. 在文艺工作座谈会上的讲话［M］. 北京：人民出版社，2015：25.

参考文献：

[1] 把握历史方位　开启新的征程［N］. 人民日报，2017－08－03（2）.
[2] 习近平. 习近平谈治国理政［M］. 北京：外文出版社，2014.
[3] 强化支撑体系加大政策倾斜　聚焦精准发力攻克坚中之坚［N］. 南方都市报，2017－06－25（A03）.
[4] 紧紧围绕坚持和发展中国特色社会主义　深入学习宣传贯彻党的十八大精神［N］. 人民日报，2012－11－19（1）.
[5] 习近平. 在文艺工作座谈会上的讲话［M］. 北京：人民出版社，2015.

（作者系广东省社会主义学院原副院长、教授）

社会主义核心价值观与当代中国国家凝聚力关系研究

岳崇国

国家凝聚力在国家生存和发展过程中起着重要的作用，是国家团结各族人民的精神纽带。在社会主义市场经济迅速发展的背景下，伴随着全面深化改革的不断深入，利益多元性引起的文化多元性正在对国家凝聚力形成巨大的挑战，传统意义上诸如地域等各种因素对国家凝聚力的影响程度在不断降低，但是文化因素却在影响国家凝聚力方面发挥着越来越重要的作用。正如胡锦涛在党的十七大报告中强调："当今时代，文化越来越成为民族凝聚力和创造力的源泉，越来越成为综合国力竞争的重要因素。"① 刘云山也指出："文化软实力在很大程度上表现为民族凝聚力，而这种凝集力主要来自于人们对社会核心价值的认同。"② 在这样的逻辑下，本文尝试以社会主义核心价值观和国家凝聚力的关系为基点，探讨如何通过培育社会主义核心价值观来增强国家的凝聚力，不断为实现中华民族伟大复兴的中国梦添加力量。

一、国家凝聚力：实现中华民族伟大复兴中国梦的动力保障

国家凝聚力是指一个国家不同民族、政党以及民众在共同理想、目标、利益的基础上，国家满足民众物质、精神、政治、文化、安全等需要，所产生的内向聚合力和外向吸引力。在一个国家中，只有每一位成员具备共同的理想信念，为同一个目标打拼，必要时为了国家的利益自愿放弃自己的私利，每一位成员的力量才能拧成一股绳，自觉为了国家民族的共同事业而努力奋斗；反之亦然，只有在国家层面满足了每一位成员对物质、精神、政治、文化、安全等方面的需要时，每位成员才能更好地凝聚在一起，才能更

---

① 胡锦涛．胡锦涛文选：第二卷［M］．北京：人民出版社，2016．

② 刘云山．更加自觉、更加主动地推动社会主义文化大发展大繁荣［N］．人民日报，2007－10－29（6）．

好地维系国家的稳定、推动国家的持续发展。强大的国家凝聚力能够产生内涵为国家意识和国家责任的内向聚合力，促进社会成员之间的诚实守信与和睦团结；强大的国家凝聚力能够表现为外向吸引力，使人们在比较和选择中产生国家认同、文化认同和政治认同。

在新形势下，全面深化改革，实现中华民族伟大复兴的中国梦之所以要更加重视国家凝聚力，是因为从一般意义上来讲，国家凝聚力具有以下功能和作用：一是聚合功能。具备极强国家凝聚力，国家就不会出现“一盘散沙”的情况，国家凝聚力能够聚合一个国家的不同群众组织、不同民族宗教、不同政党的力量，为共同理想和统一目标努力奋斗。二是化解功能。国家凝聚力能够在人民内部出现矛盾时，化解内部矛盾，统一不同思想，达成共识，促进全面和谐社会的达成和全面小康的实现。同时，国家凝聚力还具有促进民族认同、社会认同、国家认同的功能和作用。三是抵御功能。国家凝聚力在某种程度上包含着对传统文化、革命文化和社会主义先进文化的深度自信，在文化自信基础上建立起来的国家凝聚力具有抵御外来消极文化的分化腐化、溶化、消解民族精神和国家意志的功能和作用。四是教育提振功能。国家凝聚力具有强化民族自尊心、自信心、自豪感、提振民族精神、社会责任、国家意识的功能和作用。五是教育激励功能。国家凝聚力具有激励人们去为国家强盛、民族振兴、人民幸福而忘我奋斗，英勇牺牲的功能和作用。国家凝聚力可以把一个国家不同民族、不同阶层的人民聚合起来、融合在一起，形成一种强大的思想力量，这股强大的思想力量在现实实践中，它可以极大地激发广大人民群众的热情和斗志，为共同的目标和利益而忘我奋斗。

1. 国家凝聚力是迎接挑战、把握机遇，全面深化改革的动力之源

国家是一个多种利益群体的聚合体。在这个聚合体内，只有依靠国家凝聚力才能把各种力量整合到一起。国家的发展离不开国家凝聚力去不断化解内部矛盾、抵御外部风险、统一目标艰苦奋斗。国家通过满足社会成员的理想、欲望等多种需求，把对不同群体的吸引力渗透到每个个体，使个体产生一种对国家的向心力。强大的国家凝聚力不仅可以更好地利用有利的环境和形势，使自己的国家加快发展，也可以把不利的形势及内外压力转化为发展的动力。如果一个国家缺乏凝聚力，不仅受制于内外压力不能自拔，即使面对好的环境与形势也会因国家缺乏统一的意志和力量而丧失发展与振兴的机遇。

特别是在处于转型的历史时期，中国作为发展中国家，伴随着市场经济地发展，社会矛盾和民族矛盾都有可能出现，不同的社会力量也可能会有摩

擦。这些矛盾从国家凝聚力研究的角度讲，都是人以往的需要得到满足，而新的需要开始形成时所出现的利益分化造成的国家凝聚力周期性起伏变化。在这个时期国家政权更要不断强化国家凝聚力，处理好新的矛盾，调整不同群体利益矛盾，形成更加坚实的国家凝聚力，迎接挑战、把握机遇，全面深化改革，尽快跨越中等收入陷阱。

2. 国家凝集力是化解矛盾、凝心聚力，实现文化整合的治本之策

市场经济的特性带来的文化多元性是所有现代国家面临的客观现实。多元文化是一把双刃剑，它体现着社会的发展与繁荣，但同时如果出现泛化和冲突，则极有可能带来思维的混乱和社会的失控。多元文化的融合问题是所有现代国家都必须面临的问题，代表国家意志的主流文化与其他非主流文化之间的主导与被主导的问题也始终是现代国家必须重视的问题。文化融合过程中主流文化和非主流文化的较量和国家凝聚力的强弱有着密不可分的关系，当国家凝聚力十分强大时，社会不同群体会自觉接受主流文化，非主流文化会慢慢的被主流文化“同化”，主流文化对非主流文化的主导也会越来越强烈；当国家凝聚力变弱或者缺失时，主流文化的主导作用就会减弱，非主流文化影响就会变强，这样社会不同群体之间的文化冲突就会增加，文化融合就会出现崩溃，国家力量也就难以凝聚，国家发展也就难以为继。

从更大范围、程度上来讲，一个国家的主流文化不仅可以主导和影响本国的非主流文化，而且随着国家凝聚力在世界范围内扩大，一个国家的主流文化也会影响其他国家的主流文化。中国要在世界上发挥更大的作用，更好的贡献中国智慧，提供中国方案，就要在多元文化共存与竞争的今天，继承和发展中国优秀的传统文化、革命文化和社会主义先进文化，在世界舞台上更多的推广中国文化元素，在文化层面上赢得主导权。总之，国家凝聚力的强弱和主流文化的强弱有着直接因果关系，对文化的整合有着至关重要的作用。

3. 国家凝聚力是激发能量、正向引导，实现创新发展的精神保障

翻开历史画卷，呈现在我们面前的繁荣大国、强国，其崛起之路都是有着共同的理想、统一的奋斗目标，都有着稳定和谐的国内国际关系，也就是说，历史已经证明了稳定和谐的社会关系对一个国家的崛起起着至关重要的作用。稳定与和谐的社会离不开国家凝聚力的促进功能，国家凝聚力是国家目标意志统一条件下的吸引聚合力量，它能够聚合不同群体的力量，能够最大限度激发每一位公民为国争光的积极性和创造性，能够在统一利益驱使下化解矛盾、解决矛盾。“国家凝聚力之所以有如此作用，从根本上说是国家凝聚力所内含的国家意识与国家责任贯穿于每个社会成员的思想与行为中，

使不同群体在处理社会思想与行为的冲突和矛盾时容易形成共识、服从大局。”①

但这里我们也必须要强调，这种国家成员对国家的向心力，是在国家满足了每一位国家成员对物质、精神、文化和政治等多层次需求后，伴随着国家凝聚力逐渐形成的。也就是说，如果要最大限度发挥国家凝聚力对国家实现稳定与和谐发展过程中的促进功能，当前阶段我们仍要坚持基本路线不动摇，仍要以经济建设为中心，最大限度满足人民群众对物质、精神等的多层次需求。只有在物质极大丰富的条件下，人民群众的国家意识与国家责任才能自觉萌发，也只有在发展的成果惠及每一个人，国家凝聚力激发能量、实现正向引导，促进创新发展的作用才能持久的实现。

当前，我们面临着全面建成小康社会，实现现代化和中华民族伟大复兴的艰巨历史任务，要完成这项空前艰巨的任务，整个民族和整个国家必须形成强大的凝聚力和向心力。只有这样，我们才有可能完成这一历史任务，因此，增强和提升国家凝聚力是实现中华民族伟大复兴中国梦的内在要求和必要条件。

二、社会主义核心价值观：中国国家凝聚力组成的核心部分

21 世纪的中国，亿万国人正在为实现中华民族伟大复兴的中国梦而努力奋斗，伟大的事业必将伴随着艰巨的挑战，完成这一艰巨的历史任务就要付出更加艰辛的努力；21 世纪的世界，各种文化的交流融合对中华文明提出了新挑战，在价值观新一轮的较量中，中国必须继往开来、吸收外来、开辟未来，坚持文化自信。伟大的事业需要思想的力量，需要共同的理想信念来凝聚国家意志；应对外来文化冲击更加需要共同的价值观，以锤炼不惧任何冲击的国家凝聚力。

1. 国家具有统一的价值观是形成国家凝聚力的前提条件

在哲学意义上，价值与价值观是两个既有联系又有区别的概念。价值不是事物“存在属性”而是一种“关系属性”。简言之，价值不是事物存在本身，而是客观事物对主体的“意义”，它所反映的是主体与客体的关系状态。人们对自身与事物价值关系的主观认识和表达就形成了价值观。事物对不同人的满足程度不同，其对不同人的价值也就不同，在不同人思想观念中形成的价值观也就不同。反应事物与主体关系状态的价值是客观存在的，反映主体对“价值”认识的价值观则是主观的。只有当主观与客观相符时，当价值观念客观、真实地反映价值关系时，才可能成为合理、有效、正确的观念。

① 刘学谦. 如何增强当代中国国家凝聚力［N］. 光明日报，2014-01-22（16）.

如果脱离了客观存在的价值关系，价值观念就不是正确的观念，这样的观念不仅不能引导人们积极、有效、合理地推进社会前进，相反会将人们引向歧途，束缚人的创造。

每一个国家、民族内部，基于对事物“关系状态”的认识不同，价值观多元化也势必成为必然，基于多元价值观的存在，对于相同事物就有了不同的价值判断，不同的价值判断也就造成不同民族、团体在实践等方面的冲突或者矛盾，影响国家稳定和谐。所以为了国家和民族的发展，多元价值观又必须相互协调，共同相处，在相互理解、相互尊重、相互学习的过程中逐渐形成统一的价值观。如果一个民族没有统一的、主导的、核心的价值观，这个民族就会因不同价值观的差异、分歧以致对立、纷争而导致民族的分裂。每一个民族都必须有共同的价值观，只有统一的核心价值观，才能使整个民族凝聚为一个整体，共同发展、共同进步、共同繁荣、共同富强。

2. 社会主义核心价值观在本质属性上具有强大的认同力和文化凝聚力

社会主义核心价值观是在相互协调、共同相处、相互理解、相互尊重、相互学习的过程中逐渐形成统一的价值观，它正确反映了实现中华民族伟大复兴的客观现实并达成了“共识”。“共识”产生“合力”，实现两个一百年的奋斗目标，需要最大可能地引领社会思潮，凝聚社会共识。倡导富强、民主、文明、和谐，从国家层面描绘了中国特色社会主义伟大事业的美好前景，这是一个凝聚人心、提振精神的价值目标，也是一个能够激发亿万人民群众积极性和创造性的宏伟目标。倡导自由、平等、公正、法治，从社会层面表达了对人民权益的保障、对人民平等发展权利的维护，在意识形态领域回应了人民群众的呼声与需求。倡导爱国、敬业、诚信、友善，从个人层面对个人价值和个人道德提出了“普适”要求，与中国传统文化的精髓相契合。可以说，“三个倡导”顺应了世情民意，把对社会共同理想和追求的认同度提高到一个新层次。

3. 社会主义核心价值观在内容上体现了增强国家凝聚力的现实要求

国家凝聚力在内容上包含五个方面的凝聚力，即“国家物质凝聚力、国家精神凝聚力、国家政治凝聚力、国家文化凝聚力和国家安全凝聚力”。[①] 社会主义核心价值观对国家凝聚力的五个方面从国家、社会和个人方面做了回应，社会主义核心价值观在内容上切实体现了增强国家凝聚力的现实要求。

社会主义核心价值观中对“富强”“文明”等的追求，就是要大力提高发展的质量，妥善解决分配问题，实现共同富裕。现阶段，人民群众在相对丰富的物质条件下，对生活质量地要求快速提高，对建设美丽中国的期盼也

① 刘学谦. 如何增强当代中国国家凝聚力［N］. 光明日报，2014－01－22（16）.

日益强烈，这些对同一目标的认同感和对共同理想的期盼，形成了中国国家物质凝聚力的重要内生动力；培育和践行社会主义核心价值观分别从国家、社会和公民个人三个层面提出社会主义核心价值观的价值目标、价值取向和价值准则，是当代中国精神凝聚力的基础和纽带。全体社会成员只有自觉践行社会主义核心价值观，把对核心价值观的理解转化为自觉行动，形成一种全民习惯，塑造良好的道德风气，才能为当代中国国家精神凝聚力的提升奠定基石；下力气解决腐败问题，不断提高各级干部的执政能力，健全人民民主制度，加强干部执政能力建设，尊重人民群众的首创精神，加快推进社会主义民主政治制度化、规范化、程序化，从各层次各领域扩大公民有序政治参与，为焕发出强大的政治凝聚力提供政治保障。大力弘扬社会主义先进文化，让社会主义这个主流文化形成强大的文化凝聚力。把五千年文明进行继承性创新，创造出属于这个时代的崭新的先进文化，延续中国的文化凝聚力。抓住历史机遇，努力创造出具有中国特色、能够在世界民族之林具有影响力与感召力的社会主义先进文化。

这是一个最好的年代，中华民族期盼许久的现代化之梦正在变为现实，物质丰盈后对精神的需求也在不断得到满足，以社会主义核心价值观为骨架的中华民族精神家园也正在变得愈发光鲜亮丽，简短的24字如同一面旗帜迎风飘扬，鲜明亮出了国家和民族的“精气神”，为中华民族的伟大复兴不断贡献着精神力量。

三、培育社会主义核心价值观，增强中国国家凝聚力

增强国家凝聚力，其中最重要的一方面就是不断培育和践行社会主义核心价值观，不断增强社会主义核心价值观的凝聚力。社会主义核心价值观的凝聚力是指核心价值观在满足人民大众道德诉求过程中，所产生的吸引聚合力，其重要体现之一是形成道德意识和道德责任。核心价值观的凝聚力强弱，一定能够通过大众的道德意识和道德责任表现出来。一方面社会主义核心价值观具有鲜明的价值导向，能够形成道德建设的正能量，对大众形成凝聚力。另一方面社会主义核心价值观形成凝聚力的价值和意义，是能够转化为大众道德建设自觉和道德建设动力。这两方面才是我们积极培育主流文化，培育社会主义核心价值观的重要目的。

基于社会主义核心价值观凝聚力与国家凝聚力的正相关关系，本文从增强社会主义核心价值观凝聚力的角度入手，试对增强国家凝聚力的对策做一点粗浅的分析：

1. 通过增强社会主义核心价值观的大众认知度来提高国家凝聚力

增强社会主义核心价值观的凝聚力，首先要增强大众对社会主义核心价

值观的认知程度。这里包含两层内容：一是核心价值观认知受众的广泛性。社会主义核心价值观是全中国人民都要遵循的价值观，因此，要进行大众化宣传，使各行各业的大众都认知和知晓，使社会主义核心价值观对大众的影响无处不在、无时不有。二是大众对社会主义核心价值观认知的深刻性。让核心价值观的深刻内容大众化，必须努力做好通俗化和群众化。通俗化就是要让大众听得懂，记得住。群众化就是要面对工人讲工人语言，面对农民讲农民语言，面对士兵讲军人语言等等。实践证明，用不同群众的语言，比较能够沟通，容易产生共识，尽量做到每个人都能感知它、领悟它。

2．通过提升社会主义核心价值观的大众认同度来提高国家凝聚力

核心价值观的大众认同度，是个体和群体对核心价值观的价值和意义认识相同或一致的程度，这种高度的认同就构成了核心价值观的凝聚力，也从精神和文化层面增强了国家凝聚力。从社会凝聚力的角度说，提升社会主义核心价值观的大众认同度，增强国家凝聚力，主要有三个方面：一是与中华优秀传统文化历史传承的相关性。核心价值观包含的内容与所传承的传统文化正相关度越高，大众对核心价值观认同度就越高。社会主义核心价值观的内涵，在反映中国时代特色的基础上，既吸收了中国优秀传统道德精华，又借鉴了西方的先进文化，以其理论的先进性来增强大众认同度。二是与社会转型期所呈现出来的时代特点的相关性。核心价值观所体现出来的时代特点越明显，大众对核心价值观的认同度也就越高。核心价值观的内涵充分反映了改革开放以来当代中国道德建设的创新成果，充分体现了时代的特色。培育和弘扬核心价值观，就要把时代特色充分展示出来，增强大众特别是新生代的认同度。三是与满足大众需要程度的相关性。核心价值观满足大众需要的程度越高，大众对核心价值观的认同度也会越高。社会主义核心价值观是根据当代人民群众道德建设的需求提炼出来的，它来自人民，一切为了人民，充分满足了大众的需求。把核心价值观所体现的人民性充分展示出来，必将极大提高大众的认同度，不断增强国家的凝聚力。

3．把社会主义核心价值观内化为大众的精神追求，以共同价值追求凝聚国家力量

社会主义核心价值观内化为大众的精神追求是道德建设的最高境界，也是增强国家凝聚力的必然要求，国家倡导的核心价值观成为大众的精神追求，这在任何时代、任何国家都是必然的。国家倡导的核心价值观成为大众的精神追求，形成国家凝聚力，才能成为社会和谐、国家发展的永恒精神力量。但是这种精神力量的转化和形成是一个潜移默化的过程，需要一个很长的时期：首先个体要在长期学习中实现核心价值观的逐步内化。对社会主义核心价值观的认知认同是实现道德水平升华、提高道德意识、明确道德责任

的前提和基础，也只有不断地学习才能进入明大德、守公德、严私德的境界。其次社会要逐步形成良好的道德氛围，促进个体在道德实践、道德文化、道德环境的熏陶中实现核心价值观的内化。国家层面践行富强、民主、文明、和谐；社会层面践行自由、平等、公正、法制；公民层面践行爱国、敬业、诚信、友善，时间长了，自然就会积淀为道德的力量。最后核心价值观的内化要始终贯彻到坚持对中国特色社会主义理论的信仰中。社会主义核心价值观是中国特色社会主义理论的重要组成部分，只有坚定中国特色社会主义理论的信仰，才能把核心价值观自觉转化为精神追求。

4. 社会主义核心价值观外化为大众的自觉行动，以自觉的行动激发国家凝聚力

道德建设不是终极目的，践行社会主义核心价值观最终目的和增强凝聚力的重要价值和意义，还是要把道德的力量转换为自觉行动，以道德的力量促成国家进步。从社会凝聚力的角度分析，把社会主义核心价值观外化为大众的自觉行动，关键是实现三个转变：一是实现思想自觉。让崇德、尚德变为每个个体的思想自觉，在社会上形成一股风气，践行核心价值观逐步实现由从众到自觉的转变。践行社会主义核心价值观由“跟着学，跟着做”向“主动学、主动做”，注重自觉行动。二是实现行动自觉。在全社会践行核心价值观的道德氛围中，把践行核心价值观逐步变成一种生活习惯，只有这样的自觉行动，才能形成社会的良好风气。三是强化道德责任。一方面，践行核心价值观需要责任担当者引领，在一些地方缺乏德治的社会风气中，率先形成道德意识和道德责任，另一方面更重要的是人人从我做起，只有从我做起的自觉行动，才能建成道德社会。各级党政干部、广大共产党员、各个行业的先锋模范，要发挥好道德模范的引领作用，促进核心价值观凝聚力和国家凝聚力的不断提升。

参考文献：

[1] 胡锦涛. 高举中国特色社会主义伟大旗帜　为夺取全面建设小康社会新胜利而奋斗[N]. 人民日报，2007-10-25（1）.

[2] 胸怀大局把握大势着眼大事　努力把宣传思想工作做得更好[N]. 人民日报，2013-08-21（1）.

[3] 刘云山. 更加自觉、更加主动地推动社会主义文化大发展大繁荣[N]. 人民日报，2007-10-29（6）.

[4] 刘学谦. 如何增强当代中国国家凝聚力[N]. 光明日报，2014-01-22（16）.

（作者系梅州市社会主义学院讲师）

中华优秀传统文化的传承和弘扬

易　青

党的十八大以来，习近平总书记多次强调要弘扬和传承中华优秀传统文化，要求继承我国古人优秀的价值理念和道德规范。中华传统文化亦叫华夏文化、华夏文明，以民族文化为基础的哲学文化，是中华文明成果根本的创造力，是民族历史上道德传承、各种文化思想、精神观念形态的总体。简单来说，就是通过不同的文化形态来表示的各种民族文明，风俗，精神的总称。

中华传统文化博大精深、源远流长，分布广阔，在东亚有一个“汉文化圈”。文者，是宇宙自然规律的理性描述。文化的内涵包括道德。文化是一个国家的软实力，是社会文明进步的内在驱动力。文化又是社会意识形态，是中华民族思想精神，是社会政治和经济的根本，是我们中华民族向前发展的不竭动力。只有传承和发扬这些传统的文化精髓，我们的国家和人民才能够真正实现伟大复兴。

一、中华民族优秀的传统文化的重要内容

中华民族文化内容十分丰富，与世界各国的民族文化相比，有着不同的特点。中华民族优秀的传统文化，有体现在有形的物质方面的，有体现在精神方面的。中华民族优秀传统文化的核心是民族精神，特别是优秀的道德传统，主要体现在这些方面。

（1）自强不息的奋斗精神。中华文化历来关注现实人生，孔子说：“未知生，焉知死?”并说：“天行健，君子以自强不息”。正是这种入世的人生哲学，培育了中华民族敢于向一切自然与社会的危害和不平进行顽强抗争的民族性格。中国人自古以来就有不信邪、不怕“鬼”的精神，强调人生幸福靠自己去创造。要实现现代化，这种自信自尊的精神是决不可少的。

（2）知行合一观。中国儒家文化所讲的“力行近于仁”，在一定程度上体现了“行重知轻”的认识论思想，这与实践品格具有某种一致性。实践是

认识的源泉。实现现代化，当然要努力学习外国的先进的东西，但更重要的是自己的社会主义实践。

（3）有爱国主义精神。爱国主义，就是千百年来巩固起来的对自己祖国的一种最深厚的感情，爱国主义，是我们中华民族的优良传统。古人云：“天下兴亡，匹夫有责”。在今天，一个国家只有走上现代化，国家才会繁荣富强。而实现现代化，全靠全国人民团结一致，共同奋斗。

（4）团结互助，尊老爱幼的伦理规范。古人说：“老吾老以及人之老，幼吾幼以及人之幼。”一个社会只有严于律己，宽以待人，形成团结互助，尊老爱幼的社会风气，社会才能充满温馨与和谐，才能给人带来希望与力量。

（5）勤劳勇敢，富于革命的精神。中国是世界文明古国之一。由劳动人民的智慧和双手才创造出世界最早的四大发明。中国又号称礼仪之邦。正如毛泽东同志所指出的：“中华民族不但以刻苦耐劳著称于世，同时又是酷爱自由、富于革命传统的民族……中华民族又是一个有光荣的革命传统和优秀的历史遗产的民族。”

（6）追求真理，勇于奉献的精神。中华传统文化蔑视那种贪生怕死、忘恩负义、追逐名利的小人。古人在谈到对真理的追求时，认为“朝闻道，夕死可矣”，并说“路漫漫其修远兮，吾将上下而求索”。这种对真理执着、献身精神是推动现代化的强大动力。

（7）人际和谐。中国古代思想家认为，人与人之间关系的准则是和谐，简称“和”。“和”即是不同的事物相聚集而达到平衡。可以说是多样性的统一。孔子第一个把“人”同“仁”联系起来，并把“仁”解释为“爱人”。“仁”既是一种最高的道德原则，又是一种崇高的道德品质。在人和人的关系中，“和为贵”，只有从“爱人”出发，才能达到“人恒爱之”以及彼此相爱的和谐关系。

（8）中华民族具有努力自我修养的精神。孟子讲“人皆可以为尧舜”，这一切都是同正心、诚意、克己、自省的功夫相联系的。“见贤思齐，见不贤而内自省”，“见善如不及，见不善如探汤”，曾子要求经常“三省吾身”。孟子讲“养性”“养身”，讲“良知”“良能”；宋代理学家们主张“尊德性”；明代王阳明提倡“知行合一”，都特别强调道德的修养践履功夫，认为这是知善、行善并达到成贤、成圣的最重要的关键。

（9）顾全大局的精神。在眼前的局部利益和长远的、关系到战略全局的根本利益之间，中国传统文化更重视的是后者。它把前者称作小利，而称后者为大利。孔子强调，不论国家或个人，都不可因只顾小利而妨碍大利。

二、弘扬中华民族优秀传统文化的现实意义

弘扬中华优秀传统文化与当今我国社会主义的现代化建设有着重要的密切关系。

（1）任何一个国家的现代化，都是以不同的文化道德传统和价值观念作为指导的。每个民族，都有与其他民族不同的传统文化。一个着眼于未来、大力进行社会主义现代化建设的国家和民族，必然不会忘记自己的历史，更不会抛弃本民族的优良道德传统。

（2）继承历史传统、弘扬民族优秀传统文化，是中国共产党人一以贯之的优良传统。毛泽东是弘扬和传承中华优秀传统文化坚定的身体力行者和倡导者。在延安时期，毛泽东就要求全党，要以谦虚和敬畏的态度对待历史文化，重视对中国传统文化的学习和继承。习近平总书记在纪念孔子诞辰 2565 周年国际学术研讨会上的讲话指出："中国共产党人是马克思主义者，坚持马克思主义的科学学说，坚持和发展中国特色社会主义，但中国共产党人不是历史虚无主义者，也不是文化虚无主义者。我们从来认为，马克思主义基本原理必须同中国具体实际紧密结合起来，应该科学对待民族传统文化，科学对待世界各国文化，用人类创造的一切优秀思想文化成果武装自己。在带领中国人民进行革命、建设、改革的长期历史实践中，中国共产党人始终是中国优秀传统文化的忠实继承者和弘扬者，从孔夫子到孙中山，我们都注意汲取其中积极的养分。"① 在我们已经进行社会主义建设 60 多年后的今天，习近平总书记再一次强调中国共产党人在文化建设上的历史使命，要求共产党人始终做中国优秀传统文化的"忠实继承者和弘扬者"，具有非常深远的历史意义和现实意义。

（3）中华民族的优秀传统文化，是社会主义现代化建设必不可少的重要的精神力量。在社会主义现代化事业中，我们应当使民族的优秀道德传统通过改造和发展，在社会主义现代化建设中发挥巨大的作用。弘扬优秀传统文化有助于重塑新时期社会道德，有助于培育社会主义核心价值观的文化自觉。中华文明绵延数千年，有其独特的价值体系。中华传统文化已经成为中华民族的基因，植根在中国人内心，潜移默化影响着中国人的思想方式和行为方式。我们提倡的社会主义核心价值观，就充分体现了对中华优秀传统文化的传承和升华。富强、民主、文明、和谐，自由、平等、公正、法治，爱

① 习近平．在纪念孔子诞辰 2565 周年国际学术研讨会暨国际儒学联合会第五届会员大会开幕会上的讲话［N］．人民日报，2014－09－25（2）．

国、敬业、诚信、友善，传承着中国优秀传统文化的基因，寄托着近代以来中国人民上下求索、历经千辛万苦确立的理想和信念。培育和弘扬社会主义核心价值观必须立足于中华优秀传统文化。

弘扬中华优秀传统文化，可以助推中国梦的实现。文化具有引领风尚、教育人民、服务社会、推动发展的作用。中华优秀传统文化为实现中国梦提供了重要的价值支撑。一是有助于端正社会风气、维护社会稳定、促进社会和谐。比如，崇礼尚义、“百善孝为先”的道德风尚；“民惟邦本、本固邦宁”的治国理念；“以仁正心，以礼正身”，为人们提供了衡量是非曲直的道德标准，在新的时代条件下对于端正社会风气、维护社会稳定、促进社会和谐具有重要意义。二是中华优秀传统文化有助于增强民族文化认同。中国梦是所有中华儿女的梦，中华优秀传统文化是激励全球华人戮力同心为之奋斗的精神源泉。两岸同胞血浓于水，共同的血缘、历史、文化是任何势力也割不断的，中华优秀传统文化是实现祖国统一的重要精神财富。三是有助于树立国家良好形象，提升我国软实力。当今世界，文化实力和竞争力成为国家富强、民族振兴的重要标志。历史上，中华优秀传统文化为中华民族的发展进步提供了丰厚滋养，在世界文化发展史上占有重要地位。从文化发展的维度看，大力弘扬中华优秀传统文化，展现了我们的文化自觉意识，体现了我们的文化自信底气和文化自尊理念。只有弘扬中华优秀传统文化，才能实现文化强国的梦想。

三、如何实现中华传统文化的传承和弘扬

1．科学认识和继承传统文化，取其精华，去其糟粕

对历史文化特别是先人传承下来的道德规范，要坚持古为今用、推陈出新，有鉴别地加以对待，有扬弃地予以继承。

（1）对那些在长期历史实践中形成的优秀价值原则，可以转化为时代精神来继承。例如《周易大传》中“天行健，君子以自强不息”的刚健有为精神；《论语》中所提倡的舍生取义、见利思义、见危授命、“三军可夺帅，匹夫不可夺志”的品质，以及“士不可以不弘毅，任重而道远”的历史使命感；《孟子》中提出的“富贵不能淫，贫贱不能移，威武不能屈”的独立人格以及“乐以天下，忧以天下”的忧患意识，都是很宝贵的精神财富。

（2）传承中国传统文化及保护文化载体。文化的“神”是文化的核心和灵魂；文化的“形”是文化的“神”的载体，传统文化的形式和载体，

如文化典籍，文化遗存，非物质文化遗产等。要发挥传统文化新的生命活力，就应实现其“神”与“形”的现代统一。因此，一方面要致力于传统文化固有的“形”的保存、保护——经典文本、文物古迹、传统节庆、优良的民间习俗、民间谚语等文化遗产，使之继续 发挥作为传统文化其“神”的载体的作用；另一方面又要总结传统文化中的“神”，对 其进行现代价值再创造，融入中国特色社会主义的理念和价值观念，及时反映和体 现出改革开放进程中涌现出的一些新思维、新观念、新取向，使中国文化更具时代特征和时代引导能力，使有“形”的文化遗产具有现代生命力。

（3）对传统文化中的糟粕，必须否定和抛弃。如“三从四德”的女性观，“天不变道也不变”的自然观，“别尊卑，明贵贱”的封建等级观等。传统文化传承需要我们对文化典籍进行整理，对文化遗存，对传统的民俗活动、表演艺术、知识技能、节日庆典等各种非物质文化遗产进行甄别。这就是说对于中国传统文化形式的传承，我们也需要进行一系列的规划，采取一系列的措施，以便分别精华与糟粕。

2. 各级政府加大重视，党员干部率先承继和弘扬中华传统文化

中华优秀传统文化浩若烟海、博大精深，如何有效学习、掌握和运用，是摆在各级领导干部面前的艰巨任务。由中央到地方，由上而下各级政府都要积极引导传统文化与市场经济制度相适应，加大财政投入，培养能够传承传统文化的人和团体。国家和地方制定传统文化的保护、开发与复兴战略，扎实稳步推进战略决策的落实。加强立法，提高立法的质量，运用法律手段推动传统文化的保护与复兴。加强宣传、教育，提高行政效率，彻底扫除制约传统文化保护与复兴的观念、做法和体制等瓶颈。习近平总书记明确提出，要抓好学习和运用两个基本环节，并把它们有机地结合起来：“各种文史知识，中国优秀传统文化，领导干部也要学习，以学益智，以学修身。”①而且习近平总书记在这方面带头做出了表率，他对中华传统文化具有广泛兴趣和深厚修养，博览群书，熟知中国传统文化经典。所以，各级领导干部要正视优秀传统文化的价值，发掘它们蕴涵的现代性力量，争做中华文化的笃信者、传承者、躬行者。带头弘扬和践行中华优秀传统文化的基本精神，把优秀传统文化的元素和理念贯彻到自己的工作实践、日常行为中去。

3. 将弘扬优秀传统文化与“中国梦”、社会主义核心价值观结合起来

弘扬中华优秀传统文化，可以助推中国梦的实现；实现民族复兴中国

---

① 习近平：依靠学习走向未来[EB/OL].(2014-12-25)[2017-12-21]. http://theory.people.com.cn/big5/n/2014/1225/c391839-26275595.html.

梦，有利于中华优秀传统文化的发扬光大。两者是相辅相成的。中国梦为中华优秀传统文化赋予了新的时代内涵，习近平总书记在中共中央政治局第十三次集体学习时强调："对历史文化特别是先人传承下来的价值理念和道德规范，要坚持古为今用、推陈出新，有鉴别地加以对待，有扬弃地予以继承，努力用中华民族创造的一切精神财富来以文化人、以文育人。"① 社会主义核心价值观也是中华民族的核心价值观，融社会主义的价值特性与中华民族的文化特性于一体。将弘扬优秀传统文化与社会主义核心价值观的宣传教育结合起来，一方面要做好对优秀传统文化深层价值理念及其现代意义的挖掘和阐释，把优秀传统文化讲仁爱、重民本、守诚信、崇正义、尚和合、求大同等价值理念的义理讲透、意义讲足、现代性讲好。另一方面要做好运用优秀传统文化的思想资源阐发社会主义核心价值观的工作。无论是"富强、民主、文明、和谐"，还是"自由、平等、公正、法治"、"爱国、敬业、诚信、友善"，我们的优秀传统文化中都有着非常丰富的思想素材。今天，在实现中华民族伟大复兴中国梦的过程中，应该坚持优秀传统文化的弘扬与社会发展相适应、时代发展趋势相符合，不断推陈出新，使优秀传统文化既保持鲜明的民族特色，又富于浓郁的时代精神。

4. 健全教育机制，把优秀传统文化融入各类学校教育

弘扬和传承优秀传统文化，无论是由国家和政府主办的各个水平层级的国民教育机构，还是非国家和政府主办的教育机构，都有责任传承中华优秀的传统文化。如从幼儿园、小学教材到博士生教材，都应增加中华优秀传统文化文章，分层次、分内容，使学生在学校的教育中始终受到优秀传统文化的熏陶和感化，使优秀传统文化的学习与学生思想道德素养的培育结合起来；二是拓展中华传统文化类课程的建设，使之成为提升学生人文素养和优秀传统文化素养的重要载体，在高校开设中华传统文化类课程，为学生提供多样性的选择；三是要加强与弘扬优秀传统文化有关的学科专业和研究平台建设，为传统文化的学习、研究、传播及专业人才的培养搭建有效平台；四是在党校系统教学安排中增加优秀传统文化课程，把传统文化课作为必修课程，像要求学习马克思主义经典一样学习古代文化经典。

通过系统的教育，可以把中国优秀传统文化的精神理念，如"道法自然"的观念，"天人合一"的思想，混沌中和的境界，以及仁义、诚信、爱人、敬业、合和等伦理价值观念，渗透进人们的心中，化为人们的血脉，成

① 习近平：把培育和弘扬社会主义核心价值观作为凝魂聚气强基固本的基础工程（2014-02-25）[2017-12-21]. http://cpc.people.com.cn/n/2014/0225/c64094-24463023.html.

为人们自觉的行为规范和精神价值追求。

5. 传统文化的创新途径

习近平总书记在全国宣传工作会议上讲述中华优秀传统文化时指出："要处理好继承和创造性发展的关系，重点做好创造性转化和创新性发展。"① 这"两创"方针的鲜明指向，要求我们在深入了解传统文化基础上，根据社会发展需要，时代进步的要求，创造性地为中华传统文化精髓充实新的时代内容，使之不断完善发展。

（1）挖掘优秀传统文化内涵，古为今用。根据时代特征和当前任务，在清理和发掘民族传统文化的积极内涵、赋予民族传统文化以时代精神和适宜形式等方面加大力度，如中华民族传统美德——诚信、感恩、孝道、仁德、慈爱、正气、勤学、节俭、修身、立志等的弘扬；浓缩了传统文化立世做人荣辱观的"八荣八耻"的提倡；基于传统和谐精神的"构建和谐社会"目标的提出等。

（2）传统文化与文化创意产业、科技融合。在继承传统文化的基础上进行创新，把中国传统文化与文化景区、文化创意园区、主题公园等的建设和运营相结合，借助这些平台，把中国的传统建筑、传统节庆、民俗文化、演艺节目等在园区里得到孵化和培育。文化创意产业对传统文化与科技的融合一直本着"文化为体、科技为用"的指导思想将科技与传统文化有机结合。文化创意产业也可借助科技手段，如将传统文化制作为数码文化产品。利用数码产品的交互性、虚拟性和智能化、个性化特性提升传统文化的表现力和感染力，也使得传统文化更容易被大众认同和接受。

（3）借鉴和吸收外来文化。毛泽东同志说过："古为今用，洋为中用。"现在是多元文化并存的社会，只要是有益的，可以不论中国、外国，传统、现代。如好莱坞大片、日本动漫、韩剧受到国人的追捧，肯德基、麦当劳、必胜客等快餐在中国热销，"圣诞节"、"情人节"、"感恩节"等洋节庆越来越受年轻人的青睐，这都体现出中华文化的强大包容性。开放包容不会削弱中华文化的优秀内核，反而在吸收借鉴中不断丰富壮大。在今天经济全球化和我国对外开放不断扩大的情况下，更应该以开阔的视野、博大的胸怀对待外来文化，积极参与世界文化的对话与交流，大胆吸收借鉴一切有利于我国文化建设的有益经验和优秀成果。经过十几年的学习、消化和吸收，现在国产家电已经占据着市场的绝对主导地位，中国已经成为世界上最大的家电出

---

① 习近平：把培育和弘扬社会主义核心价值观作为凝魂聚气强基固本的基础工程（2014 - 02 - 25）[2017 - 12 - 21]. http://cpc.people.com.cn/n/2014/0225/c64094 - 24463023.html.

口国。中国汽车业从合资开始，培养出了一大批零部件企业，这才有了民族汽车品牌奇瑞、吉利、比亚迪的崛起，目前中国汽车的产销量，已经跃居世界第一。只有兼纳百家之精华，融合各种文化之所长，才能更好地促进本国文化的发展。吸收外来文化，贵在以我为主、为我所用，重在实现中国化、本土化。

只有立足于实践，把跨越时空、超越国度、富有永恒魅力、具有当代价值的文化精神弘扬起来，以兼收并蓄的包容精神，借鉴其他优秀文明成果，通过转化再造、丰富发展，焕发新的生命力。

参考文献：

［1］本刊编辑.《关于实施中华优秀传统文化传承发展工程的意见》印发，弘扬中华优秀传统文化，教育怎么做［J］. 中国民族教育，2017（3）.

［2］吴贵春. 中华优秀传统文化与“友善”核心价值观［J］. 安徽理工大学学报（社会科学版），2016（6）.

［3］贾佳. 中华优秀传统文化与社会主义核心价值观关系研究［J］. 中外企业家，2016（5）.

［4］郭继承. 对建构“中华优秀传统文化传承体系”的思考［J］. 北京教育（高教），2012（5）.

［5］郭敏. 移动新媒体视阈下我国传统文化传承与传播研究［J］. 内蒙古科技与经济，2015（8）.

［6］胡雪梅. 再论中华优秀传统文化与社会主义核心价值观的培育［J］. 改革与开放，2016（12）.

［7］韩中敏. 借鉴中华优秀传统文化培育践行社会主义核心价值观［J］. 北京工业职业技术学院学报，2016，15（2）.

［8］蔡连莉. 传承和弘扬中华优秀传统文化的思考［J］. 中国成人教育，2015（3）.

［9］格日勒图，陈文斌. 培育和弘扬社会主义核心价值观要立足中华优秀传统文化［J］. 内蒙古民族大学学报（社会科学版），2015，41（3）.

［10］赖雄麟，高晶华. 爱国主义的中华优秀传统文化之维［J］. 西北大学学报（哲学社会科学版），2016，46（3）.

［11］宋彦军. 汲取中华优秀传统文化之精华培育与践行社会主义核心价值观［J］. 发展，2015（11）.

（本文作者系中共湛江市委党校讲师）

试论构建和谐社会背景下国家凝聚力建设的发展

项梦曦

国家凝聚力是一个世界性课题。我国历史上，西汉“文景之治”、唐代“贞观之治”、明代“永宣之治”、清代“康乾盛世”等，都是国家凝聚力空前强大的时期。世界历史上，罗马帝国、波斯帝国、奥匈帝国、大英帝国等著名帝国称霸世界的时期，也是其国家凝聚力达到巅峰的时期；而这些不可一世的帝国们走向没落，也是从国家凝聚力丧失开始的。我国能够排除世界不利形势的干扰，实现连续40多年的经济增长，如果没有强大的国家凝聚力也是不可想象的。历史和现实都表明，国家凝聚力是一个国家振兴发展的不竭动力。任何国家要发展要振兴，要在剧烈的国际竞争中谋求属于自己的位置，就必须增强国家凝聚力。

一、理解和认识构建和谐社会背景下国家凝聚力内涵

国家凝聚力是指一个国家不同民族、政党以及民众在共同理想、目标、利益的基础上，国家满足民众物质、精神、政治、文化、安全等需要，所产生的内向聚合力和外向吸引力。国家凝聚力既表现为对国家主权与公民权利的保护能力，也体现为国家对公民的影响力和吸引力，政府与公民的亲和力；同时它还反映出人民群众对执政党和政府的认可度、接受度，其关键在于政治认同、权力认同，反映出国家内部不同民族、阶层、地区等群体之间的或聚合或离散的运动状态。当国家凝聚力作用在不同群体时，它能够发挥力量聚合作用；当它作用在国家成员时，能够激发为国争光的积极性和创造性；当它作用在国内人民内部矛盾的各方时，能够在意志和目标共鸣中促进矛盾得到化解。所以，国家凝聚力足够强大，才能使不同群体在处理社会思想与行为的冲突和矛盾时容易形成共识、服从大局，促进人们在比较和选择中产生国家认同、文化认同和政治认同。只有当国家成员具有共同理想、目标和利益时，人们才会心往一处想、劲往一处使，自觉为共同事业奋斗；只有当一个国家能够满足人民物质、精神、政治、文化、安全等方面的需要

时，才能维持国家的健康发展和稳定。

当前，社会转型、全球化、信息化等发展趋势的强烈冲击，不断改变着传统的国家、集体与个人的利益关系，改变着人们的思想观念、行为方式，改变着人们的目标驱动、情感纽带方式，影响着人们的价值取向，这些都给国家凝聚力建设带来种种挑战。而构建和谐社会的提出则是在新时期背景下促进国家凝聚力建设的一个系统概念，和谐社会构建是要处理和解决自身蕴含的不和谐因素，实现整个社会和国家的整合、有序、稳定，而国家凝聚力建设也正是以消解排斥力、离心力，最大程度地实现凝聚为目的，所以两者是同义也是同步的，和谐社会构建的过程就是国家凝聚力建设的过程。[①] 构建和谐社会需要通过提高国家凝聚力实现，而和谐社会的构建为国家凝聚力建设提供了条件和保障，在政治、经济和文化方面大大促进国家凝聚力建设化解新时期的挑战。构建社会主义和谐社会这一概念是在2006年党的十六届六中全会提出的，在那时候党就强调了社会和谐是中国特色社会主义的本质属性，所以构建社会主义和谐社会，要坚持以人为本，坚持科学发展，坚持改革开放，坚持民主法治，坚持正确处理改革发展稳定的关系，坚持在党的领导下全社会共同建设。按照这些原则，营造较为和谐的社会环境，可使得国家凝聚力的增强拥有更有力的政治保障；国民经济迅猛发展，人民生活水平得到很大提高，可使得国家凝聚力的发展拥有更坚实的物质基础；我国实现由单一文化向多元文化的转变，可使得国家凝聚力的表现拥有更深刻的文化内涵。

二、对国家凝聚力建设现状的探索

（一）我国国家凝聚力建设取得的巨大成就

1. 在应对重大自然灾害面前体现出来的强大国家凝聚力

据调查发现，在发生地震灾难时候，比如玉树在2010年发生的特大地震，南方地区在2008年突发冰雪灾害，汶川2008年特大的地震等自然灾害中，国家对受灾地区进行抗震救援这一行为大大加强了中国各民族的大团结，大大提升了国家凝聚力。正是因为党和政府在第一时间克服一切困难，不计成本，始终将人民的生命安全利益放在第一位，由此让人倍感国家的强

---

① 白文娟，朝克．当代中国国家凝聚力研究的现状分析和趋向展望［J］．湖北民族学院学报：哲学社会科学版，2014，32（4）：97－102．

大，祖国大家庭的温暖和安全可靠。[①]

由此可见，强大的国家凝聚力是克服重大灾害的有力法宝。它能在较短的实践内，将各方力量汇聚于此，将力量放在需要的地方。这就是中国特色的国家凝聚力，这就是中国制度的优越性。

中国特色的社会主义制度就是将党的领导和人民当家作主结合起来，就是集中优势力量办大事，就是在关键时刻团结一致。这充分反映了中国凝聚力的高效组织能力。

2. 在科学技术飞速发展上体现出来的强大国家凝聚力

中国在十一届三中全会之后，在科学领域有了快速的发展，特别是在教育事业、医疗卫生、交通发展以及绿色新能源等领域取得了成绩，并且将这些成果转为了提升民生的举措。通过对民众的调查，由于国家的惠民政策使得生活的质量有了明显的提升，幸福指数也有了质的提升。同样也促进了国家产业技术的发展，带动了国家的工业、农业的进一步发展，产业结果得到优化和配置，国民经济快速发展。这就在另一个侧面提升了国家的凝聚力。

我国在航空航天方面取得了重要的发展，天宫 1 号和神舟十号的升空，登月计划的进一步实施，以及超级计算机的开发等等高尖端领域的技术向前推进，这不仅仅是对国民的造福，更是对世界的展示，国家凝聚力不断提升。

3. 我国在积极举办和参与国际重大活动体现出来的国家凝聚力

随着深化改革开放思想的进程加快，中国不可避免地出现了一些社会问题。例如经济问题多与社会问题结合，它不单单是经济方面要解决的问题，更重要的是涉及社会的其他方面。社会是人与人的社会，解决这样的问题归根到底是要解决人的问题，这就需要缩小人人之间的距离，加强相互之间的凝聚力，这也就是国家凝聚力要做的。这也需要民众在意识层面达到统一，统一认识，将这种荣辱与共的意识扩及其他方面。例如，在 2008 年中国承办了奥运会，全社会齐动员，在面对各方压力的时候，人与人之间的凝聚力增强，社会成员伸出援手，共同推进了国家的凝聚力，使得国际活动得以完满结束。

（二）影响国家凝聚力建设的不足因素

在国家凝聚力建设中必然存在阻碍发展的因素，这些不足会影响到国家凝聚力的建设和发展，只有将这些问题看清看透才能找到提升国家凝聚力的

---

① 章忠民. 提升国家凝聚力的路径［N］. 解放日报，2011－10－23.

正确路径。

1．精神文明建设和经济发展不协调会阻碍国家凝聚力建设

我国现阶段经济发展水平和精神文明建设的节奏不一致，精神文明建设落后于经济发展水平。一是精神文明发展战略不清晰。我们提出两个文明的建设，强调两手抓、两手都要硬，但是事实上对经济建设更加重视，而忽略了精神文明的建设，造成了经济高于精神的现状。二是由于精神文明建设的长期性。精神文明建设不是一蹴而就的事情，它是漫长的过程，所以对于精神文明见识不能着急，而要遵循规律而发展。

2．社会主义法制建设没有完全跟上经济发展速度会制约国家凝聚力建设

我国在社会转型的过程中十分重视法制的建设，并且确立了依法治国的国策。但现今法治建设还没有跟上经济发展，如司法权威受到挑战、忽视法律手段等，这些都是国家凝聚力建设不足带来的问题。要解决这类问题，提升国家凝聚力，主要通过两个途径来加强。一是推进法治建设，完善法律法规，公正司法，严格执法。二是加强普法教育，将法治的观念植入人的意识中，这就需要政府和公民共同努力建设法治社会。

3．政治文明建设和经济发展不同步会影响国家凝聚力建设

政治文明的不完善实际上是随着经济发展的过程和经济的增长，利益的分配不均匀使得政治权利转移到经济富足的人手中，经济利益成为政治权力的基础，这也导致了经济快速发展，而政治文明跑偏的现象，从而影响国家凝聚力建设。其通常现象是出现享乐主义、官僚主义、形式主义和奢靡之风等问题，这是关乎执政地位的重大问题，需要依靠国家、社会、公民三方的努力，将国家的司法、社会的舆论、公民的监督结合在一起，严厉打击这些不良现象，净化官风，营造和谐的政治文明气氛，保证国家凝聚力建设的顺利进行。[①]

三、新形势下提升我国国家凝聚力的路径

（一）政治凝聚是提高国家凝聚力建设的首要路径

中国共产党是中国社会主义各项事业的领导核心，国家是否有凝聚力，取决于党的威信和它在人民群众心目中的形象，能否真正把广大社会成员吸

---

① 吴祖鲲，王慧姝．民族凝聚力提升与文化强国建设的文化分析［J］．长白学刊，2013（4）：148－152.

引在自己的周围。为此我们要提升人民对执政党的政治认同度，加强党的领导，强化政府的宏观调控作用，自觉维护党和政府的权威，正确处理人民内部矛盾，提高社会的和谐水平。

首先，创新社会管理，构建党委领导、政府负责、社会协同、公众参与的社会管理新格局。切实做好党委的带头领导作用，推进党建工作标准化，强化责任落实和作风建设，提升服务能力。其次，大力解决腐败问题，加强党风廉政建设。只有这样，政治文明建建才有希望，也才能增强人民对党和政府的信心。党的十八届三中全会针对解决腐败问题提出的各种措施方法都是十分符合中国实际的，但关键是要落到实处。与此同时，坚持和谐社会中以人为本的原则，维护好人民群众的根本利益。通过提高执政党自身建设水平和执政能力，坚持和推进重大决策科学化、民主化，增强国家凝聚力的政治领导基础，[①] 深化干部人事制度改革，真正抓严抓好抓实干部任免工作，把社会方方面面的优秀分子选拔充实到干部队伍中来。依法治国，大力建设诚信法治服务型政府；政府职能部门要高效运行，形成权责一致、分工合理、决策科学、执行顺畅、监督有力的行政管理制度；政府及其工作人员要依法行政、严守信用、诚实履职，做到有法必依、有章必循、有制必守、有诺必行。另外，加快推进社会主义民主政治制度化、规范化、程序化，从各层次各领域扩大公民有序政治参与。只有广大人民群众都以主人翁的姿态参与建设我们的国家，自觉维护国家形象和利益，才能焕发出强大的国家凝聚力。所以关键是要同时把坚持党的领导和充分发扬民主落到实处。一是要解决好选官员民选的问题；二是要实行民主决策；三是要完善监督机制，实现民主监督，从严治党；四是建立健全表达利益诉求的新机制，为各社会阶层尤其是弱势群体提供顺畅的表达利益诉求的制度平台。以此机制加强各社会共同体、社会组织交流，增强与群众沟通，依法及时、合理地处理群众所反映的问题，让群众通过合法正当的途径和方式，表达自身需求和意见，以实现和维护自身利益，搭建多种形式的沟通平台，把群众利益诉求纳入制度化、规范化、法制化的轨道。

（二）经济发展是国家凝聚力建设的重要物质保障，是为缓解经济发展速度与社会公平公正的矛盾而提出的解决途径

解决民生问题是构建和谐社会的必要步骤，具体体现为缓解改革开放以后经济社会发展带来的社会利益“均衡”的矛盾，着力保护弱势群体与区域

---

① 吴灿新．“以人为本”是当代中华民族凝聚力的根基：“以人为本与中华民族凝聚力”学术研讨会综述［J］．广东省社会主义学院学报，2011（2）：8－13．

利益，坚持构建和谐社会公平公正原则。其次，国家凝聚力的提升，必须要坚持科学发展观，以人为本，[①] 统筹兼顾个人与国家利益，局部与整体利益，将各方关系进行充分协调规划。坚持全面可持续发展观，近几年来，国家频繁发生的一系列社会问题，如环境污染、资源浪费、食品浪费等等事件，都是因为经济发展没有估计人类长远发展造成的。

另外，结合每个地方的特色发展经济，增强国家凝聚力。经济发展起来才能均衡到人民的利益矛盾。比如实现中国梦的加速器，其中一项重要举措就是城镇化。1978 年以前，广东是中国一个落后边陲省份，整个社会十分贫穷落后。1958—1978 年，广东地区生产总值年均增长 4.4%，慢于全国平均水平。到 1978 年，广东生产总值仅为 185 亿元，占全国的 5.1%。[②] 广东的改革开放发展成就，最初就是从“城镇化”先行先试的。首先是在深圳开始。作为经济特区的深圳。经过 30 多年的建设和发展，由一个昔日的边陲小镇发展成为具有一定国际影响力的新兴现代化城市，成为中国高新技术产业基地和区域性金融中心、信息中心、商贸中心、运输中心及旅游胜地。中山也是由一个小县发展起来的现代化城市，其走的是一条以“工业立市、“工业强市”和“产业强市”战略，加快工业园区建设步伐，调整优化产业结构，突出抓好名牌战略和技术创新，使工业生产保持快速健康增长势头。拥有国家高新技术产业基地、国家健康科技产业基地、国家精细化工生产基地、中国高新技术产品出口基地、中国包装印刷生产基地、中国五金制品产业基地、中国灯饰之都、中国休闲服装名镇、中国红木家具生产专业、中国电子（中山）基地、中国电子音响产业基地、中国纺织产业基地市、中国牛仔服装名镇等 13 个国家级产业生产基地。此外，中山加大国际市场开拓力度，推进质量与科技兴贸战略，利用外资质量进一步提高。2013 年中山 GDP 达到 2715 亿，在广东省各地市排名第 5。实现中国梦，就是要把中国梦与每个地方发展结合起来，把建设地方发展的具体行动紧密结合起来，打造属于各自的城市品牌，并弘扬属于各自地方特色的文化精神。比如肇庆是国家级历史文化名城，是岭南文化的发祥地，其以宋文化、包公文化、广信文化、生态文化、革命文化、民俗文化、科普文化为重点，积极打造和建设文化名市。肇庆更是发挥其文化特点，以打造廉政基地为契机，弘扬包公文化精

---

① 张晓辉. 以人为本：增强当代中华民族凝聚力的根本途径［J］. 广东省社会主义学院学报，2011（1）：19－23.

② 莫祖喜. 从广东改革开放的成就看中国梦与中华民族凝聚力［EB/OL］.（2016－05－17）［2017－12－21］. http://mznjl.southcn.com/rdgz/content/2016－05/17/content_147852881.htm?COLLCC＝4099875578&.

神，在原有的包公祠基础上进行扩建，修建成包公文化园，并把其发展成为旅游观光盛地。端砚是专属于肇庆的中华文化之瑰宝，自然而然要弘扬成为文化品牌。追求人与自然的和谐，发展休闲生态文化。近年肇庆大力打造一批绿色生态旅游景点，如北岭山森林公园、类似云南特色的岩前村等，结合这些景点把肇庆打造并发展成为有自己特色的旅游城市。

（三）文化凝聚是针对国家凝聚力建设提出的文化途径

通过大力发展和繁荣社会主义文化，呼唤新形势下的文化自觉、文化自信，达到文化自强。倡导创造“和而不同”的文化环境，主要解决在全球化、信息化、网络化发展背景下出现的社会主体价值观念和意识形态多元化的矛盾，提升国家文化软实力。此外，要重视情感纽带的构筑与维护。祭拜的共同祖先及共同血脉、生活的共同地域、操持的共同语言语系、相同的风俗习惯以及共同的苦难经历均能产生情感共鸣，从而形成维系共同体的情感纽带。这种情感纽带体现在社会生活中的方方面面，例如亲人情感、朋友情感、社会情感、民族情感等，保证着国家社会的正常运转，给广大人民群众带来情感的寄托与依偎，也是国家和民族抗击危机风险和挑战的法宝。当整个国家遭受内忧外患，面临分裂危机时，同胞对于国家民族的情感、同胞与同胞之间的情感就会互动共鸣，最终迸发出、产生出巨大能量，让国家上下同仇敌忾，成为一致对外抵御入侵、对内消除分裂的坚实盾牌。所以要注重教育教化过程中情感体验的功能，采取积极有效的方式方法，充分挖掘传统节日中的情感因素，借境育情，不断增进增强民族团结的情感纽带。比如营造良好氛围，提供丰富多彩的形式和内容及条件，过好春节、元宵节、清明节、端午节、中秋节等重大传统节日，就是很好的借境育情的方式。在这些中国人喜闻乐见的佳节和庆典中，既透显着亲情、友情和人情，人们可相聚一堂享受天伦之乐，可借以表达对远方亲朋好友的思念，对云游天国的亲朋故友的无限眷恋和追思。同时，还可以缅怀仁人志士和革命先烈。这些节日应成为维系中华民族情感的重要纽带。① 此外，体育象征着国民体质的提高，象征着国家的繁荣昌盛，象征着民族的扬眉吐气。体育竞赛的胜利寄托着一个民族的情感，它弘扬爱国主义，增强国家凝聚力。

（四）精神凝聚为国家凝聚力建设提供形成共识的思想动力

增强民族凝聚力的重点在于构建适应新社会结构的价值体系，重新确立各民族共同接受的主导价值标准和精神信仰，重塑社会主流意识形态，为转

---

① 章忠民．提升国家凝聚力的路径［N］．解放日报，2011－10－23．

型期思想文化的多元展开、健康互动奠定足可凭据的坚实基础。也就是说，要建设与弘扬社会主义核心价值体系，以社会主义核心价值体系达成社会思想的共识，为增强民族凝聚力提供思想保障。在当代中国，主流意识就是社会主义核心价值体系。社会主义核心价值体系是社会主义意识形态的本质体现，它所包含的四个方面都是凝聚人心的精神力量。克思主义指导思想是社会主义意识形态的本质和灵魂；中国特色社会主义共同理想是全国人民团结奋斗的精神动力；以爱国主义为核心的民族精神和以改革创新为核心的时代精神是中华民族生生不息的精神支撑和不断超越创新的力量源泉；社会主义荣辱观则是全民族共同的道德规范。要以社会主义核心价值体系引领多样化的思想观念和社会思潮，在尊重差异中扩大社会认同，在包容多样中增进思想共识，使社会不同阶级阶层、不同水平的人最大限度地形成社会思想共识。①

（五）国防凝聚对国家凝聚力建设具有特别意义

历史表明，一个国家如果不能满足人民的安全需求，无论其文明程度高低、经济强弱，都会失去凝聚力。当前世界，和平发展与战争威胁同时并存，巩固的国防和强大的军队，则是国家主权、安全、领土完整的坚强后盾。因为国家安全是多层面、全方位的，所以我们不仅要发展强大的军事实力，而且还要增强国家战略能力、外交实力、反干涉力，时刻警惕并打击国内外任何敌对势力的破坏和挑衅行为，充分保证国家的领土安全、政治安全、文化安全、生态安全、信息安全等。

参考文献：

[1] 莫祖喜. 从广东改革开放的成就看中国梦与中华民族凝聚力[EB/OL].(2016-05-17)[2017-12-21]. http://mznjl.southcn.com/rdgz/content/2016-05/17/content_147852881.htm?COLLCC=4099875578&.

[2] 吴灿新. 国家凝聚力与执政党道德形象［J］. 岭南学刊，2016（6）.

[3] 广东中华民族凝聚力研究会. “当代中国国家凝聚力”学术座谈会综述［J］. 广东省社会主义学院学报，2016（1）.

[4] 章忠民. 提升国家凝聚力的路径［N］. 解放日报，2011-10-23.

[5] 白文娟，朝克. 当代中国国家凝聚力研究的现状分析和趋向展望［J］. 湖北民族学院学报：哲学社会科学版，2014，32（4）.

① 吴祖鲲，王慧姝. 民族凝聚力提升与文化强国建设的文化分析［J］. 长白学刊，2013（4）：148-152.

[6] 张晓辉. 以人为本：增强当代中华民族凝聚力的根本途径 [J]. 广东省社会主义学院学报，2011 (1).
[7] 吴祖鲲，王慧姝. 民族凝聚力提升与文化强国建设的文化分析 [J]. 长白学刊，2013 (4).
[8] 吴灿新. “以人为本”是当代中华民族凝聚力的根基：“以人为本与中华民族凝聚力”学术研讨会综述 [J]. 广东省社会主义学院学报，2011 (2).
[9] 林伟健. 国家凝聚力：从文化认同到政治认同 [J]. 广东省社会主义学院学报，2009 (3).
[10] 白斐然. 试析增强民族凝聚力与构建和谐社会 [J]. 内蒙古煤炭经济，2011 (6).

（本文作者系中共肇庆市委党校讲师）

论毛泽东传统文化思想的历史贡献

王秀美

在20世纪80年代“文化热”逐渐升温至今的背景下，毛泽东作为文化巨人的身份得到了彰显。而构筑毛泽东文化巨人形象，影响其思想和行为并进而影响中国革命和建设的，莫过于中国传统文化。深受中国传统文化浸润的毛泽东，对继承和弘扬中国优秀传统文化做出了杰出的贡献。如毛泽东用历史唯物主义的观点和方法深入剖析了中国传统文化的两重性，指出了继承和弘扬中国优秀传统文化对于推动文化发展和增强民族文化自信的重要性；提出和阐述了继承和弘扬中国优秀传统文化的科学方法，即中国化了的马克思主义文化批判继承方法；开创了继承和弘扬中国优秀传统文化的实现途径，即马克思主义与中国传统文化相结合等。中国优秀传统文化作为中华民族的共有精神财富，是维护民族团结和民族认同的深层根基。回顾、梳理和继承毛泽东继承和弘扬中国优秀传统文化的思想智慧，对于更好地继承和弘扬中国优秀传统文化，对于培育文化自信和价值观自信是十分重要的。

一、毛泽东对中国传统文化及其两重性进行了历史唯物主义的深入剖析，指出了继承和弘扬中国优秀传统文化的重要性

自五四新文化运动以来，如何理解和认识中国传统文化一直是关乎中国文化建设的重大问题。在此问题上，毛泽东坚持历史唯物主义的基本观点和方法，把历史唯物主义作为认识和剖析中国传统文化的理论基础。他指出：马克思，恩格斯创立的历史唯物主义，如“物质生活的生产方式制约着整个社会生活、政治生活和精神生活的过程。不是人们的意识决定人们的存在，相反，是人们的社会存在决定人们的意识”[①] 等观点，是“自有人类历史以来第一次正确在解决意识和存在关系问题的科学的规定，……我们讨论中国

① 马克思，恩格斯．马克思恩格斯选集：第二卷［M］．中共中央马克思恩格斯列宁斯大林著作编译局，编译．北京：人民出版社，2012：2.

文化问题，不能忘记这个基本观点”。[①] 正是在坚持历史唯物主义的基础上，毛泽东深入剖析了中国传统文化的实质、范围及两重性特征，并指出了继承和弘扬中国优秀传统文化的重要性。

1. 关于中国传统文化的实质

毛泽东在坚持社会存在决定社会意识的基础上，指出：“一定的文化（当作观念形态的文化）是一定社会的政治和经济的反映，又给予伟大影响和作用于一定社会的政治和经济；而经济是基础，政治则是经济的集中的表现。这是我们对于文化和政治、经济的关系及政治和经济的关系的基本观点。”[②] 从文化与政治、经济的关系上入手，毛泽东指出：“中国几千年的文化，主要是封建时代的文化”。[③] 也就是，它本质上是中国封建社会的上层建筑，其反映并服务于封建时代占主导地位的经济、政治，是中国封建社会占主导地位的意识形态，这是中国传统文化的历史性和阶级性。

2. 关于中国传统文化的范围

作为中国封建社会占统治地位的意识形态，中国传统文化历来在范围界定上被部分学者等同于1840年鸦片战争之前的中国古代传统文化，即中国农业时代历史延续下来的农业文化。对此，毛泽东指出：“今天的中国是历史的中国的一个发展；我们是马克思主义的历史主义者，我们不应当割断历史。从孔夫子到孙中山，我们应当给予总结，继承这一份珍贵的遗产。”[④] 可见，在毛泽东看来，“今天的中国是历史的中国的一个发展”，作为“历史的中国”的传统是相对“今天的中国”的现代而言的。原来是“今天的中国”的现代的，现在则是传统的“历史的中国”，现在是“今天的中国”的现代的，将来则是传统的“历史的中国”。因此，对于毛泽东生活时代的“今天的中国”而言，中国传统文化在毛泽东看来应包括以“孔夫子”为代表的中国古代传统文化和以“孙中山”为代表的中国近代“新”传统文化。以“孔夫子”为代表的中国古代传统文化，即儒家文化是中国传统文化的主体。而以“孙中山”为代表的中国近代“新”传统文化是近代以来中国志士仁人救国救民的革命斗争在思想文化上的反映，是相对中国古代传统文化而言的“新”传统文化，也是必须继承的珍贵遗产。

---

① 毛泽东．毛泽东选集：第二卷［M］．北京：人民出版社，1991：664.
② 毛泽东．毛泽东选集：第二卷［M］．北京：人民出版社，1991：663－664.
③ 毛泽东．毛泽东文集：第8卷［M］．北京：人民出版社，1999：225.
④ 毛泽东．毛泽东选集：第二卷［M］．北京：人民出版社，1991：534.

3. 关于中国传统文化的两重性及三个区别开来

对于从“孔夫子”到“孙中山”以来的中国传统文化，毛泽东认为应当用历史唯物主义的辩证分析方法对其进行深入剖析，正确认识和对待其两重性。毛泽东指出：“学习我们的历史遗产，用马克思主义的方法给以批判的总结，是我们学习的另一任务”①。在此基础上，毛泽东指出：“中国几千年的文化，主要是封建时代的文化，但并不全是封建主义的东西，有人民的东西，有反封建的东西。要把封建主义的东西和非封建主义的东西区别开来。封建主义的东西也不全是坏的。我们要注意区别封建主义发生、发展和灭亡不同时期的东西。当封建主义还处在发生和发展的时候，它有很多东西还是不错的。”② 可见，毛泽东用辩证的历史的唯物主义分析方法把中国传统文化区分为人民性的（也叫反封建的、民族性的、民主性的）和封建性的。因为任何阶级社会都会存在剥削阶级和被剥削阶级，由此产生和形成了代表两种阶级的文化，即代表剥削阶级的封建性文化和代表劳动群众的人民性文化。因此，中国传统文化具有两重性，即人民性和封建性、民主性和封建性并存。毛泽东对中国传统文化的两重性着重强调了三个区别开来：一是强调“必须将古代封建统治阶级的一切腐朽的东西和古代优秀的人民文化即多少带有民主性和革命性的东西区别开来”③，或“把封建主义的东西和非封建主义的东西区别开来”④，也叫区分封建性糟粕和民主性精华。这种区别是反对文化虚无主义和文化复古主义的前提。因为全盘否定的历史虚无主义历来只看到中国传统文化的封建性，而忽视了中国传统文化的人民性，如毛泽东在评价五四新文化运动时指出：“他们对于现状，对于历史，对于外国事物，没有历史唯物主义的批判精神，所谓坏就是绝对的坏，一切皆坏；所谓好就是绝对的好，一切皆好。这种形式主义地看问题的方法，就影响了后来这个运动的发展”⑤；而文化复古主义则相反，只看到了中国传统文化的人民性而忽视了其封建性；二是把封建主义在发生、发展和灭亡时期的东西区别开来。因为“当封建主义还处在发生和发展的时候，它有很多东西还是不错的”⑥。也就是说，当封建主义还处在发生和发展，即上升阶段的时候，其生产方式和生产力还代表着历史发展的方向，建立在此生产方式和生产力基础上的思想文化是朝气蓬勃的，此时，“剥削阶级当着还能代表群众的时候，

---

① 毛泽东. 毛泽东选集：第二卷［M］. 北京：人民出版社，1991：533.

②③④ 毛泽东. 毛泽东文集：第8卷［M］. 北京：人民出版社，1999：225.

⑤ 毛泽东. 毛泽东选集：第三卷［M］. 北京：人民出版社，1991：832.

⑥ 毛泽东. 毛泽东文集：第8卷［M］. 北京：人民出版社，1999：225.

能够说出若干真理，如孔子、苏格拉底、资产阶级，这样看法才是历史的看法。”[①] 而一旦封建主义走向灭亡的时候，其思想文化也由积极走向了反动；三是要把“反封建主义的文化”的人民性和封建性区别开来，毛泽东指出：“反封建主义的文化也不是全部可以无批判地利用的。封建时代的民间作品，也多少都还带有封建统治阶级的影响”[②]。反封建主义的文化是代表劳动群众的人民文化，其主体部分构成了中华民族安身立命、生生不息的精神根基。如求真务实、刚健有为、自强不息、吃苦耐劳、诚信仁爱、尚和谐、重民本等等。但反封建主义的文化是封建主义的经济、政治的反映，带有封建主义的经济、政治特征，这是反封建主义的文化的历史性和时代性。如缺乏民主传统、对人之外的自然缺乏必要的关注等等。因此，虽然“反封建主义的文化当然要比封建主义的好，但也要有批判、有区别地加以利用”[③]。

4. 关于继承和弘扬中国优秀传统文化的重要性

区分中国传统文化的两重性是为了继承和弘扬其中人民性的优秀传统文化。毛泽东认为继承和弘扬中国优秀传统文化对于文化发展和增强民族文化自信都具有重要作用。他指出：“中国在长期封建社会中创造了灿烂的古代文化。清理古代文化的发展过程，剔除其封建性的糟粕，吸收其民主性的精华，是发展民族新文化提高民族自信心的必要条件”[④]。一方面，继承传统——超越传统——形成新的传统是人类思想文化发展的内在规律。马克思指出：“人们自己创造自己的历史，但是他们并不是随心所欲地创造，并不是在他们自己选定的条件下创造，而是在直接碰到的、既定的、从过去承继下来的条件下创造”[⑤]。毛泽东也指出：“中国现时的新政治新经济是从古代的旧政治旧经济发展而来，我们必须尊重历史，决不能割断历史”[⑥]。换句话说，中国现时的新文化是从古代的旧文化发展而来的，因为我们始终只能在历史给我们准备好的历史条件（包括传统文化）下进行实践、认识和创造。因此“今天的中国是历史的中国的一个发展，我们是马克思主义的历史主义者，我们不应当割断历史”[⑦]；“我们必须尊重自己的历史，决不能割断历

---

① 毛泽东. 毛泽东文集：第3卷［M］. 北京：人民出版社，1996：84.

②③ 毛泽东. 毛泽东文集：第8卷［M］. 北京：人民出版社，1999：225.

④ 毛泽东. 毛泽东选集：第二卷［M］. 北京：人民出版社，1991：707－708.

⑤ 马克思，恩格斯. 马克思恩格斯选集：第一卷［M］. 中共中央马克思恩格斯列宁斯大林著作编译局，编译. 北京：人民出版社，2012：669.

⑥ 毛泽东. 毛泽东选集：第二卷［M］. 北京：人民出版社，1991：708.

⑦ 毛泽东. 毛泽东选集：第二卷［M］. 北京：人民出版社，1991：534.

史”①。尊重历史、继承传统，超越传统、形成新的传统是文化发展、文化建设的历史逻辑和理论逻辑要求；另一方面，继承和弘扬中国优秀传统文化是增强民族自信心和民族凝聚力的内在需要。毛泽东对中国传统文化不仅有着理性的“文化自觉”，更有深厚的民族文化自信。他曾自豪地说：“在中华民族的开化史上，有素称发达的农业和手工业，有许多伟大的思想家、科学家、发明家、政治家、军事家、文学家和艺术家，有丰富的文化典籍。……中国是世界文明发达最早的国家之一，中国已有了将近四千年的有文字可考的历史。中华民族不但以刻苦耐劳著称于世，同时又是酷爱自由、富于革命传统的民族。……在中华民族的几千年的历史中，产生了很多的民族英雄和革命领袖。所以，中华民族又是一个有光荣的革命传统和优秀的历史遗产的民族。”② 这一富有厚重的文化遗产，既包含有形的物质文化，但更多地体现在无形的精神文化方面，体现在中华民族的生活方式、风俗习惯、心理特征、审美情趣、价值观念上，内化、积淀并渗透于每个中华儿女的心理深处，从而成为中华民族共有的精神标识和深层文化基因。因此，“清理古代文化的发展过程，剔除其封建性的糟粕，吸收其民主性的精华，是发展民族新文化提高民族自信心的必要条件”③。

二、毛泽东提出和全面阐述了继承和弘扬中国优秀传统文化的科学方法——中国化了的马克思主义文化批判继承方法

在推进马克思主义中国化的过程中，毛泽东不仅深入剖析了中国传统文化的两重性，指出了继承和弘扬中国优秀传统文化的重要性，而且提出和全面阐述了继承和弘扬中国优秀传统文化的科学方法，即中国化了的马克思主义文化批判继承方法。对继承和弘扬中国优秀传统文化的基本态度、立足点、目的、视野、文化环境和功能诉求等进行了系统的阐述，构建了中国化了的马克思主义文化继承观。

1. 毛泽东多次强调对待中国优秀传统文化的基本态度是“批判继承”，即“扬弃”的态度

毛泽东指出：“中国历史遗留给我们的东西中有很多好东西，这是千真

① 毛泽东．毛泽东选集：第二卷［M］．北京：人民出版社，1991：708.

② 毛泽东．毛泽东选集：第二卷［M］．北京：人民出版社，1991：622－623.

③ 毛泽东．毛泽东选集：第二卷［M］．北京：人民出版社，1991：707－708.

万确的。我们必须把这些遗产变成自己的东西。”① 如何“把这些遗产变成自己的东西”呢？毛泽东认为应该用马克思主义的辩证方法“批判的总结”和“批判的吸收”：“学习我们的历史遗产，用马克思主义的方法给予批判的总结，是我们学习的另一任务。”②“我们必须继承一切优秀的文学艺术遗产，批判地吸收其中一切有益的东西。”③ 也就是说，对中国传统文化应“剔除其封建性的糟粕，吸收民主性的精华”④。既不能全盘肯定，也不能全盘否定。而是在区分中国传统文化中哪些是精华、哪些是糟粕的基础上，再进行“取其精华”、“弃其糟粕”的批判继承。其中，无论是“取（扬、继承）”还是“弃”都蕴含着批判的精神。“取”和“扬”在毛泽东看来，是“尊重历史文化，是给历史以一定的科学的地位，是尊重历史的辩证法的发展。”⑤ 所以“取”的是中国传统文化中的思想精华，但对于这样的思想精华，也要经过批判改造，才能吸收到新文化的建设中来。而对于“弃”，也不是简单抛弃，同样“是给历史以一定的科学的地位，是尊重历史的辩证法的发展。”它本身就是批判的旨趣之一，而对于“旧的过时的思想，这些思想对于我们今天的中国不仅不适用而且有害。这样的东西必须抛弃。”⑥这种抛弃本身是历史文化辩证发展的必然要求。

2. 毛泽东提出了继承和弘扬中国优秀传统文化的立足点，即“古为今用”

在强调批判继承中国优秀传统文化的基础上，毛泽东指出，批判继承中国优秀传统文化“不是颂古非今”；不是引导人民群众和青年学生向后看，“而是要引导他们向前看”；“向古人学习是为了现在的活人，向外国人学习是为了今天的中国人。”也就是说，批判继承中国优秀传统文化不是为了继承而继承，而是为了“今用”，为今天的现实服务，其立足点应是今天现实实践和时代需要。因此，结合现实实践中提出的时代性课题，挖掘中国优秀传统文化思想中有利于解决时代性课题的积极因素，进行保持民族性、体现时代性的创造性转换，历来成为中国优秀传统文化实现“今用”和传承的重要任务。

---

①⑥ 毛泽东．毛泽东文集：第3卷［M］．北京：人民出版社，1996：191.

② 毛泽东．毛泽东选集：第二卷［M］．北京：人民出版社，1991：533.

③ 毛泽东．毛泽东选集：第三卷［M］．北京：人民出版社，1991：860.

④ 毛泽东．毛泽东选集：第二卷［M］．北京：人民出版社，1991：707.

⑤ 毛泽东．毛泽东选集：第二卷［M］．北京：人民出版社，1991：708.

3. 毛泽东提出了继承和弘扬中国优秀传统文化的目的，即“推陈出新”、服务于“新文化”建设

“推陈出新”是1942年毛泽东为延安平剧研究院成立时所作的题词。在这里，“推陈”是扬弃中国优秀传统文化中不适合于时代需要的旧文化；“出新”就是在批判吸收中国优秀传统文化的基础上，结合时代需要和时代精神，着眼于“今用”，创造出保持民族性、体现时代性的新文化，为建设新文化服务。毛泽东在这里把批判及吸收中国优秀传统文化与创造新文化统一起来了。在这里，批判吸收中国优秀传统文化是前提，创造新文化是目的。因为，没有对中国优秀传统文化的批判吸收，新文化的创造和建设就会缺乏必要的文化资源和文化土壤；但是毛泽东也指出：“继承和借鉴决不可以变成替代自己的创造，这是决不能替代的。”① 因此，对中国优秀传统文化的批判吸收不能停留于此，而是要在批判吸收的基础上创造新文化、建设新文化。毛泽东指出，吸收外国和中国古代的好东西，不要“硬搬”和“雷同”，而是要“标新立异”，在批判基础上，创造出“既不同于外国的，也不同于中国古代的”“新东西”，如“社会主义的内容，民族的形式，在政治方面是如此，在艺术方面也是如此”②。

4. 毛泽东强调了继承和弘扬中国优秀传统文化的世界视野，提出了文化批判继承的“古今中外鉴别法”

毛泽东指出：“所谓‘古今’就是历史的发展，所谓‘中外’就是中国和外国，就是己方和彼方”③。也就是说，继承和弘扬中国优秀传统文化既要关注时间上的“古今”问题，同时也要关注空间上的“中外”文化交流和吸收的问题。因为在毛泽东看来，古今中外的优秀文化都是批判吸收的对象，都是创造和建设新文化的必要条件。由此看来，毛泽东的继承和弘扬中国优秀传统文化的视野是宏阔的，是具有世界视野的。毛泽东强调：“中国应该大量吸收外国的进步文化，作为自己文化食粮的原料，这种工作过去还做得很不够。”④ 对于外国文化的吸收方法，毛泽东认为，“排外主义的方针是错误的”，……“盲目搬用的方针也是错误的”⑤。而“应当以中国人民的实际需要为基础，批判地吸收外国文化”⑥，即采用“洋为中用”的方针。

---

① 毛泽东．毛泽东选集：第三卷［M］．北京：人民出版社，1991：860.

② 毛泽东．毛泽东文集：第7卷［M］．北京：人民出版社，1999：78.

③ 毛泽东．毛泽东文集：第2卷［M］．北京：人民出版社，1993：400.

④ 毛泽东．毛泽东选集：第二卷［M］．北京：人民出版社，1991：706.

⑤⑥ 毛泽东．毛泽东选集：第三卷［M］．北京：人民出版社，1991：1 083.

"洋为中用"的前提仍然是批判继承。毛泽东指出："一切外国的东西，如同我们对于食物一样，必须经过自己的口腔咀嚼和胃肠运动，送进唾液胃液肠液，把它分解为精华和糟粕两部分，然后排泄其糟粕，吸收其精华，才能对我们的身体有益。"① 而这种"以中国做中心，把屁股坐在中国身上"② 对外国文化的批判吸收，在毛泽东看来，"不是什么'中学为体，西学为用'。'学'是指基本理论，这是中外一致的，不应该分中西。"③ 可见，毛泽东的"古今中外鉴别法"驳斥了文化继承上的"中体西用论"和"全盘西化论"，把继承和弘扬中国优秀传统文化的"古今问题"和"中外问题"统一起来，凸显了继承和弘扬中国优秀传统文化的民族性和世界性统一的特征。

5. 毛泽东提出了继承和弘扬中国优秀传统文化的文化环境和功能诉求，深化了马克思主义的文化批判继承方法

继承和弘扬中国优秀传统文化需要良好的文化环境，继承和弘扬中国优秀传统文化不是像某些新儒家所说的用儒学取代马克思主义，不是中国优秀传统文化一枝独秀，而是需要各种文化形态和思想体系平等对话、互相学习和借鉴吸收。为此，毛泽东 1956 年在《论十大关系》的讲话中提出"双百"方针，即"百花齐放、百家争鸣"，在 1957 年《关于正确处理人民内部矛盾的问题》中进一步阐明："艺术上不同的形式和风格可以自由发展，科学上不同的学派可以自由争论。利用行政力量，强制推行一种风格，一种学派，禁止另一种风格，另一种学派，我们认为有害于艺术和科学的发展。"④ 毛泽东指出，所谓百花，就是一百种花都要让它开放，不要只让几种开放；所谓百家，就是诸子百家。春秋战国时代有许多学说，各家自由争论，我们现在也需要这个，在中华人民共和国宪法范围内，各种学术思想，正确的，错误的，让它们去说，不去干涉他们。"双百"方针的提出一直以来为学术自由和学术民主提供了保障，也为继承和弘扬中国优秀传统文化创造了良好的文化环境。此外，毛泽东还提出了继承和弘扬中国优秀传统文化的功能诉求，即一切文艺都要"为人民服务，为社会主义服务"的方向。毛泽东指出："对于中国和外国过去时代所遗留下来的丰富的文学艺术遗产和优良的文学艺术传统，我们是要继承的，但是目的仍然是为了人民大众。对于过去旧时代的文艺形式，……也就变成革命的为人民服务的东西了。"⑤

---

① 毛泽东．毛泽东选集：第二卷［M］．北京：人民出版社，1991：707.
② 毛泽东．毛泽东文集：第 2 卷［M］．北京：人民出版社，1993：407.
③ 毛泽东．毛泽东文集：第 7 卷［M］．北京：人民出版社，1999：82.
④ 毛泽东．毛泽东文集：第 7 卷［M］．北京：人民出版社，1999：229.
⑤ 毛泽东．毛泽东选集：第三卷［M］．北京：人民出版社，1991：855.

三、毛泽东开创了继承和弘扬中国优秀传统文化的实现途径——马克思主义与中国传统文化相结合

在毛泽东的诸多身份中，毛泽东首先是革命领袖，他毕生的精力都倾注在如何使中国革命和建设实践取得成功的伟大事业上。因此，如何使中国革命和建设实践获得成功，则是毛泽东研究中国现状、中国实践和中国历史（中国传统文化）的最终目的。而纵观中国革命和建设的成功经验，最基本的经验是把马克思主义与中国实践、与中国传统文化相结合，即实现马克思主义中国化。伴随着克思主义中国化进程展开的马克思主义与中国传统文化相结合真正实现了中国优秀传统文化“古为今用”、“推陈出新”的创造性转化和创新性发展，实现了马克思主义中国化和中国优秀传统文化现代化的双向互动和双重效果，是继承和弘扬中国优秀传统文化的实现途径。

首先，毛泽东是马克思主义与中国传统文化相结合的倡导者和推动者。在运用马克思主义指导中国革命实践并进而提出马克思主义中国化的历史进程中，如何反对党内教条主义和主观主义给实践带来的挫折是运用马克思主义要面对和解决的重大问题。就此问题，毛泽东认为必须深入研究和掌握中国实际，提出“马克思主义的‘本本’是要学习的，但是必须同我国的实际情况相结合。我们需要‘本本’，但是一定要纠正脱离实际情况的本本主义”[①]。毛泽东在这里强调了马克思主义与中国实际情况相结合的重要性。而随着对中国实际的深入研究，毛泽东提出了“两个深相结合”问题，即：“中国共产党近年来所进行的反主观主义、反宗派主义、反党八股的整风运动，就是要使马克思列宁主义这一革命科学更进一步地和中国革命实践、中国历史、中国文化深相结合起来”。[②] 毛泽东的“两个深相结合”凸显了马克思主义作为科学理论指导中国革命和建设实践的基本原则，即马克思主义的普遍原理与中国的具体实际相结合，也体现了毛泽东文化批判继承的“古今中外法”。其结合的成功不仅取决于对马克思主义“本本”的学习和掌握程度，更重要的是在深入研究“中国革命实践”、“中国历史、中国文化”的基础上实现“深相结合”。毛泽东强调的“两个深相结合”中，实践层面的深相结合固然重要，即马克思主义与中国革命实践层面的深相结合。但更重要的是文化层面上马克思主义与“中国历史”、“中国文化”的深层契合，即马克思主义与作为“中国历史、中国文化”组成部分并已内化为中国人思

---

① 毛泽东．毛泽东选集：第一卷［M］．北京：人民出版社，1991：111－112.

② 毛泽东．毛泽东文集：第3卷［M］．北京：人民出版社，1996：23.

维习惯、生活方式、价值观念、风土习俗等构成的中国传统文化的深相结合。因此，倡导和推动马克思主义与中国传统文化的“深相结合”，是马克思主义中国化的深层文化内涵和文化要义。

其次，马克思主义与中国传统文化相结合实现了马克思主义中国化和中国传统文化现代化的双向互动和双重效果。一方面，马克思主义与中国传统文化相结合实现了马克思主义的中国化（也称民族化）。毛泽东认为，马克思主义作为产生于西方的异质文化形态，要根植中国并开花结果，则“必须和我国的具体特点相结合并通过一定的民族形式才能实现”①，而“成为伟大中华民族的一部分而和这个民族血肉相连的共产党员，离开中国特点来谈马克思主义，只是抽象的空洞的马克思主义。”② 因此，马克思主义与中国具体特点，特别是中国传统文化相结合在结果上必然是“使之在其每一表现中带着必须有的中国的特性，即是说，按照中国的特点去应用它”③。并使之在内容和形式上赋予中国特点、中国作风和中国气派，即实现民族化、中国化。另一方面，马克思主义与中国传统文化相结合真正实现了中国传统文化的现代化。近代以来，中国传统文化的现代化成为中国近代以来文化发展建设的重要内容，而只有立足于时代和现实需要，实现中国传统文化“古为今用”、“推陈出新”的创造性转化和创新性发展才能真正实现其现代化。这种层面上中国传统文化的现代化是在与马克思主义相结合的历史进程中实现的。或者说，“只有马克思主义中国化才真正为中国传统文化的现代化与现代中国先进文化的形成和发展找到一个正确的基础。”④ 最后，马克思主义中国化与中国传统文化现代化是同一过程的不同方面。这一过程产生的伟大理论成果便是当代中国先进文化重要组成部分的毛泽东思想，它与马克思主义一脉相承，同时又吸收了中国优秀传统文化的思想精髓。因而成为“马克思主义民族化的典型”和“中国民族智慧的最高表现和理论上的最高表达”⑤。

参考文献：

[1] 马克思，恩格斯. 马克思恩格斯选集：第一卷［M］. 中共中央马克思恩格斯列宁斯大林著作编译局，编译. 北京：人民出版社，2012.

[2] 马克思，恩格斯. 马克思恩格斯选集：第二卷［M］. 中共中央马克思恩格斯列宁斯

①②③ 毛泽东. 毛泽东选集：第二卷［M］. 北京：人民出版社，1991：534.

④ 汪信砚. 纪念毛泽东同志诞辰110周年座谈会发言摘要：马克思主义与中国传统文化相结合的典范［J］. 湖北社会科学，2004（2）：9－10.

⑤ 刘少奇. 刘少奇选集：上卷［M］. 北京：人民出版社，1981：335.

大林著作编译局，编译. 北京：人民出版社，2012.
[3] 毛泽东. 毛泽东选集：第一卷［M］. 北京：人民出版社，1991.
[4] 毛泽东. 毛泽东选集：第二卷［M］. 北京：人民出版社，1991.
[5] 毛泽东. 毛泽东选集：第三卷［M］. 北京：人民出版社，1991.
[6] 毛泽东. 毛泽东文集：第2卷［M］. 北京：人民出版社，1993.
[7] 毛泽东. 毛泽东文集：第3卷［M］. 北京：人民出版社，1996.
[8] 毛泽东. 毛泽东文集：第7卷［M］. 北京：人民出版社，1999.
[9] 毛泽东. 毛泽东文集：第8卷［M］. 北京：人民出版社，1999.
[10] 刘少奇. 刘少奇选集：上卷［M］. 北京：人民出版社，1981.
[11] 汪信砚. 纪念毛泽东同志诞辰110周年座谈会发言摘要：马克思主义与中国传统文化相结合的典范［J］. 湖北社会科学，2004（2）.

（本文作者系广东韶关学院副教授）

中国道路的文化标志

杨竞业

中国道路创造了一个又一个“中国奇迹”，也铸造了日臻完善的文化标志。在中国特色社会主义事业进入发展新时代的时候，如何理解、把握和完善中国道路的文化标志，这是一个和坚持中国共产党领导、建成全面小康社会、实现中华民族伟大复兴事业息息相关的重大现实问题。深入研究中国道路的文化标志，全面把握中国道路的文化标志的丰富内涵，对于坚持走中国道路，发展和弘扬中国特色社会主义的精神，沿着以习近平同志为核心的党中央指引的中国道路乘胜前进，实现“两个一百年”奋斗目标，都具有重大的理论意义和现实意义。

一、中国道路具有“一线三路”的文化特征

中国道路是在中国共产党领导下开辟、形成和发展的国家发展道路、中国社会发展道路。而中国共产党的领导贯穿中国道路所走的全过程、全方位，形成“全线”“一线”的特征。“国家发展道路”“中国社会发展道路”“中国人民求解放的道路”三者构成“三路”的特征。“一线三路”具有深厚的文化底蕴，富有鲜明的国家特色、民族特色和时代特色。

1. 党领导开创中国道路和革命文化、先进文化相适应

中国道路从革命启程，它的首要意义是开创无产阶级革命道路。从党登上中国政治舞台，独立领导中国革命开始，开创中国道路的同时也意味着党开创中国革命文化。在整个新民主主义革命时期，党开创并发展了中国革命文化，即建立了反对帝国主义、封建主义和官僚资本主义的文化。毛泽东同志把这种文化称作“新民主主义文化”，也就是民族的、科学的、大众的文化。党领导中国革命、开创中国道路这个伟大历程包含深厚的文化意蕴：一方面，党在承继优秀传统文化基础上开创革命文化。诚如毛泽东同志所指出：“今天的中国是历史的中国的一个发展；我们是马克思主义的历史主义

者，我们不应当割断历史。从孔夫子到孙中山，我们应当给以总结，承继这一份珍贵的遗产。”① 这就说明，承继历史传统是发展民族文化的重要条件。另一方面，党自觉运用先进文化去开创革命文化。以毛泽东同志为代表的中国共产党人自觉运用马克思主义普遍真理去观察、分析国情、民情和党情，以马克思主义的立场、观点和方法指导中国革命、教育干部党员和启迪广大人民。在领导中国革命、开创中国道路过程中，党的历次全国代表大会，以及许多重要会议，诸如古田会议、遵义会议、瓦窑堡会议、西柏坡会议等，都成为开创红色革命文化的发源地、传播先进文化的集结地。因此，党领导中国道路的历程与开创红色革命文化、传播和发展先进文化的历程是互相适应的。

2. 党指引的中国道路和繁荣发展社会主义文化相适应

文化是一个国家、一个民族的灵魂。党指引的中国道路始终沿着先进文化前进方向开拓发展。新民主主义革命的胜利和中华人民共和国的成立意味着党指引的中国道路进入发展新阶段，在这个阶段，党领导人民开展包括政治创新、经济恢复和文化重建等在内的一系列建设工作。中华人民共和国成立后的 17 年，党坚持“双百方针”，建设社会主义文化，取得很大进步。“文化大革命”十年造成文化建设的挫折，但它为后来的文化建设提供了可资借鉴的经验教训。改革开放后的 20 年，党坚持“三个面向”的发展方针，坚持“两手抓、两手都要硬”的思想，推进“两个文明”协调发展，取得重要建设成就，大胆探索并深化认识了社会主义文化建设的规律。20 世纪 90 年代末，党提出“三个代表”重要思想，代表先进文化的前进方向，发展社会主义先进文化，成为“十五”计划时期的重要主题。这一时期，党提出了“自然科学和哲学社会科学同等重要”的思想，进一步深化了对社会主义文化现代化建设规律的认识。十七届六中全会提出建设社会主义文化强国，推进文化事业和文化产业协调发展，推动文化大发展大繁荣，不断提高文化国力。党的十八大以来，党以实现伟大民族复兴的中国梦、“两个一百年”目标为动力，激发全民族文化创新的活力，创造中华文化新辉煌，中华文化走向国际、影响世界。由此可见，党指引中国道路的发展历程和繁荣发展社会主义文化、建设文明和谐社会的历程是高度统一的。

3. 党指引中国道路和推进中国人民全面发展相适应

党和人民同呼吸、共命运、齐发展。人的全面发展是马克思主义的最高价值旨趣，也是党领导人民走中国道路，发展中国特色社会主义事业的落脚

① 毛泽东. 毛泽东选集：第二卷［M］. 北京：人民出版社，1991：534.

点。党指引的中国道路是一条引导人民改善生活，促进人民提高素质，激发人民发展创造的道路。这条道路是“以文化人”和“以人创文”相结合的道路。文化兴国运兴，文化强民族强。要想国运兴，就要繁荣发展文化；要想民族强，就要强大厚实文化。而文化植根于实践，生成于生活，发展于交往，繁茂于国家建设，说到底，一个国家的强大、文化的强盛取决于整个民族的思想道德素质和科学文化素质的整体提高、持续发展。新世纪以来，特别是十八大以来，党更加重视提升文化软实力，更加重视提高全体人民的思想觉悟、道德水准、文明素养，这是实现中华民族伟大复兴中国梦的必然选择，也是党完成新时代重大文化使命的必然要求。在中国特色社会主义新时代，党更加坚定走中国道路，中国人民也更加坚定跟党走中国道路，唯有走这条道路，而不是别的什么道路，才能不断推进中国人民全面发展。这就是说，在新时代，党指引的中国道路就是中国特色社会主义道路，就是坚定不移为人民实现美好生活、走向全面发展而砥砺奋进的道路。

因此，党领导走中国道路的过程是革命建设历史和思想文化逻辑相统一的过程，具体表现为党缔造新中国和继承中国优秀传统文化、运用马克思主义、开创革命文化、发展先进文化、推进马克思主义中国化相统一的过程，表现为繁荣发展社会主义文化、创造中华文化新辉煌和建设社会主义文化强国相统一的过程，也表现为实现人民美好生活和推进人的全面发展相统一的过程。

二、中国道路铸造“五位一体”的文化标志

“中国道路”是中国共产党领导中国人民开创的具有中国特色的改革发展道路，它具有政治文化标志、理论文化标志、制度文化标志、观念文化标志和行为文化标志等，形成“五位一体”的互相适应的文化标志。这些文化标志具有丰富的文化意蕴和时代内涵。

1. 坚持中国共产党领导体现中国道路的价值观，形成政治文化标志

“中国道路是什么?”对于这个问题，中国共产党做出了正确而彻底的回答。中国道路的最大优势、最显著的特色是坚持中国共产党领导，在当前，就是坚持和维护以习近平同志为核心的党中央的政治权威和集中统一领导。坚持中国共产党领导体现中国道路的价值观。其一，中国道路是追求民族独立解放的道路。近代以来，实现中华民族的独立和解放，这是中国道路最基本的价值追求。这个追求在中国共产党诞生、登上中国政治舞台之前是没有可能实现的。中国共产党披荆斩棘、挥斥方遒、指点江山，正确领导了新民

主主义革命，并最后取得了完全的胜利，实现了中华民族独立，由此中国道路的革命价值积淀成型。其二，中国道路是追求人民幸福的康庄大道。缔造新中国后，建设富强民主文明的社会主义社会，实现中国人民的幸福生活，成为中国共产党的重大使命，也构成中国道路的根本价值旨趣。近 70 年来，中国共产党始终不忘初心、矢志不移，努力实现中国人民的美好生活愿望。党的十九大以后，这个美好愿望变得如此切近，中国将于 2020 年全面建成全面小康社会，这是中国道路的创造价值的全面彰显。历史经验一再表明，没有中国共产党就没有新中国，就没有中国特色社会主义道路，只有坚持中国共产党的领导，中国道路才能持续健康发展。因此，中国道路最鲜明的政治文化标志就是坚持中国共产党领导。

2. 坚持中国特色社会主义体现中国道路的世界观，形成理论文化标志

"中国道路向何处去?"中国特色社会主义为解答这个问题提供了科学指导。中国特色社会主义作为思想旗帜，它和马克思列宁主义、中国化马克思主义相联系，马克思列宁主义、中国化马克思主义都是观察世界、认识世界和改造世界的思想武器。中国人民，尤其是中国共产党人把马克思列宁主义的普遍真理作为指导中国现代化建设的思想立场、原则和方法，并在实践基础上形成中国化的马克思主义，这样一来，中国化马克思主义就内化为中国人民尤其是中国共产党人的世界观、方法论。坚持中国特色社会主义，就要坚持以马克思列宁主义、中国化马克思主义来指导中国道路建设，并在延伸、扩大中国道路进程中不断推进中国理论、中国制度和中国文化的创新发展。在党的十九大上，习近平新时代中国特色社会主义思想与马克思列宁主义、毛泽东思想、邓小平理论、"三个代表"重要思想、科学发展观一同被确立为全党必须长期坚持的根本指导思想，这就是坚持中国特色社会主义、以马克思主义中国化最新成果指导中国道路建设的具体体现。习近平新时代中国特色社会主义思想的形成，表明党指导中国道路建设的世界观发生质的飞跃，体现在：党观察世界的视野变得更开阔，党容纳不同观点的胸怀变得更宽广，党治国理政的思路变得更缜密，党推动发展的方略变得更加完善，党实现中国梦的境界变得更高远。就此意义而言，它确证了新时代中国道路的理论文化标志的形成。

3. 坚持全面深化改革体现了中国道路的体制观，形成制度文化标志

改革的哲学是中国共产党人的发展哲学。这个发展哲学在理论上为社会主义商品经济的合法性做论证，在实践上为社会主义经济基础的变革提供指导，推动中国特色社会主义制度自我完善。20 世纪 80 年代，改革是推动社会生产力发展的动力，通过改革来变革落后生产关系，释放生产力潜能。20

世纪90年代，全面改革被提上中国发展的日程，通过全面改革来扫除社会主义市场经济的体制障碍，一批创新的制度规则制定出来，并付诸实施，成为推动中国新一轮快速发展的重大能量。新世纪之初，随着中国成功“入世”，社会主义市场经济不可避免与资本主义市场经济交往或交锋，社会主义市场经济如何能够既融入世界经济体系又站稳脚跟、稳步发展，既考验党驾驭社会主义市场经济的能力，也考验国家的治理体系和治理能力。这就是说，在市场经济条件下，党的领导、依法治国和人民当家做主如何实现高度统一，仍然要靠改革来完善。党的十八大以来，中国的改革转向全面、精准、深入的改革，通过“破除一切不合时宜的思想观念和体制机制弊端，突破利益固化的藩篱，吸收人类文明有益成果，着力构建系统完备、科学规范、运行有效的国家制度体系，充分发挥社会主义制度优越性”①。改革开放近40年来的实践证明并将继续证明，我国建立起来的政治、经济、文化和社会制度完全适合基本国情、适应发展需要，因而中国特色社会主义制度体系是中国道路的制度文化标志。

4. 坚持“五大”新发展理念体现中国道路的发展观，形成观念文化标志

理念是确定性的精神意识。内涵“创新、协调、绿色、开放、共享”的新发展理念是科学发展理念，是现代化的发展理念，也是中国共产党指引中国道路的发展理念。新发展理念之“新”，在于其创新了发展理念，它把新时代最基本、最重要的创新、协调、绿色、开放、共享的理念做出统一建构，熔铸成中国共产党人的发展观念，提升了中国共产党人的发展境界。创新是推动发展的第一引擎，只有不断推进理论创新、实践创新、制度创新、文化创新以及其他各方面的创新，中国道路才会走得更长远。协调是平衡、均等发展的条件和状态，不断推进城乡之间、区域之间、领域之间、产业之间的协调发展，中国道路才会走得更踏实。绿色是希望、和谐之色，绿色也是生态平衡、生命旺盛、生机蓬勃的体现。坚持以绿色理念推动发展，就要走利用和改造自然与敬畏和保护自然相结合的道路，就要遵循自然之道，促进人与社会、人与自然之间的协调发展，中国道路才会走得更健康。开放是新时代最显著的发展理念之一。开放包括国内开放和对外开放、领域开放和部门开放、制度开放和文化开放，等等。开放的理念和改革的理念相容相契，统一于中国发展实践。只有坚持改革开放，才能发展中国、发展社会主义、发展马克思主义，中国道路才会走得更宽广。共享是指发展成果共享、

① 《党的十九大报告辅导读本》编写组. 党的十九大报告辅导读本［M］. 北京：人民出版社，2017：21.

发展价值分享。共享理念是中国共产党发展宗旨的具体化、现实化，也是中国共产党实现发展承诺的精神支撑。总之，新发展理念创新了中国共产党人的发展理念，发展了科学发展观思想，它使中国道路不断延伸扩大，也使中国发展更科学、更健康。

5. 坚持全面性、多层次、宽领域开放体现中国道路的实践观，形成行为文化标志

开放是决定中国命运的关键一招，是发展中国特色社会主义的重要方法和手段。社会开放是世界历史发展的必然趋势。开放实践是遵循人类社会发展规律办事的理性实践。这种理性实践为主体之间所互相认同，逐渐形成交往惯例，久而久之积淀为交往行为文化。近40年来，中国的开放道路形成了以经济特区为试点的探索型开放、沿海沿边沿线的扩大型开放、全面性多层次宽领域的大开放的实践轨迹。探索型开放以政府政策为指导，以个体行为为主导，其价值追求以实现个人利益或部门利益为核心。扩大型开放以市场调节为动力，以集体行为为主导，其价值追求以实现局部利益或区域利益为核心。大开放以制度创新为引擎，以国家行为为主导，其价值追求以实现国家利益或民族利益为核心。十八大以来，中国的大开放实践又有新变化，体现在经济领域的开放步伐进一步加大，文化领域的开放质量进一步提高，社会公共领域的开放水平进一步提升，军事领域的开放交往更加多样，外交领域的开放更加深入。这些现实说明，新时代中国的开放实践更加注重个体利益和群体利益的统一，更加注重局部利益和区域利益的平衡，更加注重国家利益和国际利益的协调，开放实践推进中国特色社会主义事业，通过深入而持续的开放来推进发展的实践观形成中国道路的行为文化标志。

应当指出，中国道路的政治文化标志、理论文化标志、制度文化标志、观念文化标志和行为文化标志，它们之间互相支撑、互相渗透、共生发展，它们共同构成国家发展道路的标志。在中国特色社会主义新时代，中国道路将继续延伸发展，中国道路的文化标志也将随之得到完善。

三、以综合创新完善中国道路的文化标志

与自然形成的地理文化标志、社会建设的物质文化标志的发展方式不同，完善中国道路的文化标志要走综合创新的道路，把理论创新、实践创新和交往创新等方式有机结合起来。

1. 在理论创新中阐释中国道路文化标志的价值和意义

中国共产党开创中国道路，领导改革发展实践，推进中国特色社会主义

事业，这样的伟大实践是前无古人的创新实践。正是这种实践不断生成具有中国共产党人气质的思想理念，具有中国社会特色的文化符号，具有中华民族气派的文化精神。这些思想理念、文化符号、文化精神互相渗透、互相影响，共同型塑中国道路的文化标志。体现在：一是形成了具有中国共产党人气质的思想理念。比如“共同富裕”思想、“两手抓两手都要硬”思想、“新发展理念”、“四个伟大”思想、“五个认同”思想、“三个代表”重要思想、“科学发展观”、“习近平新时代中国特色社会主义思想”等。这些思想理念熔铸成中国化马克思主义的重要内容。二是提出了具有中国社会特色的战略举措战略布局。比如创建“经济特区”、实施“西部大开发”；建设“上海自贸区”、“雄安新区”、“粤港澳大湾区”；统筹推进“五位一体”总体布局，协调推进“四个全面”战略布局，等等。这些战略举措、战略布局凝练成具有独特意义的文化符号。三是建成具有中华民族气派的文化交往交流平台。比如“中华文化促进会”“孔子学院”“南南合作与发展学院”等。这些平台是中国开展文化交往的重要阵地，也是中国发展道路上熠熠生辉的文化符号。四是铸造了体现民族精神和时代精神的文化精神。比如“两弹一星”精神、“北京奥运”精神、“广州亚运”精神、“载人航天”精神等。对于这些思想理念、文化符号、文化精神，要在推进中国理论创新过程中阐释其中国价值和世界意义，也要在阐释中国道路的文化标志过程中推进马克思主义中国化。

2. 在实践创新中充实中国道路文化标志的本质内涵

中国道路的文化标志产生于改革发展实践，改革发展实践也为文化标志充实新的内涵。一方面，伟大的改革发展实践是形成鲜明丰富的中国道路文化标志的历史前提。中国道路的文化标志具体体现为政治文化标志、理论文化标志、制度文化标志、观念文化标志和行为文化标志，彰显中国在政治建设、理论建设、制度建设、经济文化建设和发展方式等方面的特质和价值。另一方面，中国道路的文化标志是中国发展的重点、关键点和转折点在文化层面上的集中反映。中国道路的文化标志表现国家发展历程，也体现国家发展本质，因而它是政治文化标志、理论文化标志、制度文化标志、观念文化标志和行为文化标志的综合和抽象，是中国方案、中国精神、中国智慧的集中体现。从根本上看，中国道路的文化标志集中体现中国共产党的党性精神、中国人民的民族精神、中国社会的发展精神，因而中国道路的文化标志的精神要素和社会主义核心价值观的基本内涵是互相适应、互相渗透、共生发展的。在中国特色社会主义新时代，要自觉坚持以实践创新的方式，聚焦中国社会主要矛盾变化现实，贯彻社会主义现代化建设基本方略，建设富强文明民主和谐美丽国家，不断增加中国道路的文化标志的新元素，使之本质内涵不断充实丰富。

3. 在交往创新中弘扬中国道路文化标志的时代精神

中国道路铸造了中国人民追求独立自主的革命精神，铸造了中华民族推动改革发展、砥砺前进的奋斗精神，也铸造了中国共产党一切以人民为中心的发展精神。中国道路的文化标志凝聚了中国革命精神、改革创新精神和发展创造精神。而铸造精神和弘扬精神是内在统一的。既要在铸造精神过程中弘扬精神，也要在弘扬精神中进一步铸造精神。在全面建成小康社会决胜期、“两个一百年”奋斗目标的历史交汇期，不同主体要创新交往方式，大力弘扬中国道路的文化标志所凸显的时代精神。在个体层面，主体要以增进真诚信任为目标，开展感性的精神交往，弘扬爱国敬业、诚信友善、平等互利的和睦发展精神。在社会层面，主体要以增加真实信息为目标，开展理性的物质文化交往，弘扬开放包容、创造创新、民主法治的和谐发展精神。在国际层面，主体要以增强长效信心为目标，构建人类利益共同体、命运共同体，弘扬共建、共商、共享的和平发展精神。这就是说，中国共产党人、中国人民和中华民族每一分子都要在建设中国特色社会主义，实现中华民族伟大复兴的道路上自觉创新交往方式，亮明中国道路的文化符号，展示中国道路的文化身份，留下中国道路的文化足迹，使中国道路的文化标志所体现的时代精神濡润中国、光照世界。

总之，中国道路是坚持马克思主义思想旗帜的发展道路，是自觉传承中国优秀文化传统的创新道路，是显现中国新时代文化标志的复兴道路。中国道路的文化标志显现为政治文化标志、理论文化标志、制度文化标志、观念文化标志和行为文化标志，这些标志是中国道路的思想理念、文化符号、文化精神的复合建构。中国道路的文化标志不断充实丰富，既照亮中国特色社会主义道路的进程，也指引富强民主文明和谐美丽中国的未来。

参考文献：

[1]《党的十九大报告辅导读本》编写组. 党的十九大报告辅导读本 [M]. 北京：人民出版社，2017.

[2] 习近平. 习近平谈治国理政 [M]. 北京：外文出版社，2014.

[3] 中共中央文献研究室. 习近平关于协调推进“四个全面”战略布局论述摘编 [M]. 北京：中央文献出版社，2015.

［4］中共中央宣传部．习近平总书记系列重要讲话读本（2016 年版）［M］．北京：学习出版社，2016．

［5］毛泽东．毛泽东选集：第二卷［M］．北京：人民出版社，1991．

［6］丰子义．中国道路的哲学自觉：实践唯物主义的当代意义［J］．北京大学学报（哲学社会科学版），2015，52（4）．

（本文作者系广东省社会主义学院教授、硕士生导师）

文化自信问题的历史考察和当代语境

崔　珏

中华文化一直是维系中华民族命脉的重要因素，民族复兴的进程不能缺少文化自信的支撑。党的十八大报告关于文化强国的论述中指出，一定要“树立高度的文化自觉和文化自信”。习近平总书记在庆祝中国共产党成立95周年大会上的重要讲话进一步强调：“要坚持道路自信、理论自信、制度自信、文化自信。”“文化自信，是更基础、更广泛、更深厚的自信。”①

作为一个具有悠久历史和文化传统的国家，文化自信、文化融合、文化碰撞、文化自省、文化自觉等相关问题，一直是各个历史阶段的重要话题。可以说，文化自信既是一个历史命题，也是一个时代感很强的命题。本文拟通过对文化自信相关问题的历史考察，阐明文化与民族发展、国家命运的密切关系，就当下增强文化自信问题提供思考。

一、历史上中国曾以文化立国

中国土地上的先民很早就有对自己文化的感知，春秋战国时期的夏夷观念是地理环境和文化差异的综合产物，其中饱含着华夏族对自己文化的自豪感、优越感。夏夷观念后来经儒家学说的阐释得以进一步发展，对中国文化观念、国家观念影响深远。所谓华夷之辨，最初就是以文化、以礼仪为划分标准的。孔子提出，以周礼治理社会，文明程度高的属于“诸夏”，周边没有实行周礼的各族各国，属于“诸夷”。由于是以文化划分夏夷，由此夏夷是可以互相转化的。后来钱穆在《中国文化史导论》中说：“在古代观念上，四夷和诸夏实在有一个分别的标准，这个标准，不是‘血统’而是‘文化’。所谓‘诸侯用夷礼则夷之，夷狄进于中国则中国之’，此即是以文化为华夷分别之明证，这里所谓文化，具体言之，则只是一种‘生活习惯和

① 习近平．在庆祝中国共产党成立95周年大会上的讲话［N］．人民日报，2016-07-02．

政治方式'"。[①] 章太炎也在其文章中阐述过这一问题："中华云者，以华夷别文化之高下也。即此以言，则中华之名词，不仅非一地域之国名，亦且非-血统之种名，乃为-文化之族名。故〈春秋〉之义，无论同姓之鲁、卫，异姓之齐、宋，非种之楚、越，中国可以退为夷狄，夷狄可以进为中国，专以礼教为标准，而无有亲疏之别。其后经数千年，混杂数千百人种，而其称中华如故。以此推之，华之所以为华，以文化言，可决知也。"[②] 虽然华夷之辨与地域、民族、血缘因素有直接关系，与政治、经济、军事力量也有密切关联，但其核心要素是文化。因此有学者认为，"如果要说民族主义，则华夷之辨可以说是一种文化民族主义。"[③]

可见，中国的民族认同、国家认同最初是从文化认同开始的。华夏不仅地理条件优越宜居而且文明尚礼，文化的先进性不仅形成对自己民族的优越感，对周边民族的感召力，也逐步深化为文化坚守的责任意识和危机意识，文化被赋予了使命感。维护国家统一、民族团结，维系民族的认同、延续，都与文化相关。

中华民族发展的历史过程，也是一个以儒家思想为主体的文化体系不断吸纳、融合外来文化的过程，由此呈现出海纳百川、兼容并蓄、博大精深的气度。周边民族即使取得政治及军事上的优势，文化上也往往推行汉化。少数民族入主中原，也要通过"采用汉法""以儒治国"才能维系统治。这样的中华传统文化体系必然是一个充满自信的体系。作为实力强大、文化先进的国家，与朝贡体系中"天朝上国"地位相对应的，是中华文化的吸引力、同化力、影响力与传播力，这与西方国家依靠宗教传播或侵略殖民强行推广文化、价值观是根本不同的。对于这一点，基辛格在《论中国》序言中有精辟论述："中国和美国都认为自己代表独特的价值观。美国的例外主义是传经布道式的，认为美国有义务向全世界的每个角落传播其价值观。中国的例外主义是文化性的，中国不试图改变他国的信仰，不对海外推行本国的现行体制。但它是中央帝国的传承者，根据其他国家与中国文化和政治形态的亲疏程度将它们正式划分为不同层次的'进贡国'。换言之，这是一种文化上的普世观。"[④]

总之，古代中华文化没有遇到过外来文化强有力的挑战，对外是春风化

---

① 钱穆. 中国文化史导论（修订本）[M]. 北京：商务印书馆，1994：41.

② 章太炎. 中华民国解 [N]. 民报，1907-07-05.

③ 韩星. "华夷之辨"及其近代转型 [J]. 东方论坛，2014 (5)：1-8.

④ 基辛格. 论中国 [M]. 胡利平，林华，杨韵琴，等译. 北京：中信出版社，2012：Ⅵ.

雨式的文化传播，对内是一个高度自足的文化体系，这两方面构成中国文化自信的来源。《周易》说："观乎人文，以化成天下"，用人文精神来教化天下，强调的是文化立国。儒释道以及诸子百家思想构成了中国人的精神世界，儒学作为中国传统文化的主体，在政治教化和伦理教化方面地位突出，塑造了"仁义礼智信"、"内圣外王"、"修身齐家治国平天下"等价值理念，对中国古代治国理政以及中国人的价值追求影响深远。

二、从认同危机到认同回归

在现代性构建过程中，民族文化总是要作选择性地接受，也必然要对自身加以改造，问题只在于本土文化在文化转型中有多大程度的自主性。自近代中国遭受西方列强入侵，逐步沦落为半殖民地半封建社会，于是民族的传统文化这种本属精神层面的东西，与国家、民族的命运紧密联系在了一起。自 19 世纪末以来，中国向欧美学习、借鉴，逐步地输入西方"现代的"技术、制度与价值观念。中国从鸦片战争到甲午战争之间，"中体西用"是对西方文化的基本态度，认为中国落后的是兵器是技术，"如以中国之伦常名教为原本，辅之诸国富强之术，不更善者哉!"① 体现了中国人在文化方面很强的主体性意识。甲午战争的失败不仅意味着近半个世纪的洋务运动失败，中体西用在实践上归于失败，也直接引发了中国文化主体性的危机。此后，不管是康梁变法还是孙中山先生领导的政治革命，以及后来科举制度的废除，西式教育的引进，都是全面学习西方。与此同时，对几千年传统文化展开彻底批判，认为不建立新文化，中国不能实现自强。

历史上对于传统文化的讨论集中于几个时期，但还没有哪个时期能与思想激荡、群星闪耀的新文化运动时期相提并论。20 世纪初的新文化运动，各种文化的碰撞，传统的与现代的，中国的与西方的，保守的与激进的。文化的现代化集中在对传统文化的批判上，因为当时国家的积贫积弱，人们普遍认为要实现社会现代化，要靠中国传统文化中最缺乏的科学和民主。

对中国传统文化的批判、自省和对西方文化的引进、学习，最后引发了全盘西化的主张。胡适在全面检讨中国传统文化后提出，"我们必须承认自己百事不如人，不但物质上不如人，不但机械上不如人，并且政治社会道德

① 冯桂芬．采西学议［M］//冯桂芬．校邠庐抗议．上海：上海书店出版社，2002.

都不如人。”① 面对外来列强侵略欺凌、民族危机日深、改良无果、共和挫折的情形，期冀以“德先生”、“赛先生”来改造中国，有其时代进步的意义，但当时的各种呐喊、各种思路都将传统文化当做了中国落后的总病根，凸显了中国文化认同危机、文化自信危机。

扭转这一困局、实现中华文化浴火重生的，是中国共产党领导的新民主主义革命和以马克思主义为指导的新文化。正如毛泽东同志所指出的：“自从中国人学会了马克思列宁主义以后，中国人在精神上就由被动转入主动。从这时起，近代世界历史上那种看不起中国人，看不起中国文化的时代应当完结了。伟大的胜利的中国人民解放战争和人民大革命，已经复兴了并正在复兴着伟大的中国人民的文化。”② 所谓精神上的主动，就是一种自信。新民主主义文化，毛泽东将其表述为民族的、科学的、大众的文化。民族性表现为反对帝国主义压迫，主张中华民族的独立和尊严，科学性表现为对理性的追求，大众性强调的是人民性、民主性。学会了马克思主义这个新的思想武器，使中国人和中国文化在世界上重新赢得了自己的地位，使中国文化走上了伟大的复兴之路。

近代以来对中国文化不自信的多数论调，本质上都受“西方中心主义”的影响。这种心理形成的深层原因却是近代西方的强大和中国的弱小在认知上的反映，最后由“实力认知”转化为“文化认知”。20 世纪八九十年代出现的“中华文化复兴论”“传统文化回归热”，反过来认为中国近现代的落后，是中华优秀文化没有很好弘扬的结果，其背后的现实证据是深受中国传统文化影响的“亚洲四小龙”在经济社会现代化方面巨大成功，这也是实力认知影响文化认知的例证。

改革开放后，持续的经济增长和国家力量提升带来对于中国传统文化的重新审视，人们从文化自觉走向文化自信。文化自觉要求民族文化在新时代时能够不断传承、创新和发展，在世界文化多元竞争发展格局中取得自主地位，从而实现与时代同行、与世界同进。文化自信也出现总体上的回归态势，国际政治格局的转变、中国国际地位的提高、中国已经成为世界第二大经济体等有力的事实推动着国人文化自信心理的成长。从认同危机到认同回归，揭示出文化与民族、国家命运的内在关联性。

---

① 胡适．请大家来照镜子［M］//胡适．胡适文存：第 3 集．北京：首都经济贸易大学出版社，2013：48.

② 毛泽东．唯心史观的破产［M］//毛泽东．毛泽东选集：第四卷．北京：人民出版社，1991：1 509.

三、当代语境中的文化自信

文化自信既指向历史也指向现实。指向历史的文化自信，要求珍视我们拥有的优秀传统文化，发掘其中穿越时空的因素，推动其创造性转化和创新性发展。指向现实的文化自信，要求充分肯定社会主义文化的先进性，肯定中国特色社会主义文化对于实现民族复兴、推进人类文明发展的积极意义。当代语境中的文化自信，是中国道路自信的题中之意。

1．文化自信的提出体现了民族复兴过程中的文化自觉

首先，当代中国的发展进步是文化自信的大本源。文化自信不仅靠文化。在一个民族、一个国家发展的过程中，政治、经济、文化都不是绝对独立的，而是相互影响、相互作用的。贫弱、挨打的国家，文化也难以自信。

其次，文化自信的提出是文化自觉的体现。改革开放40多年后的今天，中国又一次站到了历史的重要节点，重新思考中国文化问题。在人民生活普遍实现小康，综合国力大大增强，国际地位日益提升的前提下，中华文化如何在提升国家软实力方面提供支撑以及为人类发展进步作出应有贡献，中国人应该以怎样的面貌与世界相处等等。“文化自觉”是费孝通先生在20世纪90年代提出的一个概念，主要指生活在一定文化历史圈子的人对其文化有自知之明，对其发展历程和未来有充分的认识。文化自觉是文化的自我觉醒，自我反省，自我创建。费老认为，文化自觉是一个艰巨的过程，只有在认识自己的文化、理解并接触到多种文化的基础上，才有条件在多元文化的世界里确立自己的位置，经过自主的适应，和其他文化一起，取长补短，共同建立一个有共同认可的基本秩序，多种文化都能和平共处、各抒所长、共同发展。费老在他80寿辰时提出了“各美其美，美人之美，美美与共，天下大同”的“十六字箴言”。这既包含了对本民族文化的认同、自信，也表达了尊重世界文化多样性的美好愿望。

2．文化自信是中国道路自信的题中之意

习近平同志在庆祝中共成立95周年讲话中提出：“在5 000多年文明发展中孕育的中华优秀传统文化，在党和人民伟大斗争中孕育的革命文化和社会主义先进文化，积淀着中华民族最深层的精神追求，代表着中华民族独特的精神标识。我们要弘扬社会主义核心价值观，弘扬以爱国主义为核心的民族精神和以改革创新为核心的时代精神，不断增强全党全国各族人民的精神

力量。”① 可见我们今天谈文化自信，包含对中华优秀传统文化、革命文化和社会主义先进文化的自信。这三种文化积淀着中华民族的精神追求，也从文化视角反映了中国发展道路的历程。

中共在领导革命、建设、改革的过程中，把马克思主义与中华文化相融合、与中国实践相结合，形成了中国化的马克思主义，同时塑造了中国新的文化形态，使中国道路、理论、制度植根于中华文化深厚土壤和中国历史进程中。文化自信自然是更基础、更深厚、更持久的自信。习近平同志在2014年文艺工作座谈会上就明确指出：“增强文化自觉和文化自信，是坚定道路自信、理论自信、制度自信的题中应有之义。”由此可见，我们今天是着眼于增强道路自信、理论自信、制度自信来强调文化自信的，也是通过文化的感召力，增强人们对中国道路的自信，提升中国道路所蕴含的软实力和影响力。

3. 文化自信强调构建中国话语体系

中国的发展使自己逐步走向世界舞台的中心，中国的开放与全球治理的关联性前所未有地密切。但西强我弱的舆论格局并没有改变。中国的话语权弱，中国的国际形象也主要来源于“他塑”。

文化自信的提出，首先是强调解决中国的问题以及提出解决人类问题的中国方案，要坚持中国人的世界观、方法论。要推动中国文化的创新发展，以新概念、新范畴、新表述总结新中国成立以来特别是改革开放以来中国特色社会主义的实践经验，阐释清楚中国特色社会主义理论的精神内涵与独特价值，用中国话语、中国理论诠释中国特色。其次，要通过重塑话语体系，围绕国内国际重大问题提出能够体现中国立场、中国智慧、中国价值的理念、主张、方案，向时代与世界言说中国的民族文化、历史经验与发展道路，充分展示理论中的中国、发展中的中国、开放中的中国。

四、增强文化自信的基本思路

中国的崛起正赢得世界越来越多关注，也使国人增强了自信。然而，提到当代中国文化，与硬实力的迅速提升相比，与历史上中华文化在世界文化格局中所达到的高度、产生的影响相比，显然还不足以支撑我们的强国梦。英国前首相撒切尔夫人曾有个论断：中国不会成为世界强国，因为近代以来

---

① 习近平. 在庆祝中国共产党成立95周年大会上的讲话［N］. 人民日报，2016－07－02.

中国没有独立的、足以影响世界的思想。当代中国文化建设仍然任重而道远。

增强文化自信，需要加强文化建设，培育文化认同，内化核心价值。要坚持民族文化发展的现实主导性、历史继承性、兼容开放性，以中国化马克思主义为指导，以中国传统文化为根基，以革命和改革中积淀的现代精神为动力，增进与世界优秀文化的交流互鉴，建设中国特色社会主义文化。

1. 正确理解中国化马克思主义与传统文化的关系

社会主义中国谈文化自信问题，首先要正确理解马克思主义与中国传统文化的关系。

20 世纪二三十年代，中华民族的救亡与复兴是中国政治和文化的压倒一切的主题，马克思主义进入中国，是为了解决近代中国社会的危机。马克思主义既引发了中华文明深刻变革，影响了中国现实的发展进程，自身也经历了一个逐步中国化的过程。在革命、建设、改革各个历史时期，中国共产党坚持把马克思主义基本原理同中国具体实际相结合，运用马克思主义立场、观点、方法研究解决各种重大理论和实践问题，不断推进马克思主义中国化，产生了中国化马克思主义的一系列重大成果，指导党和人民取得了新民主主义革命、社会主义革命和社会主义建设、改革开放的伟大成就。马克思主义在中国能够取得成功，在于它与中国实际相结合，其中包括与中国历史、文化传统的结合。

今天，中国化马克思主义已经成为中国特色社会主义文化的重要组成部分，它作为主流意识形态的思想文化，具有对社会的指导性。以儒家思想为代表的中国传统文化在历史上发挥了教化社会的作用，也包含丰富的治国理政的思想资源，但对于经历了社会形态根本变化的当代中国社会，传统文化已不能作为指导性的思想理论体系。

当然，坚持中国化马克思主义在当代中国文化建设中的指导地位，并不是忽视中国传统文化，文化具有继承性，中国传统文化是当今中国文化建设的根基，中国化的马克思主义也离不开优秀的中国传统文化的滋养。事实上，人们总是从已有的思想资源中寻找构建新文化形态的元素，任何时代的文化都不能摆脱传统。传统文化是历史的结晶，也是至今仍然影响人们的活的生命。“传统文化所蕴含的、代代相传的思维方式、价值观念、行为准则，一方面具有强烈的历史性、遗传性，另一方面又具有鲜活的现实性、变异性，它无时无刻不在影响、制约着今天的中国人，为我们开创新文化提供历史的根据和现实的基础。”① 5 000 多年的中华文化不仅推动了中华民族的发展，塑造了中国人的精神气质，也对世界文明有重大贡献和积极影响。我们有博大精深的文化底蕴，有维系中华民族血脉和骨气的延续至今的中华文明，这是中华民族最深厚的文化软实力，也是中华民族文化自信的基点。

2. 革命和改革中积淀的现代精神也是优秀文化传统的一部分

当代中国的文化建设需要面对两种传统：一是中华民族几千年发展形成的以儒家思想为代表的传统文化；二是中国共产党领导人民在革命、建设、改革中形成的革命传统和现代精神。这两种传统是继承、改造和创新的关系，有了这种传承，才使中华民族的民族精神在不同历史阶段得到弘扬、升华和发展。

社会主义先进文化是社会主义建设和改革时期，在直接继承革命文化传统基础上形成和发展起来的，其内容已经概括进中国特色社会主义文化发展道路之中。革命战争时期形成的井冈山精神、延安精神、西柏坡精神、沂蒙精神等作为革命传统，蕴含着丰富的革命精神和厚重的历史文化内涵，彰显了一个民族在发展过程中必不可少的理想主义精神。改革开放过程中秉承的解放思想、实事求是原则以及改革中取得的巨大成就，何尝不是对几千年民族精神传承、高扬的成果，艰苦奋斗、自强不息、乐于奉献的精神和开拓进取、鼎故革新精神，都是中华民族宝贵的精神财富，对建设新文化有重要价值。增强文化自信，要继承发展中华民族优秀传统文化、革命文化的基础上，将民族的科学的大众的本质属性，爱国主义、集体主义和社会主义的价值观念，以自强不息、厚德载物为核心的民族精神和以改革创新为核心的时代精神作为当代文化的基本内涵。

3. 社会主义文化的发展进步需要世界优秀文化间的交流互鉴

世界文化具有多样性，各民族各国家文化间的交流、学习、碰撞、冲突一直存在。在当今世界，互联网和信息技术迅猛发展，文化传播突破了传统的领土疆域，制造着一种越来越普遍化的全球意识和全球文化，全球化从经济延伸到思想文化各领域，民族文化尤其是后现代化国家的文化认同危机日益凸显。可见文化软实力也是综合国力的重要组成部分。

中国文化要从自觉、自强走向自信，需要坚持文化建设的开放性。中国的发展离不开世界，建设文化强国同样需要加强中国文化与世界各种优秀文化的交流互鉴。这种开放的思路，是以中华优秀传统文化为根脉，以保持自

---

① 张岱年，方克立. 中国文化概论［M］. 北京：北京师范大学出版社，1997：9－10.

身文化的特质、基本精神及核心价值为基础，积极吸收世界文明有益成果，以建设和发展的态度来建构全球化和现代性语境下的文化认同。社会主义文化是人类文化的重要组成部分，是具有普遍意义的文明成果，我们强调社会主义文化的先进性，不仅是指对推动中国社会的进步、丰富中国人精神世界的积极意义，也要能够站在人类文明发展的前沿，吸纳并提出具有普遍意义的思想和理论，从而获得世界范围的影响力。

参考文献：

［1］习近平．在庆祝中国共产党成立95周年大会上的讲话［N］．人民日报，2016－07－02．

［2］钱穆．中国文化史导论（修订本）［M］．北京：商务印书馆，1994．

［3］章太炎．中华民国解［N］．民报，1907－07－05．

［4］韩星．"华夷之辨"及其近代转型［J］．东方论坛，2014（5）．

［5］基辛格．论中国［M］．胡利平，林华，杨韵琴，等译．北京：中信出版社，2012．

［6］冯桂芬．采西学议［M］//冯桂芬．校邠庐抗议．上海书店出版社，2002．

［7］胡适．胡适文存：第3集［M］．北京：首都经济贸易大学出版社，2013．

［8］毛泽东．毛泽东选集：第4卷［M］．北京：人民出版社，1991．

［9］张岱年，方克立．中国文化概论［M］．北京：北京师范大学出版社，1997．

（作者系广州市社会主义学院教授）

坚定文化自信　增强国家凝聚力

肖承罡

国家凝聚力集中体现了一个国家基于其文化而具有的吸引力和向心力，以及由此产生的生命力、亲和力与自豪感。在当代中国要增强国家凝聚力就必须坚定文化自信。因为从本质上说，国家凝聚力就是当代中华文化的凝聚力。中华各民族自古以来所创造的灿烂文化一直是中国国家凝聚力不断发展与增强的深厚土壤。

（1）中华文化起源于中华大地，它是中华各民族共同创造的。在几千年的发展过程中，经过无数次的融汇、提炼和升华，最终汇聚成一个波澜壮阔、内涵丰富、气象万千的中华文化体系。中华文化历经几千年而不中断或衰微，至今仍然保持着旺盛的生命力，一方面在于中华民族大家庭中各民族文化的相互吸收与融合，不断地为中华文化输入新的血液和养料，增加新的多元因素；另一方面也在于中华文化善于接纳外域文明的新风，促使自身不断扩展提升，锻造出极强的创新力与融汇力，从而不断地发展，不断地创造着辉煌。

两汉时期，由于张骞的“凿空”壮举，打通了中国通往西方的通道，于是中华民族的物质文化掀起了一次规模空前的大波澜。来自中亚和西亚地区的毛皮、马匹、植物品种、香料等源源不断地运到中国内地。与此同时，西方的幻术、音乐，印度的犍陀罗艺术、佛教等精神文化产品也开始传入中国；魏晋南北朝时期，虽然民族关系复杂，政治变动频繁，但是这并没有妨碍中国与东西方各国的交往与联系，中外之间的经济、文化交流有了进一步的发展；隋唐时期，由于国力强盛，中外经济、文化的交流也达到了一个新的顶点。这一切都对中国的社会生活产生了重大影响。两宋、元、明、清时期，中华文化秉承前代的传统，继续平和大度地与异域文化彼此沟通，进行器物的互换、技艺的切磋、制度的借鉴、风俗的渗透和观念的激荡，使自身的生命力在空间向度不断拓展。明清之际，中国的一些统治者如万历、崇祯、顺治、康熙等，抱着取长补短的宗旨，利用西方来华的传教士，吸收西方科学知识，同时适当地容许传教士正常的教务活动。但是，所有这一切，都是以不涉及中国的国家安全和不妨碍中国的国家利益为前提的。由于上述原因，当时一些传教士确实也受到中华文化的感染，本着比较客观的态度，向欧洲、向他们的祖国，传递了中国的真实信息，刺激了欧洲资产阶级启蒙运动的开展。中西文化由此得以在特殊的历史背景下，相互了解、相互切磋，相互吸收。① 应该说，没有长期的中外之间的文化交流，中华文化就不可能保持其长久不衰的生命力。正是通过长期的中外文化交流与相互学习，中华文化才得以吸收人类文明的许多优秀的成分，进一步丰富了中华民族的物质生活和精神生活，从而为中国国家凝聚力的发展提供了取之不尽用之不竭的源泉。

然而，1840 年，英国侵略者的隆隆炮声，彻底地改变了中华民族的历史进程。西方近代文化向中华文化发出了尖锐的挑战。如何迎接挑战？一批有识之士首先振臂崛起，发出了“向西方学习”的呐喊，在中国思想界最先确立了一种世界眼光与开放进取的文化意识。因此，以林则徐、魏源的“师夷制夷”为思想起点，一场向西方学习的民族文化自救运动在中国正式揭幕了。这是中华文化实现自我整合与转型的契机，也是处于封建衰世的中华民族有识之士超越自我以求进入一个崭新的精神境界的立足点。于是，无数的青年学子、有识之士勇敢地跨出国门，漂洋过海，不远万里来到异邦，学习先进的科学技术，考察其政治制度与经济体制。于是，议会、政党、自由、平等、进化论、人权等近代政治理念被引进到中国，终于使共和国之花在中华大地绽放；开矿设厂、建铁路、通轮船、办银行、发纸币、推广保险、发展邮政、设立报馆和医院等，中华民族经济开始走上了近代化之路；废八股、颁学制、设学校、兴办大学堂、建立译书局、奖励著述、派人出国游历和留学，中华民族的传统教育在西方文化的冲击下开始了自我更新的进程。此外，发行报纸、训练新式海陆军、设置驻外使领馆等也莫不体现了中华民族在命运攸关时刻的观念更新。这使当时的中国出现了一派清新的气象。由此，中华民族开始有了自己的近代工商业和民族资产阶级，有了自己的近代政治家队伍、近代化军队、近代科学家队伍、近代外交人员等等，这一切对中华民族近代以来的政治、经济、外交、教育、军事等各个方面都产生了极其深刻的影响，使中国社会出现了各种新的思想、新的文化体系、新的学科体系，使人们的思想观念发生了前所未有的变化，从而大大促进了中华民族的进步。

时代要求中华文化注入新的活力，时代也为中华文化的更新提供了条件。十月革命一声炮响，给中华民族送来了马克思主义。马克思主义在中国

---

① 沈福伟. 中西文化交流史［M］. 上海：上海人民出版社，1985：388.

的传播，不仅使中华文化走上了重构与更新的康庄大道，同时也为中国国家凝聚力从传统向现代的转变提供了动力支持与精神支撑。维护世界文明多样性，加强相互间的交流、学习与借鉴，对于增强国家凝聚力的作用，习近平总书记曾精辟地指出："各国各民族都应该虚心学习、积极借鉴别国别民族思想文化的长处和精华，这是增强本国本民族思想文化自尊、自信、自立的重要条件。"①

（2）中华民族由多个民族汇聚而成，每个民族都有自己的种群血缘谱系，大家之所以能够结成一体，关键在于有一致的文化认同。文化认同可以使人们形成共同的理想、信念、价值观，从而在价值取向、思维模式、行为模式等方面达成一致，形成一股强大的凝聚力和向心力。在文化认同的基础上，还会衍生出国家认同、民族认同、政治认同、自我身份认同等，这是一种更广义的文化价值认同。因而，文化认同是民族认同、国家认同的重要基础，也是国家凝聚力增强的最深层的因素。

中华民族文化认同是中华民族各成员对中华文化的归属意识和价值追求而形成的共识与认可。这种认可与共识常常表现为中华文化的精神、情感、规范和目标转化为各民族成员内在本质的过程。中华文化是中华各民族在认识世界和改造世界的实践中创造的精神成果，它在为经济社会提供支撑的同时，也不断开辟着自身发展的新领域，包括中华传统文化和中华现代文化。中华传统文化，是指中国历史上流传下来的，由思想家提炼出的理论化和非理论化的，并转而影响整个社会的，具有稳定结构的思维方式、价值取向、国民品性、伦理观念、理想人格、审美情趣等精神成果的总和；中华现代文化，是现代中华民族的科学的大众的引领各种社会思潮的社会主义文化，又称中国特色社会主义文化。

每个民族都有自己独特的文化，但这并不妨碍民族之间的文化认同。文化认同的核心，是对共同价值的认同。至于文化之间的差异，在中华文化的传统中历来都受到高度尊重，这种对文化差异的尊重，一直可以追溯到中华文化的源头。因此，中华民族是历史形成的命运共同体，维系这个命运共同体的基本纽带是文化认同。在历史上，这种文化认同加速了中华民族的凝聚，推动了中华民族多民族统一国家的发展与国家凝聚力的不断增强。正是这种"文化认同"，当民族处于生死存亡的关头，就会发出同一个心声，团结一致，喷发出巨大的力量。80 多年前的全民族的抗日战争是这样——地不分南北、人无分老幼，同仇敌忾、一致对外。这在 2008 年的抗震救灾中得

---

① 习近平. 在纪念孔子诞辰 2 565 周年国际学术研讨会暨国际儒学联合会第五届会员大会开幕会上的讲话［N］. 人民日报，2014－09－25（2）.

到了再一次的证明。正因如此，十几亿人朝着同一个方位，抱着同一个目的，在一切为了生命的“绝对命令”下，形成了万众一心、众志成城的空前悲壮的历史场景。由此可见，一个民族的生存和发展，不能没有自己的“文化认同”。从中国国家凝聚力的发展史看，中国国家凝聚力的发展要靠诸多因素的冶炼，其中很重要的方面就是对中华文化的认同感，它是凝聚这个民族共同体去克服和战胜艰难险阻的力量源泉，是这个民族共同体构建生命大厦的精神基石。诚如习近平总书记所指出的：“中华文化积淀着中华民族最深沉的精神追求，包含着中华民族最根本的精神基因，代表着中华民族独特的精神标识，是中华民族生生不息、发展壮大的丰厚滋养。”①

改革开放以来，中国发生了急剧的社会转型和文化变迁，外语热、西方文化热冲淡了对传统文化的深刻认知，西方文化迅速渗透到中国各个层面。多种社会思潮涌动、多元价值观和多种信仰并存，使原有的价值观念受到挑战，不少人思想困惑和迷茫，甚至心理失衡，许多人模糊了身份，在价值评价和行为选择上无所适从，甚至产生焦虑，出现文化价值认同危机。这种认同危机一方面是由外来文化与本土文化的冲突造成的，更多是由于我们近现代以来的积弱而产生的“文化自卑症”造成的。这种情况导致理想信念淡化、价值观念混乱、不良风气滋长蔓延、道德水准下降，影响了经济社会健康发展。因此，重建中国人的文化认同势在必行，任务紧迫。而要解决文化认同危机，必须首先重构我们的文化价值体系，对社会进行正确的价值导向，其重点是建设社会主义核心价值体系。2014 年 5 月 4 日，习近平总书记在同北京大学师生座谈时指出：“人类社会发展的历史表明，对一个民族、一个国家来说，最持久、最深层的力量是全社会共同认可的核心价值观。核心价值观，承载着一个民族、一个国家的精神追求，体现着一个社会评判是非曲直的价值标准。”② 核心价值体系和核心价值观，是决定文化性质和方向的最深层次要素，是一个国家的重要稳定器。为此，我们必须牢固树立四个意识或观念：一是中华文化是中国各族人民共同创造的观念。中华各民族文化是相互交融的，中华文化从来就是各民族相互联系的文化，少数民族文化吸纳了汉族文化，汉族文化吸纳了少数民族文化，各少数民族文化也是相互吸纳的，中华文化最突出的特征是多元一体性。各族人民对共同拥有的中华

① 六、创造中华文化新的辉煌：关于建设社会主义文化强国[EB/OL].(2014 - 07 - 09)[2017 - 12 - 21]. http://theory. people. com. cn/n/2014/0709/c40531 - 25256140. html.

② 习近平谈文化自信[EB/OL].(2014 - 07 - 09)[2017 - 12 - 21]. http://cpc. people. com. cn/n1/2016/0713/c64094 - 28548844. html.

文化的认同感和归属感，显示了中华民族厚重的文化底蕴和强大的民族、国家凝聚力；二是中华文化是中国国家软实力的观念。文化软实力集中体现了一个国家基于文化而具有的凝聚力和生命力，以及由此产生的吸引力和影响力。古往今来，任何一个大国的发展进程，既是经济总量、军事力量等硬实力提高的过程，也是价值观念、思想文化等软实力提高的进程。2013 年 12 月，习近平总书记在中央政治局第十二次集体学习时指出，提高国家文化软实力，关系我国在世界文化格局中的定位，关系我国国际地位和国际影响力，关系“两个一百年”奋斗目标和中华民族伟大复兴中国梦的实现；① 三是建设社会主义核心价值体系的自觉意识。党的十六届六中全会提出建设社会主义核心价值体系的重大战略任务。党的十八大提出，倡导富强、民主、文明、和谐，倡导自由、平等、公正、法治，倡导爱国、敬业、诚信、友善，积极培育和践行社会主义核心价值观。社会主义核心价值体系是建设和谐文化的根本，坚持用社会主义核心价值体系引领社会思潮，其中包括合理引导民族意识、积极引导宗教与社会主义社会相适应。培育和弘扬社会主义核心价值观，必须立足中华优秀传统文化。习近平总书记指出：“中华文明绵延数千年，有其独特的价值体系。中华优秀传统文化已经成为中华民族的基因，植根在中国人内心，潜移默化影响着中国人的思想方式和行为方式。今天，我们提倡和弘扬社会主义核心价值观，必须从中汲取丰富营养，否则就不会有生命力和影响力。”② 要利用好中华优秀传统文化蕴涵的丰富的思想道德资源，使其成为涵养社会主义核心价值观的重要源泉；四是建设中华民族共有精神家园的自觉意识。中华民族共有精神家园是中华民族赖以生存和发展的精神财富，是中华民族生生不息、团结奋进的精神动力，民族生命力的精神之母、民族创造力的精神之源、国家凝聚力的精神纽带、民族团结奋进的精神动力。诚如习近平总书记所说：“我们的同胞无论生活在哪里，身上都有鲜明的中华文化烙印，中华文化是中华儿女共同的精神基因。”③

造就文化认同，应推动各民族文化相互影响、相互交融，增强中华文化的生命力和创造力；不断丰富和发展各民族文化的内涵，提高中华民族的文

① 习近平：建设社会主义文化强国 着力提高国家文化软实力[EB/OL].(2014-01-01)[2017-12-21].http://cpc.people.com.cn/n/2014/0101/c64094-23995307.html.

② 习近平：在哲学社会科学工作座谈会上的讲话[EB/OL].(2016-05-19)[2017-12-21].http://cpc.people.com.cn/n1/2016/0519/c64094-28361550-3.html.

③ 习近平：把培育和弘扬社会主义核心价值观作为凝魂聚气强基固本的基础工程[EB/OL].(2014-02-26)[2017-12-21].http://cpc.people.com.cn/n/2014/0226/c64094-24464564.html.

化认同感和向心力；倡导一切有利于祖国统一、民族团结、社会和谐的思想和文化，弘扬以爱国主义为核心的伟大民族精神，使各族人民的价值观念同国家意识形态保持相对的一致性。强化对中华文化的认同是铸造爱国主义的基石。只有文化上的认同，才会有情感上的共鸣，才能提高民族的向心力和国家凝聚力，增强民族团结和促进社会安定。各族人民对民族文化的认同，能够产生血浓于水的亲情和亲和力，使海内外华人互相合作、共同奋斗，这是实现民族团结和国家统一的文化基础。在中国，强化中华文化的认同，是一个意识形态的问题，也是一个政治倾向性的问题。中华文化认同凝聚中华民族精神，为中华民族认同奠定基础，为增强文化自信提供精神支撑，为谋求文化自强提供动力源泉，对中华文化的高度认同是中华民族实现伟大复兴、增强当代国家凝聚力的根本保证。

（3）改革开放以来，我国成功走出了一条中国特色社会主义道路，极大地增强了当代中国的国家凝聚力。“实践证明我们的道路、理论体系、制度是成功的。”[①] 要增强当代中国国家凝聚力就必须“坚定中国特色社会主义道路自信、理论自信、制度自信，说到底是要坚定文化自信。文化自信是更基本、更深沉、更持久的力量。历史和现实都表明，一个抛弃了或者背叛了自己历史文化的民族，不仅不可能发展起来，而且很可能上演一场历史悲剧。”[②] 因此，当代中国国家凝聚力的增强，需要全民族的文化自觉和文化自信。

从本质上说，当代中国国家凝聚力就是中华文化的凝聚力与认同感。因为，中华文化承载着我们民族的思想、智慧、价值和追求，连接着全民族成员的人情、亲情和族情，是我们在世界文化激荡中站稳脚跟的根基。因此，民族文化是一个民族和国家的血脉与灵魂，是民族认同、国家认同的标志，是凝聚全社会成员的精神支柱。

中国是历史悠久的文明古国，几千年都以中央大国和文明中心自居。从孔子做春秋，别华夏夷狄，民族精神开始形成并逐步形成民族凝聚力和国家凝聚力。两汉之际，发展为以儒家思想为核心的中华民族传统文化核心价值体系。但是，传统文化的文化自信后期表现为天朝大国的盲目自信和妄自尊大，结果中国在鸦片战争和甲午战争中的惨败，曾一度使国人彻底丧失了民族自信心。新文化运动时期，一批知识精英在反省中国落后的原因时，追究

---

① 习近平在中国文联十大、中国作协九大开幕式上的讲话[EB/OL].(2016－11－30)[2017－12－21].http://cpc.people.com.cn/n1/2016/1130/c64094－28915395.html.

② 习近平．决胜全面建成小康社会　夺取新时代中国特色社会主义伟大胜利：在中国共产党第十九次全国代表大会上的报告［N］．人民日报，2017－10－28（1－2）．

到了最深层次的根源——文化根源。于是，志士仁人纷纷走出国门，向西方寻求真理，成为中华民族现代民族精神、文化自觉和文化自信的开端。改革开放以来，中国的现代化建设取得了令世界震惊的成就。2010 年中国的 GDP 总量已跃居世界第二。国人的腰杆子硬了，民族自信心大大增强了，但中国的发展只是让西方人担忧甚至恐惧，而不是赢得西方人的敬重。某些西方知名人士评论中国的言论甚至还透着轻蔑，他们认为，中国虽然有行销全球的货物，但没有能吸引全球人的文化。鸦片战争以来的历史反复告诉我们：当今中国要想真正实现民族复兴，不断提升民族自信心、增强国家凝聚力，靠的不仅仅是经济上的第一，也不是军事实力的第一，而是高度的文化自觉和文化自信。

文化自觉，主要指一个民族、一个政党在文化上的觉悟和觉醒。这包括对文化在历史进步中地位作用的深刻认识，对文化发展规律的正确把握，对发展文化历史责任的主动担当。历史和现实表明，一个民族的觉醒，首先是文化上的觉醒；一个民族、一个国家其凝聚力的强度，很大程度上取决于文化自觉的程度。可以说，是否具有高度的文化自觉，不仅关系到文化自身的振兴和繁荣，而且决定着一个民族前途命运。文化自觉是增强国家凝聚力的内在要求和应有之义。

当今世界正处在大发展、大变革、大调整时期，文化在综合国力竞争中的地位日益凸显，已经成为国家凝聚力和创造力的重要源泉，综合国力竞争的重要因素，经济社会发展的重要支撑，其影响比以往任何时候都更加广泛而深刻。新的形势、新的任务，迫切需要我们进一步增强文化自觉，更加自觉地承担起用先进文化引领社会进步的责任，更加自觉地承担起传承民族优秀文化的责任，更加自觉地承担起提高国家文化软实力、维护国家文化安全的责任。

文化自信，是一个国家、一个民族、一个政党对本民族文化价值的充分肯定，对本民族文化生命力的坚定信念。“坚定文化自信，是事关国运兴衰、事关文化安全、事关民族精神独立性的大问题。”① 只有增强文化自信，才能真正实现文化自觉、走向文化自强。中华民族素有文化自信的气度，正是有了对民族文化的自信心和自豪感，才在漫长的历史长河中保持自己、吸纳外来，形成了独具特色、辉煌灿烂的中华文明。同时也要看到，在对待自身文化的态度上，伴随着民族兴衰、国运沉浮，不时出现“自卑自弃”和“自大自傲”两种倾向，或多或少、或大或小地对文化发展产生这样那样的影

① 习近平在中国文联十大、中国作协九大开幕式上的讲话[EB/OL].(2016-11-30)[2017-12-21]. http://cpc.people.com.cn/n1/2016/1130/c64094-28915395.html.

响。当今世界，不同文化的交流、交融、交锋比以往任何时候都更加频繁。在这样的国际背景下，像中国这样一个发展中大国，要掌握自己的前途命运，就必须推动中华文明创造性转化、创新性发展，激活其生命力，使中华民族最基本的文化基因与当代文化相适应、与现代社会相协调，把继承传统优秀文化又弘扬时代精神、立足本国又面向世界的当代中国文化创新成果传播出去。让中华文明同各国人民创造的多彩文明一道，为人类提供正确精神指引；就必须有自己的文化设计，有自己的文化力量，要围绕我国和世界发展面临的重大问题，着力提出能够体现中国立场、中国智慧、中国价值的理念、主张、方案；就必须更加进一步坚定我们的文化信念和文化追求，增强文化自信，努力提高国家文化软实力，提高国际话语权。“我们不仅要让世界知道‘舌尖上的中国’，还要让世界知道‘学术中的中国’‘理论中的中国’‘哲学社会科学中的中国’，让世界知道‘发展中的中国’‘开放中的中国’‘为人类文明作贡献的中国’。”①

提高文化自觉、增强文化自信的最终目的是实现文化自强，推动民族振兴。要实现文化自强，就是要立足自己的实际，依靠自己的力量，突出自己的特色，走自己的文化发展道路，建设面向现代化、面向世界、面向未来，民族的科学的大众的社会主义先进文化；就是要使我们的民族文化具有强大的吸引力影响力、强大的活力创造力、强大的实力竞争力，从而汇聚推进中华民族伟大复兴的强大精神力量，把我国建设成一个中国特色社会主义的文化强国。

唯有做到文化自信，才能进一步向世界展示中华文化的独特魅力，展示文化多样和谐的文明大国形象。新的形势和任务要求我们以更加强烈的文化自觉、更加坚定的文化自信，更加积极主动地担当起推动中华民族伟大复兴的历史责任。所谓软实力、文化力，从根本上说取决于核心价值观的生命力、凝聚力。历史和现实反复表明，如果没有这个最核心的东西，一种文化就立不起来、强不起来，一个民族就没有赖以维系的精神纽带，一个国家就没有统一的意志和共同的行动，就不会有凝聚力。

我国有56个民族、近14亿人口，在国际形势风云变幻的情况下，要把广大人民的思想意志凝聚好，使中华民族更好地屹立于世界民族之林，就必须切实加强社会主义核心价值体系建设，增强社会主义意识形态的吸引力和凝聚力，巩固全党全国人民团结奋斗的共同思想基础；就必须积极建设和谐文化，培育文明风尚，推动形成良好的人文环境和文化生态；就必须大力弘

① 习近平：在哲学社会科学工作座谈会上的讲话［EB/OL］.（2016－05－19）［2017－12－21］. http://cpc. people. com. cn/n1/2016/0519/c64094－28361550－3. html.

扬中华文化，建设中华民族共有精神家园；就必须着力推进文化创新，进一步增强我国文化发展活力；就必须大力提升中华文化的国际影响力。事实也一再证明了这一点。党的十八大以来，我国的思想文化建设取得重大进展。“中国特色社会主义和中国梦深入人心，社会主义核心价值观和中华优秀传统文化广泛弘扬，群众性精神文明创建活动扎实开展。”“文化自信得到彰显，国家文化软实力和中华文化影响力大幅提升，全党全社会思想上的团结统一更加巩固。”①

中华民族伟大复兴的过程必然是中华文化大发展大繁荣的过程，同时必然是中华文化国际影响力不断增强的过程。在建设社会主义文化强国的过程中，应着眼于推动中华文化走向世界，形成与中国国际地位相称的文化软实力。为此，应大力实施文化“走出去”战略，不断提高对外文化交流水平，广泛参与世界文明对话，以文化交流增进理解、化解隔阂，为国家凝聚力的未来发展创造良好外部环境，并推动中华文化走向世界，进而感召世界，展示中华文化魅力。这一切有助于增强国家凝聚力，有助于民族团结和国家统一。2013 年9 月和10 月，国家主席习近平先后提出共建“丝绸之路经济带”和“21 世纪海上丝绸之路”（即“一带一路”）倡议，得到国际社会的高度关注和有关国家的积极响应。“一带一路”倡议所包含的天下为公、大同世界、自强不息、厚德载物、以民为本、安民富民乐民、仁者爱人、以德立人、求同存异、和而不同、和谐相处等中华文化中优秀的哲学思想，“蕴藏着解决当代人类面临的难题的重要启示”，体现的是中华文明继续为人类文明做出伟大贡献的一种历史担当，彰显的是一种坚定的文化自信，“意味着中华民族为人类和平与发展作出更大贡献的真诚意愿，”充分体现了中国共产党既是中华优秀传统文化的忠实传承者和弘扬者，又是中国先进文化的积极倡导者和发展者，具有非常重大的理论与实践意义。正因为如此，多年来，“一带一路”建设逐渐从理念转化为行动，从愿景转变为现实，建设成果丰硕。“一带一路”倡议为当代中国国家凝聚力的发展注入强大精神动力。

实现文化自强，关系着整个中华民族的复兴，关系着中国国家凝聚力的未来走向，需要依靠全体中华儿女、每一位国民自觉自愿的力量来推动。全社会、各民族、各领域、各阶层、各党派团体、社会各界别人士理应自觉增强文化主体意识，在建设文化强国、提高国家文化软实力、增强国家凝聚力的蓝图中，找准方位，各自肩负起应有的担当。

---

① 习近平．决胜全面建成小康社会　夺取新时代中国特色社会主义伟大胜利：在中国共产党第十九次全国代表大会上的报告［N］．人民日报，2017－10－28（1－2）．

参考文献：

[1] 沈福伟．中西文化交流史［M］．上海：上海人民出版社，1985.
[2] 习近平．在纪念孔子诞辰2565周年国际学术研讨会暨国际儒学联合会第五届会员大会开幕会上的讲话［N］．人民日报，2014－09－25（2）.
[3] 六、创造中华文化新的辉煌：关于建设社会主义文化强国[EB/OL].(2014－07－09)[2017－12－21]. http://theory.people.com.cn/n/2014/0709/c40531－25256140.html.
[4] 习近平谈文化自信[EB/OL].(2014－07－09)[2017－12－21]. http://cpc.people.com.cn/n1/2016/0713/c64094－28548844.html.
[5] 习近平：建设社会主义文化强国 着力提高国家文化软实力[EB/OL].(2014－01－01)[2017－12－21]. http://cpc.people.com.cn/n/2014/0101/c64094－23995307.html.
[6] 习近平：在哲学社会科学工作座谈会上的讲话[EB/OL].(2016－05－19)[2017－12－21]. http://cpc.people.com.cn/n1/2016/0519/c64094－28361550－3.html.
[7] 习近平：把培育和弘扬社会主义核心价值观作为凝魂聚气强基固本的基础工程[EB/OL].(2014－02－26)[2017－12－21]. http://cpc.people.com.cn/n/2014/0226/c64094－24464564.html.
[8] 习近平在中国文联十大、中国作协九大开幕式上的讲话[EB/OL].(2016－11－30)[2017－12－21]. http://cpc.people.com.cn/n1/2016/1130/c64094－28915395.html.
[9] 习近平．决胜全面建成小康社会　夺取新时代中国特色社会主义伟大胜利：在中国共产党第十九次全国代表大会上的报告［N］．人民日报，2017－10－28（1－2）.

（本文作者系广东省社会主义学院教授）

中华经典诵读与大中小学人文素质教育的实践探索及经验分析

龙其林

2013年3月，习近平总书记在中央党校80年校庆的讲话中明确指出："中国传统文化博大精深，学习和掌握其中的各种思想精华，对树立正确的世界观、人生观、价值观很有益处。学史可以看成败、鉴得失、知兴替；学诗可以情飞扬、志高昂、人灵秀；学伦理可以知廉耻、懂荣辱、辨是非。"①习近平总书记的讲话不仅强调了中国传统文化对于人们树立正确的世界观、人生观和价值观所具有的重要意义，而且对于开展中华经典文化学习有着重要的实践指导意义。自1995年文化素质教育在国内高校施行以来，理性与盲目，均衡与偏颇，有效性与形式风等争议就一直如影随形。但无论文化素质教育评价的客观性、针对性、有效性如何，文化素质教育的确取得了实质性的进展与成效。这表现在文化素质教育理念的深入人心，不仅中小学文化素质教育紧锣密鼓，如火如荼，高校文化素质教育也有的放矢，初见成效。

近些年，国内中华经典诵读的理论研究和实践活动取得了一定的成绩，但其中存在的一些问题也值得我们仔细反思。在以往的中华经典诵读理论研究和实践活动中，往往存在着理论研究和实践活动截然分开的普遍问题，教育理论研究者和中华经典活动的组织者、实践者往往并不同一，而是各说各话，难以真正有效沟通。于是在中华经典诵读中经常出现这样一种现象：从事理论研究的工作者喜欢宏观强调学习中华经典诵读所具有的意义，或是进行学习方法、模式的构想；从事中华经典实践教育的工作者，则往往强调对于具体经典文本的学习、背诵，或是对于教学方法、教学过程的经验总结。由此衍生出来的其他相关问题，如开展中华经典文化的实践活动往往具有应景性、短时性，组织传统文化学习的工作者往往缺乏对于中华经典文化的认知，无法在具体的教学和传播过程中提供有益的指导，以及中华经典诵读研

---

① 习近平．在中央党校建校80周年庆祝大会暨2013年春季学期开学典礼上的讲话[N]．人民日报，2013-03-03（2）．

究注重理论设想而缺乏实践检验等问题，在很大程度上限制了中华经典诵读的适用范围与影响力，这种情形与国家提升文化软实力、构筑中华民族共有精神家园的时代要求是存在较大差距的。

广州大学和西南大学承担了国家语委2011年度的重大课题“中华经典诵读教育与语文素质、语文教育、弘扬中华优秀传统文化的相关研究”，经过多年的理论研究和在广州市范围内高校、中小学的实践，在理论研究与实践结合方面取得了丰富的成果。我们在长期进行相关研究基础上，根据国家提升文化软实力、构建中华民族共有精神家园的时代诉求，全方位地探究中华经典诵读在大中小学生的语文素质、文化素质、构筑精神家园和国家文字规划及语言服务实践中所具有的重要意义，采用个案跟踪实证和宏观调查研究的方式，结合中华经典诵读实践观察与对优秀传统文化的理论透视结合研究的方法，揭示出中华经典诵读在提高语文素质、人文精神、价值观念和国家语言生活及语言服务过程中所具有的内在规律，这对于促进中华经典诵读落实到高校、中小学日常学习和管理中去，明确中华经典诵读学习目标，切实提高学习兴趣均具有十分重要的启示意义。

一、中华经典诵读的驱动力、目标与主体构成

教育部在《完善中华优秀传统文化教育指导纲要》中提出，“加强中华优秀传统文化教育，是深化中国特色社会主义教育和中国梦宣传教育的重要组成部分。中国特色社会主义道路是在对中华民族5000多年悠久文明的传承中走出来的，具有深厚的历史渊源和广泛的现实基础。加强中华优秀传统文化教育，对于引导青少年学生更加全面准确地认识中华民族的历史传统、文化积淀、基本国情，认清中国特色社会主义的历史必然性，坚定走中国特色社会主义道路、实现中华民族伟大复兴中国梦的理想信念，具有重大而深远的历史意义。”① 中华优秀传统文化是中华民族民族性格和自信力的基石，也是中华民族强大民族凝聚力和创造力的根源。在全球一体化趋势之下，加强对于本民族优秀文化经典的学习，不仅能够推动中国的文化创新和民族自豪感，而且能够增强文化在综合国力竞争中的作用。中国进入市场经济后，社会上尤其是青少年学生中出现了一些思想的迷惘现象，人们在物质生活不断提高的条件下精神信仰反而愈加稀缺。造成这种问题的一个重要原因，就在于人们在现代化的憧憬中失去了对于传统文化的学习，失去了精神的根基后急速奔跑于现代化的道路上。这些失误不仅没有弥合日渐断裂的文化根

① 完善中华优秀传统文化教育指导纲要［N］．中国教育报，2014-04-02（3）．

基，反而加速了精神信仰的危机。当青少年在欧风美雨、哈日哈韩流行文化的冲击下沉溺于对于物质的享乐，社会越来越意识到对青少年学生进行中华优秀传统文化教育成为迫在眉睫的使命。如何通过中华优秀传统文化的学习引导青少年树立正确的人生观、价值观，以文化传承推动创新思维，加快建设社会主义先进文化，成为摆在党和政府面前的重大课题。

中华经典诵读的根本使命就是通过中华优秀传统文化教育，从文化层面使社会主义核心价值观真正落实到思想深处，落实到青少年成长的各个阶段。随着全球化趋势愈加明显，社会思想多元化现象更趋明朗，青少年追求多元思想意识已是普遍现象，但西方文化和社会上存在的不良思想倾向对于他们也造成了相当大的困扰，一些青少年学生存在着价值虚无、理想缺失等突出问题，社会主义核心价值观在青少年群体中的有效传播成为值得思考的问题。在我们看来，加强中华优秀传统文化教育的一个有效方式就是广泛推行中华经典诵读活动，积极引导社会大众尤其是处于思想成长期的青少年学生树立正确的世界观、人生观和价值观，增强民族自信心和文化自豪感，将社会主义核心价值观内化为精神信仰、道德理想和行动准则。习近平总书记2014 年 2 月 17 日在省部级主要领导干部学习贯彻十八届三中全会精神全面深化改革专题研讨班开班式上的讲话中强调："要大力培育和弘扬社会主义核心价值体系和核心价值观，加快构建充分反映中国特色、民族特性、时代特征的价值体系。坚守我们的价值体系，坚守我们的核心价值观，必须发挥文化的作用。民族文化是一个民族区别于其他民族的独特标识。要加强对中华优秀传统文化的挖掘和阐发，努力实现中华传统美德的创造性转化、创新性发展，把跨越时空、超越国度、富有永恒魅力、具有当代价值的文化精神弘扬起来，把继承优秀传统文化又弘扬时代精神、立足本国又面向世界的当代中国文化创新成果传播出去。"① 习近平总书记的讲话一再强调必须重视传统文化，将传统文化教育与社会主义核心价值观念结合起来，用中华民族的经典文化塑造民族的性格和品质。习近平总书记的讲话高屋建瓴，从中华民族文化复兴的高度上强调了中华传统文化教育的重要价值，警惕西方文化诱导下的中国文化"去中国化"的危险。但传统文化兼容并包，许多思想观念已经明显地落后于时代发展的需要，因此对待民族传统文化必然有一个取舍的问题。在对待中华民族传统文化的过程中，必须坚持以社会主义核心价值观的基本内容作为取舍标准，将符合"富强、民主、文明、和谐，自由、平等、公正、法治，爱国、敬业、诚信、友善"基本价值观念的传统文化加以

---

① 完善和发展中国特色社会主义制度 推进国家治理体系和治理能力现代化［N］. 人民日报，2014－02－18（1）.

保留和弘扬，而将那些封建思想观念、违背普世价值的思想糟粕加以剔除，引导民众尤其是青少年群体进行自主的取舍。

我们在广州市范围内开展中华经典诵读活动时，充分考虑了诵读活动的主体构成，认为中华经典诵读不能仅仅局限于高校，而应该将中小学囊括在内。这是因为青少年的思想成长不是一个阶段性的形成过程，而是潜移默化的漫长过程，只有从中小学生抓起，在孩子们的人生初期阶段即使之内化，才能为青少年健康成长提供积极的精神养料。在这个过程中，大中小学生无疑是经典诵读活动的参与主体，他们构成了中华经典学习的重要组成部分。但仅仅有学生参与是不够的，经典诵读活动同时还需要有大量的专家、学者参与进来，旨在通过专家、学者的研究专长为经典诵读提供目标规划和方向指导。我们在广州市范围内开展大中小学的中华经典诵读活动时，注意从多个方面进行规划，力图使中华经典诵读真正落到实处。

我们在广州市实践中华经典诵读时，一方面注意在中小学中开展中华经典教育与民族共有精神家园构筑研究，探究中华经典诵读与中小学校语文教育教学实践及文化素质关系，研究中华经典诵读与中华优秀传统文化元素传承之间的匹配梯度、匹配模式及实现路径研究的问题，并编辑了一部关于中小学校开展中华经典教育与民族共有精神家园构筑关系的个案研究文集，将中小学开展经典诵读过程中一些具体问题进行了解答。另一方面，我们在中小学开展中华经典诵读活动时注重学者、专家的参与，希望借助他们的专业知识和长期研究进行必要的引导，避免中小学在活动开展过程中陷入误区。广州大学人文学院近年来发挥传统基础学科的学术优势，结合中华优秀传统文化学习来服务社会，在广州市中小学中大力开展“人文经典进校园”活动，向各学校派遣资深教授和骨干教师进行经典著作的介绍和解读，使学生们在紧张的学习之余得到情感的熏陶和精神的启迪。这项活动得到了广州市各中小学的热烈欢迎，经典文化讲座已与几十所学校签约或达成合作意向，并陆续派遣教师前往各学校开展经典讲座活动。同时，许多高校教师也自觉地将研究工作与中华经典诵读结合起来，如哈迎飞教授主持的广东省普通高校人文社科重大项目“现代化进程中文学经典的认同作用研究”、和丹丹博士主持了 2014 年度广东省高等教育教学改革项目（本科类）“泛在学习环境下中华经典诵读资源建设与学习评价研究”、温小军副教授主持了 2015 年广州市哲学社会科学发展“十二五”规划共建课题“中华优秀传统文化融入语文课程的路径研究”等，均是密切结合中华经典诵读活动的开展，对大中小学的经典学习活动进行研究的科研项目。

同时在高校中华经典诵读活动的开展中，我们明确将经典诵读与本科学生的人才培养结合起来。广州大学本科学生课程培养方案中明确规定，全校本科学生需要通过《中华经典诵读》课程的考试才能获得相应学分。之所以将中华经典诵读纳入广州大学的培养方案和考试系统，一个重要的原因即在于当代大学生对于中华经典的生疏达到了令人吃惊的程度。现在一些中学迫于高考压力，无暇真正落实素质教育和中华经典活动的开展，从而导致学生在人文素养方面极度匮乏经典文化的熏陶。许多学生进入大学后，没有读过"四大名著"，更遑论对于古代名家著作的阅读。基于大学生人文素养的匮乏，广州大学从本科学生入校后即开展具有补课性质的中华经典诵读活动，希望能够在青年们思想成人的关键时期尽可能地进行世界观、价值观和人生观的最后塑造，减少中小学教育模式中华经典文化造成的不良影响。为此，广州大学开展了多项针对大学生经典诵读的实践与研究活动，主要包括：基于中华经典诵读开展强语言教育服务与提升国民语言能力的调研，从历时与共时相结合的角度对中华经典诵读活动的基本情况进行综述，同时对中华经典诵读与语言教育服务、国民语言能力关系及其匹配指数等进行研究，并在此基础上提出相应的咨询建议，以期对国内其他高校乃至国家语文教育政策提供有效的策略建议；同时，对中华经典诵读与大学人文素质教育的提升开展大量的实践活动，包括《中华经典诵读》课程考试、每年一度的广州市属高校中华经典诵读竞赛、专题讲座、主题征文等；为配合《中华经典诵读选本》的诵读实践，广州大学网络中心开发了经典诵读考试系统、网络资源库以及经典诵读手机 APP，建设中华经典资源学习中心和中华经典诵读考试与评价中心，以多种方式加强大学生学习中华经典的兴趣和热情。

这些活动的开展，探讨了中华经典诵读对提升大中小学生人文素养的作用与意义，掌握大中小学生对中华经典诵读的认识与态度，探索出通过开展中华经典诵读提升大中小学生人文素养的实践方式，并对诵读中华经典提升大中小学生人文素养的效果进行评估。

二、新媒体时代的中华经典学习

新媒体时代的来临，使得社会各界尤其是青少年群体的阅读方式、阅读趣味都发生了明显的改变。与欧美许多国家只将新媒体作为阅读手段改变不同，中国民众在新媒体时代到来之后阅读的内容和趣味都发生了重大变化。"由于网络上大量通俗读物、图文书和休闲读物的存在，使得人们的阅读习惯以时尚阅读、流行阅读为主，所带来的弊端就是浅尝辄止，思维趋于简单，不能深入地读书和深刻地思考。[1] 人们阅读习惯和内容的转变，深刻地影响到了中华经典诵读的开展和传播方式。过去由于人们对中华经典诵读传播、接受方式及其效果注意不够，常常以开大会、一次性活动的方式宣传中华经典，其效果往往非常有限。针对这些问题，我们在广州市开展中华经典诵读活动时，特别注意理论探讨与实践操作的紧密结合，而不是让二者各行其是，缺乏关联；将应试学习与语文素质培养、语文教育、弘扬中华传统文化相结合，在高校、中小学中将中华经典诵读纳入考试系统或是建立课外兴趣小组，本科学生须获得学分才能顺利毕业，中小学生则定期由教师检查学习效果，督促完成学习任务；由科研人员负责开发学习和游戏软件，利用最时尚、最便捷的新媒体手段，促使学生在娱乐和休息中学到中华经典的精髓。

众所周知，中华经典诵读不仅是一项理论研究课题，而且是一件实践性很强的工作。广州大学作为国家语委中华经典诵读试点高校，十分注重将学术研究成果进行实践，从而保障面向高等教育的项目研究能够落到实处。在过去的五年中，广州大学进行的中华经典诵读实践活动进行了艰苦的探索，主要有以下措施：

（1）适应新媒体时代的阅读需要，开发中华经典阅读的新方式。在当前生活节奏普遍加快的条件下，传统的诵读方式不再那么受到学生和家长欢迎，因此必须适应传播媒介的转变，在诵读方式上适当作出改变。为此，广州大学利用网络、媒体将融合了文字、视频、音频、动画、图片等在内的信息传播开去。目前我们已完成中华经典诵读资源库与学习网站的建设，其中包括制作中华经典诵读·经典100篇的音视频学习资源，学习网站则面向广州大学的学生开设“诵读角”“专家讲坛”“诵读考试”“经典100篇”“经典拓展”“诗书音画”“交流园地”等七个栏目。

（2）专门开发了拥有自主专利权的计算机经典诵读考试软件。广州大学利用开发的《中华经典诵读考试软件》，实施了面向全校本科生的第二课堂学分考试。目前已连续举办考试六年，共有两万多名学生参加了这一考试，促进了学生对中华经典篇目的学习。其中，考试全过程实现信息化、无纸化处理和自动评分。

（3）承担大型中华经典诵读会议，提高活动组织者和参与者的思想认识。2011年11月，在国家教育部语言文字应用管理司的指导下，广州大学联合中华书局主办第五届中华诵·经典教育论坛，来自全国18个省市的教

---

① 张彦洁，李淑文，曹雪菲．新技术环境下的经典阅读［J］．图书馆杂志，2015，34（4）：84－86．

育行政部门相关负责人、大中小学校长代表和广州大学的师生代表参加了这次论坛。通过本次论坛的研讨，与会人员对中华经典有了更加全面、更加深刻的理解。不仅使生活在现代、缺乏传统文化浸润的同学们深切体会到了中华经典文化，使社会聚焦传统文化；还警示了大学所需要的民族使命感，反映了现当代中华民族的精神需求。

（4）屈哨兵教授调往广州市教育局工作之后，在更高、更广的层面上促进了中华经典诵读活动的开展。例如，天河区教育局在具备中华经典诵读教育方面的坚实基础上，又实施了中华文化经典教育工程启动大会，率先在全区中小学和幼儿园全面铺开中华文化经典教育工程。在 2015 年 8 月，还举办了广州市首批中小学阅读种子教师培养对象集中培训班。屈哨兵教授以及商务印书馆总编辑周洪波、北京大学教授章启群、北京大学教师教育中心主任李慧等出席开班仪式。培训围绕基于核心素养的课改思路，构建新的课程理念并在其指导下推进阅读行动实施与开展，同时采用了符合广州阅读项目特色的“混合式”研修模式，进而为各校阅读活动、阅读课程化的实施奠定基础，推动“多读书，好读书，读好书，读整本的书”与学校教育教学的有机衔接。

第四，建立了常规化的“广州市市属高校‘中华经典诵读’知识竞赛”。由广州市教育局主办、广州大学承办历届“广州市市属高校‘中华经典诵读’知识竞赛”。通过竞赛，弘扬民族文化，陶冶大学生的情操，唤起大学生对文明社会的向往与追求，全面促进校园精神文明建设。该知识竞赛覆盖广州地区的市属高校，由各高校进行选拔，每年参与的学生达十万人次以上。

我们在广州市范围内开展的大中小学中华经典诵读活动已经持续了多年，在社会、媒体和学生及家长中产生了广泛的影响，将中华经典阅读细化到学生每日的阅读和行动中成为了许多家庭的基本观念。在这个过程中，我们付出了许多的时间和精力进行探索，也积累了丰富的组织和管理经验。

首先，在新媒体时代开展中华经典诵读，我们应在观念上与时俱进，抛弃对于新媒体阅读和传播的抗拒心理，理解不同传播方式的改变可能带来的学习内容、审美趣味及学习途径的深刻变革。科技日新月异，时代在发生深刻变化，社会群体日益多元，人们的阅读兴趣也必然发生重大变化。现在不能停留在讨论新媒体碎片化阅读负面影响的阶段，而应该积极探讨如何利用新媒体实现中华经典诵读方式的重大转型。在这个过程中，中华经典诵读的管理者、组织者和实施者应该积极学习新媒体、转变思想观念，更新知识背景，主动接近、融合新媒体，使之成为传播中华经典诵读的利器。

其次，在中华经典诵读系列活动的开展过程中，我们越来越意识到这不是某一个人或部门能够完成的工作，而需要政府部门、社会、媒体、学生、教师共同参与的活动，在活动中除引导学生学习中华经典这一核心外，还要尽可能地兼顾其他参与者的利益诉求。要充分调动各参与者的积极性，在中华经典诵读活动中帮助他们实现新闻、知识、能力、兴趣等方面的获益，从而使经典诵读活动成为各方主体积极参与的、可持续发展的长效活动。

最后，应充分重视传媒力量，借助传统媒体和新媒体宣传中华经典诵读，开展多种多样富于新意的活动。各类媒体可以不定期地结合各类新闻热点，围绕中华经典诵读进行报道和制造舆论，引发公众关注，进而引导人们阅读经典著作。例如，茅盾文学奖的颁奖前后、广州每年的南国书香节等，均是适合推广经典阅读的重要契机，有利于增强民众对于中华经典的认知和阅读。广州大学和《南方都市报》于2016年联合开展全国中小学生“非虚构作文大赛”活动，引导学生阅读经典著作，并通过作文大赛的方式检验经典阅读效果。同时，一些新媒体可以设置经典阅读的版块，便于大众读者在此交流阅读体会与心得，赢得更多的受众关注。

为了更为有效地开展中华经典诵读活动，组织者、管理者和实施者应充分规划，合理布局，团结同行，认真准备，有效策划，积极宣传，引导社会各界和学生及家长真正重视优秀传统文化的传播，强化中华经典诵读，提高民众和学生的人文素养，使中华经典的活动显出时效、赢得认同，从而为这项活动形成社会基础、群众基础、舆论基础。

三、中华经典诵读的短期与长期效果检测

中华经典诵读活动具有深远的社会意义和文化价值，对于提高中华民族的文化自信心、民族凝聚力，对于提高国民的思想文化素养和伦理道德意识，对于抵御西方不良思想观念的侵袭，都具有十分重要的作用。在开展的中华经典诵读实践活动中，广州大学是国家语委“中华诵·中华经典诵读行动”试点高校，基于我们研究成果进行的中华经典诵读行动在同类学校中产生了很好的示范作用；而举办第五届“中华诵·经典教育论坛”这样大规模、全国性的论坛活动，在教育界尤其是基础教育界产生较大的辐射作用。通过多年的大量实践，我们建构了一个较为完整的中华经典诵读的实践框架，为国家提升国民语言能力的相关语言规划及基础教育与高等教育中语文教育（含大学国文教育）的改良与改革提出了比较切实的建议，中华经典诵读在提高语文素质、人文精神、价值观念和国家语言生活、语言服务过程中总结了有效的实践途径，提出了切合实际的经典诵读效果评价体系，因此必然产生长远而广泛的影响。

我们在广州市大中小学范围内开展中华经典诵读活动时，注重从两个维度检验活动的开展效果：一是短期内的学习和活动效果，二是长期开展经典诵读后的学生人文素养的变化。主要检测方法有：

1．考试检测

广州大学2010年6月开始举行中华经典诵读的各类竞赛活动，2011年将《中华经典诵读》纳入了学校的考试系统，学生应通过考试后方能获得相应学分及毕业。

2．上级检验

教育部语用司对全国各地的中华经典诵读活动有着统筹规划，所举办的各类检查与评比活动也能够反映出一定时期内各地经典诵读情况的效果。广州大学于2011年成为国家语委“中华诵·中华经典诵读行动”试点高校，采取了许多措施推动中华经典诵读切实开展，于当年获得“全国高校校园文化建设优秀成果特等奖”。

3．竞赛活动

屈哨兵教授在任职广州市教育局局长其间，大力在广州市推行中华经典诵读，由教育局下发通知、各地区实施，并由教育局颁发获奖名单，极大地提高了大中小学参与中华经典诵读的热情。在这些活动中，既有常规性的活动，如广州市市属高校大学生“中华经典诵读”知识竞赛、广州市中小学生诵读中华经典美文表演活动、广州市“书香校园”及“阅读之星”选拔活动、广州市书香校园“十本好书”推荐活动、广州市中小学阅读种子教师培养对象集中培训、广州市学生阅读现状调查工作等，也有根据节庆日开展的活动，如第三届广州市中小学生诵读中华经典美文暨“童心向党”歌咏展演活动、“世界读书日”广州市市属高校大学生“中华经典诵读”知识竞赛活动等，配合传统节日如清明节、中秋节、元宵节等进行的专题性活动。

4．用人单位反馈

中华经典诵读旨在通过学习优秀传统文化提高大中小学生的语文素质，增强社会各界尤其是青少年群体的文化信心与民族凝聚力，系统地探究中华经典诵读在提升国民语文素质、语言能力、传承中华优秀传统文化和构筑民族共有精神家园中所具有的重要价值及其可行性，因而其长期效果需要经过第三方的客观评价才能逐渐得出结论。

广州大学自2010年实施中华经典诵读活动以来，迄今已经六年，在六年的时间中中华经典诵读活动培育了三万多名本科学生。在广州大学组织的对于2011届、2012届本科毕业生用人单位评价调查中，超过85.7%的受访单位对广州大学的本科毕业生表示满意，满意度最高的三个指标分别为“尊敬领导，懂得礼貌”；“富于诚信，忠诚可靠”和“性格谦和，与人为善”。广州城市职业学院是一所高职院校，但多年来重视学生的国学教育，学校专门成立了国学研究所，用以向学生介绍中国古代优秀传统文化，定期召开各类经典诵读活动和专题讲座，使学生得到了优秀传统文化的熏陶。在2015年学校进行的用人单位随机调查中，绝大部分毕业生得到了用人单位的高度评价。

我们还对广州地区中小学学习中华经典诵读的效果进行了随机检查，通过实地考察、问卷调查、师生座谈等方式，发现中小学的人文素质教育取得了可喜的成绩：广州市中小学生诵读中华经典美文大赛已开展多年，以各传统节日为主题的经典诵读活动已成为常规活动，全市中小学范围内普遍开展了中华经典学习活动，各个区、学校的经典诵读活动开展得如火如荼；各学校努力探索中华经典诵读与本校学生人文素质学习相匹配的教学方式、教材，注重中华经典读本的选择与编辑；强调通过课内外的海量阅读教学模式，奠定学生的传统文化素养和语文综合能力；主张在中小学开展诵读经典的活动，在诵、议、悟、记的过程中实现学生在人文素养、思维能力、语言表达能力和记忆能力的稳步提高。此外，我们还编辑完成由屈哨兵、纪德君主编的研究文集《中华经典教育与民族共有精神家园构筑实践与研究》，对中小学的中华经典教育的实施方法、学习效果、精神品质的形成以及与民族共有精神家园的关系进行了探讨，作者既有高校的专家学者，也有来自中小学教学第一线的老师，研究文集融理论性与实践性于一体，提出了许多新颖的观点，对中小学经典诵读如何开展提供了切实有效的指导。

同样值得重视的是，我们在广州市多年开展中华经典诵读的活动中，也发现了一些值得注意的问题。这些问题不是孤立存在于某所学校、某个地区，而是与现行教育方式、考试制度有着内在关系的结果。这些问题主要包括：一些中小学校还普遍存在着重智育而轻德育、重考试科目学习轻人文经典学习、重文化知识传授轻人文综合素质培养等问题，形成这些问题的既有教育体制、考试制度的原因，也有教育理念、教育方法的原因；中华经典诵读与语文课程在本质上具有一致性，但在当前的教育体制下也有一些客观性的差别，中小学校在实施中华经典诵读活动时对其与语文课程的关系有着一些功利性抉择；中小学的语文教学中同时实现中华经典教育与实用知识目标的传授，在中小学的教学实践中还是存在着时间和内容比例上的矛盾；当下社会价值观念多元化，影响学生成长的因素较多，如何将中华经典诵读中的人文素质教育内化为学习者的自觉意识，而非单纯的知识传授，目前还需要寻找更为有效的方法。

郭英剑先生在谈到当代中外阅读的现状与前景时，曾描述过这样一种令人惊人的数据："根据国内最近的调查，中国连续六七年来阅读率一直在下降，目前已经低于 50%。很多人说没有时间读书，还有一些人说不习惯读书，这两者加起来，超过 70%。中国每年出版图书超过 30 万册，但是家庭户均消费图书还不到两本，据称是世界上人均阅读量最少的国家之一。复旦大学做过一个调查，说我们大学生阅读本专业经典著作的只有 15.2%，阅读人文社会科学经典著作的只有 22.8%，阅读专业期刊的只有 9.3%，阅读英文文献的只有 5.2%。而美国大学生平均每周的阅读量要超过 500 页。"① 中国有些人似乎对市场经济有所依赖，一方面是社会生产力的巨大提升，另一方面则是对于传统文化的疏离与背弃，两极化的结果是中华民族的道德素质不断下降，精神危机日趋加深。拯救这一严峻现实的有效途径，即是通过中华经典诵读夯实中华民族的文化根基，摆脱文化虚无主义的侵扰，在剧烈变动的时代中建立精神的根据地。中华经典诵读是一项方兴未艾的文化工程和国家发展战略，它亟需社会各界的广泛参与与大力支持。我们坚信，只要党和政府各部门大力扶持、教育工作者通力合作以及社会各界的热情参与，中华经典诵读所追求的文化强国、复兴中华文化的目标就不会遥远。

参考文献：

[1] 习近平. 在中央党校建校 80 周年庆祝大会暨 2013 年春季学期开学典礼上的讲话（2013 年 3 月 1 日）[N]. 人民日报，2013－03－03（2）.

[2] 完善中华优秀传统文化教育指导纲要 [N]. 中国教育报，2014－04－02（3）.

[3] 完善和发展中国特色社会主义制度　推进国家治理体系和治理能力现代化 [N]. 人民日报，2014－02－18（1）.

[4] 张彦洁，李淑文，曹雪菲. 新技术环境下的经典阅读 [J]. 图书馆杂志，2015，34（4）.

[5] 郭英剑. 经典阅读：读，还是不读：当代中外阅读的现状与前景 [J]. 博览群书，2010（7）.

（本文作者系广州大学教授）

① 郭英剑. 经典阅读：读，还是不读：当代中外阅读的现状与前景 [J]. 博览群书，2010（7）：134－137.

民族复兴背景下华侨华人在文化传播中的独特作用

林少红

5 000多万海外侨胞分布在世界各地，数百年来，他们秉承中华民族的优秀传统，艰苦创业，繁衍发展。他们发挥资金、技术、管理、商业网络等方面的优势，用自己的智慧和汗水，促进了中国经济社会发展。新时期，海外侨情发生重大而深刻的变化，规模不断扩大，经济和社会地位不断提高，有力地推动了中国同世界的交流合作与文化互鉴。实现中国梦，成为当代中国高昂的主旋律和精神旗帜，是包括华侨华人在内的炎黄子孙共同的愿景与追求，需要海内外中华儿女戮力同心、共创辉煌。多元文化背景下，海外华侨华人成为实现中华民族伟大复兴的“中国梦”不可替代的战略资源，成为中国联通世界的友好使者和重要桥梁。

一、中华民族伟大复兴的中国梦是引领广大华侨华人团结奋斗的精神旗帜

中国梦（要实现国家富强、民族振兴），毫无疑问是国家梦、民族梦。它凝聚着海内外中华儿女的共识，道出了海内外中华儿女的心声，是中华民族走向伟大复兴的精神旗帜，引领广大海外侨胞团结奋斗的前进方向。实现中华民族伟大复兴是海内外中华儿女共同的使命，而且是所有人的福祉所在。

1. 中国梦是国家富强梦

强国梦，就是要在中国共产党成立一百年时全面建成小康社会，在新中国成立一百年时建成富强民主文明和谐的社会主义现代化国家。这是海内外中华儿女的共同夙愿。海外侨胞身在异乡，他们的心，总是与祖国如影随形地相连，祖国的兴衰强弱，总是直接关系到海外侨胞的荣辱和地位，影响到海外侨胞的处境和发展。近代史上，海外侨胞历经坎坷、备受歧视、饱受磨难，与祖国的积贫积弱息息相关。新中国成立后，特别是改革开放以来，这

种状况得到根本改变。祖国强大了，海外侨胞的腰杆才能挺得更直！强国梦，是在百年沧桑的历史中孕育的，最能激发广大侨胞的爱国之心和报国之志。

2. 中国梦是民族振兴梦

振兴梦，就是要使中华民族独立自强、团结进步，自立于世界民族之林，能为人类发展进步作出更大贡献。这是海内外中华儿女的共同期盼。实现民族复兴是近代以来中华民族最伟大的梦想。现在，我们比历史上任何时期都更接近中华民族伟大复兴的目标，比历史上任何时期都更有信心、有能力实现这个目标。国运昌，侨运兴，广大侨胞虽身居海外，但与祖国和人民血脉相连、休戚与共。中华文化的发展繁荣，56 个民族大家庭的团结进步，伟大祖国的光明未来，给广大侨胞带来鼓舞与自豪、欢乐和信心。振兴梦，与幸福美好的明天心手相牵，最能唤起广大侨胞的民族自豪感和自信心。

3. 中国梦是人民幸福梦

幸福梦，就是要使人民过上更美好、更幸福的生活。这是包括广大侨胞在内的每个中华儿女的共同追求。无论是国家的富强梦还是民族的振兴梦，归根到底是人民的幸福梦。国家富强、民族振兴的出发点和归宿，都是为了人民幸福。一个个鲜活生动的个人幸福梦的实现，就是向着国家梦、民族梦的实现一步步迈进。在全球化的大背景下，中国的和平发展对于广大侨胞来说，意味着有了更多的就业机会、商业机会、交流机会、创造机会，意味着有了更广阔的施展才华、实现梦想的平台。幸福梦，与亿万个团圆美满的家庭密切相关，与包括广大侨胞在内的每个中华儿女的个人奋斗密不可分，最能代表广大侨胞的现实利益和共同愿景。

二、华侨华人是中华民族伟大复兴的重要力量

实现中国梦需要港澳同胞与内地人民坚持守望相助、携手共进；需要海峡两岸同胞凝聚两岸一家亲、共圆中国梦的力量；需要广大海外侨胞发挥自己的优势、贡献自己的力量。只要我们紧密团结、万众一心，为实现共同梦想而奋斗，实现中国梦的力量就无比强大。遍布世界各地的数千万华侨华人，具有赤诚的爱国情怀、雄厚的经济实力、丰富的智力资源、深厚的人脉资源，对于我国加快转变经济发展方式、实施创新驱动发展战略、全面建成小康社会有着重要意义。

1. 华侨华人是弘扬中国精神的重要载体

中国精神是以爱国主义为核心和民族精神和以改革创新为核心的时代精

神。实现中国梦，不仅要求我们具备强大的物质力量，也要求我们具备强大的精神力量，是中华民族的凝聚力所在，是中华民族的兴国之魂，强国之魄。许多国家的实践已经充分证明，没有牢固的精神框架做支撑，没有人民精神上的团结，就不会有国家民族的强大。博大精深的中华优秀文化是我们在世界文化中站稳脚跟的根基。而社会主义核心价值观体现了代表中华民族独立精神标识的中华优秀传统文化和以改革创新为核心的时代精神的紧密结合。

中国人有一种根深蒂固的传统观念，故土难离。来自不同地域，源于不同宗族，有着不同出身、不同经历、不同职业、不同年龄、不同信仰的海外华侨华人，他们之所以能凝聚在一起，其精神纽带就是对自己祖国的热爱情感。华侨华人热爱祖国从本质上说是中华民族爱国主义在海外的延伸。列宁曾说过："爱国主义是由于千百年来各自祖国彼此隔离而形成的一种极其深厚的感情。"[①] 这种情感突出表现为对祖国山川的眷恋、对祖国历史文化的尊重和对祖国前途命运的关心。爱国主义是华侨华人的优良传统，也是华侨华人的强大精神动力。著名爱国华侨领袖、教育事业家陈嘉庚先生忠公谋国，无私无畏的精神传诵于海外。毛泽东曾给予高度评价，称他为"华侨旗帜，民族光辉"。历史上像陈嘉庚式的海外华侨华人举不胜举。《诗经·小雅·小弁》曰："维桑与梓，必恭敬止。"千古垂训化作海外炎黄子孙生生不息的爱国主义情怀，这种爱国主义情怀具有历史性和持久性，其产生和维系绝非偶然，而是植根于一个国家自身发展的丰厚历史土壤之中，具有深远的文化渊源，其中"大一统"观念在中国传播并实践了几千年，已在中华儿女心中打下深深的烙印，成为炎黄子孙的共同心理认同，支撑着中华民族生生不息、薪火相传，也构筑了中华民族文化的基本价值取向，至今仍然具有强大的凝聚力和感召力。海外华侨的爱国情感正是在域外团结凝聚成强大的精神力量，希望中华振兴，通过回中国讲学、交流、贸易、投资以及促进中国和他们居住国友好关系的发展表现出来，是维系世界各国华侨与祖国的思想感情的坚韧的精神纽带。同时，它有利于中国移民在海外的共存、亲和、发展，也有利于海内外中华儿女的理解、交流、团结与合作。以爱国主义为核心的民族精神和以改革创新为核心的时代精神，发挥着文化的思想引领作用，深化中国精神，强化中国符号，激发起中华民族内心的文化自信力，成为全体中华儿女的强大精神支柱。海外华侨华人是中华文明和民族精神的重要继承者、传播者和展示者，随着中国综合国力和国际地位的提升，华侨华人与祖（籍）国联系更加紧密，民族认同和文化认同显著增强，对展示中华

① 列宁. 列宁选集：第三卷［M］. 北京：人民出版社，1995：579－580.

文化魅力愿望强烈。

2. 华侨华人是凝聚中国力量的重要源泉

中国力量是中国各族人民和海内外华侨华人大团结的力量。实现中国梦，需要最大限度团结一切可以团结的力量，需要发挥全体海内外中华儿女的聪明才智，中华民族是具有强大凝聚力的大家庭，炎黄子孙是血脉相连的命运共同体，团结海内外中华儿女同圆共享中国梦，能最大限度地引起广大侨胞的强烈共鸣，最大限度地调动广大侨胞的爱国热情，最大限度地汇集民族复兴的巨大能量。

华侨在海外长期的生活中深深体会到，祖国的实力强盛和国际地位提高对自己在异国的生存和发展至关重要。因此，他们密切注视中国的政局和政策的变化，时刻关心中华民族的命运和前途，盼望祖国统一，民族昌盛。中国兴旺发达，海外华侨无不自豪，扬眉吐气；中国受到侵犯欺侮时，华侨也会愤怒痛恨，甚至挺身而出，维护祖国的利益和尊严。海外华侨积极参与了近代中国的一切进步事业，从戊戌维新、辛亥革命、五四运动到抗日战争和解放战争，都贯串着华侨的有力支持。历史证明，华侨华人是反帝反封建、争取民族独立解放的重要力量，为中华民族从屈辱走向复兴立下了不朽功勋。华侨华人在祖国经济建设上所表现出来的爱国热忱更是人所周知。改革开放初期，外界怀疑排斥，外资观望徘徊，是海外华侨华人和港澳同胞率先回国投资兴业，带来资金、技术、人才和先进的管理经验，有力推动了中国改革开放进程。时至今日，侨资仍然是我国引进外资的主体，侨港澳企业约占我国外资企业总数 70%，投资约占我国实际利用外资总额 60% 以上。华侨华人专业人士始终是我国引进高端人才的主体，我国“千人计划”引进的人才中，94% 以上是华侨华人。近几年来，华侨华人捐赠兴办公益事业和扶贫济困，惠及教育、医疗卫生、交通、文化体育、社会福利等多个领域。凡遇国家遭受大的自然灾害，他们也总是首先站出来慷慨解囊。历史证明，我国改革开放和现代化建设事业取得伟大成就，海外华侨华人功不可没。①

在中华民族振兴的历史上，华侨华人贡献卓著，中国目前已迈入新的发展阶段，更加需要侨界力量。他们既通晓中外语言文化，又熟悉中外政治社会环境，期盼各国与中国保持友好关系，并愿意为此不懈努力。中国正走在民族复兴的征程上，经济上、军事上逐渐硬起来，科技上逐渐强起来，国际影响力大起来，中国人民从站起来，到富起来、至现在的强起来，正赢得世界越来越多的关注，并增添国人和海内外侨胞对祖国发展的越来越多的自

---

① 裘援平．华侨华人与中国梦［J］．求是，2014（6）：58－60.

信。通过侨胞和侨团向各国政府和民众介绍中国国情，宣传中国理念，传递中国声音，讲述中国故事，对增进外部世界对华认知，增进中外友谊，积累实现中国梦外部环境的正能量，助力国家发展。

三、华侨华人在推进中华民族伟大复兴中的文化纽带作用

民族复兴需要有正向的文化价值引领。中华文化是中华民族之根，海外华侨华人与祖国人民拥有共同的文化观念，表现为共同的心理结构，思维方式和价值体系，源远流长的中华文化是维系海外华侨华人与祖国血肉联系的根与魂，是凝聚和激励海外华侨华人的重要精神力量。中华文化是华侨华人向心祖国的凝聚之源。文化所具有的凝聚力、向心力和认同感在文化凝聚力的基础上形成民族凝聚力，进而转化为一种外在的强大推动力量，成为国家统一或民族发展的强大动力。我们必须充分认识民族文化在联系华侨中华人的重要纽带作用。

1. 海外华侨华人的文化认同，有利于向世界传播中国的文化价值，提高中国的影响力

习近平总书记在2016年新年贺词中表示：“世界那么大，问题那么多，国际社会期待听到中国声音、看到中国方案，中国不能缺席。”[①] 文化交流是中国方案的靓丽的一笔。中国不仅是一个具有悠久历史文明的国家，也是一个爱好和平的国家。随着我国综合国力的增强和国际地位的提升，西方媒体用西方的话语权肆意歪曲我们国家的事实，我们要改变西方社会对中国的负面印象，国际需要“中国声音”展示中国形象，海外华侨华人在传播文化过程中的作用是不可替代的。因为我们的海外华侨华人散居于世界各地，绝大多数加入了居住国的国籍，他们的一言一行对居住国产生重大影响，但他们认同中华文化，关心中国发展，他们对中国正面宣传的作用比国内对外宣传的影响更大，也容易获得西方的认同及获得境外民族的情感文化认同和道义支持。目前，全球华商企业总资产已超4万亿美元，他们在不断开拓的同时，积累了丰富的政商关系，对主流社会的公共舆论也有一定影响。他们可以身体力行展示中华文化的魅力，增进住在国人民对中国的了解，通过发挥海外华侨华人在国际传媒方面和言行方面的作用，客观夯实中外关系的民意基础。不仅可以淡化“国家色彩”，有效地减少或规避政治性障碍，而且，他们了解熟悉住在国的语言、宗教、法律、习惯等，又有助力于减少或消除

---

① 国家主席习近平发表二〇一六年新年贺词［N］. 人民日报，2016-01-01（1）.

住在国对中国企业和文化“走出去”的不安和恐惧。树立向世界展示中国的良好形象，增强双边的政治互信和政治安全，为“一带一路”倡议的实施创造一个和谐的国际环境。

2. 海外华侨华人的文化认同，有利于增进海外华侨华人的向心力，提高中华民族的凝聚力

海外老一代侨胞无论走到天涯海角，乡音不改，民族文化已化入血脉，其生活方式、核心价值观念早已深深地打上中华烙印。博大精深的中华文化具有很强的生命力和影响力，具有很强的包容性和适应性，是凝聚中华儿女的重要纽带。中华文化历来强调修身、齐家、治国、平天下的思想和情操，强调每个人不仅要对自己、对家庭负责，更要为社会、为国家服务，这就从本质上揭示了中华民族的每个成员的社会责任感，决定了我们的民族文化有着巨大的凝聚力、感化力。中华文化倡导的和合精神，强调在民族和社会的范围内要奉行“礼之用，和为贵”的准则，这是中华民族保持文化凝聚力的重要因素。海外华侨华人文化同根，作为民族文化内在质核的民族心理更是人们在长期的共同生活中形成的，不是某些人随意即可改变的。同时，中华文化中民族心理上重血缘、重传统的特征，已使身居海外的中国人在文化上形成高度的认同。因此，发挥海外华侨华人对中华文化的纽带作用，能形成共同的文化信仰，推动海外华侨华人的团结，进一步增强民族向心力，提高中华民族的凝聚力。

3. 海外华侨华人的文化认同，有利于构建中华民族共有的精神家园，提高中国的文化软势力，实现中华民族的伟大复兴

中华文化是中华民族之根。华侨华人的个人梦与中国梦维系全体中国人、维系民族团结和国家统一，形成共享共赢的局面。在民族文化认同方面，绝大部分海外华裔都以中国人为自豪。他们维护国家统一，盼望中国富强。新一代华侨华人在向居住国传播中国文化方面热情高涨，从而在国际上兴起了“汉语热”“中国文化热”。移居海外的华侨华人自觉不自觉地接受中华文化的滋养，在物质生活和文化生活领域表现出来。他们的民族情感、祖国观念、乡梓观念、生活习惯、生活方式等都体现出对中华文化的认同。他们在日常的生活起居中坚持中国的传统习俗，把中国的武术、茶道、书法绘画、园林建筑艺术、中医药等中国传统文化融进社区建设，每逢中国传统节日举办的大型文化活动更是展示了中国传统文化的风采。在海外华人社团的呼吁下，纽约、旧金山、悉尼等地还把中国的春节作为公共假日写入法规，使中国春节走向了世界。中华文化认同既是维系国家统一、民族团结的

纽带，也是提升文化软实力，增强民族自信心所必需的。当今世界，文化软实力日益成为国家竞争力的重要标志，增强中华文化认同，在不断汲取各种文明养分中丰富和发展中华文化，这同样关系我国在世界文化格局中的定位，关系我国国际地位和国际影响力。海外华侨华人是中华文化传播世界的先锋力量，华人社团是文化的载体，华文教育是东西方文化沟通的桥梁，出版传媒是东方智慧的播种者，中华文化这三大软实力，正在不断地对世界文明产生着影响。① 在继承传统优秀文化又弘扬时代精神，华侨华人可以更好地在塑造好国家形象，讲好中国故事，传播好中国声音，阐释好中国特色发挥好纽带作用。

“一带一路”倡议正在奏响各方共同参与的‘交响乐’，其合作共赢的理念顺应了时代的发展变化。文化交流是实现“一带一路”沿线国家“民心相通”的基础，是重要的软实力。海外华侨华人可以继承和发扬爱国爱乡的传统，把个人梦想与国家、民族的梦想融为一体，共同汇聚起实现中国梦的强大力量。

参考文献：

[1] 列宁. 列宁选集：第三卷 [M]. 北京：人民出版社，1995.
[2] 裘援平. 华侨华人与中国梦 [J]. 求是，2014 (6).
[3] 国家主席习近平发表二〇一六年新年贺词 [N]. 人民日报，2016-01-01 (1).
[4] 曹丽薇. 华人华侨，中华文化走向世界的力量 [J]. 广州社会主义学院学报，2009，7 (1).

（作者系广东省社会主义学院教授）

① 曹丽薇. 华人华侨，中华文化走向世界的力量 [J]. 广州社会主义学院学报，2009，7 (1).

略论邓小平“一国两制”理论与共同体思想

仇小敏

“一国两制”理论是邓小平在总结第一代领导集体关于祖国统一的思想和实践经验的基础上，集全党全国人民的智慧，根据我国现实国情创造性地提出来的，用和平方式解决祖国统一的一种成功尝试。邓小平的“一国两制”理论，从提出的时代背景、体现的主要精神、实践的重要影响来看，蕴涵着深刻的共同体思想，为共同体社会建设作出了巨大贡献。

一、邓小平“一国两制”理论提出的时代背景昭示共同体思想

用和平方式来实现中华民族的完全统一，是邓小平站在划时代的高度，科学把握时代的主题，从维护中华民族的统一和发展的实际出发所作出的重大科学抉择。和平是共同体理论的具体体现和根本要求，没有和平的环境就不可能构建共同体社会，邓小平“一国两制”理论提出的时代背景昭示共同体思想。

（1）邓小平“一国两制”理论提出的国际时代背景昭示共同体思想。20世纪的两次世界大战，使人类遭到了巨大的灾难，使世界人民认识到对抗和武装冲突是对人类共同体的巨大破坏和障碍。科学技术的进步极其广泛的运用于军事，使战争双方没有最终的胜利者，也会给人类社会带来毁灭性的打击。这种认识促使世界人民从野蛮、冲动的感性知觉逐步向共同体和理性的方向发展。国际环境的变化以两种社会制度的对抗、两大军事集团的对立、两种意识形态的对峙以及两大平行市场的相互封锁为特征的两极格局的瓦解，宣告了冷战的结束。经济要发展、世界要和平、社会要共同体、人类要进步已成为世界人民的共同愿望，和平与发展成为当今世界的两大主题，用对话代替对抗，以谈判取代战争，告别革命和流血，进行民主政治改革，建设人类美好家园，已成为解决国内、国际各种矛盾的主流意识形态。另外社会主义与资本主义不再是“谁战胜谁”的问题，也不再是“你死我活”的针锋相对，而是一种和平竞争、和平共处，都在致力于共同体社会建设。

（2）邓小平“一国两制”理论提出的国内时代背景昭示共同体思想。以毛泽东为核心的第一代领导集体，从建国开始到70年代初期，针对当时国内外的具体环境，虽然曾经提出“中国人民一定要解放台湾”的口号，甚至有过炮轰金门等即用武力解放台湾的举动，但是也一直在寻求解决台湾问题的最佳方法，并认为“和平解放台湾的可能性正在增长”，也未放弃争取和平解放台湾的努力。20世纪50年代中期，围绕台湾问题的国内外形势都发生了很大的变化。国际形势缓和，亚太地区国家希望和平的呼声高涨。台海的紧张局势愈来愈受到国际社会的关注，主张缓和这一地区紧张局势的呼声越来越高，不少国家为此提出了种种解决办法。加之，随着我国形势的发展，中国共产党便以新的思路寻求新的途径，探索和平方式解放台湾的可能性。为此，毛泽东多次提出和平解放台湾的方针政策，概括起来有如下几个要点：①省亲会友、来去自由；②既往不咎、立功受奖；③国共合作、爱国一家；④和平解放、互不破坏。毛泽东还指出，古人有言不咎既往，只要爱国，国内外一切可以团结的人都团结起来，为我们的共同目标而奋斗，国共已经合作了两次，我们还准备进行第三次合作。周恩来也曾经明确指出，中国人民愿意在可能的条件下，争取用和平的方式解放台湾。后来周恩来把毛泽东关于和平解放台湾的根本原则和方针政策概括为“一纲四目”：“一纲”即台湾必须统一于中国；“四目”为：①台湾回归祖国后，除外交必须统一于中央外，所有军政大权、人事安排等悉委于蒋（介石），陈诚、蒋经国亦悉由蒋意任用；②所有军政及建设经费不足之数悉由中央拨付；③台湾的社会改革可以从缓，必要条件成熟并征得蒋之同意后进行；④互约不派特务，不作破坏对方团结之举。在我们党对台方针政策的推动下，经过多方面的努力，对台工作取得了进展。在此期间，中国还与许多国家邦交正常化，确立了国际社会普遍承认一个中国的格局，为最终解决台湾问题创造了不可或缺的条件。“一纲四目”是以毛泽东为核心的中共第一代领导集体对台政策的集中概括，为邓小平实现祖国和平统一的决策的提出创造了条件。

（3）新时期，以邓小平为核心的第二代领导集体，依据时代的发展和变化提出实现祖国统一就要有个适当方式，提出不再使用“解放台湾”的提法，以“和平统一”取代“和平解放”，体现了祖国和平统一政策发展昭示共同体思想。邓小平在华盛顿对美国参众两院议员说：“我们不再用‘解放台湾’这个提法了。只要台湾回归祖国，我们将尊重那里的现实和现行制度。”① 1979年元旦，叶剑英发表的《关于台湾回归祖国实现和平统一的方

① 邓小平副总理在华盛顿重申　中国希望和平解决台湾问题［N］. 人民日报，1979-02-01（1）.

针政策》讲话，把中国的和平统一方针具体化概括为“九条”政策，邓小平认为它“虽然没有概括为‘一国两制’，但实际上就是这个意思。”① 这样变“和平解放”为“和平统一”，这不是一个提法的简单改变，而是体现了和平统一政策发展的新意所在，反映的是一种平等、合作、协商、和平的共同体精神，为邓小平提出“一国两制”理论创造了条件。1983 年 6 月，邓小平在会见美国新泽西州西北大学教授杨力宇时提出六条和平统一主张，即邓小平提出“六点办法”：①台湾问题的核心是祖国统一，和平统一已成为国共两党的共同语言；②制度可以不同，但在国际上代表中国的，只能是中华人民共和国；③不赞成台湾“完全自治”的提法，“完全自治”就是“两个中国”，而不是一个中国。自治不能没有限度，不能损害统一的国家的利益；④祖国统一后，台湾特别行政区可以实行同大陆不同的制度，可以有其他省、市、自治区所没有而为自己所独有的某些权力。司法独立，终审权不须到北京。台湾还可以有自己的军队，只是不能构成对大陆的威胁。大陆不派人驻台，不仅军队不去，行政人员也不去。台湾的党、政、军等系统都由台湾自己来管。中央政府还要给台湾留出名额；⑤和平统一不是大陆把台湾吃掉，当然也不能是台湾把大陆吃掉，所谓“三民主义统一中国”不现实；⑥要实现统一，就要有个适当方式。建议举行两党平等会谈，实行国共第三次合作，而不提中央与地方谈判。双方达成协议后可以正式宣布，但万万不可让外国插手，那样只能意味着中国还未独立，后患无穷。这样“一国两制”科学理论的内容更加完备、明确和系统化，使以共同体为核心思想的“一国两制”方针的大体框架基本形成了。

二、邓小平“一国两制”理论体现的主要精神蕴涵共同体思想

邓小平指出，“一国两制”，“就是在中华人民共和国内，十亿人口的大陆实行社会主义制度，香港、台湾实行资本主义制度。”② 它的基本内容是，在一个中国的前提下，国家的主体坚持社会主义制度，香港、澳门、台湾是中华人民共和国不可分离的一部分，它们作为特别行政区保持原有的资本主义制度长期不变，坚持社会主义制度和资本主义制度共同和平相处。

（1）邓小平“一国两制”理论充分体现了民主精神，蕴涵共同体思想。民主是共同体内在的必然要求，“一国两制”不仅是我国实现和平统一的基本国策，同时也是中国社会主义民主的重大创新，它充分体现了民主的原则

---

① 邓小平. 邓小平文选：第三卷［M］. 北京：人民出版社，1993：101.

② 邓小平. 邓小平文选：第三卷［M］. 北京：人民出版社，1993：58.

和精神，有力地推动了中国特色社会主义民主的发展。邓小平“一国两制”理论，一方面是在社会主义国家里允许一些特别地区搞资本主义，不是指一段时间，而是几十年不变；另一方面是要确定整个国家的主体与统一问题，两制是指在中华人民共和国主权范围内社会主义和资本主义两种制度并存，两种制度并不是平行的两种制度，而是以大陆的社会主义制度为主体，以中华人民共和国宪法为保证，社会主义和资本主义两种制度相互促进、共同发展。“一国两制”理论的确立已突出地表现出它的创新特色和独特性，而且它必将进一步推动我国的民主的创新和发展。香港、澳门、台湾人民与大陆人民一样享有平等的政治权、自由权、社会经济权、文化教育权。公民在各个方面行使这些民主权利时，受到法律的保护，香港、澳门、台湾公民受到基本法的保护。同时国家给予各种物质保障，以使公民能真正地行使自己的民主权利。特别对于台湾地区，中央明确表示：台湾地区在回归后也可以选举本地区的全国人民代表大会的代表，参加国家最高权力机关的工作，中央政府还要给台湾留出名额。香港、澳门、台湾同胞作为中国人民的一个平等组成部分，可以充分享有当家作主的权利。港澳台的中国公民在统一之后还可享有宪法和法律规定的其他各项权利，对国家事务工作提出建议和批评，讨论国家事务提出不同的看法，还可以通过适当的途径担任国家领导职务，参加政府管理工作，平等地享有宪法和法律规定的各项民主权利，共同参与国家事务管理，平等地共商国家大事，这必将有利于促进共同体社会的构建。

（2）邓小平“一国两制”理论具有政治宽容精神，蕴涵共同体思想。政治宽容是共同体思想的条件和表现。根据“一国两制”理论，中央不要求港澳台实行社会主义，香港、澳门、台湾不破坏大陆的社会主义，两种制度在不同地区施行，在一国之内和平相处，这种政治宽容的精神是难能可贵的。在这里宽容不仅是一种制度，也是一种精神。邓小平“一国两制”理论包含着政治宽容，不是一种政治权变。邓小平“一国两制”理论不是我吃掉你，也不是你吃掉我，而是长期共存、共同发展，它充分体现了宽容的原则和精神。邓小平指出，由于社会性质不同，在“一国两制”理论的条件下，港澳台地区肯定会有人骂社会主义骂共产党，同样内地也会有人骂资本主义骂资本家，我们允许有人骂社会主义，同样地也希望信奉资本主义的人士尊重人们对资本主义制度的批判。两种不同的社会制度同处一国，其对立与冲突是在所难免的，解决这些矛盾和冲突也需要宽容的精神和态度。香港、澳门、台湾的居民仍可按其原来的方式活动，其自治权、各种政治权利、自身意愿将得到充分的保障和尊重。容忍不同制度在一国的存在，容忍不同阶级、阶层、集团的意愿的共存，这才是真正的政治宽容，这才是真正的共同体精神。“井水不犯河水，河水不犯井水。”中央对“台湾”的政策是宽容的、合情合理的。正如他指出，“再没有比‘一国两制’的办法更合理的了。”“从世界历史来看，有哪个政府制定过我们这么开明的政策？从资本主义历史看，从西方国家看，有哪一个国家这么做过？”① 这个政策，美国应该能够接受，台湾当局也应该能够接受。一般来说一国只有一制，但是中国却创造性地实行一国两制，在一个单一制的国家里，在社会主义占主体地位的情形下，允许资本主义在一定地区的存在，表现了宽容的精神，是共同体思想的一种表现。

（3）邓小平“一国两制”理论提到的特别行政区享有高度的自治精神，蕴涵共同体思想。根据邓小平“一国两制”理论，香港、澳门、台湾回归祖国后，设立特别行政区，保留原有基本制度，享有高度的自治权。邓小平“一国两制”理论贯彻“港人治港”“澳人治澳”“台人治台”的高度自治的精神。根据“一国两制”理论，港澳台的居民仍可按其原来的方式活动，其自治权、各种政治权利、自身意愿将得到充分的保障和尊重。香港和澳门的“高度自治”，主要是就其对待别行政区的管理而言的。实行“一国两制”理论，允许特别行政区享有高度的地方自治权，它主要表现在拥有立法权、行政管理权、独立的司法权和终审权以及财政独立，拥有自己的货币，设有单独关税区等权利。香港和澳门的“高度自治”，还表现在由中央赋予的有限的处理对外事务的权力。邓小平曾谈到，港人治港必须由以爱国者为主体的港人来治理香港，未来香港特区政府的主要成分是爱国者，强调爱国者的标准是：尊重自己民族，诚心诚意拥护祖国恢复行使对香港的主权，不损害香港的繁荣和稳定。“我们承认台湾地方政府在对内政策上可以搞自己的一套。台湾作为特别行政区，虽是地方政府，但同其他省、市以至自治区的地方政府不同，可以有其他省、自治区所没有而为自己所独有的某些权力，条件是不能损害统一的国家的利益。”② 但自治不能没有限度，既有限度就并不能“完全”，“我们不赞成台湾‘完全自治’的提法。……‘完全自治’就是‘两个中国’，而不是一个中国。制度可以不同，但在国际上代表中国的，只能是中华人民共和国。”③ 所以他说，“我们尊重台湾的现实。台湾当局作为一个地方政府拥有它自己的权力。但必须是在一个中国的条件下。总的要求就是一条——一个中国。”④ 他还谈到：“港人治港不会变。由香港人推选

---

① 邓小平. 邓小平文选：第三卷［M］. 北京：人民出版社，1993：59－60.
② 邓小平. 邓小平文选：第三卷［M］. 北京：人民出版社，1993：30.
③④ 邓小平. 邓小平文选：第三卷［M］. 北京：人民出版社，1993：30.

出来管理香港的人，由中央政府委任，而不是由北京派出。”①

三、邓小平“一国两制”理论实践的重要影响彰显共同体思想

“一国两制”理论不仅创造性地把和平共处的原则用来处理一个国家的内部问题，而且也从我国社会主义现代化建设需要有一个和平的国际环境出发，为解决国际争端和世界遗留问题提供了新的思路、新的途径和新的范例，对建设两岸共同体与世界共同体作出了重要贡献，所以“一国两制”理论伟大实践的重要影响彰显共同体思想。

（1）邓小平“一国两制”理论的伟大实践体现了友好解决问题的重要思想，彰显共同体思想。首先，要求大同存小异。争端的产生来源于利益、观点等等的差异。如何解决这些争端呢？应该站得高看得远，把问题放到整个时代背景中去思考，要找出争端双方共同的利益来，从双方共同的利益出发来寻求解决的办法。“一国两制”即国家统一是一国实行两制的各方的共同利益。只有从这个大“同”出发去思考问题，才能找到“两制并存”这个好办法；其次，要采取和平协商的办法。维持和平的局面是协商取得一致的重要前提条件，什么事情，再大的分歧，争端双方都应坐到谈判桌上来谈，互相尊重，平等相待，协商解决的办法，而不应轻易地诉诸武力。通过接触谈判，以和平方式实现国家统一，是全体中国人的共同心愿。两岸都是中国人，如果因为中国的主权和领土完整被分裂，兵戎相见，骨肉相残，对两岸的同胞都是极其不幸的。和平统一，有利于全民族的大团结，有利于台湾社会经济的稳定和发展，有利于全中国的振兴和富强。“群之所为事无不成，众之所举业无不胜。”再次，谈判条件要合情合理，要寻找各方都能接受的方案。和平解决国际争端也应遵照和维护国际正义、维护世界和平的原则，谈判也绝不是“和稀泥”。如果离开了合情合理的准则，国际争端是不可能真正得到解决的。还是邓小平说得好，只有在坚持正义的基础上争端才有可能得到圆满解决，当然完满解决争端还要有双方都能接受的方案，在和平谈判中充分考虑各方立场。事实上邓小平“一国两制”理论提出之后，就得到世界舆论的普遍赞誉，认为这是“高瞻远瞩的设想”，“天才的创造，令人神往的伟大理论”。它不仅是中华民族的盛事，也是促进世界各国和平统一大业的典范；不仅有利于我国共同体社会的建设，而且有利于促进构建人类共同体。

（2）邓小平“一国两制”理论的伟大实践证明能使社会主义与资本主

① 邓小平．邓小平文选：第三卷［M］．北京：人民出版社，1993：76.

义和平共存，彰显共同体思想。“和气致祥，乖气致异”。习近平在庆祝香港回归祖国二十周年大会上指出，“一国两制”包含了中华文化中的和合理念，体现的一个重要精神就是求大同、存小异。邓小平“一国两制”理论的实践，使特别行政区各阶级在社会中的地位和政权组织形式将与国家主体部分不相同，在这些地区政权的性质是资本主义的，政权组织形式基本上是实行资本主义民主制，使我国的国体和政体在特别行政区出现不一致，但又为整个国家的国体和政体服务，为我国的国体和政体建设增添了新内容。邓小平“一国两制”理论的实施，形成了国家主体部分的社会主义民主与特别行政区的资本主义民主并存，使这两种民主在服从于共同目的即国家统一和富强的大前提下，可以通过和平竞赛、互相取长补短、共存共荣，最终将有利于进一步发展和完善我们的社会主义民主。因为民主作为一种制度乃是人类社会共同体发展的重要内容，它们除了有阶级属性和阶级基础的不同之外，还包含着人类社会共同体中的一些普遍要求和共同规律。同样在中华人民共和国内，国家的主体坚持社会主义制度，同时允许香港、澳门和台湾继续实行资本主义制度。两种社会制度在一国之内共同体共存，既达到国家的统一，又有利于不同地区的发展，有利于构建共同体社会。

（3）邓小平“一国两制”理论的伟大实践能使国家权力得以合理分解、运行和制约，彰显共同体思想。邓小平“一国两制”理论的实行，将使我国从一般单一制国家变成为特殊单一制国家，从而开创了具有中国特色的社会主义国家结构新模式，使我国国家结构发生了新变化，这是对国家高度集权的重大突破，便于发挥地方的积极性和中央政府的宏观调控作用，在一种新的构架上使国家权力得以合理分解、运行和制约。因为特别行政区享有高度自治权，即行政管理权、立法权、独立的司法权和终审权等，这些权力既大大超过了我国省级以及民族自治区政府的权力，又在许多方面甚至超过了某些联邦制国家中成员邦政府的权力。从而使我国的国家结构具有了某些复合制的特征，但她仍然是单一制而不是联邦制，更不是邦联制，乃是一种特殊的单一制。在这种特殊单一制下，我国的国家结构形式在中央政府统一领导下将由三种地方行政单位构成，即普通行政单位、民族区域自治单位和特别行政区的高度自治单位，由原来的两种地方分权形式发展为三种地方分权形式，突破了单一制下地方政府传统权力的范围，是共同体思想在中国的具体实践。

（4）邓小平“一国两制”理论的伟大实践为国际争端的和平解决树立了良好的范例，彰显共同体思想。邓小平指出，“我们提出‘一个国家，两种制度’的理论，也考虑到解决国际争端应该采取什么办法。因为世界上这里那里有很多疙瘩，很难解开。我认为有些国际争端用这种办法解决是可能的。我们就是要找出一个能为各方所接受的方式，使问题得到解决。过去，好多争端爆发了，引起武力冲突。假如能够采取合情合理的办法，就可以消除爆发点，稳定国际局势。”所以邓小平找到了“一国两制”理论这种稳定世界局势的新办法，使我们从有可能爆发武力冲突的“死胡同”里找到了一条维护稳定的出路。“世界上一系列争端都面临着用和平方式来解决还是用非和平方式来解决的问题。总得找出个办法来，新问题就得用新办法来解决。香港问题的成功解决，这个事例可能为国际上许多问题的解决提供一些有益的线索。”香港问题和澳门问题是通过和平谈判来解决的，它们的和平解决为世界各国和平解决国际争端提供了成功的范例。正如邓小平在会见英国外交大臣时说过，“‘一个国家，两种制度’是能够行得通的。这件事情会在国际上引起很好的反应，而且为世界各国提供国家间解决历史遗留问题的一个范例。”邓小平“一国两制”理论的伟大实践在解决国际争端方面将发挥重要的积极作用，给世人以更多更好的共同体理念，为建设人类共同体作出了重大贡献。

参考文献：

[1] 中共中央文献研究室．邓小平年谱（一九七五——一九九七）：上、下［M］．北京：中央文献出版社，2004.
[2] 邓小平．邓小平文选：第三卷［M］．北京：人民出版社，1993.
[3] 邓小平．邓小平文选：第二卷［M］．2版．北京：人民出版社，1994.
[4] 邓小平．邓小平文选：第一卷［M］．2版．北京：人民出版社，1994.
[5] 习近平．在庆祝香港回归祖国二十周年大会暨香港特别行政区第五届政府就职典礼上的讲话［N］．人民日报，2017-07-02（2）.

（本文作者系广东财经大学副教授、硕士生导师）

一国两制与增强国家认同

——对习近平在庆祝香港回归祖国二十周年大会暨香港特别行政区第五届政府就职典礼上讲话的学习体会

张先贤

用“一国两制”方式实现国家和平统一，是新中国在理论和实践上的伟大创新，是建设中国特色社会主义和实现中华民族伟大复兴的中国梦的一个重要组成部分。在中国这个统一的国家中，国家的主体实行社会社会主义制度，而在个别地区继续实行资本主义制度。“一国两制”这个古今中外没有过的新生事物，能够从构想变成现实，在实践中从幼苗到茁壮成长，都是中国根据自己的国情的伟大创举。

“一国两制”思想和基本原则，最早是20世纪50年代毛泽东、周恩来为解决台湾问题、实现两岸和平统一的设想，具体体现在周恩来代表中央提出的“一纲四目”的对台总方针中。“一纲”即“台湾必须回归祖国”，“四目”之首是“外交必须统一于中央”，这实质上都是“一国”；“四目”中关于“台湾社会改革可以从缓，协商解决”和“台湾所有军政大权、人事安排都由蒋介石决定”等内容，实际上就是“两制”，即两岸和平统一后允许台湾实行现行的资本主义制度不变。有“一国两制”思想和原则萌芽的“一纲四目”，这是对和平统一祖国理论上的第一次重大突破和创新。由于蒋经国的去世和李登辉的上台，台湾地区政局发生重大变化，香港回归问题又提上日程，邓小平因势利导，第一次创造性地提出用“一国两制”方式和平解决香港回归祖国问题，并对用“一国两制”和平方式解决香港、澳门和台湾问题作了具体阐述，这是继毛泽东、周恩来有关用“一纲四目”和平方式统一台湾问题思想原则的继承、发展，是第二次重大突破创新。用“一国两制”方式，先后于1997年和1999年实现香港、澳门回归祖国，极大推进祖国和平统一大业的发展。“一国两制”在香港和澳门两个特别行政区的实践中证明它是成功的。当前，怎样使已在香港实践20年的“一国两制”方针更全面准确贯彻落实，为“一国两制”这艘航船能行稳致远创造条件？习近平在庆祝香港回归祖国20周年暨特区第五届政府就职典礼上发表重要讲话中，深刻总结了香港特别行政区在实践“一国两制”过程中的新鲜经验，谈了要坚持四个“始终”的方向性意见：始终准确把握“一国”和“两制”的关系；始终依照宪法和基本法办事；始终聚焦发展这个第一要务；始终维护和谐稳定的社会环境。这是对“一国两制”方式在理论上和实践上第三次重大突破和创新。[①] 本文着重从他在这次重要讲话中所强调的香港今后在贯彻“一国两制”实践中要怎样增强对国家认同等理论和实践上有重大创新的问题，谈几点学习体会。

一、要增强对国家认同，首先要确立“一国”是“根”和“本”的观点

习近平总书记把这个问题摆在坚持四个“始终”中的首位：要“始终准确把握‘一国’和‘两制’的关系。‘一国’是根，根深才能叶茂；‘一国’是本，本固才能枝荣。‘一国两制’的提出首先为了实现和维护国家统一。……在具体实践中，必须牢固树立‘一国’意识，坚守‘一国’原则，正确处理特别行政区和中央的关系。”[②] “一国”的意识和原则的内涵，我认为主要是指：特别行政区是隶属于中国中央政府管辖的；特区实行“一国两制”和保持原来实行的资本主义制度不变以及行使“高度自主”权力的政策，都是中央制定和赋予的；特区政府和人民都应有维护国家主权、安全和发展利益的爱国意识；要承认和维护中央政府对特区法定的管辖权等等。唐代魏征在《谏太宗十思疏》中，开宗明义就指出：“臣闻求木之长者、必固其根本。欲流之远者、必浚其泉源。思国之安者、必积其德义。源不深而望流之远、根不固而求木之长、德不厚而思国之安、臣虽下愚、知其不可、而况于明君乎。”[③] 因此，树立和强化“一国”意识和与坚守“一国”原则，就是确保“一国两制”能枝叶茂盛的“根”和“本”，也是“准确把握”“一国”和“两制”辩证关系的基本前提。

用和平方式促进和实现国家统一，这是国家最大利益所在和全民族的共同愿望，也是提出“一国两制”的出发点和归宿点。没有“一国”这个

---

① 习近平．在庆祝香港回归祖国二十周年大会暨香港特别行政区第五届政府就职典礼上的讲话［N］．人民日报，2017－07－02（1）．

② 吴楚材，吴调侯．古文观止：下册［M］．北京：中华书局，1959：297－298．

③ 吴楚材．吴调侯选编《古文观止》下册第297－298页，1959年9月中华书局出版社．

“本”和“根”为基础和中央赋予的“高度自治”权，“两制”就成为无本之木、无源之水，不可能存在。根深蒂固，才能枝繁叶茂，因此，增强对国家的认同感，祖国大陆的人民要重视，曾被外国长期统治、现已回归祖国的港、澳两个特别行政区的人民，以及由于国内战争遗留下来至今仍未统一的台湾地区人民，更应该重视对国家认同问题的教育，才能增强国家和民族的凝聚力。

香港回归后，在中国这个统一的国家中，香港特别行政区依照香港基本法率先实行“一国两制”和“港人治港，高度自治”的政策，继续实行和大陆社会主义制度不同的资本主义制度，这种“两制”是中央政府赋予。当时国家有些领导人曾错误宣称祖国大陆和香港要“河水不犯井水”，这是自废武功，放弃中央对香港特区的直辖权力；在外国支持下唯恐香港不乱的香港所谓民主派人，不断叫嚷“高度自治”就是“绝对自治”，妄图把回归后的香港变成摆脱“一国”即中央管辖的独立政治实体，达到实现“港独”的罪恶目的。由于我们的失误和香港所谓民主派人士反中乱港的破坏活动，使保障国家安全的香港《基本法》第二十三条至今还未能在香港立法会完成立法（澳门特别行政区已完成对这个问题的立法）。事实证明，离开“一国”这个“本”和“根”，离开特区人民对国家认同意识的增长，而希望能全面准确贯彻“一国两制”基本方针，只能是“伐根以求木茂，塞源而欲流长”的幻想而已。

二、要增强对国家认同，特区必须依照宪法和基本法办事

过去，我们对香港特别行政区和澳门特别行政区只要求坚持各自的《基本法》，令其片面以为实施和遵守《宪法》是实行社会主义制度的祖国大陆的事，实行资本主义制度的特区除实行施各自的基本法外，以前原有的法律都继续实行。习近平总书记第一次鲜明提出特区要“始终依照宪法和基本法办事。”指出“中华人民共和国宪法和香港特别行政区基本法共同构成香港特别行政区的宪制基础。宪法是国家根本大法，是全国各族人民共同意志的体现，是特别行政区的法律渊源。基本法是根据宪法制定的基本法律，规定了在香港特别行政区实行的制度和政策，是‘一国两制’方针的法律化、制度化，为‘一国两制’在香港特别行政区的实践提供了法律保障。”因此，“在落实宪法和基本法确定的宪制秩序时，要把中央依法行使权力和特别行政区履行主体责任有

机结合起来；要完善与基本法实施相关的制度与机制”。①

《宪法》作为国家的根本大法，是制定国家其他一切法律的依据和渊源，是全国各地和各族人民都应遵守和崇尚的，这是国家主权的重要象征，也是“一国”原则的本质体现。依法治国，从根本上说，就是要依宪治国。因此，宪法理所当然不但适用于祖国大陆地区，而且适用于中央政府直辖的港、澳两个特别行政区（对暂时未统一的台湾地区在法理上也应有约束力，大陆制定的《反分裂国家法》不就是悬在“台独”分子头上的斩妖剑吗?）以《宪法》为渊源而制定的香港特区基本法，是由内地和香港各界代表人士（包括两地一些法律专家）组成的香基本法起草委员会，经过长时间的研究和多次修改后制定的，它根据宪法和香港地区的实际，规定了隶属于中央政府并实行“一国两制”的香港特别行政区实行资本主义制度的各项方针政策，例如规定由爱国爱港的“港人治港，高度自治”；规定特区行政长官的条件、选举程序和选出后由中央政府任命等等，把“一国两制”的方针政策法制化、程序化（澳门特区《基本法》也是如此）。因此，实行“一国两制”的港、澳两个特别行政区，都必须始终依照宪法和基本法办事，这是理所当然的，是牢固树立“一国”意识、坚守“一国”原则和增强对国家认同的必要条件。

三、要增强对国家认同，必须惩处一切危害国家主权安全和发展利益的违法犯罪行为

要坚守一国，增强国家认同，香港特区必须加大对一切危害国家主权安全和发展利益的违法犯罪行为的惩处力度。邓小平在 1984 年 6 月就提出“港人治港有个界线和标准，将是必须以爱国者为主体的港人来治理香港。……什么叫爱国者？爱国者的标准是，尊重自己民族，诚心诚意拥护祖国恢复行使香港的主权，不损害香港的繁荣和稳定。”② 习近平在这次讲话中也强调指出：“在中英谈判时期，我们旗帜鲜明提出主权问题不容谈判。香港回归后，我们更要坚定维国家主权、安全、发展利益。”“任何危害国家主权安全、挑战中央权力和香港特别行政区基本法权威、利用香港对内地进行渗透破坏的活动，都是对底线的触碰，都是绝不能允许的。”这就旗帜鲜明为给那些挟洋自重、打着要“民主”的旗号，却公然敢于触碰底线，进行危害国家主权安全和挑战中央权力、践踏香港基本法和以暴力破坏香港社会稳

① 习近平. 在庆祝香港回归祖国二十周年大会暨香港特别行政区第五届政府就职典礼上的讲话［N］. 人民日报，2017-07-02（1）.

② 邓小平. 邓小平文选：第三卷［M］. 北京：人民出版社，1993：61.

定和法治精神的违法犯罪分子，安装了高压线，划清了不许触碰的底线和雷区，对他们起到强大的威慑力量。

香港回归20多年来，作为新生事物的“一国两制”的成长，同样不可能一航风顺，它在香港的实施总体上是成功的，但是有时也有风雨相伴。香港的所谓民主派代表人物，尽管他们都往自己的脸上“贴金”，标榜自己是“爱国爱港”人士，但他们绝大多数是在英国统治香港时期的既得利益者，不少人还有英国国籍。在香港回归前，他们和当时英国政府同唱一个调，认为香港回归后会变成“死港”，叫嚷香港应再由英国“殖民”统治一百年；香港回归后，他们在英美等外国势力支持下，有的到“主子”英美的国会或政客那里居心叵测地唱衰香港；有的当选议员却不按法定誓词宣誓，肆意篡改为反中乱港的“誓词”；有的反对全国人大对香港民主进程的释法和立法会对基本法二十三条的立法，挑衅“一国”底线和法律权威；有的窜到台湾与“台独”势力互相勾结，狼狈为奸，妄图分裂祖国领土和主权；有的组织暴力活动甚至袭击维持秩序的警察，破坏香港繁荣稳定和作为法治社会地位的“占中”事件（即2014年打着要民主选举旗号暴力占领香港金融中心区中环并暴力袭警的恶性事件）等等。集中到一点，他们的目的就是要铲去“一国”原则这个“根”和“本”，反对全国人大对2017年香港特首民主选举问题的释法，否定基本法关于特区行政长官必须是爱国爱港人士和必须经中央政府任命等规定条件和程序，借靠外国势力的支持夺得香港特区最高权力，妄想把香港作为“绝对自治”的政治实体，并重新从祖国分离出去。这是直接挑战中央和基本法的权威，又是进行分裂国家的罪恶行为。

为了有效遏制和依法惩处香港极少数人反中乱港的罪恶，使香港市民强化“一国”意识，坚守“一国”原则，增强对国家认同，从立法的角度来说，当前有三件事必须抓紧做：一是尽快对香港基本法二十三条的立法。该条文规定：香港“特别行政区应自行立法禁止任何叛国、分裂国家、煽动叛乱、颠覆中央人民政府及窃取国家机密的行为，禁止外国的政治性组织或团体在香港特别行政区进行政治活动，禁止香港特别行政区的政治性组织或团体与外国的政治性组织或团体建立联系。”① 维护国家独立、统一、主权完整和发展利益，这是任何国家和其所辖地区官民应尽的义务和题中之意，这一条基本法已从原则上做出规定，但具体和细化要由特区立法会根据本地实际再自行立法（这一条澳门特区早就立法解决了）。极少数妄图“反中乱港”的所谓民主头面人物，深知这一条在香港成功立法，他们和外国反华势力的联合系就会中断，外国人对他们的经济和舆论支持就不能为继，他们的反华

① 引自1990年4月4日第七届全国人民代表大会第三次会议通过的《中华人民共和国香港特别行政区基本法》。

乱港活动就会被釜底抽薪，因此千方百计抵制和反对对该条的立法，不但香港立法会中的民主派议员极力反对，而且他们煽动一些群众反对，当时中央也片面强调“维稳”，对这些反华乱港的犯罪行为一再容忍，使这个问题香港至今仍未解决（其实，即使该条未立法，也可根据该条规定的原则和《宪法》与《反国家分裂法》有关规定，对这些“反中乱港”的首恶者进行惩治）。第五届香港特首的林郑月已理直气壮公开表示，在她本届任期内，要完成香港基本法第二十三条的立法。香港完成这条立法的意义重大，这不但是给挟洋自重、肆意挑衅中央权力和破坏香港繁荣稳定的人套上紧箍咒，成为对他们反中乱港犯罪活动有重大威慑力量的法律武器，而且能坚持按宪法和基本法办事时，进一步完善与基本法实施相关的制度与机制。

二是要坚决依法惩治挑战中央权力、进行“港独”活动和扰乱香港社会稳定的为首分子。以往对这些人的惩处失之过宽，甚至未予追究，担心依法追究他们将会授人“压制香港民主和自由”和“破坏两制”的把柄。其实这种担心是多余的，民主和自由都是有限度的，都必须在法律范围内行使，决不能超越于法律之外和凌驾于法律之上。这些人的罪恶行为，不但违反国家《宪法》和《反国家分裂法》，而且违反香港基本法和其他有关刑事法律，依法追究和惩治他们反中乱港的刑事犯罪活动，维护国家主权、安全和发展利益，这是天经地义的。有法必依，执法必严，违法必究，立法贵在必行，否则，就没有公平公正、社会稳定和政通人和，依法治国就成为空话。最近香港法院依法判处取消本届两位篡改誓词、坚持“港独”立场、拒不按基本法规定誓词进行宣誓的民主派当选议员的资格，是坚守“一国”原则的体现。三是要与时俱进地修改或增删现行法律法规。香港特区除了要宣传和实施基本法和现行法律法规以外，还要宣传和实施《宪法》和《反国家分裂法》。2004 年为遏制和反对当时陈水扁当局分裂国家的猖狂台独活动而制定的《反国家分裂法》，其原则和精神适合于全国，“台独”“疆独”“藏独”和“港独”分子，都应在制裁和惩处之列。至于香港现行的法律法规，也应结合回归后新的实际情况与时俱进进行修改、增删和完善。说“一国两制”在香港五十年不变，并非指明显阻碍一国两制准确实施和损害香港繁荣稳定的个别法律法规不能改动。2014 年暴力“占中”和袭警致多名警察受伤的暴徒被由英籍律师占绝大多数的法庭宣判无罪，而在现场制止暴徒使用暴力袭警、出于自卫而使一些暴徒受伤的警察，却反被该法庭判有期徒刑，这种颠倒是非、扶邪压正、为反中乱港的暴徒张目的荒谬判决，引发香港警察和市民的游行。这种由英籍法官把持香港司法大权的现状，难道不该改变吗？最近，香港法院已改判这些受冤的警察无罪，已被判决无罪的几个暴力“占中”的首要分子也改判有期徒刑。这虽是迟来的公平正义，但也是惩恶扬善和恢复香港法治精神的表现，实际上是否定了上次英籍为绝大多数的法庭做出的荒唐判决，这是值得高兴的。

四、要增强对国家认同，必须注重改善民生和加强宣传教育

习近平总书记指出，香港特别行政区要“始终聚焦发展这个第一要务。发展是永恒的主题，是香港的立身之本，也是解决香港各种问题的金钥匙。‘一国两制’构思提出的目的，一方面是以和平方式对香港恢复行使主权，另一方面就是为了促进香港发展，保持香港国际金融、航运、贸易中心地位。当前，发展的任务更应聚焦。”① 聚焦发展，才能让市民更多得到发展的成果，不断改善民生，才能消减打着“民主”旗号扰乱香港的骗子们的市场，保持香港繁荣稳定。香港有祖国内地作为坚强后盾，又有国际金融、航运、贸易中心地位以及人才、区位的优势，随着国家“一带一路”倡议的实施和包括港澳在内的大湾区的建设，随着香港和内地尤其是珠江三角洲地区的各种联系更加紧密，港澳居民到内地工作、生活和居住更加方便，香港居民的生活素质一定能不断提高，这会增强香港居民的爱国主义情怀。

要增强香港市民的“一国”意识和对国家认同，除了注重发展和改善民生之外，香港还必须加强宣传教育。习近平指出，“要加强香港社会特别是公职人员和青少年的宪法和基本法的宣传教育。这些都是‘一国两制’实践的必然要求，也是全面推进依法治国和维护香港法治的应有之义。”② 加强在香港宣传教育，一是要覆盖全“香港社会”，包括报刊、电视、各种新媒体等宣传形式和机关、学校、社区等单位。二是宣传教育重点对象，是要抓紧对“公职人员和青少年”的教育，这是关系大局和长远的基础性工作。三是宣传教育的主要内容，是学习和贯彻国家《宪法》和香港《基本法》。这样才能自觉坚持按《宪法》和《基本法》办事。辩证地认识和准确处理“一国”与“两制”的关系，把维护中央权力和保障特区高度自治权统一起来。四是要逐步消除英国统治时期留下的烙印和汉奸文化。由于抗日战争胜利后紧接着是蒋介石发动大规模国内战争等等原因，在中国抗日战争时打着“曲线救国”旗号卖国求荣、助冠为恶的汉奸没有受到严厉惩处，不少成为漏网之鱼；他们鼓吹的汉奸文化，其流毒远未肃清，汉奸文化在中国尤其是香港和台湾地区仍然有相当市场。在台湾搞“台独”、拒统一的头面人物就有一批不惜出卖台湾地区和中华民族利益，投靠美日，支持反对祖国的人，甚至像李登辉这样的老牌“台独”代表人物，也不甘寂寞，频频刷存在感，多次恬不知耻地为日本占领台湾期间的行为歌功颂德；公开声称自己曾是日本

---

①② 习近平．在庆祝香港回归祖国二十周年大会暨香港特别行政区第五届政府就职典礼上的讲话［N］．人民日报，2017－07－02（1）．

人，在二战中单为日本这个“祖国”奋斗；胡说钓鱼岛是日本的领土等等。这种十分公开露骨又典型的汉奸言论和汉奸文化，已为国人所不齿，他们最终必受祖国法律的制裁。至于香港，至今仍保留英国统治时期一些“英国化”的痕迹，例如“维多利亚港”、“皇后大道”、“麦理浩大道”的地名等象征“英国化”的东西，宜改用“中国化”的地名（台湾光复后，尤其是蒋介石政权败退台湾后，在台湾“去日化”，强“中国化”，把台北市街道的名字都改用大陆地区多个省份的名称；原用日本名的台湾人一律改用中国人的姓名；普及汉语和中国文化的教育等等，这些是值得借鉴的经验。而由陈水扁和蔡英文先后执政的民进党当局，为了推行“台独”路线，把去“中国化”作为“文化台独”的重要抓手，这个现实教训也要牢记）。对那些打着“言论自由”和“民主”旗号的所谓民主派的头面人物散布的汉奸言论和汉奸文化，如他们散布已经失去的英占时期是多么理想的“人间天堂”，妄想再由英国殖民统治香港一百年，把英占统治模式神圣化；他们不相信祖国和香港人民，断定回归后的香港必会变成“死港”；他们经常到英美等国公开恶毒攻击和污蔑祖国、甚至请求外国“主子”们制裁中国，如此等等。“去英化”和消除汉奸言论与汉奸文化，也都是增强香港市民“一国”意识和正确贯彻落实“一国两制”方针的必要条件。

总之，“一国两制”本身就体现着求一国之大同、存存两制之小异，“在‘一国’的基础之上，‘两制’的关系应该也完全可以做到和谐相处、相互促进。”我们坚信，在习近平这次讲话中关于“一国两制”创新理论的指导下，在坚守“一国”这个“根”和“本”的全过程中，在各方面工作中善于把坚持一国原则和尊重两制差异辩证统一起来，就一定能保持香港的繁荣稳定，曾几代人被英国统治的香港群众就会增强对国家的认同，“一国两制”这个中国特色的新生事物，也一定能更加茁壮成长。

参考文献：

［1］习近平．在庆祝香港回归祖国二十周年大会暨香港特别行政区第五届政府就职典礼上的讲话［N］．人民日报，2017－07－02（1）．

［2］吴楚材，吴调侯．古文观止：下册［M］．北京：中华书局，1959．

［3］邓小平．邓小平文选：第三卷［M］．北京：人民出版社，1993．

（本文作者系原广州市社会主义学院副院长、教授）

以坚定的文化自信引领广东发展新阶段

卫中旗

文化自信不仅是维系中华民族几千年绵延不绝的根脉所必需，也是支撑中华民族实现伟大复兴中国梦的坚定信念。党的十八大以来，习近平总书记曾经10多次阐述文化自信理念，明确提出："中国有坚定的道路自信、理论自信、制度自信，其本质是建立在5 000多年文明传承基础上的文化自信。""文化自信，是更基础、更广泛、更深厚的自信。"① 习近平总书记以精练的语言，阐明了坚定文化自信对中华民族的重要作用。牢固树立并坚定文化自信，既是我国几千年文明发展的必然选择，也是实现中华民族伟大复兴的现实要求。

广东作为我国改革开放的先行区，经过近40年的探索，走出了一条中国特色的改革开放之路，创造了人类经济社会发展史上的奇迹。改革开放以来，广东GDP年均增速达12.80%以上，自1989年以来，广东GDP总量连续28年排名全国第一，人均GDP突破1万美元，人民生活水平有了质的飞跃。改革、市场、效率、环保等观念早已深入人心，广东尤其是"珠三角"的经济发展模式为全国各地树立了样板。当前，广东经济社会发展与改革开放初期相比已非同日而语，经济转型升级势头良好，创新驱动效果已经显现，改革开放事业正在向更高层次迈进。在新的历史时期和发展阶段，广东需要树立更加坚定的文化自信，进一步彰显文化对经济社会发展的引领作用，将各项事业推向更高水平，支撑广东继续走在"两个前列"，为实现中华民族伟大复兴贡献更多力量与智慧。

一、中华文明的南迁与广东文化的繁荣

文化发展与政治、经济相互依存、相互促进，经济是文化繁荣、发展的

① 习近平．决胜全面建成小康社会 夺取新时代中国特色社会主义伟大胜利［M］．北京：人民出版社，2017：40－41．

基础，文化作为经济社会发展的持久的内在动力，反过来又会推动经济社会发展。在悠久的历史长河中，我国民族文化随着社会形态的演变不断进步、融合，文明的中心也在不断变迁。在渔猎文明和农耕文明时代早期，中华文明的中心一直在黄河流域。之后随着长江中下游地区经济的日渐繁荣和政治中心的南移，文明的中心开始由黄河流域向长江流域转移，至南宋时期已基本完成。随着我国近代工业文明的开启，特别是改革开放以来，我国经济发展的中心逐渐向沿海地区转移。时至今日，随着改革开放以来经济社会的快速发展，包括广东在内的我国沿海地区已经成为中华文明的中心之一，在当代中华文明版图中的地位和影响日益增强。

广东古属“百越”之地，由于地处南海之滨，历史上长期远离我国政治中心与文明发源地——中原地区，因此，有“南蛮之地”的说法。直到今天，仍有不少人持有“广东缺乏文化，甚至是文化沙漠”的观念。实际上这是对广东文化的误解。今天的广东不但经济发达，文化繁荣程度也领先于国内许多省份。广东虽不是中华文明的主要发源地，但自古以来都是多种文化的交融之地，属岭南文化圈的核心区域。距今约 13 万年以前，广东地区已有了人类的活动，并且自古以来就没有中断过与中原地区的联系。商周以后，广东地区的原住民——越族，便与中原地区尤其是长江流域的百越、楚等国有经济文化来往。到了春秋战国时期，岭南与楚、扬越、吴越等国的联系日益密切，其中受楚国的影响较多，当时岭南有部分地区属楚国统属，古番禺就有“楚庭”之称。秦王嬴政统一六国后，派兵平定岭南，并设“桂林、象、南海”3 郡，对岭南行使行政管辖权。之后，虽然赵佗趁秦朝灭亡之际统一岭南，建立独立的南越国，但一直臣服汉朝，并于公元前 112 年被汉武帝刘彻所灭，岭南地区又重新回到中央政府的管辖之下。自此，虽然历经多个朝代更迭，但岭南地区再也没有脱离过中央政府的统治管辖。中央政府为了加强和巩固在岭南地区的统治，有组织地加强了对岭南地区的移民，加上民众为躲避战乱自发移民，自秦朝平定岭南以来的 2200 多年，发生过 6 次从中原到岭南地区的大规模移民潮。随着经济往来、行政管辖、移民迁入等的深化，岭南与中原的文化交流也日益密切，从中原传入的中华传统文化不断与本地文化融合、演化，形成了独具特色的岭南文化。近代以来，民族工业在广东蓬勃发展，民族资产阶级逐渐发展壮大，民主革命运动逐步兴起，广东成为中国近代民主革命运动的策源地和中心，民主革命文化根基深厚。改革开放以来，广东作为改革开放的先行区和主阵地，领改革开放风气之先，改革开放文化氛围浓厚。另外，广东作为全国著名的侨乡，华侨文化也是其突出的文化特色。因此而言，广东不仅不是“文化沙漠”，而且文化十分丰富多彩，近代以来，广东日益成为中华文明的中心之一。

二、广东坚定文化自信的底气何在

在人类发展过程中，经济与文化相互交织，密不可分，经济是文化繁荣发展的基础，文化又是经济发展的内在、持久动力。广东是我国最早改革开放、经济最发达的省份之一，在发展过程中文化的作用不可忽视。广东作为岭南文化圈的核心区，岭南文化是其最具代表性的地域文化。岭南文化是一个较为宽泛的范畴，大体分为广东文化、桂系文化和海南文化三大亚文化，三者既有共同之处，也各有特色，其中广东文化更为丰富多彩，对近代以来的中华文化发展有着更加深远的影响。概括来看，由中华传统文化、华侨文化、近代民主革命文化及改革开放文化构成了广东岭南文化的主体，深刻影响着广东的经济社会发展，随着当前广东发展进入新的阶段，文化的引领作用将更加凸显。

1. 悠久灿烂的中华传统文化是岭南文化的源头和根脉

岭南文化既保留了其独特的原生态文化，也不断吸取和融合中原文化和海外文化，是一种多种文化元素共生的复合型区域文化。历史上，自秦朝统一天下，在岭南地区建立政权之后，发源于中原地区的中华传统文化源源不断地传入岭南地区，不仅滋养了岭南文化，而且为岭南文化的发展进步注入了源头活水，成为其传承发展中延续不断的内在基因。这些源自中原的传统文化包括当时先进的农耕技术、制造技术、社会政治制度、风俗礼仪典章以及儒家、道家、墨家等哲学思想。岭南地区的本土文化在吸收中原传统文化的基础上，经过融合、演变、创新，在居民性格、民俗生活、饮食习惯、哲学、宗教、经济及建筑、绘画、戏曲、园林等艺术领域形成了特色鲜明的岭南文化特质。如广东人的务实、诚实、重商、包容等性格特点；广东人崇尚随性舒适的市井生活；在全国自成一派的粤语、粤菜、粤剧、粤绣；广东江门哲学家陈献章创立的心学思想派别“岭南学派”；由六祖慧能创立的中国南派禅宗；富于创新精神的“岭南画派”；以及结合地方自然环境和生活习惯而形成的岭南建筑、岭南园林等。这些深深植根于广东的岭南文化，既保留着深厚的中华传统文化基因，也是对中华传统文化的创新发展，有着旺盛的生命力。

2. 华侨文化是岭南文化与海外文化交流融合的纽带

华侨文化是华侨华人在海外奋斗过程中形成的有代表性的价值观、精神、行为和形象。广东是中国第一“侨省”，全国有四大侨乡，广东拥有其中的三个——梅州、潮汕和江门五邑，广东籍华侨、华人、港澳台同胞人数近3000万，占全国华侨华人总数的50%以上，分布在世界160多个国家和地区。华侨华人出国的历史可以追溯到距今2 000多年前秦汉时期。广东作为中国海上“丝绸之路”的起点，早在秦汉时期，已有船舶东航日本，其中就有人留居他乡。进入唐代，随着国内封建商品经济的繁荣，有不少广东人到相对落后的东南亚地区从事贸易，其中有不少人在当地定居下来，由此拉开了广东人成规模移民海外的序幕。此后一直到新中国成立前夕，因为躲避战乱、灾祸、做苦力谋生、出国经商、留学等原因，广东人出国的历程从没有中断过。鸦片战争爆发致使国内连年战争、民族危机加重、生存困难，再加上西方国家正从农业国家向工业国家转型，需要大量廉价劳动力，广东人向海外移民达到了高潮。建国以前，广东老一代华侨华人的出国、移民历程是一部充满艰辛的奋斗史。除了少部分人出国经商、留学之外，大部分人是出于躲避战乱、灾祸、迫于生计而出国，其中又有许多人是以“契约华工”的形式被贩卖、诱骗出国。许多人一踏出国门便失去了人身自由，乘着简陋的帆船，历经数月漂洋过海奔赴海外，不少人病死、饿死在了路途中。在海外，由于受到当地人的排斥，多数华侨华人只能从事挖矿、种植、修路等较为低级、粗重的活计，成千上万的华侨华人付出了生命的代价。在艰苦的条件下，海外华侨华人展现了极强的包容性和适应性，他们顽强地在海外落地生根、经商创业、发家致富，其中有许多人致富以后，以“侨汇”的形式寄钱给家乡亲人，捐建铁路、公路、桥梁、学校、医院等公益事业，以改善家乡的生活条件；也有许多人回国兴办企业，把国外的先进技术、设备引进国内，促进了家乡民族工业的发展；在国内民主革命、抗日战争、解放战争等民族危急时刻，他们慷慨解囊，捐款捐物，甚至抛家舍业亲自参战保家卫国；在我国改革开放过程中，他们成为招商引资的主要对象，是我国改革开放的重要推动力量。华侨华人把中华传统文化与侨居地的海外文化相融合，形成了独特的华侨文化。华侨华人在奋斗过程中体现出许多可贵的价值观和精神品质，如开放、包容、勤劳、进取、务实、乐善、守信、爱国爱乡等，它们构成了华侨文化的核心内容。华侨华人在海外的聚集区——唐人街、华侨华人博物馆、世界文化遗产——碉楼等，是华侨文化的主要载体。另外，华侨华人作为国内与海外联系的桥梁，把国外的新思想、新观念、新技术、新知识引入国内，加速了国内的现代化进程，也推动了国内的文化发展进步。

3. 近代民主革命文化为广东发展注入了变革进步的动力

广东是我国近代民主革命的策源地和先行区，涌现了孙中山、陈少白、叶挺、澎湃、叶剑英、廖仲恺、何子渊、陈铁军、周文雍等众多革命英雄人物。广东是中国民主革命开拓者和先行者——孙中山先生的故乡，孙中山先生以广东为依托，领导辛亥革命最终推翻清朝统治，结束了延续2000多年的封建帝制。在武昌起义前，广东是反清革命的主战场。据史料记载，武昌起义前的10次主要起义，其中有8次是在广东境内举行的。广东为什么能成为我国近代民主革命的策源地和先行区？主要有三个客观原因。一是从两次鸦片战争开始，广东一直处在中西方政治、经济、文化碰撞交锋的风口浪尖，使得广东人较早看到了西方国家的进步、强大和清政府的落后、羸弱，推翻腐朽的清朝政府，使中国强大起来的诉求日渐强烈。康有为、梁启超等进步人士领导的维新变法运动及梁启超倡导的君主立宪思想，为国人进行了民主革命思想启蒙，客观上为国内民主革命兴起做了思想准备。二是鸦片战争失败后，洋务运动的兴起促进了广东民族工商业发展，使得民族资产阶级有了一定萌芽，为民主革命爆发做了阶级和组织准备。三是广东在海外的华侨华人众多，使广东人较早“睁眼看世界”，接触到海外的进步革命思想、学说和知识。孙中山先生在美国檀香山、香港等地比较系统地接受了西方式的近代教育，为其后来领导革命推翻清朝政府奠定了思想基础。同时，广东的海外华侨华人还从人员、经济、宣传等方面为国内民主革命提供了大量援助。据史料记载，“兴中会”、“中国同盟会”等早期革命团体中广东人占绝大多数，其中又以广东籍华侨最多，亲自回国参加起义而牺牲的华侨华人也不在少数；辛亥革命中大小10多次起义中的经费几乎全部来自华侨华人的捐助；海外华侨华人主办的华文报纸是宣传革命思想的重要阵地。此外，在中国共产党领导的新民主主义革命及抗日战争、解放战争中，广东人民和华侨华人均做出了突出贡献。其中，中国共产党“三大”在广州召开，海陆丰革命根据地是全国第一个县级苏维埃政权，发展抗日民族统一战线推动国共合作抗日，东江纵队是中国南方的抗日中流砥柱等这些实例均体现了广东在革命斗争中的重要地位和作用。

综上所述，我国近代民主革命在广东爆发，不是偶然的，而是经历了长期的思想与组织准备，有着广泛的群众基础，是历史的必然。民主革命在广东的发生，使得广东再也不是远离政治中心的“南蛮之地”，而是成为近代中国民主革命的摇篮和中心，广东人在革命斗争中体现出的“爱国救国、自强自立、以天下为己任、敢为天下先”等民族精神和群体意识，构成了广东民主革命文化的主要内容，成为广东发展中的精神财富与持久动力。

4. 改革开放精神引领广东进入现代工业文明时代

广东也是我国改革开放的策源地和先行区，拥有深圳、珠海、汕头三个经济特区。深圳的快速崛起是广东改革开放的缩影。改革开放前的深圳还只是一个小渔村，一度曾被认为是文化沙漠。改革开放以来，深圳在“敢为人先、敢闯、敢试”精神的引领下，创造了让世人惊叹的“深圳速度”，硬是把一个小渔村发展成为一个现代化大都市。近年来，以“开放包容、鼓励创新、宽容失败”为核心的创新精神已成为深圳人共同的价值观，正引领着深圳向世界级创新城市迈进。在深圳的示范带动下，广东各地也都加入到改革开放行列中来。经过近 40 年的实践、探索，广东已经走出了一条成功改革开放之路。如今，广东已成为全国制造大省和全球制造基地，经济发展跨入了工业化的后期阶段，进入了工业文明时代。广东在改革开放过程中形成了开放、多元的改革开放文化，其核心体现为敢为人先、勤劳进取、改革创新等精神品质及市场、效率、环保等发展理念，这种具有广东特色的改革开放文化已成为广东人共同遵循的价值观，同时也是广东的一张文化名片。

三、坚定文化自信，引领广东新阶段发展的途径探讨

党的十九大着重提出：“坚定文化自信，推动社会主义文化繁荣兴盛”，为我国社会主义新时代的文化建设提出了总要求和总方略，也为广东坚定文化自信，建设“文化强省”指明了方向和途径。在新的发展阶段，广东应多措并举，进一步坚定文化自信，更加突出文化的引领作用。

1．树立高度的文化自觉，提升对广东文化的认同感

中国著名社会学家费孝通认为：文化自觉是指生活在一定文化历史圈子的人对其文化有自知之明，并对其发展历程和未来有充分的认识。① 简单来讲，文化自觉就是人们对自己的区域文化及民族文化的认知、反省与认同。文化自觉是文化自信的基础与前提，只有充分了解自己文化的来龙去脉，才能认识到其中的优点与不足，才能更好地扬弃，也才能满怀信心地走向未来。在以往发展中，广东人体现了务实、实干、注重实效的优良传统，但同时也存在对文化建设、理论指导和理论创新重视不足的问题。在广东发展向创新驱动转型的今天，必须以更加先进的文化与理论来指导和引领广东发展，进一步增强全省人民的文化自觉，提升文化认同感，凝聚全省人民的共识，形成发展合力，只有这样才能把广东改革开放事业推向更高水平。为此，一方面，应加强对广东文化的研究，发掘广东文化的先进成分及其内涵，创造更多更好的文化作品来总结多年来的发展规律，展示广东的发展成果，为广大人民群众提供精神食粮和思想指引。另一方面，要加强文化建设方面的宣传教育，提高广大人民群众的文化素养及对广东文化的认识、认

① 费孝通．文化与文化自觉［M］．北京：群言出版社，2010．

同，增强干事创业的动力。

2. 推动广东文化从隐性走向显性，彰显文化对广东创新发展的引领作用

文化有显性和隐性之分，显性的区域文化对区域发展具有显著导向作用。多年来，人们之所以对广东有“文化沙漠”的误解，与广东文化隐身于民间，没有上升为显性文化有直接关系。广东的文化元素十分丰富，特别是近代以来，广东成为中华文明的中心之一，中华传统文化、华侨文化、民主革命文化、改革开放文化等主流文化，是广东文化中的精华，也是中华文化的重要组成部分。但同时也应看到，广东文化更多地体现为市井文化、民俗文化、饮食文化，广东文化中的华侨文化、民主革命文化、改革开放文化等优秀文化，大多处于碎片化状态，没有形成体系，其在中华文化大家庭中的地位和影响还没有真正体现，对经济、社会发展的引领作用还没有充分发挥，有待于被进一步发掘并焕发时代活力。因此，应充分认识文化对广东发展新阶段的重要性，对文化建设给予足够的重视，进一步彰显文化在经济、社会发展中的影响和作用。一方面，系统性构建广东优秀文化体系，对广东文化中的优秀成分进行研究和发掘，形成涵盖精神文化、制度文化、行为文化及物质文化等在内的完整文化体系。另一方面，通过全面、系统的宣传、教育，使这些优秀文化深入人心，上升为社会显性文化，彰显其对经济、社会发展的引领作用，为建设“幸福广东”奠定坚实的文化基础。

3. 大力发展文化产业的同时加强提升文化软实力

文化既是软实力也是硬实力，文化与经济发展互为动力、相互促进。文化产业既是经济的重要组成部分，也是经济转型升级的方向之一，文化产业中的创意、研发、设计等环节是制造业转型升级的重要动力。近年来，我国文化产业快速发展，成为我国经济发展中的支柱产业和新的增长点。广东省通过建设“文化强省”，大大提升了文化产业的规模和地位，目前，从文化产业产值来看，广东已成为全国第一文化大省，文化产业作为硬实力对经济的贡献已经充分显现。但是，文化作为软实力，对经济发展的引领作用体现还不够充分，广东要从文化大省成为文化强省，必须在做大做强文化产业的同时，大力提升文化软实力，发挥文化对经济、社会发展的导向力、凝聚力和激励力。一是完善价值观与精神文化体系建设。强化社会主义核心价值观、广东精神、广东人精神等精神文明的建设，以“十九大”精神、“中国梦”、“习近平总书记对广东工作重要批示精神”为指引，进一步确定广东未来发展的目标、使命，使其成为广东人民的共同意志和动力。二是完善制度文化体系建设。以“粤港澳大湾区”发展理念为引领，加强法制、政策、制度、社会治理等创新，创建更加优良的区域发展环境。三是完善行为文化体系建设。建立社会行为规范和道德体系，提升社会文明指数，使“文明广

东”建设落实到具体的实践中。四是完善物质文化体系建设。通过多种渠道的公共宣传、视觉营造、品牌建设等途径，提升“文化广东”的形象魅力，营造积极向上的社会文化氛围。

4. 加强文化创新，为广东创新发展注入新的动力与活力

思想、观念、理论等文化领域的创新，是技术、管理、产品等经济创新的基础，同时，文化创新也是建设创新型文化的主要途径。因此而言，文化创新是广东实施创新驱动的重要动力来源。“粤港澳大湾区”的发展理念对广东的现代化、国际化提出了更高要求，而区域发展的现代化、国际化首先体现为思想、观念、理念等的现代化、国际化。在全球化日益深入的今天，必须从过去、现在、未来及国内、国际等多个维度，重新审视广东文化，在传承中加以扬弃，同时汲取人类优秀文明成果，以建设适应当前和未来发展要求的区域文化体系。一方面，不断从当代马克思主义中国化的思想理论成果中汲取营养和动力。毛泽东思想、邓小平理论、三个代表理论、科学发展观、习近平新时代中国特色社会主义思想等马克思主义中国化的思想理论成果，是对我国社会主义发展规律的深刻揭示与总结，是广东文化建设的源头活水。另一方面，应积极借鉴、吸收人类工业化过程中的先进文化成果。西方发达国家在工业化过程中创造的积极文明成果，如经济与管理理论、社会治理理论、法治思想、市场化观念、创新思维、工匠精神、质量观念、品牌意识等等，对广东区域文化的创新发展具有重要参考价值，应有针对性地加以吸收利用。同时，学习、借鉴国内其他发达地区的先进发展思路、理念与经验，以保持广东区域文化的开放性和多元性。

5. 推动文化向文明转化升级，建设引领广东发展的文明形态

文明是人类优秀文化的结晶，是指引人类社会发展的共性成果，具有人类社会发展共同需要的普世性价值。人类社会发展至今，共出现了四种文明形态：原始文明、农耕文明、工业文明及生态文明，每一种文明形态的形成都是人类文化长期演化、进步、提升的结果，都把人类社会推向更高的发展阶段。当前，广东经济、社会发展进入了新的阶段，迫切需要建立新的更加先进的文明形态来引领，“文化强省”与“幸福广东”建设，都要通过建设“文明广东”来实现。因此，加强广东文化提升，使优秀文化上升为社会文明，建设更加适应未来发展的先进文明形态，是广东文化建设面临的重要课题。当前，广东经济发展已经进入工业化后期，应在扬弃工业文明的基础上，加快建设生态文明，把优秀文化成果融入生态文明体系，使其成为引领经济发展方式转变和社会转型的文明范式，推动广东进入新的文明发展阶段。

参考文献：

[1] 2016年广东经济运行情况分析[EB/OL].(2017-02-07)[2017-08-20].http://www.gdstats.gov.cn/tjzl/tjfx/201702/t20170216_355474.html.

[2] 秦将赵佗：岭南开发第一人[EB/OL].(2013-12-17)[2017-08-20].http://culture.people.com.cn/n/2013/1217/c172318-23863839.html.

[3] 移民与遗民共铸的岭南文化[EB/OL].(2013-08-25)[2017-08-21].http://news.163.com/13/0825/08/97422BTI00014AED.html.

[4] 广东是著名侨乡[EB/OL].(2013-03-12)[2017-08-21].http://www.gd.gov.cn/zjgd/sqgk/qxqq/content/post_2222058.html.

[5] 广东为何是近代民主革命策源地和先行地？[N]. 南方日报，2011-10-08.

[6] 费孝通. 文化与文化自觉 [M]. 北京：群言出版社，2010.

（本文作者系中共江门市委党校副教授）

坚定文化自信　提升治国理政新境界

党西民

文化是社会变迁的风向标，也是社会发展的脉动，是社会发展到一定程度所呈现的社会精神状态，也是有效的社会治理资源。习近平总书记强调，“文化自信，是更基础、更广泛、更深厚的自信”。文运同国运相牵，文脉同国脉相连。

一、文化自信关乎国家发展

1．文化是国脉的表征

文化是一个时代的标示，它是整个社会的时代风貌。“治世之音安以乐，其政和；乱世之音怨以怒，其政乖；亡国之音哀以思，其民困”。文化是对社会的反映，其思想是当代社会思想的凝结，其趣味和审美方式是当代社会的显现。从文化中能够看到时代的特征，看出时代的脉动，探测出时代气象，甚至预示着社会发展的盛衰。20 世纪三十年代大上海呈现出一股奢靡、浮华的风气，这莫不是和大上海的腐败、黑暗和混乱密切相关，这种文化也在一定程度上推动了国统区的衰落。

文化是国家治理的重要表征。国家治理现代化的各种问题都通过文化展现出来，要重视文化传递的信号，要通过文化的表征透视现实。从这些信号中找出文化治理的病根，找出问题的症结，寻找治病良方。管子说：“四维不张，国乃灭亡”[①]。四维是“礼义廉耻”，如果正向的文化得不到展现，国家就会灭亡。文化是时代的传感器，什么样的文化，基本上能够反映出其时代的特征。

坚定文化自信是解决文化困境的必然要求。近年文化领域的乱象逐渐突出，以互联网消费为代表的新兴文化快速崛起，攫取并部分占领了其他文化

---

① 语出《管子・牧民・国颂》。

的存在空间，成为最大的文化消费领域。个别领域出现了道德真空、审美真空。网络的低俗化和色情化成为刺激消费、诱惑点击的重要筹码，这种强刺激的冲击力打破了原有文化的生态，文化生态圈中呈现出“劣币驱逐良币”的特点。文化生态呈现出恶俗低下的特点，并对主流文化产生巨大的排斥性。在文化产业领域，盗版不绝如缕，合法内容被阻塞，山寨文化肆虐。文化价值观扭曲，劣币驱逐良币的文化现象屡屡发生。有必要驱逐劣币，弘扬优良传统，引导社会形成公正良俗。

2．文化是国家治理的有效手段

习总书记指出，培育和弘扬核心价值观，有效整合社会意识，是社会系统得以正常运转、社会秩序得以有效维护的重要途径，也是国家治理体系和治理能力的重要显现。他进一步指出，培育和弘扬社会主义核心价值观必须立足中华优秀传统文化。传统文化仍然是今天中国共产党人进行文化治理的重要资源。

文化并不是被动的，它会形成社会风气。文化发展能够推动国家的强盛，搞不好，也能够使国家走上衰落。文化是一种包含着行为、制度、思想、情感和审美的意识形态，它能从根本上改变人们对世界的看法。从个体的内心层次来看，文化会形成个人固定的内化的心理深层结构。在传统社会，信息传播的渠道较少，文化能够施展“魔弹”般的影响力。在当今信息渠道更加多元，信息更加丰富的今天，文化的影响效果呈现出“有限效果”的特征。人们更加个性化，然而个性化的背后有自身的文化逻辑在起作用。从群体来看，形成群体思维、群体意识，甚至形成群体中默认的思维模式。从社会思维来看，他会形成社会心态，展示出社会的风向标。无论是延安时期的文艺，还是长征时期的创作，文化都成为鼓舞士气，振奋精神的有力工具。

文化具有渗透性，是治国理政的有效方式。一方面，文化和政治直接发生冲突的可能性较低，对社会冲突的敏感度较低，对既成的社会结构、利益结构挑战最低，对现有秩序和结构的颠覆性破坏较小。文化是门槛最低的黏合剂，人们都有对美的向往，对美好事物的追求。以文化来推进改革对现有结构的变革冲击最小，改革的切口较小，便于操作。在倡导文化治理之初最能获得社会大众的认可，获得较广泛的支持。另一方面，文化又是最高水平的治理方式。其治理的层次和难度都高于实物、制度等层面，它是更精深，更深刻的治理。它能够治根本，管长远，有较强较深治理效果和较长时间的影响力。

3．文化治理需要走出几个误区

虽然文化关乎国脉，但是文化的昌炽并不应会成为国家繁荣的直接标志，所以要对各种文化做出辨识，警惕文化的副作用，提高对各种文化的消化能力。

（1）国家治理必须用优秀文化元素。文化的种类和风格是多样的，引领国家发展的文化应该是优秀的，能够起到建设性作用的文化，要警惕落后的、消极的文化。优秀文化、落后文化甚至是极端文化甚至享有同一种物质形态，同一种思想本源。优秀文化是文化中的最高层部分，是文化整体的一部分。文化的发展要同社会发展同步，而不能和国家发展背道而驰，甚至是削弱国家的发展。魏晋时期有著名的“清谈误国”之风。开始是魏晋名士的雅趣，但后来扩大为一种社会文化，成为国家主流文化，对内难以凝聚共识，对外难以抵御外辱，国家实力大损。所以当时社会极其动荡，朝代更迭最快，人的生命如“白驹过隙”，人们之间最缺乏信任，社会道德极其自私和残酷，社会生灵涂炭，国家元气大损。

（2）文化是国家治理的基本资源之一。文化治理既不能偏盛也不能偏废。南宋时期，文化极其繁荣，但是在重文轻武的政治格局下，国家极其文弱，一遇强敌便顷刻瓦解。在传统社会，国家治理资源极其有限，经济社会等方面的发展程度不够，资源和注意力集中在文化而忽视其他方面的建设，占用了其他功能的正常发挥。在当代社会，文化是治理的有力资源，但并不是唯一资源，要和其他资源配合，发挥矩阵优势。另外，不能忽视文化建设，文化建设的偏废也会导致治理能力的衰退。元朝政府重视武力征服，相信拳头和肌肉，而忽视文化融合，最后导致王朝短命。

（3）提升对外来文化的消化能力，谨防外来文化造成的生态紊乱。现代文化是开放式融合的，接受外来文化的能力，取决于民族文化的消化能力。韩国的阴柔风格在中国较为流行，民间称为“娘炮”。韩国以自恋般的孱弱风格将国民文化引向阴盛阳衰。然而在韩国，有全民服役的制度，伴以传统文化中的勇武之气，这些都能够有效消解娘炮的影响。而中国目前的文化中出现阳刚不振，阴柔靡靡的风格，盲目引进阴柔文化，则会造成巨大的文化危机。当前我国文化领域有较强的不自信，甚至是文化自卑。在本民族文化缺乏免疫力的情况下，一旦引入新的不恰当的文化，没有能力进行有效吸收和转化，便会搅乱文化生态，造成外来文化侵害。在文化发展中，要形成多元文化，注重各种文化之间的对冲关系，抵消不同文化的负面作用。

二、坚定文化自信，推进治国理政的新机遇

1. 文化自信是治国理政的必然要求

文化自信有利于深化改革的持续推进。党的十八大以来，党中央的治国理政的思路清晰，有序推进。其中十八届三中、四中、五中和六中全会分别从深化经济改革，依法治国，长远规划，全面从严治党等角度推进治国理政的主要观念，十九届四中全会则从治理体系和治理能力开始深入推进治理改革。所解决的问题越来越深入，改革不断递进。改革从刚需型向发展型推进，并且逐步逼近文化这个核心层面。在政党建设上，“全面从严治党”取得巨大的突破；在国家治理上，“全面依法治国”稳步推进，正义得到彰显，公平的环境不断成型；发展的主要目标“全面建成小康社会”更加凸显，“全面深化改革”获得各界点赞。塑造新时期的文化自信的时机逐渐成熟。

（1）文化自信是三个自信的持续推进。“文化自信本质上是人民对于自己所创造的文化的积极情感体验，这种自信要通过人民表现出来。概括来说，当代中国人民的文化自信主要表现为对中国特色社会主义道路、理论体系、制度的坚持与发展，对理论创新的热情与自觉，对文化创造力的重视与应用。”① 道路、理论、制度自信为文化提供了逻辑上的基础，文化自信既体现于三个自信又是其升华。中国在经济、社会和制度建设上取得了巨大的成绩。“仓廪实而知礼节”，经济基础为上层建筑的继续发展提供了保障，文化自信适合了经济基础的步伐，适应了上层建筑发展的追求。

（2）文化自信是社会发展更核心的层面。文化是人们的思维习惯、传统的集中体现。在社会发展中，文化的惰性最强，它是最稳固也是最难以改变的。而经济、社会、上层建筑都被文化所反映，文化在它们周围形成的一圈一圈同心圆。文化的建设并非一朝一夕，而是日积月累的。如果文化改革太早，受到的阻力太大，事倍功半，必得有非常之力，才能获得非常之功。另外，如果文化改革太晚，社会结构变革对文化的需求旺盛，而文化的缺位导致错失发展良机。

（3）文化发展是当前社会发展的必然要求。在社会、政治、经济等领域，文化是凝聚人心，描绘蓝图，构建想象共同体的核心力量。文化相对军事、政治、经济等领域，看不见摸不着，所以常常被评为软实力。当硬实力

---

① 朱小娟，安丽梅．论人民主体性在文化自信中的彰显［J］．学校党建与思想教育，2016（13）：29－32.

达到一定程度时，其约束性特征就凸显出来。反而文化的作用便凸显出来。康熙皇帝也深刻意识到“武功”、“智术”都有其界限，其之治国必然“防此失彼”，是“超泰山而挟北海之举”，必须寻找一种超乎各民族“风俗”“好尚”的“纯王之道”。[①] 最终“康熙帝建立了一个以程朱理学为中心，又杂以佛、道的文化为支撑，融合农耕、游牧两种文明的文化软实力体系，有力促进了满、汉、蒙、维、藏、苗等民族向着基于共同语言、共同地域、共同经济生活以及表现于共同文化上的共同心理素质的民族共同体迈进。”[②] 在社会政治稳定时期，文化的力量是绵延不断的，是社会稳定的硬实力。例如，蒙元统治中原时期，虽然天下大定，但是其不重视文化的建设，文化呈现出严重的割裂，甚至蒙元的文化被边缘化，导致元王朝很快又被打回草原去。

2. 社会氛围为文化发展拓清了空间

目前，极端炒作的社会氛围得到遏制。国家在大力反腐、全面从严治党的推动下，政治生态得到疏导，这成为国家治理的示范效应。社会诚信领域不断推进，整个社会正在形成守信得利，失信受罚的氛围。自从 2014 年的清网行动以来，以商业投机和声望炒作为主的传播动机得到遏制；色情、侵权、攻击、政治分裂等非法现象得到遏制；资本和邪恶道德之间的关系链条得到清理；资本和文化之间的关系逐渐理顺。

舆情领域的生态趋于转变。片面的舆情是干扰国家治理的磁场。舆情是对社会发展最敏感的文化形式，它将新近发生的，具有突发性质的事件展现出来，以炒作、扭曲的、形式来吸引受众眼球，以负面情绪引起轰动。舆情是社会心态的躁动，它会裹挟所有人的情绪，引导社会大众的普遍心态，将所有人都捆绑在舆情的战车上。这种小概率事件被装扮成具有社会的普遍性，给人形成一种假象：人心越来越不古了。这两年一些暖新闻逐渐成为舆论主流，《中国好司机：口喷鲜血前公交司机忍痛踩刹车救了一车人》《“最美新娘”海水浴场救人》《爸爸全身湿透“为儿撑伞”》《妻子跪地为亡夫遮阳半小时》等一系列暖新闻不断出现。这些新闻无论是从情感的感染度上，还是事件的奇特性方面，都触及了人内心深处的道德本性，逐步推进了社会生态的转变。

文化发展的氛围正在孕育。文化是脆弱的，尤其是优秀文化，它需要一定的社会氛围。在社会氛围不协调的环境下，提升文化自信就不容易，反遭

---

①② 王胜军. 论康熙治国与清初文化软实力［J］. 湖南大学学报：社会科学版，2010（1）：22－25.

嘲讽，显得不合时宜。如果文化接受环境未变，心浮气躁的人是难以享受优雅文化的。如果强力推行优秀文化，只是表面推进，实际不改。到最后甚至会产生强烈的反弹，甚至出现激烈的文化抗争，对文化自信进行过度消解。当前我国对片面舆情的疏导，是对社会焦虑进行釜底抽薪，为文化发展提供了机遇。

3．文化管理发展空间越来越大

文化管理必须更加理性。由于政治更趋稳定，政治生态不断净化，对文化管理不是极左和就是极右的管理已经不存在了。政府对文化的管理不再是大开大合，大包大揽。文化管理的界限正在不断厘清，文化管理的方式和效率得到进一步提升。企业家政府和新公共政府的理念不断深入，在“以人民为导向”的文化服务中，能合理利用资源，注重提高文化管理的行政效率。由于“放管服”持续推进，为文化事业的管理提供了发展红利。文化管理正在从“管脚下”向“管天下”转变，文化行政部门职能转变不断推进。政府从划船和掌舵的两手抓中脱离出来，将划船的事情逐步下放，文化的干预越来越少。放开了管束，提高了管理效率，提升了文化的活力。在可预期的未来，其管理方式将更加开放，文化的发展氛围将更加活跃。

市场承载公共文化发展的能力不断增强。传统文化、公共文化呈现出“政府—事业类单位”的两重关系模式，现在逐渐向“政府—市场—文化单位”的三重关系转变。“市场作为当代社会中日益成长的力量，不仅迫使经营性文化单位围绕市场的优势和缺陷发挥自身的功能，而且也迫使公益性文化机构围绕市场的优势和缺陷进行适应性调整……通过引进市场机制和民间力量，优化公共文化服务的微观主体结构，建立健全市场经济环境所要求的‘政府—市场—公共文化机构’之间良性的互动关系模式。”① 伴随着政府划桨功能的退出，市场的公共文化服务能力不断增强，不断承接公共服务，完善了政府文化服务的责任和义务。

文化产业正在成为经济发展中的重要一极。文化产业不但具有经济价值，而且具有公共性，能进一步带动社会价值的实现。我国人均恩格尔系数不断降低，文化消费能力持续增强。虽然目前文化产业在 GDP 中所占比重不高，但服务业的快速增长，必然推进文化产业的发展。伴随着经济发展和转型，文化的经济价值凸显，文化在未来的产业结构中的比重将不断增高。另外，文化产业具有“口红效应”，在经济不振的环境下具有抚慰社会情绪，

① 傅才武．当代公共文化服务体系建设与传统文化事业体系的转型［J］．江汉论坛，2012（1）：134－140.

熨平社会震荡的强大功能，并且能填平经济震荡的鸿沟。

三、把握文化发展的主要方向

文化自信是一个民族最为深沉的力量，发挥其治国理政的作用，需要破解文化发展的现实困境，把握发展方向。

1．以文化自信回应虚无主义

要警惕当代文化中的虚无主义思潮。虚无主义思潮的思想源头是解构主义。解构主义发现西方语境中的思维结构都已经严重固化，束缚了人，使人处于结构的囚笼之中。解构是对原来的结构主义进行全面的反叛，通过解构寻找思想创新的路径。但解构并不是目的，在西方思想史上有剑走偏锋的意味。而在中国文化中，中国文化的圆融和意象性特征是很难被结构化的，没有完整地出现过结构主义。学界引进解构主义之后，存在着巨大的语境差异，不是用的不恰当，就是不会用，或是东向而望不见西墙。由于理论上的不自信，逻辑上的自洽性不足，导致使用解构主义解读中国文化显得南辕北辙，最终无端消解传统文化，生成历史虚无主义。

文化发展先要树立文化自信。自信来自于对文化根脉给予高度认同。中华文化有“独一无二的理念、智慧、气度、神韵，增添了中国人民和中华民族内心深处的自信和自豪。在5 000多年文明发展中孕育的中华优秀传统文化，在党和人民伟大斗争中孕育的革命文化和社会主义先进文化，积淀着中华民族最深沉的精神追求，代表着中华民族独特的精神标识。”① 传统文化、革命文化和社会主义先进文化是我们的自信之源。而传统文化在快节奏的当代生活中要么被遗忘了，要么被淡化了，也有些被扭曲了。要在批判地继承的基础上发扬中国文化，抵制呲必中国，赞必西方的一种媚外心理。红色革命文化是中国人民之所以能够站起来，不受压迫不受奴役的根本文化。社会主义先进文化则是我国社会主义建设的文化成果。中国在政治、经济、社会等领域的先进文化，已经融入到伟大复兴的新征程，中国人有资格对自己的文化说自信。

2．坚持以人民为中心的文化责任感

文化要回应时代课题。当代文化的形式可谓花样繁多，发展可谓日新月

① 习近平．在中国文联十大、中国作协九大开幕式上的讲话［EB/OL］．(2016－11－30)［2017－12－21］．http://politics.people.com.cn/n1/2016/1130/c1024－28915396.html.

异。但是很多文化却脱离实际，不少人沉迷在文化自身的自恋之中，从文本到文本，与社会出现了脱离。“躲进小楼成一统，哪管春夏与秋冬”纵然很潇洒；热衷于“为艺术而艺术”纵然很前卫；“只写一己悲欢、杯水风波，脱离大众、脱离现实”① 纵然很超脱，但是文化需要等等自己的人民，要为人民而书写当代文化。

文化要有时代责任。文化是时代的宠儿，需要用来展现和描述时代发展。文化发展日新月异，时代的宠儿要回应中国传统的母题，不断打造出当代文化。今天在我国深化改革，实现伟大民族复兴的道路上，有丰富的素材。“在我国 960 多万平方公里的大地上，13 亿多人民正上演着波澜壮阔的活剧，国家蓬勃发展，家庭酸甜苦辣，百姓欢乐忧伤，构成了气象万千的生活景象，充满着感人肺腑的故事，洋溢着激昂跳动的乐章，展现出色彩斑斓的画面。”② 文化要回应时代的课题。面对当代社会丰富的素材，文化不能袖手旁观，要充分挖掘其当代价值。

文化要以高于现实的眼光引导现实。一方面，优秀的文化要和中国的前途和命运结合起来，把握未来方向，引领潮流。另一面，优秀的文化要有高于一般常人的独到眼光、远见卓识的视野，把握时代悲欢，感触人民情感。再一方面，文化要和老百姓的生活结合起来，文化艺术要为创业者、劳动大众提供更加丰富的内容，成为人民的精神食粮。

3. 坚守文化的理想和价值

文化的发展要向历史负责。当代文化是历史的发展，也是历史的一部分。文化需要正确对待历史，成为历史的忠实记录者，成就当代的经典。“文艺是国民精神所发的火光，同时也是引导国民精神的前途的灯火。文艺要发掘国民精神的光芒”。艺术家是嵌入到时代的洪流中的个体，个人书写历史，历史成就个人。不能因为眼前的利益、虚假的荣誉和伪善的炒作而一味标新立异，追求怪诞。而要有历史的责任感，要有历史的担当意识。

要注重文化对真善美的引导。真善美不但是人们所追求的对象，而且是社会所追求的目标，更是治国理政的精神旨归。优秀的文化需要将人类最美好的东西呈现出来，用“善于发现美”的眼睛发掘生活中的美。文化要构建高尚的理想，要“在幽微处发现美善、在阴影中看到光明”，要“引导人民

---

① 习近平批 8 种文艺怪象　句句到肉针针见血[EB/OL].(2015-10-15)[2017-12-21]. http://news.cntv.cn/2015/10/15/ARTI1444880097087276.shtml.

② 习近平. 在中国文联十大、中国作协九大开幕式上的讲话[EB/OL].(2016-11-30)[2017-12-21]. http://politics.people.com.cn/n1/2016/1130/c1024-28915396.html.

向高尚的道德聚拢，不让廉价的笑声、无底线的娱乐、无节操的垃圾淹没我们的生活”。文化要能讴歌人民，永远忠实于人民。在时尚风格上，要通过高尚的文艺思想，引领时代潮流。文化建设要引导人民树立正确的历史观、民族观、国家观、文化观……激励全国各族人民朝气蓬勃迈向未来。

总之，文化和国家、民族的命运相连，既要传承过去，也要开创未来。文化工作者要肩负起摆脱文化自卑，弘扬主流，带动昂扬的中国风的责任，也有深入推进国家治理体系现代化的能力，更是实现中华民族的伟大复兴的重要一极。

参考文献：

[1] 朱小娟，安丽梅. 论人民主体性在文化自信中的彰显 [J]. 学校党建与思想教育，2016 (13).

[2] 王胜军. 论康熙治国与清初文化软实力 [J]. 湖南大学学报：社会科学版，2010 (1).

[3] 傅才武. 当代公共文化服务体系建设与传统文化事业体系的转型 [J]. 江汉论坛，2012 (1).

[4] 习近平. 在中国文联十大、中国作协九大开幕式上的讲话[EB/OL].(2016 - 11 - 30)[2017 - 12 - 21]. http://politics.people.com.cn/n1/2016/1130/c1024 - 28915396.html.

[5] 习近平批 8 种文艺怪象　句句到肉针针见血[EB/OL].(2015 - 10 - 15)[2017 - 12 - 21]. http://news.cntv.cn/2015/10/15/ARTI1444880097087276.shtml.

（本文作者系中共中山市委党校副教授）

论易经文化传承与国家凝聚力的联系

傅寿宗

“易”字指更改、改变、变化和交换等的意义，也作为《周易》一书的简称。《周易》包括《易经》和《易传》两大部分。它们是不同时代的作品，《易经》是中国西周时代的作品，《易传》是秦汉以前战国时代至两汉时代学者托名是孔子及其众弟子们的作品。《易传》是解说《易经》的说明书和研究书。由十个部分组成，包括“彖”（音团），是说明各卦基本含义的篇名，分为爻彖和卦彖，有“上篇和下篇”；卦和爻都是象，说明卦的是大象、说明爻的是小象；“系辞上、下篇”说明易经各卦的数理和哲理；“文言”是专门解说乾坤两卦的篇名；“说卦”是专门解说八卦性质和象征的篇名；“杂卦”是说明各卦之间的关系的篇名；“序卦”是说明卦的排列次序的篇名，各篇合称《十翼》，即《易传》的别称。

由此可知，《周易》一书是我国古代传承下来的文化典籍之一，在中国历史上起着承上启下的作用，值得中国人认真的研究和开拓创新。

一、易经文化与传统文化概述

（一）易经文化概述

“易经文化”一词，是我写这篇论文时提出来的，以前没有认真研究。我想，“易经文化”一词，可以看成是“易经”一词和“文化”一词联合起来的一个词语，用易经概念限制文化概念，从而形成了“易经文化”概念。“文化”概念包括的范围很广。美国文化人类学家洛威尔（Lowel）说：“在这个世界上，没有别的东西比文化更难捉摸。我们不能分析它，因为它的成分无穷无尽；我们不能叙述它，因为它没有固定的形状。我们用文字来定义它，这就像要把空气抓在手里；除了不在手里，它无处不在”。我国学者余秋雨认为：“文化，是一种包含精神价值和生活方式的生态共同体。它通过积累和引导，创建集体人格”①。在我看来：“易经文化就是以卦的形式表现为象数，主要体现为数学；以卦的内容表现为义理，主要体现为哲学、社会科学、社会生活与科学技术、个人的创新活动所创造出来的传统文化”。

华南师范大学已故中文系教授李镜池所著：《周易通义》一书中说，《易经》一书是群《经》之首，读的、注的都很多，是一部“占筮书”，殷人用龟卜、周人用占筮。龟卜记录下来就是中国现存甲骨文的卜辞，占筮记录下来就是筮辞。《周易》是根据旧筮辞记录和选篇而成的书。因此，有理由认为《易经》一书的作者就是2700多年前在西周末年的一位筮官。从社会历史，哲学思想和文学价值三方面来看，《易经》就是古代中国留下来的一部珍贵的文化遗产。《周易》是一部奇书，也是占筮书，在编排、编法和体例上，有它的独有特点，不了解这些特点的人，是很难把它读懂的。李镜池先生认为，《易经》一书，以“卦”为单位，全书共有64卦，每卦有6爻，阴爻符号“– –”由两短横线表示，阳爻符号“—”由一条长横线表示，两种阴阳符号组成或构成卦的符号体系。卦有卦辞，爻有爻辞，语言简净，描写仔细，应用比喻、起兴、衬托等手法，还引用和模仿了民歌，反映了中国古代社会的历史、哲学、文学和民俗等的社会生活。传说伏羲画卦，周文王作辞。每卦里有卦画、标题、卦辞、爻辞四个部分。卦画就是卦象的符号，标题也就是卦名，八卦由三爻构成，八卦自迭或互迭又构成64卦，64卦的每卦各为6爻，因此，共有384爻，在这里面有很多的数理（数学）和哲理（哲学）问题。《易传·象》在解释乾卦时说：“天行健，君子以自强不息”。在解释坤卦说：“地势坤，君子以厚德载物”。其中“君”字指国家领导或称国君。“子”字指群民（包括居民、人民、公民、国民等概念）。我国哲学家张岱年主张“自强不息”和“厚德载物”是中国文化的基本精神。在我看来这也是中华民族文化发展的内在源泉和凝聚力，同时也是古今中国的国家凝聚力和向心力的表述。它鼓舞着中国历代的中华儿女，发愤图强和不断向上；它不会被外来文化所溶化，反而把外来文化溶化在自身之中，形成中华56个民族融合的大家庭和大国家的凝聚力和向心力。体现了中华民族的真正精神，只有认真传承这中华文化遗产，才能增强国家凝聚力。

中国台湾学者陈立夫主编《易学应用之研究》一书认为：中国学术思想的根本是儒家思想，儒家思想来自周易，道家思想来自归藏易（即商易），墨家思想来自连山易（即夏易），其他各家思想也同易经、易传有联系。他把研究易经的知识学问，称为易学，并且具有百科全书的性质和特点，是中

① 余秋雨. 文化到底是什么［N］. 光明日报，2012－10－14.

国文化的宝典，也是中华民族传统文化的宝典。

（二）传统文化概述

“传统”一词，是指历史沿革而来的，世代相传的诸多特点和社会因素。包括风俗、作风、道德、艺术、宗教、政治制度和哲学思想等文化意识形态。

关于“传统文化”一词，在我看来，是由“传统”和“文化”两词联合而成的一个词语。“传统文化”概念的界定，现在中国学术界主要有七种观点：一是指植根于自己民族土壤中的东西，即民族文化。二是指同封建社会的生产方式（包括生产力和生产关系）相适应的封建文化。三是指从过去一直发展到现在的东西，它是现代文化的反映。四是指以时间为纵坐标的历史文化。五是指以空间为横坐标的社会文化。六是指从以前的朝代继承、凝聚、保留下来的历史文化和社会文化的积淀、浓缩、结晶下来的时空文化。七是指古代和近代思想家和理论家所提炼出来的思想理论和非理论化表述以及价值取向等精神成果的总结，即意识文化。

我曾提出第八种观点：“传统文化就是以民族文化为中心，以历史文化为纵坐标，以社会文化为横坐标所构成的，具有一定价值意义的符号范畴体系。它是相对于现代文化而言的”。[①] 传统文化研究的范围很广。有道家经典、儒家经典、墨家经典、法家经典、名家经典、农家经典、兵家经典、杂家经典、纵横家经典和阴阳家经典等诸子百家。易经文化在传统文化中属于儒家经典，兼有各家思想，主要是儒、道、墨三家和阴阳家的思想。在传统文化中讲的《经学》主要是讲儒家经典的著作，包括《易经》、《书经》、《诗经》、《周礼》、《仪礼》、《礼记》、《左传》、《春秋公羊传》、《春秋穀梁传》、《论语与孝经合为一经》共十经。这是中国人必须传承和发扬的文化遗产。

二、易经文化与国家凝聚力的相互联系

（一）国家凝聚力概念的内涵（质的联系）和外延（量的联系）的相互联系

“国家凝聚力”概念，是在2016年召开的“当代国家凝聚力研究学术讨论会”上提出来的，它同“民族凝聚力”概念有着不可分割的联系。随着中国的经济发展，为国家凝聚力和民族凝聚力奠定了物质基础。增强了中华

---

① 傅寿宗. 论传统文化与宗教思想的产生和联系［J］. 求是学刊，1992（2）：25－28.

民族凝聚力，也增强了中国的国家凝聚力。我国正处在民族复兴的道路上，战略机遇、矛盾突出和挑战不少，出现了社会成员、国家成员和个人的思想多元化和行为多样化的特点。因此，增强国家凝聚力就显得特别重要。正如郑群同志的书面讲话说：“一个民族与其国家、一个民族的凝聚力与其国家的国力，存在着相辅相成、互促互动的内在联系和外在联系，一个民族的地位、尊严、利益、愿望和前途，最终都必须通过国家来体现；理论研究必须紧密联系实践，当前的最大实践是如何增强当代中国国家的凝聚力”。我认为郑群同志的讲话就体现在中国现代文化和传统文化上，特别是指我们研究易经文化传承的“质”和“量”的相互联系之中。

“国家凝聚力”概念的内涵（质）和外延（量），尚是一个有待探索和研究的问题。我认为它同“民族凝聚力”概念的内涵和外延是大同小异的，有待人们进一步的探索和研究。

1. 国家凝聚力概念的内涵（即质的规定性）

我认为是指当代的民众、国家、社会的精神意识形态的核心，即价值观念与传统文化，特别是易经文化传承之间的相互联系。具体化为文化的价值取向、文化的社会环境取向、文化的社会历史取向三个方面和民众的精神面貌，即人格（指个性特征的核心）与国家的精神面貌，即集体人格或国格（指国民共性和国家共性特征的核心）。正如《周易·易传》中的两句名言：“天行健，君子以自强不息”。“地势坤，君子以厚德载物”。其中“君子”指国君和民众的行为与精神面貌。借鉴乾坤两卦变化来反映天地变化和社会生活变化与国家行为的变化，其含义是很深刻的，起到了“以古证今”的作用。从内涵上，体现了国家凝聚力的逻辑特征和研究对象。包括一般的民众或国民的精神、政党的集体精神、民族的集体精神等在理想、目标和利益共同的前提下，所产生的人格、国格、民族格等的个人人格和集体人格的凝聚力与统一力，这就构成了国家凝聚力，这种国家凝聚力就是集体人格的魅力，特别是精神魅力。

2. 国家凝聚力概念的外延（即量的规定性）

我认为如果按广义的力来说，作为标准来划分，则可以分为生理的、物理的、力学的国家凝聚力；心理的、意识的、力学的国家凝聚力；文明的、文化的、力学的国家凝聚力三大类。这三大类的国家凝聚力，还可以细分成各种的、多样性的国家凝聚力，方便人们进一步的分析和研究，体现了国家凝聚力的又一个逻辑特征，其研究范围包括以下几点。

（1）生理的、物理的、力学的国家凝聚力：这就是民族和国家团结的合力和统一力。又可分为三个小层次结构：一是民族整体或国家集体对民族成员或国家成员的“吸引力的凝聚力”；二是各民族成员或国家成员对民族整体或国家集体的“向心力的凝聚力”；三是民族成员或国家成员相互之间的“亲和力的凝聚力”。这三个国家凝聚力是由低级向高级的发展，体现了国家凝聚力的物质基础。

（2）心理的、意识的、力学的国家凝聚力：这也是民族和国家团结的合力和统一力。又可分为三个小层次结构：一是民族整体或国家集体对民族成员或国家成员的“心理现象的意识力的凝聚力”；二是各民族成员或国家成员对民族整体或国家集体的“思想现象的意识力的凝聚力”；三是民族成员和国家成员相互之间的“精神现象的意识力的凝聚力”。这三个国家凝聚力是由低级向高级的发展，体现了国家凝聚力的主体精神基础。

（3）文明的、文化的、力学的国家凝聚力：这同样是民族和国家的团结合力和统一力。又可分为三个小层次结构：一是民族整体或国家集体对民族成员或国家成员的“法律文化的凝聚力”；二是各民族成员或国家成员对民族整体或国家集体的“道德文化的凝聚力”；三是民族成员或国家成员相互之间的“精神文化的凝聚力”。这三种国家凝聚力是由低级向高级的发展，体现了国家凝聚力的客观精神基础。

我在本文中初步勾划和描绘了国家凝聚力概念的内涵和外延，质和量的规定性，体现了国家凝聚力的研究对象（内涵）和研究范围（外延），为国家凝聚力概念的定义打下了基础。我初步认为：“国家凝聚力就是国家或民族的精神意识形态的核心，即价值观念与传统文化的整合凝聚力。按广义力作为标准来划分，它分为物质基础的国家凝聚力、主体精神基础的国家凝聚力、客体精神基础的国家凝聚力和主客统一精神的、文化的国家凝聚力四大门类的和以哲学为基础的国家凝聚力”。前一句话是国家凝聚力概念的内涵定义，后一句是国家凝聚力的外延定义，这两种定义的统一，就是国家凝聚力概念的全面定义和完整定义。

（二）易经文化与国家凝聚力的相互联系

如果说，易经文化与国家凝聚力的相互关系是在数量方面的体现，那么，易经文化与国家凝聚力的相互作用就是在性质方面的体现，易经文化的传承，从古到今都分为义理（哲学）学派和象数（数学）学派两大派别。义理学派侧重在哲学和社会科学方面研究，而象数学派侧重在数学和自然科学方面的研究，构成了易经文化的两大信息库，同古代和现代的国家凝聚力都有着不可分割的相互联系。这种相互联系表现在“质”的联系和“量”的联系两个方面。易经文化概念的内涵是一种“质”的联系，外延是一种“量”的联系，质和量的联系的统一，就是易经文化与国家凝聚力的相互联系。

1. 谈谈易经文化的社会起源

《周易·系辞下传》说："古者包羲氏之王天下也，仰则观象于天、俯则观法于地、观鸟兽之文，与地之宜，近取诸身、远取诸物，于是始作八卦，以通神明之德，以类万物之情，作结绳而为罔罟，以佃以渔，盖取诸离，包羲氏没，神农氏作"。在包羲氏时的原始社会还没有文字，以结绳记事为主，说明八卦始于结绳记事。阳爻符号"—"代表一个大结，阴爻符号"- -"代表两个小结。象征男女的生殖器官，说明阳阴爻构成的八卦是宇宙化生万物最高原理的标志，也是易学的开始。包羲死后，由神农氏传承，应用"益"卦的卦象，发明农田耕作。历史记载神农为炎帝，神农死后，由黄帝传承。故我们称为炎黄子孙。黄帝发明了文字、音律、干支、五行、天文、历算、舟车、宫室、杵臼、弓矢、衣物等并建立政治体制、兴礼乐、治百官、济万民，从此开拓了中华民族的文化。黄帝治易学，首位为坤卦，象征地属土，生万物，夏生长，秋冬归藏，据说黄帝发明归藏易（即商易）主"静"，首位是坤卦，是道家思想的来源。周易主"动"，首位为乾卦，是儒家思想的来源。据说神农发明了连山易（即夏易），首位是艮卦，是墨家思想的来源。我认为是主"波"，象征山的起伏，同《山海经》一书有着不可分割的联系。周易的根是尧舜、商易的根是黄老（指黄帝和老子）、夏易的根是神农（称炎帝）。这就是中国传统文化的根。神农炎帝死后，由黄帝、尧舜帝等传承。

因此，我在研究易经文化传承时，提出"机易"（即现代电子计算机易学的简称）或称"现代易"的新概念和新思想。[①] 同时，我又提出一个"孚息"新概念[②]，郭沫若称誉《易经》一书是"神秘的殿堂"，在我看来其神秘的地方就是"孚"字代表的思想，它是"智慧信息哲学"的代名词，也就是电脑哲学或计算机科学哲学的代名词。同时还是宇宙代数学的思维模式，反映了世界万物的变化和社会生活的千变万化。

2. 谈谈易经文化的历史起源

关于"占筮"，《周礼·春秋·宗伯》记载说："掌三易之法，一日连山（指夏易），二日归藏（指商易），三日周易。其经卦皆八，其别卦皆六十有

① 傅寿宗. 八卦与思维科学思想的来源和发展［J］. 自然信息，1984（4）：78－82.

② 傅寿宗. 对《先天图与二进制巧合的秘密》一文质疑［J］. 哲学研究，1985（10）：67－70.

四”。古人认为《周易》占“六九”之变，夏易（连山）占“五四”之变。我认为机易占“三二”之变。九是阳爻的代名词，六是阴爻的代名词，在64卦中每6爻由阴阳或阳阴构成。客观世界是占“九一”之变，说明客观和主观、逻辑和历史、神与道、有与无是辩证统一的。连山易和归藏易已失传，只有周易传承至今。中国的墨家思想的根是连山易，主张兼爱，如山的起伏和水的波浪意义的象征。我国先秦以前的历史，重视占筮和易经的义理研究，也重视理、数、象、占四方面的研究。先秦以后，汉代重视象数研究，到了魏晋时期重视玄学治易学，侧重在义理的研究同玄学的道学结合起来，王弼著《周易注》《周易略例》侧重义理，扫去象数，把《周易》玄学化，宣扬老庄哲学，产生了玄学派或义理派与象数派的争论。到了唐代孔颖达著《周易正义》来梳理《周易》，他综合义理和象数两派观点，象数派又开始振兴起来，直到宋代周敦颐作《太极图说》，以五行阐述太极图的动静诸象，涉及到象数范围，尤其是邵雍（康节）创先天学，象数派易学又发展起来了，先天图和先天学的卦序排列，同二进制数一致，为易学开辟了一个新天地，可以和汉易象数派易学比美。后来宋人朱熹解易，用邵雍的说法较多。明代来知德治易路线，侧重象数，清代治易有侧重义理的，也有侧重数理的，民国时期和新中国的学人也同清代一样，把象数派易学发展成为自然科学易学，侧重在数学和自然科学研究，又把义理派易学发展成为人文科学易学，侧重在哲学和社会科学研究。从现代易学发展来看，有可能成为向着百科全书的方向发展。

三、现代文化与国家凝聚力的相互联系

“现代文化”一词，是一个历史时间概念，它是由“现代”和“文化”两词合成的一个语词。指这个时代的东西，即现代文化。我国近现代学者梁启超说：“文化者，人类心能所开积出来的、有价值的共业也。……在总量上包括了物质、精神两方面的业种业果”。[①] 他把文化看成是一个系统，将宇宙的一切事物，在“质”上分为物质系（即有价宝）和精神系（即无价宝）两个系统。现代文化是人化了的东西，包含有三层含义：一是有意识的改变原有的自然物（包括自然的人在内）的活动；二是原有的自然物在人的活动作用下，改变了面貌和秩序，变成了属于人的“文化物”，具有了“文化的社会秩序”；三是文化与人相互界定，互为前提和相互建构。因此，我认为现代文化就是人有意识的活动和模仿而创造出来的新的事物。现代文化与国

① 梁启超．什么是文化［N］．学灯，1922－12－07．

家凝聚力的相互联系有两种：一种是文化联系；另一种是符号联系，它们是合二为一的文化符号联系。

瑞士语言学家索绪尔（Sanssuer）在《普通语言学教程》一书中说："我们可以设想有一门研究社会生活中符号生命的科学，它将构成社会心理学的一部分，因而也是普通心理学的一部分；我们管它叫符号学。它将告诉我们符号是由什么构成的，受什么规律支配。因为这门科学还不存在，我们说不出它将会是什么样子，但它有存在的权利，它的地位是预先确定了的。语言学不过是这门一般科学的一部分，将来符号学发现的规律也可以应用于语言学，所以后者将属于全部人文事业中的一个非常确定的领域"。[①] 他是现代语言学和符号学的创始人，描绘了和预测了符号学的产生和发展前景。我想《易经文化符号学》的产生和发展是人类伟大的事业，它将影响着世界各国的文化发展。我国必须认真传承，才能增强中华民族凝聚力和中国国家凝聚力。

德国哲学家卡西尔（Cassirer）在《人论》一书中给"人"下了一个定义。他说："从人类文化的角度看，符号化的思想和符号化的行为是人类生活最富有代表性的特征，可以把人定义为符号动物"。在我看来，也就是说"人是会创造符号的动物"。在人类活动中，由于符号媒质的介入，人对世界的认识就不是本能的、被动的，而是积极的、自觉的和主动的。人在符号世界里，不停地和不断的创造，也就是文化的创新和改造。易经文化与国家凝聚力的相互联系，实质上也就是一种开拓创新的文化联系。人类最早的化学创新活动是发现"火"和发明取"火"的方法，"火"可以作为符号和信息的传承，也就是一种文化传承和符号传程。我在四川大学化学系读书时是学习物理化学专业的，后来从事自然科学哲学研究工作。因此，我曾建议建立一门"化学语言符号学"和"化学语言逻辑学"，把符号学、语言学、逻辑学结合起来研究化学的设想，它将是一门国际化的化学语言符号学，也可以同国际化的数学语言符号比美。

符号作为信息体现者就等于符号有了意义，它总是指一般的事物，按皮尔斯（Peirce）的观点："符号是某种对某人来说，在某方面或以某种能力，代表某一事物的东西"。他把某人、某事物和某事件结合在一起，形成了一个复杂的符号关系，起着不同的符号作用。符号关系是事物的"量"的联系，符号作用是事物的"质"的联系，二者的统一就是符号联系。我国研究符号学起步比西方晚些，戈洛温说："符号是社会信息的载体"。[②] 关于符号的分类至今还没有统一的认识。中国研究符号学从 20 世纪 80 年代开始到今

① 索绪尔. 普通语言学教程［M］. 北京：商务印书馆，1985.

② 王铭玉. 语言符号学［M］. 北京：高等教育出版社，2004.

天（2017年）只有30多年的历史。21世纪是符号学大有作为的世纪，也是增强中华民族凝聚力的世纪。赵鑫珊在《人和符号——符号世界高于现实世界》一书中说："作为符号的艺术、科学、哲学是三个重要的世界"。人能创造"人工符号"才把人和动物进一步区分开来。人不能直接把握世界，只能间接地走近把握，即通过某些中介，这个中介便是符号。符号常常是一个家族，如代数、几何、三角等便是三个家族。我想，易经文化中的太极八卦图符号，将开创21世纪的哲学革命，它能和"@"这个电子邮件的符号比美，开创了今天通讯时代的革命。

2016年5月17日，习近平总书记在全国"哲学社会科学座谈会"上讲："一个没有发达的自然科学的国家，不可能走在世界前列；一个没有繁荣的哲学社会科学的国家，也不可能走在世界前列"。易学文化中的自然科学易学和人文科学易学与国家凝聚力的相互联系就体现了他的讲话精神。

综上所述，"易经文化"传承，往"古今"① 两个方向发展。本文对易经文化与国家凝聚力的相互联系作了三方面的研讨，只能算是一篇"抛砖引玉"之作。

参考文献：

[1] 余秋雨. 文化到底是什么［N］. 光明日报，2012-10-14.

[2] 傅寿宗. 论传统文化与宗教思想的产生和联系［J］. 求是学刊，1992（2）：25-28.

[3] 傅寿宗. 八卦与思维科学思想的来源和发展［J］. 自然信息，1984（4）：78-82.

[4] 傅寿宗. 对《先天图与二进制巧合的秘密》一文质疑［J］. 哲学研究，1985（10）：67-70.

[5] 梁启超. 什么是文化［N］. 学灯，1922-12-07.

[6] 索绪尔. 普通语言学教程［M］. 北京：商务印书馆，1985.

[7] 王铭玉. 语言符号学［M］. 北京：高等教育出版社，2004.

[8] 董立章. 三皇五帝史断代［M］. 广州：暨南大学出版社，1999.

（本文作者系华南师范大学副教授）

① 董立章. 三皇五帝史断代［M］. 广州：暨南大学出版社，1999.

台湾青年深度融合大陆促进中华民族凝聚力的探析

谭建军

习近平总书记指出，愿意为台湾青年提供施展才华、实现抱负的舞台，帮助台湾青年解决好他们在大陆的就业创业问题，是一项重要工作。他提出“要扩大台湾基层民众受益面和获得感，重视为台湾青年提供发展机遇”①。据不完全统计，2016 年台湾居民来大陆 573 万人次，比 2015 年增加 30 万人次，同比增长 4.2%。广东是台湾青年在大陆活动最为集中、密集的地区之一，台湾青年在粤学习、就业、生活起步早、基础好，在珠三角已形成了实习、就业、创业多点发布、集聚发展的格局。

一、台湾青年在粤学习、生活、工作的融合状况

本文针对 300 多名在粤台湾（中国台湾户籍）青年的现状进行分析。

1. 台湾青年在粤的基本情况的描述

调研数据显示，目前在大陆的台湾青年身份多为学生和工作群体，学生群体占 63.5%，工作群体（含台商二代、三代）占 37.5%，广东台商二代、三代等新生力量走向了舞台。本次调研的 80 后占 78.8%，他们的共同特点是年轻。来大陆的台湾青年学历层次基本在专科以上，比例高达 98%，其中大学本科为 59.6%，研究生以上为 26%，还有 3 名医学博士毕业留粤工作，表明留粤的人员学历素质是较高的。来大陆的时间，4 年经历以上的占 76.6%，这些人一般经过大陆的高等教育或是台商二代、三代，对大陆发展有信心且愿意坚守打拼。从这样的群体可看出，在粤台湾年青素质较高，经历过大陆教育，能够较好融入大陆和期望在大陆发展。

---

① 习近平：扩大台湾民众获得感[EB/OL].（2015 - 03 - 05）[2017 - 12 - 21]. http://www.xinhuanet.com/fortune/2015 - 03/05/c_127545348.htm.

2. 台湾青年在粤学习生活工作总体意愿描述

台湾青年对目前的大陆情况满意度比较高，结果显示38.8%台湾青年对目前的大陆生活表示满意，49.2%台湾青年对目前的大陆生活表示一般满意，满意和一般满意的达到88%，不满意的仅占到12%，台湾学生表现出较高的满意程度。特别在相互交流学习过程，作为就业、创业的前置工程，风险低且成本低，都表示积极认同态度。而对是否愿意在大陆长期发展时，都表达了较高的愿望值，达69.2%。调研中很多学生表示大陆发展机遇大，充满机遇和挑战，适合年轻人求学和打拼，来到大陆学习主要目的是想扎根发展，当然也有26.9%表示对在大陆发展信心不够，情况不明朗，特别是求学之后找与专业对口的工作难度大。而在对婚配市场的选择中，55.8%表示可以接受，随着青年融入的加强，越来越多的港澳台年轻人与大陆通婚成为一个趋势。对台青会等组织表达接受态度的有63.5%，特别是工作群体中对其态度接受比较明显，作为企业愿意积极参与协会等组织，学生群体由于暂未工作，对其态度不明朗，但强烈表达想成立台湾在大陆学生联合会等组织，官方对成立学生组织一般不认同，各学校仍然有台湾校友会等民间组织，主要负责讲解大陆读书就业政策、生活服务等相关细节。

3. 台湾青年对大陆文化及相关知识的认知程度

在大陆的台湾青年主体是知识分子，学历层次基本是大学以上，对大陆生活状态满意度较高，与同学或同事相处都较为融洽，对大陆发展前景期望较高，但是对于大陆社会的文化及政治制度认知值得思考和关注。分析发现，虽然台湾青年有兴趣也有意愿去了解大陆的各方面情况，75%的人认为对大陆发展前景看好。但是，他们对于中华民族文化及历史情况的了解程度并不理想，而且这种有限的、片面的了解深刻影响着台湾青年赴大陆的观感和意愿。调研显示认知中华民族传统文化的比例为32.7%，一般的为61.5%，认同中华民族历史的比例为23.1%。调研中有同学反应现在台湾中小学课程中学校很多不开设中华民族文化及历史相关课程，“台独”的教育更有对中华民族历史的否认行为，出现了正在隔断中华民族血溶于水的文化纽带关系的行为。而对政治制度“一国两制”等认知度为17.3%，受制两岸政治制度、价值观、文化等差异，台湾青年表现在“政冷经热”，表示出经济可融合、政治不谈的态度。

4. 台湾青年在大陆学习就业问题及解决措施

受访台湾青年中，对于大陆中央政府和各级地方政府在帮助其适应大陆整体环境和地方环境上存在一定的期待。台湾年轻在大陆求学表示强烈的需求，表示有大陆的丰富求学和就业经验，未来可以获得更多机遇，但也有不少台湾青年表示，大陆求学压力大，大陆学生刻苦学习精神对他们是压力，大陆差异化教育、内容、课程、方式、教学方法也让他们难以适应，带来一定学习压力，主要问题集中在价值差异38.7%，教学模式19.2%，大陆同学交流少28.2%，专业难度大21.2%。就业创业中反映的最多是台湾身份带来不等“国民待遇”，比例达到50%，同时对于政策不清楚、就业指导不够等表达强烈的关注，比例分别达到73.1%和34.6%，在粤学医人员较多，对于医疗行业在大陆及台湾就业的互通也关注较多。而在具体解决问题上，对于政府政策的新咨询和解读希望较强，还希望多组织联谊、讲座、交流、沟通等多渠道平台助推台湾青年融入大陆。他们对政府的政策诉求集中在政策咨询、就业指导、创业环境和台商永续发展方面，希望地方政府在贯彻实行中央政府政策的基础上，建立和完善与台商协会有效对接和专门服务机构，争取地方特色的政策试点等。

二、台湾青年深入融合大陆中存在的困难

在大陆的台湾青年融入大陆的主流是客观存在的、积极向上的、主动作为的，但在两岸政治体制、社会运行机制、经济发展、文化氛围以及价值观念等存在一定差异或差距的客观环境，“出行难”“择业难”“身份难”“政策不明晰”等具体问题仍制约其发展，存在缺少政策的支持、缺少对大陆的了解、缺少服务的平台等问题。

1. 惠台青年政策制定后落实难度大

当前大陆惠台青年政策的缺位是台湾青年在大陆求学或生活面临的主要问题之一，表现：政策信息不对称。由于大陆地域、城乡、组织机构之间的差异实在太大，并不是每个省市、高校或企事业单位都对台青年的政策都熟悉或了解。政策落实不到位。很多高校或用人单位认为台湾青年在大陆就学和就业手续烦琐，有意规避或刻意简化相关程序，很多政策没有得到有效的实施。

2. 在大陆的台湾青年择业或创业难度大

目前台湾青年真正在大陆就业的比较少，工作岗位特别好的不多，自主创业或长时间工作的少。

大陆就业市场竞争激烈。就业面狭窄，就业难，目前特别是在带有编制的机关事业单位、国有企业等职位少，就读医学专业等需要执业证的台生就业更加困难。大陆就业门槛多。在大陆就业的台生首先碰到的就是就业推荐表、档案、学籍、户籍、派遣证、用人协议书、报到证等该怎么处理的问

题，如用人单位聘用大学毕业生，需要签订三方协议，并需要出具“报到证”，台港澳生较难取得“报到证”。创业难度很大，要创业还要熟悉两岸尤其是大陆的法律法规、投资环境、市场，要具备与大陆相关政府部门沟通的能力，显然大部分台生还不具备这样的能力。就业劳动医疗保障待完善，台籍干部和员工就无法办理五险一金，两岸的社保机制不互通，在台已购买社保的台湾同胞不愿在大陆购买社保医保，手续烦琐，办理人员一直不是很多。

3. 身份问题制约台湾青年深入融入大陆

台湾身份，在给台湾青年带来部分好处的同时，也有不可避免的困扰。50%的受访者认为，台湾身份是在大陆找工作的重要影响因素，没有大陆户籍，就在医疗保险、房屋补贴、职称晋升、课题申请等方面往往会碰到比大陆同行多得多的困难。身份问题引发一些“同等待遇”问题，这样怎能实现台湾民众“本地化”的愿望？如深圳的就业境外人员不享受住房补贴政策，广州大型安居工程没有覆盖到台湾青年，创业园区对创客的补贴奖励只针对注册企业，个人和个体户无法拿到。2016年，大陆地区高等学校认可名册达到155所，但对医学类、法律类的执业资格考试的学历仍然不认同，目前大陆三甲医院普遍不招收台生，只有少数台生获得医院合同制工作，无法获得正式身份，在粤有一位非常优秀的医学博士类台籍青年，医院也很想接受其工作，苦于身份，只能签订合同制工作，无法获得正式编制的员工待遇。

4. 社会服务方面的缺失和差异造成不适性

调研显示长期愿意在大陆发展台湾青年比重占69.3%，可看出对大陆的发展潜力认同，两岸社会服务的滞后与社会结构等存在差异和差距，比较明显地让台湾青年感觉的生活就业的不适性。一是缺乏专门面对台湾青年提供的政策资讯综合平台，无专业服务台籍干部、员工的组织。现有的平台缺少专门面对的台干、台员的就业、生活、服务的功能，大学中没有专门服务台籍的学生组织，普遍对大陆的法律、政策、资讯不了解，只能通过非官方渠道了解。住宿、生活、子女教育方面有顾虑，子女教育方面反应：一是两岸教育体系差异大，二是国际学校、台商子弟学校学费高、负担重。

三、加强台湾青年深度融合大陆提升中华民族凝聚力的思考

两岸同胞是命运与共的骨肉兄弟，是血浓于水的一家人。应积极解决其“出行难”“办事难”“身份难”“政策不明晰”等问题，加强沟通，推动台湾青年在大陆深度融合发展，提升中华民族凝聚力水平。

1. 构建台湾青年文化认同平台

越来越多的人认识到重视文化交流，以提高台湾青年在大陆的融入度。凝聚共识的文化整合机制，是走向未来两岸命运共同体不可缺少的环节。[①]首先，凝聚“中华民族”认同，要以文化优势推动粤台青年人文交流，引导青年在文化差异中相互理解、相互欣赏，在对外推广中国传统文化的过程中，联手合作，扩大共识。其次，深入打造粤台文化联谊活动和大型文化交流品牌，以合作形式建立具有影响力的平台。以一种积极的、参与的方式，通过开放性的讨论，在动态的过程中形成对历史或现实的正确认识，逐步建构两岸青年对于共同体的文化认同，把两岸中国人的共同信念、情感心理内聚凝合。再次，要进一步培育面对面的粤台青年对话机制，要深化两岸青年交流交往的情感连结，为建设两岸命运共同体打牢坚实的基础。

2. 拓宽台湾青年就业创业平台

搭建多方台籍服务平台。政府和相关部门要进一步增加招聘信息，多渠道传播。建议成立台湾青年服务中心，建立网络服务平台，完善就业指导中心增加线上和线下基础设施。政府层面，建议两岸教育主管部门在两地互设教育服务中心或中介机构，搭建专门服务台湾学生的组织和平台，及时提供或更新两岸相关的教育信息或其他服务信息，为台湾青年和陆生提供学习咨询辅导、就业生涯规划、实地就业与创业等服务措施，以及就业后的相关社保手续、就业证手续的办理指导等。高校层面，开展专门针对台湾学生开展就业指导、政策解读等活动，辅导通道旨在为他们在求学过程中可能碰到的各类学习障碍提供专业支持，开展信息服务、系统就业指导、针对台湾学生进行的专场招聘会，将台湾学生的就业情况纳入高校就业统计范围。

重视台生学籍档案。建议在台湾学生入学时建立相应的档案，方便其毕业后向大陆相关企事业单位求职，实施更加灵活的学制管理制度，建议建立高校台湾学生服务中心，在台生比较集中的高校每年定期不定期举办台生就业说明会，加大台生在大陆就业相关政策的宣讲和解释，并与劳动部门联合设立专门的台生就业咨询办公室，及时为台生解决各类政策难题，可组织有意愿招收台湾青年的企事业召开“台湾青年专场招聘会”。鼓励学校定期不定期开展台生座谈会，如“台生早餐会”或“台生沙龙”，了解实际学习中碰到的各类问题及时沟通解决他们的困难。

---

① 刘澈元. 台湾青年来大陆就业创业差异性政策诉求及原因探析：基于对台湾 4 所高校 1 030 个样本的问卷调查［J］. 现代台湾研究，2016（6）：40 -45.

3. 加强构建台湾青年的交流平台

发挥台青会在各地台商台胞“第二代、第三代”增进青年间的互动、交流和合作，促进政企互动，服务乡亲和回报社会。举办各种联谊会，增加大陆青年与台湾青年交流的机会。青年群体对两岸关系、大陆惠台政策、大陆社会生态的认知也更趋理性，两岸社会交流尤其是青年交流对两岸关系发展、台湾青年来大陆就业创业及其政策诉求有正向的塑造效应。在继续推进交换生、学术论坛、创客合作、青年文化、夏令营等各层次、多领域青年交流的基础上，创新交流方式，促进两岸青年沟通交往，消除台湾青年对大陆的偏狭认识和隔阂感受。构建双向交流平台和机制，通过两岸互派实习生、家庭交换生等方式，实现“两岸一家亲”。开展全国性“两岸青年学生学术论坛”，尤其是在北京、上海、南京、厦门、广州等台生集中的大城市轮流举办台生专场学术论坛，促进台生内外部的交流，增加其在大陆的能见度。

4. 完善台湾青年服务平台

完善劳动医疗教育等保障。建议一是进一步简化减低就业证的办理门槛，如由企业办理变为个人办理，或者不需要提供企业匹配出具的资料，可以减少由于企业不愿办理或怕麻烦导致无法办理就业证或者不愿雇佣台湾青年的机率。二是争取和台湾健保部门连线，在相关医院试点，使台胞医疗费用可以直接划账结算台湾健保，让台胞在大陆得到等同在台湾就诊的服务待遇，提供社会保障服务和生活便利等。降低和取消台胞特别是台湾青年在大陆就业执业的行业和资格限制，在台商相对聚集的地区建立台商学校，引进台商医院，搭建台商会馆，切实为台湾青年事业、生活提供全面配套保障。

解决台湾青年的户籍问题。建议可先从一些技术层面入手，协调人力资源、公安、民政等部门，会同协商出相关措施，对一些在大陆长期生活、就业的青年，可先行发放临时居民身份证等，调整现有涉台青年就业政策中的部分限制性条款，逐步、逐地区放宽台湾青年在大陆工作和就业的相关限制性因素，凡是大陆青年可以享受到的待遇和政策，逐落实台湾青年的“国民待遇”，不要让台湾人在大陆工作生活产生“二等公民”或者“外国人”的感觉。健全各地台商投诉中心作用，加强相关职能部门的协作配合，维护和保障他们的合法权益。

加强大陆和台湾的宣导交流。加强青年学生的交流合作，密切与台湾青年创业协会等社团组织及台湾高等院校和职业学校的沟通联系入岛宣传，为台湾青年赴大陆就业创业提供思想交流、资讯分享、寻求发展的平台和机会。利用两岸青少年夏令营等交流活动机会，创新交流渠道和模式，有意识地加强对台湾青年来大陆的宣导。发挥高校在青年交流中的作用，进一步增强对台工作人员、学生管理工作者的专业素养，对于其给予全方位的引导和服务；举办台生就业创业培训班，邀请企事业或涉台部门前来开设讲座和政策宣讲，参访企业等，为台湾青年在大陆生活和就创业提供相关资讯。

5. 构建台湾青年管理服务平台

提前预判和跟踪台湾青年的生存现状，建立就业、创业、就学、交流、旅游和生活跟踪管理制度，及时反馈他们毕业后在大陆的就业、创业和生活情况，作为献言献策的重要参考依据。要关注其真实想法与利益诉求。对于正在大陆求学、就业创业的台湾青年而言，其生活方式、价值理念以及政策诉求较最初可能出现较大变化，其意识形态伴随着社会和生活环境的不同可能出现转变，通过实时实地了解他们的诉求，努力消除阻碍台湾青年在大陆平等享有各项权利的障碍因素。[①] 对于台湾青年，群体多数经济诉求居首，政策着力点应在于通过满足其经济诉求进而深化对其社会和政治诉求的回应。

6. 鼓励台湾青年在大陆扎根发展

大陆相关部门和省市出台更优惠的台湾青年就业、创业政策，让台湾青年在市场准入、融资、开业、收费、税收、创业培训、创业指导、劳动保障服务等方面享受与陆生同等的待遇甚至更优惠的待遇。政府有关部门要加强对台资企业的管理和服务，简化办理手续，明晰各项条例，进一步推动青创园建设，通过提供优惠政策、完善服务平台、举办交流活动、聘请创业导师等方式，鼓励和支持台湾青年前来创业。

拓宽台湾青年就业渠道。组织发动各类型企业提供台湾青年职位，明确事业单位、国有企业可以雇佣台湾青年的行业和岗位，做出制度性安排，消除事业单位和国有企业用人顾虑。完善大陆高校对台港澳的管理工作，理顺没有报到证、无法签订三方协议等困难。

政府采取购买岗位的措施，从台资企业或部分国有企业、民营企业中购买一定的岗位，提供给台湾青年，期满后考核合格的台湾青年可以申请转正，签订正式的劳动合同。

鼓励台湾青年就业创业发展。加强两岸职业证照考试与检定制度的沟通与对接，如加大度向台籍青年开放大陆相关职业资格考试，逐步认可台湾建筑、规划、医疗、旅游等方面的执业证书，建议尝试允许台胞持有上述证件可在“基地和示范点”直接就业或开展业务探索，促进两岸职业技能标准建设。提供台湾青年就业服务。设立各类创业如文化创意产业发展专项资金，

① 张宝蓉，王贞威. 在大陆的台湾青年社会适应性与满意度分析［J］. 台湾研究集刊，2014（5）：1－8.

采取奖励、补助、贴息等方式，扶持台湾青年所培育的具有发展前景和竞争力产业项目。

以创业促融合。一是支持台湾高科技园青创基地和青年创业联盟示范点建设。一是举办青年创业大赛、创业论坛，通过这些活动，发现和引进更多优质的台湾青年创业项目，并为他们提供创投对接和政策扶持。二是协助符合条件的青创项目申报各级创新创业专项、人才补贴和技术专利等。构建多元化、多渠道、多层次的金融服务体系，建议各地尽快开放台湾金融保险机构、商务服务中介组织在大陆的注册和经营，结合构建开放型经济试点试验工作，争取上级部门放宽对台金融准入门槛，吸引各类型台资金融机构在粤设立分支机构，为创业台企提供融资服务。鼓励参照民营银行或适当降低门槛成立台商银行或其他新型金融组织。[①] 三是对外资准入实施负面清单管理。对外商投资项目实行准入前国民待遇加负面清单管理模式，对负面清单之外的外商投资项目实行备案制（国务院规定对同类型的国内投资项目保留核准的除外）。在金融服务、交通航运服务、商贸服务、专业服务、科技文化服务和社会服务等领域，取消或者放宽对台投资者资质的要求、股比限制、经营范围等准入限制措施。

青年是中华民族的未来，两岸青年的融合就是两岸未来的融合，希望两岸的青年能够携起手来，在推动中华民族凝聚力发展、中华民族伟大复兴的进程中，用交流增进了解，用交心达成共识，用交杯合作共赢，在“两岸一家亲”共圆中国梦的交响曲中唱出最强音。

参考文献：

[1] 刘澈元. 台湾青年来大陆就业创业差异性政策诉求及原因探析：基于对台湾4所高校1 030个样本的问卷调查［J］. 现代台湾研究，2016（6）.

[2] 张宝蓉，王贞威. 在大陆的台湾青年社会适应性与满意度分析［J］. 台湾研究集刊，2014（5）.

[3] 张明，杜妍慧. 提升苏台青年交流实效的基本路径：基于对苏州台青的调查［J］. 唯实（现代管理），2017（3）.

[4] 习近平：扩大台湾民众获得感［EB/OL］.（2015-03-05）［2017-12-21］. http://www.xinhuanet.com/fortune/2015-03/05/c_127545348.htm.

（本文作者系广东省社会主义学院副教授）

① 张明，杜妍慧. 提升苏台青年交流实效的基本路径：基于对苏州台青的调查［J］. 唯实（现代管理），2017（3）：57-59.

刍议中华古典诗词的民族凝聚功用

陈载舸

中华优秀传统文化的传承，是当下中国的一项重要工作。文化传承之“文化”当为有价值之文化。有人问：古典诗词系古典，其当代价值何在？事实是：在科技发展一日千里的今天，人们的空闲时间已被瞬息万变的信息所填充。如果不为语文应试、不做学术研究，不想借此使表达更为典雅，人们似乎可以不去诵读古典诗词。笔者认为，古典诗词虽为古典，却不是博古架上毫无生气的古董，其所具有的民族凝聚功用是一种灵动的推动力，过去存在，现在存在，并将永远存在。

一、激发情感共鸣，促进文化认同

众所周知，古典诗词，是中华民族传统文化的重要部分。这一部分，存在于历史文化之中，存在于现实文化之中，存在于国人的思维观念之中。

翻阅中国当代文学，人们不难发现，不少作品是以古典诗词的词牌或诗句来名篇的。如：刘绍棠的《鹧鸪天》，孙甘露的《忆秦娥》，苏童的《菩萨蛮》，亦舒的《灯火阑珊处》，小春的《不负如来不负卿》，沧月的《夜船吹笛雨潇潇》，靡宝的《歌尽桃花》以及琼瑶的《在水一方》《月满西楼》《庭院深深》……有些以古诗句作为作品的引言或点睛之笔。如：杨绛的小说《洗澡》用《诗经》诗句作为前两章的标题，表达出知识分子在政治运动中的尴尬心态；刘斯奋的小说《白门柳》用《诗经》《易经》及屈原、李贺、辛弃疾的诗句为各卷题记，使全书平添了凝重的历史感；王安忆的小说《桃之夭夭》每一章都以描写花的古诗为题，以点化女主人公的人生历程；方方的小说《祖父在父亲心中》选用屈原《天问》中的诗句，传神地表达出父辈当年的困惑……这类从古典诗意中感悟当代人生的做法，激发了当代读者与古人情感的共鸣，强化了一脉相承的民族心理和民族意识，形成了一条借古题古意洞察现实生活本质、以古人的情感抒发传达当代人生感悟的路径，彰显了古典诗词的永恒价值。

孔子说，诗可以兴，可以观，可以群，可以怨。事实正是如此，人的生命旅程中的一切遭遇和体验，譬如一飞冲天的壮志、顶天立地的气概、雍容大度的胸襟、舍生取义的品德、气吞山河的豪迈、乘风破浪的逸兴以及饥寒交至的困顿、望洋兴叹的无奈、壮志难酬的愤慨、天涯沦落的孤寂、怀才不遇的失落乃至争名逐利的嗜欲、生离死别的悲凄……都在诗人的笔下有鲜活的呈现。囊括了中华民族社会生活各方面内容的古典诗词，是中国人表达各种情感意愿的范本。你想表达仁爱之心吗？有“泽被鱼鸟悦，令行草木春”，“百姓多寒无可救，一身独暖亦何情”；你想体现思乡之情吗？有“此夜曲中闻折柳，何人不起故园情”，“羁鸟恋旧林，池鱼思故渊”；你想抒发爱恋之意吗？有“窈窕淑女，君子好逑”，“两情若是久长时，又岂在朝朝暮暮”；你欲惜春怀古吗？有“春且住，见说道，天涯芳草无归路”，“吴宫花草埋幽径，晋代衣冠成古丘”；你欲赠别亲朋吗？有“劝君更尽一杯酒，西出阳关无故人”，“但愿人长久，千里共婵娟”……至于想表现爱国思想、报国志向、奋发精神，古典诗词中诸类佳句俯拾即是，人们完全可以根据需要任意选用，使表情达意简洁凝练，古朴高雅。

中国领导人对古典诗词往往情有独钟。开国元勋毛泽东、陈毅、叶剑英等人自不待言，他们不仅写下了许多脍炙人口的旧体诗，而且把诗词创作主张作为革命和建设的精神武器。温家宝总理曾常常以古诗示意，他在视察陕西灾区时，以白居易的“心中为念农桑苦，耳里如闻饥冻声”告诫当地官员，要时时惦记百姓疾苦；在谈及弱势群体时，他以郑板桥的“衙斋卧听萧萧竹，疑是民间疾苦声”比喻自己每每念及弱势群体便寝食难安的心境。现任总书记习近平也很有诗词情怀：他在中央党校讲话时曾用文天祥的“人生自古谁无死，留取丹心照汗青”和林则徐的“苟利国家生死以，岂因祸福避趋之”来激励在场干部；他在中央纪委全会上曾用唐代诗人白居易的“春宵苦短日高起，从此君王不早朝”、李商隐的“历览前贤国与家，成由勤俭败由奢”来表述腐败必然懒政、腐败必然亡国的道理……；他在十九届中央政治局常委同中外记者见面会上援引王冕的“不要人夸颜色好，只留清气满乾坤”，展示了新一届中央领导的施政取向与态度。

当然，如果将古典诗词的现代价值仅仅定位于口头和书面的引用，那是一种“只见树木不见森林”的偏颇。中华古典诗词是中华优秀传统文化的组成部分，其佳作之所以能流传千古，具有极大的吸引力，固然是因其简洁凝练、古朴高雅，更是因其内涵深刻、意存高远，蕴含着崇高的人格美和深刻的智性美，蕴含着中华民族不死的精魂，并积淀成中华民族的传统，作用于中华儿女个人，作用于中华民族整体，作用于中华民族发展前进的始终。文化传统是贯穿于民族和国家各个历史阶段的各类文化的核心精神，它“是不死的民族魂，它产生于民族的历代生活，成长于民族的重复实践，形成为民族的集体意识和集体无意识。"① "文化是一个国家、一个民族的灵魂"，②"它往往是通过民族特性的遗传，以'集体无意识'的形式赋予本民族成员某种'原型'。民族成员生活于这种原型所对应的文化情境之中，会自然而然地表现出一种文化上的连续性。即使这种连续性偶尔会出现断裂，人们也可以通过'集体无意识'的支配和已化为行为举止一部分的符号而对其加以认同。"③ 有了文化认同，才可能有民族认同和国家认同。文化认同是凝聚民族成员、凝聚国民的纽带，对中华传统文化经典古典诗词的诵读，能唤起文化记忆，促成文化认同乃至民族认同，增强民族凝聚。

诚然，任何民族的传统文化都有其精华与糟粕，都存在着继承与扬弃的问题。但是，如果因此认为，"传统文化必须批判"，"中华古典诗词已成不再辉煌的夕阳文化"，就会失之偏颇和幼稚。中华诗词不是单纯的文学篇章，而是一种国土的现实怀想：吟诵中华好诗，中国人就会自然而然地联想起黄河白云、空山新雨、浔阳秋瑟、金陵古都、大漠孤烟……于是，一种故园之思、家国之念便油然而生。中华诗词是传统文化的经典，传统文化是民族的根基、血脉和精神家园。在对外开放日益扩大、社会经济深刻变革、互联网技术和新媒体快速发展、各种思想文化交流交融交锋更加频繁的今天，我们需要深入挖掘中华优秀传统文化的当代价值，进一步激发优秀传统文化对国民的凝聚力。今年年初，中共中央办公厅、国务院办公厅印发了《关于实施中华优秀传统文化传承发展工程的意见》，第一次以中央文件的形式专题阐述了中华优秀传统文化的传承发展工作，并明确指出"实施中华经典诵读工程"是一项"重点任务"，要"贯穿国民教育始终"。我们决不能让古典诗词这样的优秀文化经典褪色了，绝迹了，而应当积极走进古典诗词的音韵意境，感受之，传承之，光大之，从而进一步发挥其民族凝聚功用。

二、传承文化传统，高扬民族精神

任何民族都有其共同的生活、共同的语言，从而形成其共同的心理状态和精神追求。每个民族成员都是在本民族共同的生活中诞生、成长，通过共

---

① 庞朴. 文化传统与传统文化［J］. 科学中国人，2003（4）：9－11.

② 习近平. 决胜全面建成小康社会　夺取新时代中国特色社会主义伟大胜利：在中国共产党第十九次全国代表大会上的报告［N］. 人民日报，2017－10－28（1－2）.

③ 陈载舸，陈剑安，殷丽萍. 中华民族凝聚力学概论［M］. 广州：广东人民出版社，2013：75.

同的生活和语言来认识世界、体验生活、形成意识、表达愿望、高扬精神、实现理想的。中华儿女素有爱家爱国、厚德载物、自强不息等民族精神，中华民族素有“诗以言志”“文以载道”的文化传统，优秀的中华古典诗词是表现和张扬民族精神的极佳载体和工具。蕴含于中华古典诗词中的民族精神，是在中华大地上产生出来的民族意识、民族心理和民族感情的综合反映，它对于中华儿女感情的濡染、人格的熏陶、习惯的培养、环境的营造以及力量的凝聚都发挥着极其重要的作用。一个民族的凝聚力的强弱，主要取决于其民族成员对本民族传统精神的认同范围和程度。认同的范围越广、程度越高，其民族凝聚力就越强。任何一个中国人，无论身处何时何地，一首脍炙人口的古典诗词往往会使之想起自己的民族、自己的祖国，并因此而神思飞跃，热血沸腾。中华古典诗词所承载的民族意识、民族心理和民族感情，是增强炎黄子孙的民族归属感和民族凝聚力的重要源泉。

中国是一个诗的国度，中华民族是一个诗情澎湃的民族，诗歌在中华民族文化中的地位十分特殊，它既是一种文化分子，成为中华民族文化结构中的重要因素，又是一种文化母体，承载、孕育、培养着自己独特的文学精神。虽然中华民族各个时代都有不同于他时代的文学精神，但一以贯之的始终是“谋道”。中国古代士人的文化性格和文化精神虽然是多方面的，集中到一点，则是“君子谋道不谋食”，“君子忧道不忧贫”。自古以来，中国的知识分子作文论道时大多都将“文”与“道”联系在一起，以“道”为起点，以“道”为指归，生成出中国文学的特有景观——“文以载道”。这种“文道”思想深深地渗透到中国的文学观念和文学实践之中，而这种“文道”关系的主要表现就是基于“谋道”的忧患意识。

忧患意识，赋予人深沉的使命感和责任感，有了忧患意识，便有了对民生多艰的哀怨与同情，有了对国运前途的焦虑与担忧和奋发有为的精神动力。故而“忧患”是一种心理状态，也是一种人生态度；是一种精神动力，还是一种进取意识。中国古代诗人多有“感事不遇”之叹，然而，正是因为有了忧患意识，那些“感事不遇”的咏叹主题才具有了愤世嫉俗的批判性质，其锋芒所向便是世风的奸伪。战国时期，屈原发出“长太息以掩涕兮，哀民生之多艰”的喟叹；东汉时的《古诗十九首》及其他矢志伤时之作都颇多忧生之嗟；汉魏之际，曹操有“白骨露于野，千里无鸡鸣。生民百遗一，念之断人肠”的悲怆呐喊。唐、宋两代，许多诗人将仁爱之情和民本之念倾注在自己的诗作里，“乾坤含疮痍，忧虞何时毕”，“共看明月应垂泪，一夜乡心五处同”，“我愿天公怜赤子，莫生尤物为疮痏”等，都是忧国忧民之声。元、明、清三代，诗歌艺术成就虽不高，诗人的忧患意识却不减，“野蔓有情萦战骨，残阳何意照空城”“十年天地干戈老，四海苍生痛哭深”

“九州生气恃风雷，万马齐喑究可哀”……历朝历代，中国文学作品中所表现出来的忧患意识，“是那样的深邃——超过了同时代任何一个理论家对社会的剖析。”①

一代有一代之精神，中华民族最深层的精神追求和最独特的精神标识源自传统文化。今天，我们所倡导的解放思想、实事求是的精神，与时俱进、革故鼎新的精神，知难而进、一往无前的精神，艰苦奋斗、务求实效的精神，淡泊名利、无私奉献的精神以及天下兴亡、匹夫有责的担当意识，精忠报国、振兴中华的爱国情怀，孝悌忠信、礼义廉耻的荣辱观念，俭约自守、中和泰和的生活理念，崇德向善、见贤思齐的社会风尚，求同存异、和而不同的处世方法等等，都能在古典诗词中找到其本源。欧阳修说：“君子之于学也，务为道，为道必求知古，知古明道，而后履之以身，施之于事，而又见于文章而发之，以信后世。”② 言之有理。

一代有一代之现实，过往的历史经验往往是现实的借鉴。为什么说“观理自难观势易”？为什么说“辨材须待七年期”？为什么说“用贤无敌是长城”？为什么说“养气要使完，处身要使端”？知识的获取为什么是“纸上得来终觉浅，绝知此事要躬行”？“下笔如有神”的必要条件为什么会是“读书破万卷”？要改变“万马齐喑”的沉闷局面，为什么一定要“不拘一格降人才”？为什么“今来县宰加朱绂，便是生灵血染成”的情况在封建统治下始终不能改变？为什么秦始皇焚书坑儒没有收到镇压人民反抗的效果，反而是“坑灰未冷山东乱，刘项原来不读书”？人们从“不识农夫辛苦力，骄骢踏烂麦青青”中应吸取什么教训？什么情况下会出现“九龄已老韩休死，明日应无谏疏来”的状况？怎样才能“苏世独立，横而不流”？怎样才能“钟鼓于宫，声闻于外”……古代诗人提出的各种问题，总结的各类经验，对于任何时代，都有认识和思考的意义，都有借鉴和回答的价值。余秋雨先生说得好：“唐诗对中国人而言，是一种全方位的美学唤醒：唤醒内心，唤醒山河，唤醒文化传代，唤醒生存本性。”③（《唐诗几男子》）

人生于世，要关注社会发展，要关注国家命运，故而有“怨刺”的社会责任与要求。居安思危，应是一个国家和民族在任何时代都最为清醒和最具战略思维的要求。作为人类灵魂的工程师，文学创作者除自我关注的浅唱低

---

① 孙之梅. 中国文学精神：明清卷［M］. 济南：山东教育出版社，2003.

② 欧阳修. 欧阳修选集［M］. 陈新，林维沐，选注. 上海：上海古籍出版社，1999.

③ 余秋雨：唐诗对中国人而言，是一种全方位的美学唤醒［EB/OL］.（2018－02－12）［2018－03－21］. https://book.douban.com/review/9146550/.

吟和热情洋溢的盛世礼赞，尤应有深切的忧患意识和高度的警世责任。作为潜移默化地指引和扶助人一生的精神食粮，文学应该对人类的道德进步有所助益。事实证明，中国古典诗词的繁荣和发展，对人类进步是具有积极意义的。西方国家在现代化进程中出现了很多社会问题，而这些问题依靠西方文化本身已经很难解决。于是，西方社会于20世纪掀起了“朝东看”的热潮，他们不仅利用中华古典诗词创作的意象组合法创造出现代“意象派”诗歌，而且试图在中国古典诗词中寻求精神助力，认为中国诗词“是一个宝库，今后一个世纪将从中寻找推动力，正如文艺复兴从希腊人那里寻找推动力一样。”① 推动力来自凝聚力，中国诗词所具有的社会推动力是民族凝聚的必然结果。

三、弘扬国学经典，增强文化自信

国学经典，是中国传统文化的精髓，对中国政治、经济、军事等各方面都有极大影响，对于传承文明，增强民族凝聚力、推动中华民族复兴起着重要作用。中国国学所承载的思想，是中华民族共同的血脉和灵魂，是连接炎黄子孙的心灵之桥。在中华大地上，诗词吟咏传统深厚，从诗经、楚辞、乐府，到唐诗、宋词、元曲以至明清诗歌，煌煌一卷几千年的中国文学史，很大程度上就是一卷中华诗词的发展史。历朝历代，诗词创作者们注目现实，体察人情，寄情理想，张扬物理，或执着或潇洒，或沉郁或飘逸，或凝重或淡远，或婉约或豪放……浩浩乎风情万种，悠悠哉思接千载。他们以数不胜数的美篇佳构，创造了无与伦比的艺术辉煌，培育了枝繁叶茂、郁郁苍苍的诗词艺术之树，使之在中国文学乃至世界文学的园地里显示出美轮美奂的绰约风姿。毋庸置疑，中华古典诗词乃中华国学经典。

今天，当精彩的世界令人目不暇接、当各种挡不住的诱惑扑面而来、当耳目一新的现代诗作蜂拥而至的时候，中华古典诗词依然能以其幽深隽永的意境美、九曲环回的情感美、形象凝练的语言美、抑扬顿挫的韵律美而令国人荡气回肠。人们常常会有这样的感受：在繁忙的行政事务之余、疲惫的商海搏击之后、烦恼的旅途劳顿之中，吟咏一首绝妙的古典佳作，感受诗词的空灵蕴藉和无穷韵味，体味诗人的喜怒哀乐和人生感悟，往往会超越责任的重负、谋生的艰辛、陈规的约束、欲望的诱惑以及事与愿违的种种困顿与不快，而感到“别有一番滋味在心头”。② 于是，一种强烈的感触油然而

---

① 赵毅衡．意象派与中国古典诗歌［J］．外国文学研究，1979（4）．

② 陈载舸．永恒的民族古典［M］．广州：广东人民出版社，2005：2.

生——时光抹不去国学经典的光辉。这一强烈的感触，来自民族自豪，来自文化自信。

中国需要坚定的道路自信、理论自信、制度自信，这些自信的本质是建立在5 000多年文明传承基础上的文化自信。文化自信是一个民族、国家对自身文化价值的充分肯定、积极践行以及对其文化生命力特有的坚定信心。有了文化自信，便有了民族自信、国家自信。令中国人自信的三个层面的文化（中华优秀传统文化、革命文化、社会主义先进文化），积淀着中华民族最深层的精神追求，代表着中华民族独特的精神标识，是中华民族发展壮大的丰厚滋养，是中华民族凝聚力生成的必要条件。一个不容忽视的问题是，对民族优秀传统文化的自信、对国学经典的自信不能建立于复古主义和教条主义之上，中华优秀传统文化、中华国学经典不应该仅存于前人的脑海里、仅存于泛黄的书页上，而应该活在当下社会，活在每一个中华儿女心中。

读经典，增强文化自信，不是为装文雅，掉书袋，而是要体悟践行。譬如：当立身处世时，可想想《诗经》中的“人而无礼，胡不遄死”；“人而无仪，不死何为”。当与人相处时，可想想陈刚中的“若知四海皆兄弟，何处相逢非故人”。当学习懈怠时，可想想韩愈的“诗书勤乃有，不勤腹空虚”。当志得意满时，可想想杜甫的“始知五岳外，别有他山尊”。当奢华尽享时，可想想王安石的“豪华尽出成功后，逸乐安知与祸双”。当离家远行时，可想想曹植的“丈夫志四海，万里犹比邻”。当遭遇挫折时，可想想关汉卿的“我是个蒸不烂、煮不熟、捶不扁、炒不爆、响当当一粒铜豌豆”。当年过半百时，可想想白居易的“怜君头半白，其志竟不衰”……中国古代诗人羁旅吟哦，登山赋诗，触景抒情，用诗句向世人展示生活体验和人生境界。吟诵古典诗词，往往会对人格的塑造和精神的陶冶产生潜移默化的作用，并将留下永恒的记忆，为人的终生的精神发展（树立正确的世界观、人生观、价值观，自觉地承担起弘扬民族精神、推动社会发展进步的重任）奠定基础。

读经典，增强文化自信，不是为寻章摘句，而是要以特有的方式强化素质。中华民族素有“诗教”之说，寓教于诗已成传统，于是，牙牙学语的中国稚童大多都能背出好多首古典诗词。中华古典诗词有相当部分宣扬的是“扶危定倾，身任天下”的历史责任感，揭露的是“桑柘废来犹纳税，田园荒后尚征苗”的封建暴虐对社会造成的伤害，彰显的是“生荣死衰，身没名显”“鸿鹄高飞，一举千里”的人格志向，体现的是“朝与仁义生，夕死复何求”“烈士恶苟得，俊杰思自致”“丈夫皆有志，会见立功勋”的精神追求……这一切都是素质教育的生动教材。作为社会生活在诗人头脑中的形象反映，诗词是艺术化的时代风云，是浓缩化的社会历史。吟诵一首有所兴寄的古诗词，是一段国史追溯，也是一场国情教育。从中，读者能看到一段历史，感悟一番人生，体味一缕情思。在对其所展示的庄严的历史画面、深远的人生境界、高洁的人格魅力的体味中，读者的民族自信心和自豪感会自然升腾，社会责任感和历史使命感会油然而生。同时，中华优秀古典诗词具有音乐、绘画、建筑三位一体的艺术之美，是诗作者们对艺术境界的追求与标举，诵读中华古典诗词，能使人体认到其精当的修辞、畅达的造句、铿锵的声韵和巧妙的谋篇。口诵心维，久而久之，读者便能成为有一定文学素养和高雅情趣的“文化人”。

读经典，增强文化自信，不只是为传承旧律，还得要创制新篇，依旧体写新词，为社会所用，为现实所用。如当代诗人蒋昌典的《农家即景》用七绝歌颂改革开放后农村的巨大变化：“春归旧燕有新愁，不见茅檐见彩楼。三匝绕梁终辨识，锄筐仍挂粉墙头。”①“三匝绕梁”是借用曹操《短歌行》中的“月明星稀，乌鹊南飞，绕树三匝，何枝可依。”曹操的诗句本是指贤才投靠无门，蒋昌典在这里却是指农村变化之大：燕子绕梁三圈才认出昔日的家。阅读这首用旧体创新意的诗，读者明显地感受到两点：其一，改革开放后，农民的生活水平提高了，农村旧貌换新颜。其二，生活水平提高了，农民热爱农业的本色不变。何以见得？看，“锄筐仍挂粉墙头”。言辞简洁，却写出了深度。又如获得全国首届诗词大赛一等奖的《离休感怀》（作者王巨农）写道：“轻车疑是旧僚来，忙唤妻孥备酒杯。嘀嘀一声东去也，门前麻雀又飞回。”② 该诗创作手法与唐代诗人刘禹锡的《阿娇怨》极其相似（望见葳蕤举翠华，试开金殿扫庭花。须臾宫女来传信，言去平阳公主家）。刘禹锡的诗追寻前事，摹写被汉武帝长时间疏远的阿娇盼望汉武帝宠幸而总是盼不到的哀怨情状。王巨农由阿娇被疏远的情状，联想到今天官场上“人走茶凉”的现实，很有感慨，写下了这首用旧体翻新意的诗，抨击了势利的社会恶习。

中华优秀古典诗词是美的艺术创造，是活的文化经典。网上文章《读古典诗词究竟有什么用》说得很中肯：“凡是最好的诗人，都不是用文字写诗，而是用整个生命去写诗。”“读诗的时候，伟大的诗人就都成了你的朋友，苏东坡、陶渊明、杜甫……尽在眼前。”“读他们的诗作，能感受到生生不息的活泼生命。既是传统，也是时尚。”③

---

①② 杨子怡推荐丨今人诗词十首[EB/OL].(2017-02-22)[2017-12-21]. http://www.360doc.com/content/17/0222/18/33955772_631180257.shtml.

③ 读古典诗词究竟有什么用[EB/OL].(2017-08-04)[2017-12-21]. https://www.sohu.com/a/162199411_99958728.

参考文献：

［1］庞朴．文化传统与传统文化［J］．科学中国人，2003（4）．

［2］习近平．决胜全面建成小康社会　夺取新时代中国特色社会主义伟大胜利：在中国共产党第十九次全国代表大会上的报告［N］．人民日报，2017－10－28（1－2）．

［3］陈载舸，陈剑安，殷丽萍．中华民族凝聚力学概论［M］．广州：广东人民出版社，2013．

［4］孙之梅．中国文学精神：明清卷［M］．济南：山东教育出版社，2003．

［5］赵毅衡．意象派与中国古典诗歌［J］．外国文学研究，1979（4）．

［6］陈载舸．永恒的民族古典［M］．广州：广东人民出版社，2005．

（本文作者系广东中华民族凝聚力研究会教授）

媒介全球化与我国青少年文化认同研究

杨银娟

一、研究问题和研究意义

1. 研究问题

外来文化产品输入带来的问题日益受到关注，发达国家将自身的生活态度和价值观念结合在流行文化产品中，使进口国的消费者无意识中改变既有的思维方式。与许多国家类似，我国的青少年成为了以好莱坞为代表的全球化媒介的主力消费者，青少年的两个特点决定了其容易受到国外媒体文化的影响，一是与儿童相比他们拥有更多主动性和自主权接触全球化的媒介产品，二是与成人相比其价值观和生活方式正在形成之中。[①] 基于文化全球化正以潜移默化的方式对我国青少年施加全面而深远的影响，学者们从不同角度呼吁关注此问题，包括好莱坞（多元文化主义）的亚洲入侵、和谐社会视域下的青年文化认同危机、重建全球化时代的中华民族和文化认同等。本文旨在探讨媒介全球化对我国青少年意识形态尤其是文化认同的影响。

2. 研究意义

本文的研究意义在于，媒介全球化对青少年意识形态的冲击问题不仅仅是文化问题，更是政治问题和安全问题，关乎国家的经济发展和政局稳定。事实上，青少年的认同和意识形态是一个竞争的场域，国家不仅要与国内的宗教、种族等组织进行竞争以获得群体认同，同时要与全球化的组织进行竞争，全球化的过程令人们发展出全球认同，从而削弱了人们对国家的忠诚，

---

① ARNETT J J. The psychology of globalization [J]. American psychologist, 2002, 57 (10): 774 – 783.

并可能会降低社会的稳固程度。①

自改革开放以来，我国历任领导人都十分重视意识形态工作。邓小平在20世纪80年代就指出，要反对资产阶级自由化，“我们最大的失误在教育，对年轻娃娃、青年学生教育不够……参加过游行、绝食的许多人思想转变过来，要好多年，不是一两个月的补课就行的”②。江泽民在党的十六大报告中提出，“文化的力量，深深熔铸在民族的生命力、创造力和凝聚力之中，要深刻认识文化建设的战略意义”③。胡锦涛在2012年1月份的《求是》杂志上撰文指出：“国际敌对势力正在加紧对我国实施西化、分化战略图谋，思想文化领域是他们进行长期渗透的重点领域。我们要深刻认识意识形态领域斗争的严重性和复杂性，警钟长鸣、警惕长存，采取有力措施加以防范和应对”④。在2013年“8·19”讲话当中，习近平指出，意识形态工作是党的一项极端重要的工作，宣传思想工作就是要巩固马克思主义在意识形态领域的指导地位，巩固全党全国人民团结奋斗的共同思想基础，同时要加强社会主义核心价值体系建设，积极培育和践行社会主义核心价值观。

其他社会主义国家因媒介全球化侵蚀民众价值观的教训也值得借鉴，约瑟夫·奈指出：“论灵活的程度、吸引力的高下，苏联由国家进行的政治、文化、宣传跟不上美国商业流行文化的脚步。柏林围墙于一九八九年倒塌，电影、电视早在那之前就已经穿透围墙了。要是没有西方流行文化意象常年的侵蚀破坏，光靠锄头和推土机恐怕也推不倒柏林围墙。”⑤ 因此，应站在国家文化安全和政治稳定的角度来考量媒介全球化给青少年意识形态带来的影响。

二、文献回顾

1. 中国青少年意识形态研究：历史回顾与现状

汉密尔顿指出，意识形态（ideology）是一套集体共有的规范性，是一

① COHEN J. What I watch and who I am: national pride and the viewing of local and foreign television in Israel [J]. Journal of communication, 2008, 58 (1): 149-167.

② 邓小平. 邓小平文选：第3卷 [M]. 北京：人民出版社，1993：327.

③ 江泽民. 江泽民文选：第三卷 [M]. 北京：人民出版社，2006：558.

④ 胡锦涛. 坚定不移走中国特色社会主义文化发展道路　努力建设社会主义文化强国 [J]. 求是，2012 (1).

⑤ 奈伊. 柔性权力 [M]. 吴家恒，方祖芳，译. 台北：远流出版事业股份有限公司，2006.

套观念体系、信仰、与态度，倡导某种社会关系或制度，以辩护某种行为方式为目标。意识形态的功能包括：提供认知结构和观念的公式、提供个人与集体的行动指导、处理整合冲突、促成自我认同、提供目的感与行动的誓言以及个人与集体生活的动力。①

青少年意识形态一直是各方政治力量关注的焦点。纵观中国近代的历史，执政当局以十分谨慎的态度来对待教育年轻人的任务，即明确规定青年行为的边界，并将青年的世界观和信仰与支持道德和政治秩序的规范交织在一起。20 世纪 20 年代的学生运动首次展示了青年可以成为一股重要的社会力量，20 世纪 30 年代和 20 世纪 40 年代，国民党未能充分开掘青年人的潜能，相反，中国共产党在其后的数十年内成为对中国年轻人十分有吸引力的政治力量。阎去翔将新中国成立后的农村青年分成四代：①20 世纪 50 年代的文盲以及新觉醒的年轻人；②20 世纪 60 年代的理想主义年轻人；③1970 年代的“刺儿头”年轻人；④后毛泽东时代的个人主义和物质主义的年轻人。②

中华人民共和国成立后中国青少年的意识形态影响因素可概括为三类：党和国家（party-state）、传统价值和媒介全球化。从时间维度来看可以粗略划分为两个阶段，第一阶段是党与国家主导的青少年意识形态（1949—1978 年）。1949 年之后，中国共产党和国家继续动员城市和乡村的年轻人变成社会主义改造和经济发展的主要力量，动员的策略主要包括意识形态教育和组织工作。布莱克研究了“大跃进”时期的情歌和青年文化，发现党试图并在一定程度上成功运用流行歌曲及倡导新的求婚方式，从而将社会主义价值观传播给年轻人，并动员这批富有活力的、训练有素的劳动力为经济发展服务。③ 帕里斯和怀特系统考察了社会主义对乡村生活尤其是农村青年生活经验的影响。④

总之，布莱克对“大跃进”时期青年参与和其他学者对“文化大革命”时期青年政治运动参与的研究表明，在 1978 年之前，青年是最容易被意识形态影响的群体。第一阶段末另一个重要现象是传统文化的瓦解，包括青少

---

① 张明贵．意识形态与当代政治［M］．台北：五南图书出版有限公司，2005.

② YAN Y X. Rural youth and youth culture in north China［J］. Culture, medicine and psychiatry, 1999, 23 (1): 75 – 97.

③ BLAKE C. love songs and the great leap: the role of a youth culture in the revolutionary phase of China's economic development［J］. American ethnologist, 1979, 6 (1): 41 – 54.

④ PARISH W, WHYTE M. Village and family in contemporary China［M］. Chicago: University of Chicago Press, 1978.

年在内的民众对群体认同、国家认知乃至价值的判断都摇摇欲坠，深远的影响则是传统文化的体系崩溃。[①]

第二阶段是全球化主导的青少年意识形态（1978 年至今）。传统文化体系崩溃瓦解的同时，青少年价值观又受到改革开放以来全球化的冲击。陈筑君认为中国的国家文化外部受到西方价值输入、文化霸权扩张、加入 WTO 挑战的影响，内部则受到传统文化破坏、意识形态分歧、多元意见缺乏等因素影响。改革开放之后，中国被卷入全球化浪潮，新兴的文化表现手法从西方尤其是美国不断输入，西方的意识形态通过流行文化渐渐融入中国青少年既有的价值观念，而这种抛弃传统文化（包括党的意识形态）的过程是隐蔽的、缓慢的、潜移默化的，一旦警觉到它的影响力时，它早已深深与大众结合在一起。[②]

朱莉亚·邝提出一个理论框架来分析中国年轻人如何在自身鲜活的文化与国家倡导的官方理想文化之间进行协商，这一个人主义的框架包括六类：个人主义、个人愿望、日益增长的疏离感（alienation）、以消费主义和享乐主义为特征的即刻的满足、崇拜任何国外的事物（xenophelia）、批评政府的政治态度。[③] 阎云翔对 20 世纪 90 年代中国农村青年的生活研究发现，无论是节俭、在田里劳动，还是孔子伦理或共产主义理想都不能帮助他们改善生活，农村青年呈现出对孝道及权威的抗拒和反叛，此外他们呈现出物质主义、消费主义及维护个人权利的倾向。[④]

韦伯的研究发现，中国年轻人呈现出多元的价值观，包括物质主义主导下对精神价值的艰难追求、嘲笑与自我否定式的玩世不恭、沉迷于享乐主义的生活方式，此种情景源于青年人通过媒介接触到不同的文化经验。他发现上海青年策略性地使用媒介文本以达到形形色色的个人目标，他们在既定的中国传统的强调孝道、责任、和谐与牺牲的集体主义价值观的框架内发展出一套全新的价值体系，即以个人雄心、变化、财富及物质主义为标志的个人主义的价值观。正是从这个意义，作家郭小橹将中国年轻人特征总结为“渴望西方、遗忘过去”，过去的记忆和文化本应是建构认同的重要元素，然而这一代人已经完全忘记了过去，他们不惜代价追求西方的各样事物，从变革

---

①② 陈筑君. 中国的文化安全问题之研究［D］. 新北：淡江大学，2007

③ KWONG J. Ideological crisis among China’s youth：values and official ideology［J］. British journal of sociology，1994，45（2）：247 – 264.

④ YAN Y X. Rural youth and youth culture in north China［J］. Culture，medicine and psychiatry，1999，23（1）：75 – 97.

的速度来看，中国比美国还像美国。[1]

2. 媒介全球化与青少年认同的关系

吉登斯认为，“全球化实际上是关于空间和时间的转变、是各种过程的复合，这些过程经常相互矛盾产生冲突、不和谐，以及新的分层形式。”[2] 事实上，媒介全球化对发展中国家的影响可以用葛兰西的文化霸权来解释，以美国为代表的西方国家不需要强制和武力强迫大众改变自己的意愿和价值，他们塑造的大众文化令发展中国家受众达成一种共识（consent），让人心甘情愿的参与进来，并被同化到西方的世界观和意识形态当中来。正是从这一意义上，布热津斯基认为“美国给世界造成的社会影响，同样产生了一种类似文化革命的现象，只不过它是一场富有吸引力的非暴力革命，而且影响更深远，时间更持久，因而最终也就更真正具有转变力”。[3]

媒介全球化对青少年影响的研究分为两类，一类是关注媒介全球化对个体认同的影响，从青少年心理角度出发，阿奈特探讨了全球化带来的不确定性和混乱，青少年发展出了一种双文化认同（bicultural identity）：即他们的一部分认同根植于本土文化，另一部分则与全球情况相合拍，阿奈特尤其关注非西方世界的年轻人如何被日益增长的认同混乱所困扰。[4]

布鲁纳认为，“人们在全球化媒介的消费中凭空想象出社区，这一社区给其成员提供了种种脚本（scripts），正是基于这些脚本人们建构自己的多重认同”。克瑞认为，“各种形式的媒介迅速扩散，文化经历了越来越多的杂交，这为国家认同的保持带来巨大的挑战”。[5] 电视对国家认同而言至关重要，电视节目近来的全球化被视为对国家主权的巨大威胁。由于美国电视内容在国际节目市场上占据主导地位，许多其他国家对于其民众收看美国电视节目如何影响民众的国家认同以及如何对国家凝聚力带来潜在的破坏性的影

---

① WEBER I. Shanghai youth's strategic mobilization of individualistic values: constructing cultural identity in the age of spiritual civilization [J]. Intercultural communication studies, 2001, 10 (2): 23-46.

② 吉登斯. 超越左与右：激进政治的未来 [M]. 李惠斌，杨雪冬，译. 北京：社会科学文献出版社，2000.

③ 布热津斯基. 大抉择：美国站在十字路口 [M]. 王振西，译. 北京：新华出版社，2005.

④ BRUNER J. On knowing: essays for the left hand [M]. Cambridge: Harvard University Press, 1979.

⑤ CRANE D. Culture and globalization: theoretical models and emerging trends [M] // CRANE D, KAWASHIMA N, KAWASAKI K. Global culture: media, arts, policy, and globalization. New York: Routledge, 2002.

响深表关切和忧虑。格瑞斯蒂对马耳他的青少年研究发现：当地年轻人受到全球化媒介、当地传统以及变动的文化环境影响，他们意识到多种生活方式的可能性，同时他们可能采用和拒绝特定的文化认同。[①]

另一类是探讨媒介全球化的负面效应。实证研究表明，观看国外的电视节目一定程度上会导致消费主义、对民主的积极的态度以及对美国文化的更热切的向往。[②] 然而，全球化并非是一种完全解放的力量，全球化媒体提供了一个美好的图景，但个体的自我实现仍有赖于其生存的阶级体系。因此，人们接触了全球影视产品，看到了耀眼的"全球商场"，不断接受美好生活景象的轰炸和逗弄，然而人们的现实生活和经济状况远远无法实现这想象中的生活方式，结果则是气馁、沮丧和深深的失望。[③]

当年轻人看到好莱坞电影、电视剧和美妙迷人的跨国广告似乎有更多的"自由"，而他们自己的生活环境和文化传承充满局限并且无法提供这种自由时，便会生出失望和挫折感，这被称之为"分离性关系"（the relations of disjunctive），因为媒体超越国家边界流动，制造了富裕的形象，而受众所在地的生活标准和消费水平远不能达到此种富裕程度。

综上所述，学者的关注集中在两个领域，一是新中国成立后中国青少年意识形态影响因素的变迁，二是媒介全球化对青少年认同的影响，这些发现为本文的研究奠定了理论基础。然而仍有一些问题尚待探索，如在我国青少年群体中流行的海外影视作品类型有哪些？青少年是如何解读这些媒介文本的？从何种理论视角来分析这种解读模式？相关政府、政策部门及相关结构应采取哪些措施来与媒介全球化的影响相抗衡？

三、研究发现

1. 图式的竞争：青少年对美剧的解读

近些年来，好莱坞影视作品在中国内地电影市场占据了主导地位。被称为"形象银行"（image bank）的好莱坞通过电影、电视剧等文化商品向全球不断地输出美国形象，与许多国家类似，我国的青少年成为好莱坞美国形

---

① GRIXTI J. Symbiotic transformations: youth, global media and indigenous culture in Malta [J]. Media, culture & society, 2006, 28 (1): 105 - 122.

② COHEN J. What I watch and who I am: national pride and the viewing of local and foreign television in Israel [J]. Journal of communication, 2008, 58 (1): 149 - 167.

③ MEYROWITZ J, MAGUIRE J. Media, place, and multiculturalism [J]. Society, 1993, 30 (5): 41 - 48.

象的主力消费者。①

这一部分以广东地区的大学生对美国励志片《当幸福来敲门》的解读为个案，探讨媒介全球化对我国青少年认同的影响。实证材料表明全球化媒介对我国青少年的影响绝非铁板一块，无论是青少年完全被好莱坞支配的“媒介帝国主义”模式，还是青少年占主导地位能够理性判断免于受到好莱坞影响的“受众决定论”，都难以完全解释青少年在处理全球化媒介信息时复杂的心理过程。正是基于这一复杂性的考虑，本部分引进了心理学中的图式概念，提出了“图式竞争”理论，最终发现我国青少年在解读好莱坞影视作品时的心理过程呈现三种模式，即图示平衡模式、原有图式的强化模式、新图式的采纳模式。

（1）图式的平衡是指受众旧有的对自身、环境及文化的认知与全球化媒体呈现的知识或行为相一致，因此呈现一种认知协调一致的状态。这种图式的平衡表现在两个方面，一是从自身的处境出发感受到一种与自身状态相似的“共性”，因而引发某种共鸣。图式平衡的另一来源则是更为复杂的（sophisticated）受众在解读时从文本（text）走向文本背后的情境（context），这一点类似于卡茨和利布斯批判式（critical）的解读模式，即这一部分受众将影视作品视为由讯息和叙事模式建构起来的事物，意识到中西方的不同是有其渊源的，因而很容易维持图式的均衡。

（2）原有图式的强化模式是指接触了全球化信息之后，对其中呈现的图景产生了负面的态度，并进而维持甚至强化了原有的图式。通过焦点小组访谈发现受众原有图式在以下三个维度得到了强化。一是金钱观念。部分受访者基于对影片中金钱至上的行为的观察而对美国的金钱观念产生了不认同。二是政治制度。有受访者对西方的政治制度提出了质疑，认为资产阶级社会制度是维护资产阶级利益，资产阶级的生活看上去富裕而美好，但大多数人却只能在贫困中挣扎，而社会主义社会却是维护广大人民群众的利益，虽然中国有不少人还是要面对贫穷和饥饿，但和资产阶级社会相比还是显得相对美好的。三是生活方式以及人与人的关系。有受访者对影片中过快的生活节奏十分不认同，有更多人对影片中呈现的人与人的关系提出了质疑，他们认为西方资本主义世界里利益和金钱至上，人与人之间的感情显得淡薄，而中国受儒家传统影响，人与人之间还是比较和谐的，相比美国“寡情重利”的生活方式，他们更喜欢中国这个“温情脉脉”的国度。

（3）即抛弃原有的图式并采纳好莱坞作品中呈现的新的图式，总的来说青少年被访者在以下六个维度采纳了西方的图式。一是男女性别角色。不少

① 布兰斯顿．电影与文化的现代性［M］．北京：北京大学出版社，2006.

女性被访者对西方女性呈现的独立的一面以及社会对女性的角色期待方面表现出欣赏态度。二是家庭教育理念。在非结构式访谈中，出乎研究者意料，许多被访者认为美国家庭教育理念令他们“印象深刻”，并反思性地与中国的家庭教育相对比。三是个人主义的价值观。影片里体现的个人主义引发了被访者强烈的共鸣，被访者自然而然地将自身所处中国文化中的集体主义价值观与影片中西方的个人主义价值观相比较。四是平等、公平的价值观。许多受访者认为影片里面的社会制度是有实力、有竞争就能胜出，这样的制度是公平的，而在中国的现实中，除了实力以外，还有一个更强大的力量叫做关系。五是“自由的”政治制度。他们认为美国的公司制度相对公平、公开化，里面表现的社会制度感觉更民主、更自由，个体在这种制度下更容易实现自我价值。六是完善的社会制度。影片中呈现的政府救济制度、宗教力量以及非政府组织在维护社会公平方面令被访者印象深刻。

总的来说，我国青少年观看好莱坞电影并非像靶子遇到子弹就应声倒下，他们在某些情境下仍保持甚至强化了对原有文化中一些元素的认同，如重义轻利的价值观念、和谐的人际关系以及慢节奏的生活方式。然而，令人忧虑的是在中西图式的比较与交锋中，我国青少年对中国原有核心价值观的认同遭到了挑战和削弱，一方面是家庭层面的价值观，他们抛弃夫权支配的观念，采纳男女平等的性别观念，抛弃父权主义的教育观念，采纳代际平等的教育理念；另一方面是群体与社会的价值观，他们抛弃集体主义转而采纳个人主义，抛弃垂直的等级社会观采纳平等公平的社会观，抛弃威权的国家主义的政治理念采纳自由民主的政治制度。

2. 替代性满足：青少年对日本动漫的解读

动漫出版物这一原本让人消遣娱乐的事物却逐渐融入了人们的生活，不断影响甚至改变着受众的意念、情绪和原则，其中青少年受到的影响尤甚。我国青少年接触来自各个国家和地区的动漫作品，其中日本动漫出版物的传播最为广泛，这部分的研究旨在回答以下几个问题：驱动青少年观看日本动漫的深层动机是什么？他们的解读过程是怎样的？他们如何将动漫与自己的生活整合起来？

这一部分选取了日本动漫《海贼王》进行个案研究，该作品出自日本著名漫画家尾田荣一郎之手，1997 年由日本综合性出版社集英社发行，漫画已出版 600 多集，浙江人民美术出版社将漫画翻译成中文结集出版，出版以来受到广泛欢迎。

这一部分采用立意抽样（purposive sampling）的方法，首先找到几名曾观看过 100 集以上《海贼王》的青少年（年龄介于 16 ~ 28 岁之间），访谈后被访者再推荐其周围的喜欢观看此动画片的朋友或同为动漫迷的网友，通过面谈、电话和网络共访问 32 人。深度访谈的问题包括促使观看此动画片的动机、吸引观看的元素、如何将动漫内容与自身生活连接起来等。此外，作者也到《海贼王》的相关论坛上搜集补充材料。

通过深度访谈发现，青少年解读《海贼王》的过程可以用心理学概念“替代性满足”来概括。替代满足通常是指人在难以摆脱的挫折和失落中寻求某种神经快感或积极联想，有意或无意地进行自我补偿。我国青少年在观看《海贼王》时获得的替代性满足包括两个层面，一是梦想的激励，二是友谊与团队精神。

（1）被访青少年以高度卷入（high involvement）的方式来解读这一动漫作品，他们从中寻得了在现实中缺失的梦想，并受到这一梦想的激励，这被称为“情感激励”。

施拉姆对儿童的电视接触行为进行研究发现，人们在现实生活中的某些愿望得不到满足，就会逃向虚幻世界来寻求一种替代性满足，大众传媒正提供了这样一个幻想的世界。本部分的研究发现与此观点十分吻合。

动漫的这种激励作用不仅体现在在校学生身上，进入社会的青年对此动漫有着独特的、更为深入的理解，他们将此动漫作品视为一种社会支持（social support）的资源，动漫为他们提供了情感和心理支持，帮助他们克服压力与心理低潮的情绪。

（2）除找回梦想外，被访者从此部作品中获得的满足还包括友谊与团队精神。中国曾崇尚集体主义的意识形态，但市场经济大潮的冲击导致个人主义和功利主义盛行，个人对群体的认同感削弱，人与人的关系疏离，而《海贼王》崇尚的友谊和团队精神正是人们现实生活中所缺失的。

出乎意料的是，团体精神以及其中蕴含的不期望报答的自觉自愿的利他主义在当今物质主义弥漫的中国社会对青少年有着独特的吸引力，对青少年而言有时利他比利己更能带来自我满足并增强自我效能感。

胡幸琪在 2002 年第 14 期的《文化研究月报》撰文指出，“对日剧迷而言，日剧可以与其人生相互交会的，日剧可以指涉、干涉日剧迷的人生。与日剧的相遇是美丽而情绪的，现实生活的无奈与挫败，可以因看日剧与写心得而得以解脱，发泄、获得鼓励。日剧也是人生的寓言，它指向了人生多变的可能性与人性的复杂，让人感动与深思”。这段话是用来描述日剧对日剧迷的功能，但同样可用来解释中国动漫迷观看日本动漫的驱动因素。

我们通过青少年对日本著名动漫出版物《海贼王》的解读研究发现，促使他们接触这一动漫作品并令他们高度卷入的主要因素是他们从中获得了替代性满足，这种满足包括找回现实缺失的梦想以及珍贵的友情和团队精神。

我国青少年在观看日本动漫作品时绝不是一种被动的消费者的状态，相反，他们是主动的、有能动作用的主体，对他们而言日本动漫绝不是一种纯粹的、游离于生活之外的娱乐作品，他们反而将日本动漫当作布迪厄所称的文化资源，他们将日本动漫与自己的生活关联甚至整合起来，对他们而言，这一类的日本热血动漫成为一种“象征意义上的虚拟而真实的伙伴”以及自身的社会支持系统，帮助他们克服情绪低潮，并对他们进行情感激励。正如费斯克对流行文化的研究所发现的，流行文化的受众都在从事一种符号生产（semiotic productivity），他们从文化工业产品的符号资源中制造与自身的社会处境相关的意义、认同和快乐。也许仅从文化资源本身理解流行文化的意义是不够的，流行文化的意义蕴含于非精英阶层的生活，他们将文化资源植入到日常生活并从中获取新的意义。①

我国青少年将日本动漫出版物视为资源整合到自己的生活，这一点可从他们对动漫作品的解读模式推断出来。卡茨和利布斯通过焦点小组等质化方法研究了以色列的四类家庭如何解读美国电视剧《豪门恩怨》（Dallas），他们发现总的来说人们的解读方式可以分为两类，一类是“关联式”（referential）的解读模式，即观众在收看节目时认为节目内容无论从社会角度还是心理角度都可应用到现实生活，例如将剧中角色、情节与自己的生活相比较；第二类是“批判式”（critical）的解读模式，即将电视节目视为由讯息和叙事模式建构起来的事务。② 本研究中被访者对《海贼王》更多的是一种“关联式”的解读模式，这也决定了日本动漫对我国青少年的影响是全面而深远的。

3. 幻想愉悦及原有图式的强化：青少年对韩剧的解读

20 世纪 90 年代起，韩国影视出版物等流行文化开始大量涌入中国大陆、香港和台湾地区，韩国影视剧的传播是文化全球化的一个维度，商业化的媒介体系从根本上推动了文化全球化的进程，全球领先的媒体传播公司塑造了人们赖以生存的象征环境（symbolic environment），这一象征环境对人们原有的认同提出了挑战。这一部分试图从青少年个体阅读文本的实践出发，探讨韩国影视出版物对我国青少年观念和行为层面的影响。本部分的研究试图探讨以下问题：我国的青少年受众如何在生活中与韩国影视剧互动？他们从中获取了怎样的功能和意义？韩国影视出版物的接触是否会影响青少年对我国原有文化的认同？

---

① FISKE J. Understanding popular culture. Boston: Unwin Hyman, 1989.

② KATZ E, LIEBES T. Interacting with “Dallas”: cross cultural readings of American TV [J]. Canadian journal of communication, 1990, 15 (1): 45 - 66.

本研究主要采用质化研究中的深度访谈法以收集被访者的动机、信念、态度、做法与看法等资料。访谈对象选自珠三角地区的某高校，研究人员采用立意抽样的方式获取样本，深度访谈的问题涉及认知、情感和行为三个层面，例如，“透过看韩剧，你所了解的韩国文化是怎样的?”“你是否喜爱里面的韩国文化或为其着迷?”“在日常的生活方式上，你是否受到了韩剧的影响? 如果有，体现在什么地方?”等共20多个问题。同时，如果在访谈中发现了新的与主题相关的问题，研究者会进一步探究并调整后来的访问提纲，共访谈了16位大学生，其中男性6名，女性10名，每位受访者的访谈时间从30分钟到70分钟不等。

研究发现包括以下几个方面。

（1）社会学习。根据班杜拉的社会学习理论（social learning theory），认同程度越高，越容易受到电视中模范角色（role model）的影响，进而学习剧中主要角色的言行举止。李丁赞、陈兆勇研究日本文化在台盛行原因时发现，台湾地区人民对日本流行文化的接触中，由看、听到了解，进而模仿，并实践在其个人的生活方式中，这是从文化接触到文化认同的重要过程与机制。[①] 另外，社会情境中的媒介—经验研究应厘清社会体系中观众如何由媒介中获取经验以形成自我认同，并转化为日常生活的素材。[②]

通过深度访谈，本文发现珠三角地区的大学生群体在解读韩国影视剧后呈现出以下几个方面的社会学习：一是时尚潮流风尚。韩国影视剧是了解韩国的一扇窗口，受众了解到里面的人物打扮以及接触到最新的韩国时尚潮搭及彩妆流行趋势。二是生活方式。有的受访者对影片中展现别致的生活方式以及人与人之间的交往方式表示认同。三是语言。语言是民族的重要特征之一，被访者收看韩国影视作品接触的最直观的文化元素便是韩语，大部分被访者都表现出对韩语配音的认同并表现出对韩语学习的需求。四是民族意识。“大韩民国”这一强势概念的输出在韩剧里表露无遗，其中展现的国民高度统一的民族自豪感获得了大部分受访者的认同。五是文化保护观念。韩国影视剧体现的文化保护观引发了被访者强烈的共鸣。

（2）幻想愉悦。坦纳鲍姆认为受众愉悦是来自于某些情绪的唤起，受众会重复收看戏剧，主要是希望能够得到愉悦（pleasure）和放松，也是因为某些情绪被唤起而产生的行为，这些情绪包括熟悉感（familiarity）、确定感

---

① 李丁赞，陈兆勇．卫星电视与文化认同：以卫视中文台的日剧为观察对象［J］．新闻学研究，1998，56：9－34．

② 苏蘅，陈雪云．全球化下青少年收看本国及外国电视节目之现况及相关影响研究［J］．新闻学研究，2000，64：103－138．

（certainty）、回忆（memory）、怀旧（nostalgia）、幻想（fantasy）、仪式（ritual）等。

霍布森发现，许多观众可以将肥皂剧的世界加以整合，并重新融入他们自己的生活中，进行一种幻想、想象的游戏（a fantastical game），融合了虚构世界与真实世界。利文斯顿在研究观众为何喜爱收看肥皂剧时，发现观众借由幻想性的涉入，以逃避、进入到剧中缤纷的世界，满足自己的梦想与欲望。[①] 台湾学者在研究韩剧传播时指出，韩剧挟带输出韩国的文化思维，再加上韩国流行商品文化的大举入侵，这种以文化商品挟带文化思维的传播方式，带给台湾人民一种韩国式、美好的生活模式，创造了一个美好的想象空间，于是也成为台湾女性受众学习效法的对象。

访谈中发现，韩国影视剧对童话式爱情的淡淡忧伤的表述深受欢迎，许多人沉浸于对美好爱情的幻想从而获得愉悦的体验。幻想并非女性的专利，一些观看韩国影视剧频率较高的男性也会进行想象这一实践。

（3）原有图式的强化。这是指当受众从国外影视作品中获得了新的价值观念和生活方式时，会与头脑中原有的图式相比较，比较之后倾向于保持和强化原有的图式，本文发现受访者接触韩国影视剧后在以下三个维度强化了原有图式。一是文化认同感。大部分受访者更认同中国文化的深度与广度，他们认为韩国的文化绝大部分是从中国传入的，尤其体现在儒家文化上。二是整容观念。韩国影视作品中的明星大都因靓丽的妆容而倍受青睐，这归因于韩国先进的整容技术以及人们对整容的接受程度和整容的普及率，但对此大部分受访者持否定态度。最后是男女社会地位。不少被访者对韩国男尊女卑的社会结构持负面态度。

四、结论讨论与政策建议

1. 结论讨论

本文探讨了美国影视剧、日本动漫以及韩剧对我国青少年的影响，研究结论分为以下几个部分。

（1）美国影视剧研究的实证材料表明，全球化媒介对我国青少年的影响绝非铁板一块，无论是青少年完全被好莱坞支配的“媒介帝国主义”模式，还是青少年占主导地位能够理性判断免于受到好莱坞影响的“受众决定论”，都难以完全解释青少年在处理全球化媒介信息时复杂的心理过程。正是基于

---

① 杨维伦. 情境脉络与日剧迷的收视经验［D］. 台北：世新大学，2003.

这一复杂性的考虑，本研究引进了心理学中的图式概念，提出了“图式竞争”理论，最终发现我国青少年在解读好莱坞影视作品时的心理过程呈现三种模式，即图示平衡模式、原有图式的强化模式、新图式的采纳模式。

我国青少年观看好莱坞电影并非像靶子遇到子弹就应声倒下，他们在某些情境下仍保持甚至强化了对原有文化中一些元素的认同，如重义轻利的价值观念、和谐的人际关系以及慢节奏的生活方式。然而，令人忧虑的是在中西图式的比较与交锋中，我国青少年对中国原有核心价值观的认同遭到了挑战和削弱，一方面是家庭层面的价值观，他们抛弃夫权支配的观念，采纳男女平等的性别观念，抛弃父权主义的教育观念，采纳代际平等的教育理念；另一方面是群体与社会的价值观，他们抛弃集体主义转而采纳个人主义，抛弃垂直的等级社会观采纳平等公平的社会观，抛弃威权的国家主义的政治理念采纳自由民主的政治制度。

（2）日本动漫尤其是以励志为主题的热血动漫成功地创造出一系列符号和神话，例如日本传统的武士道精神、自信的与众不同的英雄特质、团结互助的人性价值、胜利、友情、努力、信任、自我的迷失与团体意识等。[①] 我国青少年如若从现实生活中感受不到这些价值，便会被日本动漫的虚拟世界呈现的价值观深深吸引以至于沉迷其中。不仅如此，他们还会产生一种认同的泛化现象（generalization），他们初始认同仅仅停留在动漫人物和动漫情节，然而随着涵化效果的强化，他们逐渐增加对日本人与日本民族的了解，进而对日本与日本人产生包容、喜爱以及拜物情结。而这一点正是值得我国的政府部门、文化产业企业、媒介素养教育者等相关人员深思、警惕并加以引导和防范的。

（3）虽然被访的珠三角大学生接触韩国影视剧未从根本上削弱自己对中国本土文化的认同，但长期接触韩影视剧令青少年群体加强了对韩国文化的认知，许多人进而从情感上喜爱韩国文化，甚至身体力行实践韩国的一些生活方式。韩国通过生产和输出文化商品成功地将韩国流行文化推向包括中国在内的亚洲以至于世界许多国家，从而以一种实质的方式进行韩国国族和文化认同建构，因而对我国青少年的文化认同形成了前所未有的挑战。

一个值得深思的问题是，对于城市中产阶级家庭的少年来说媒介全球化提供的是一种“可操作的现实主义”（operational realism），他们看到影片中国外美好的图景，于是动身去实践，例如参加国外大学的暑期游学活动、到国外城市去旅行、毕业后出国留学等。这与乡村少年形成强烈的反差，乡村

---

① 张志杰. 热门运动漫画的符号学观点：以《灌篮高手》为例［D］. 台北：台北教育大学，2008.

少年消费全球化媒介、看到了新的图景并产生向往之情，然而家庭贫困这一结构化的因素注定他们无法实现自己的梦想。

正是从这个意义上，全球化并非是一种完全解放的力量，全球化媒体提供了一个美好的图景，但个体的自我实现仍有赖于其生存的阶级体系。因此，人们接触了全球影视产品，看到了耀眼的“全球商场”，不断接受美好生活景象的轰炸和逗弄，然而人们的现实生活和经济状况远远无法实现这想象中的生活方式，结果则是气馁、沮丧和深深的失望。当年轻人看到好莱坞电影、电视剧和美妙迷人的跨国广告似乎有更多的“自由”，而他们自己的生活环境和文化传承充满局限且无法提供这种自由时，便会生出失望和挫折感，这被称之为“分离性关系”（the relations of disjunctive）。

2. 政策建议

本研究揭示了海外影视产品对我国青少年全面而深远的影响，但并不意味着本研究结果就支持闭关锁国的文化保护主义政策，在卫星电视、互联网、数码复制与高科技高度发达的今天，没有哪个国家可以将自己的国民完全隔绝在文化全球化的浪潮之外。宣传部门和文化产业部门应更充分意识到青少年的意识形态是一个竞争的场域，国家要与全球化媒介组织一起争斗、交锋。

可行的出路一是社会领域促进本土文化的发展，开掘并传播本土文化中的精华。通过政策引导，发挥市场力量的作用，推出青少年群体喜爱的、具有正面价值观的动漫和影视作品，以便与日本动漫相抗衡。

二是国家领域进一步提炼核心价值观，并将这些价值观通过教育、传媒等机构传递给青少年并尽可能整合到他们的既有观念当中去。生硬的灌输与教育往往难以奏效，此时需要精心设计文化艺术产品，通过情感说服路径，令青少年对我国的核心价值观产生认同。

三是独立机构和人士，如媒介专家和教育界人士加强青少年媒介素养教育，令他们发展出对西方媒介产品的批判和鉴别能力，令他们意识到认知真实（perceived reality）与西方现实的差异。在乡村，媒介素养工作要帮助乡村少年辨清“媒介现实”和真实的现实，令他们意识到影视剧仅是对现实的主观的建构。此外，一些优秀的企业公民、公益组织和慈善组织可根据乡村少年的需求设置一些专门的计划，如建设乡村体育设施、图书馆等，为他们实现自己的部分梦想提供一些可能性。

参考文献：

[1] ARNETT J J. The psychology of globalization [J]. American psychologist, 2002, 57 (10).

[2] BLAKE C. love songs and the great leap: the role of a youth culture in the revolutionary phase of China's economic development [J]. American ethnologist, 1979, 6 (1).
[3] BRUNER J. On knowing: essays for the left hand [M]. Cambridge: Harvard University Press, 1979.
[4] TSE-TSUNG C. The may fourth movement: intellectual revolution in modern China [M]. Cambridge: Harvard University Press, 1960.
[5] COHEN J. What I watch and who I am: national pride and the viewing of local and foreign television in Israel [J]. Journal of communication, 2008, 58 (1).
[6] CRANE D. Culture and globalization: theoretical models and emerging trends [M] // CRANE D, KAWASHIMA N, KAWASAKI K. Global culture: media, arts, policy, and globalization. New York: Routledge, 2002.
[7] WILEY S B C. Rethinking nationality in the context of globalization [J]. Communication theory, 2004, 14 (1).
[8] FISKE J. Understanding popular culture. Boston: Unwin Hyman, 1989.
[9] GRIXTI J. Symbiotic transformations: youth, global media and indigenous culture in Malta [J]. Media, culture & society, 2006, 28 (1).
[10] KATZ E, LIEBES T. Interacting with "Dallas": cross cultural readings of American TV [J]. Canadian journal of communication, 1990, 15 (1).
[11] KWONG J. Ideological crisis among China's youth: values and official ideology [J]. British journal of sociology, 1994, 45 (2).
[12] MEYROWITZ J, MAGUIRE J. Media, place, and multiculturalism [J]. Society, 1993, 30 (5).
[13] MURDOCH G. Concentration and ownership in the era of privatization [M] //MARRIS P, THORNHAM S. Media studies: a reader. Edinburgh: Edinburgh University Press, 1996.
[14] PARISH W, WHYTE M. Village and family in contemporary China [M]. Chicago: University of Chicago Press, 1978.
[15] WEBER I. Shanghai Youth's Strategic Mobilization of Individualistic Values: Constructing Cultural Identity in the Age of Spiritual Civilization [J]. Intercultural Communication Studies, 2001, 10 (2).
[16] YAN Y X. Rural youth and youth culture in north China [J]. Culture, medicine and psychiatry, 1999, 23 (1).
[17] YANG C K. Chinese communist society: the family and the village. Cambridge: The MIT Press, 1965.
[18] 吉登斯. 超越左与右 激进政治的未来 [M]. 李惠斌，杨雪冬，译. 北京：社会科学文献出版社，2000.
[19] 布兰斯顿. 电影与文化的现代性 [M]. 北京：北京大学出版社，2006.
[20] 陈筑君. 中国的文化安全问题之研究 [D]. 新北：淡江大学，2007.

[21] 邓小平. 邓小平文选：第3卷［M］. 北京：人民出版社，1993.
[22] 简妙如. 过度的阅听人："迷"之初探［D］. 嘉义：台湾中正大学，1996.
[23] 江泽民. 江泽民文选：第三卷［M］. 北京：人民出版社，2006.
[24] 李丁赞，陈兆勇. 卫星电视与文化认同：以卫视中文台的日剧为观察对象［J］. 新闻学研究，1998，56.
[25] 苏蘅，陈雪云. 全球化下青少年收看本国及外国电视节目之现况及相关影响研究［J］. 新闻学研究，2000，64.
[26] 杨维伦. 情境脉络与日剧迷的收视经验［D］. 台北：世新大学，2003.
[27] 奈伊. 柔性权力［M］. 吴家恒，方祖芳，译. 台北：远流出版事业股份有限公司，2006.
[28] 张明贵. 意识形态与当代政治［M］. 台北：五南图书出版有限公司，2005.
[29] 张志杰. 热门运动漫画的符号学观点：以《灌篮高手》为例［D］. 台北：台北教育大学，2008.
[30] 布热津斯基. 大抉择：美国站在十字路口［M］. 王振西，译. 北京：新华出版社，2005.

（本文作者系中共佛山市委党校教授）

论以中华优秀传统文化涵养大学生的社会主义诚信价值观

刘行坦

一、中华优秀传统文化是社会主义诚信价值观的思想渊源

诚信是盘古开天的巨斧，诚信是女娲补天的彩石。诚信历久益丰，历久弥新。诚信是儒家“五常”中的重要内容，是“八德”的重要德目，是人安身立命的基本修养。树高千丈有其根，水流万里有其源。中华优秀传统文化是社会主义诚信价值观的“根”和“源”。中华优秀传统文化中有关“诚信”的道德阐述，是培养大学生诚信价值观的思想道德资源。中华优秀传统诚信文化，是高山之巅的水，能够帮助我们洗尽浮华，洗尽尘埃，洗尽虚诈，留下启悟心灵的妙谛。

什么叫诚？“诚”是五常之本，是儒家思想的重要范畴。“诚”的概念早在先秦《尚书》中就出现了。孟子曰：“是故诚者，天之道也，思诚者，人之道也”。① 在孟子看来，“诚”不仅是天道本体的重要范畴，而且是做人的基本要求。荀子说，“养心莫善于诚”。宋代理学家朱熹将诚解释为“真实无妄之谓。”“诚”包括两方面：一是真实，即不有意歪曲客观事物的本来面貌。二是诚恳，即不有意歪曲自己主观意图。“诚”是一切道德原则和一切道德行为的根本，“诚”要求人们诚信不欺，真实不妄。

什么叫信？民无信不立，国无信不威。“信”是儒家伦理“五常”中的重要内容，儒家创始人孔子对“信”的表述很多，孔子说：“人而无信，不知其可也”。②《左传》说：“信，国之宝也”。孟子说：“朋友有信。”“信”之一字，一诺千金，对于国家来讲，国之玉玺，代表着国家信誉，对于个人来讲，名章红印，代表着本人信誉。从字形结构看，“信”字由人和言组成，

① 孟子［M］. 方勇，译注. 北京：中华书局，2017：138.

② 论语［M］. 陈晓芬，徐儒宗，译注. 北京：中华书局，2014：24.

即从人从言，人言为信。“信”的含义一般包括两方面：一是守信，二是真实，不欺诈。“信”是为人处世的基本原则，“信”是人际交往的根本准则。“信”要求人们不说大话，不说假话，不说空话。“信”要求人们言而有信，诺而有行。“信”要求人们诚实无欺，恪守承诺，一言九鼎，一诺千金。

“诚”和“信”的关系如何？“诚”和“信”各有其义，又可互训。“诚”和“信”存在着辩证统一的关系。一方面，“诚”和“信”相互差异，诚于中，信于外，“诚”是内因，“信”是外因；“诚”是立命，“信”是修德；“诚”是自律，“信”是他律。“诚”是“信”的根本和基础，“信”是“诚”的结果和归宿。二方面，“诚”和“信”相互依存，《说文解字》说：“诚，信也”，“信，诚也”。“诚，从言以成”，“信，从人从言”。可见，用诚来解释信，用信来解释诚，诚信结合在一起，表示诚实无欺、恪守信用。

什么叫诚信？从春秋时期开始，诚信的思想逐渐明确，到了战国时期，诚信才形成了完整的道德概念。孔子在《论语》中，从诸多方面阐述了“信”的道德价值。《左传》在表述政治、外交、军事思想时，“信”字出现了200多次。《孟子》提出：“诚身有道，不明乎善，不诚其身矣。”此外，先秦诸子各家对诚信思想也有重要论述。

“诚信”可以解释为“诚实，讲信用”。“诚实”，就是要做到言行一致，不说假话，不隐瞒事实。“守信用”，就是要对他人做到“信”，遵守合同，履行义务。不信不立，不诚不行，诚信是社会和谐的基础。

二、大学生要以中华优秀传统文化滋养社会主义的诚信价值观

诚信是修身之本，是社会和谐之基。诚信既是中华民族优秀传统美德，又是社会主义核心价值观的重要范畴。大学生培育和践行社会主义诚信价值观，必须从中华优秀传统文化中汲取道德营养，秉诚信之性，怀诚信之心，明诚信之理，行诚信之事，做诚信之人。

1. 大学生要以中华优秀传统文化涵养“诚信”价值观，必须知诚信之理

（1）要懂得人无诚信难以安身立命的道理。中国历代先哲认为，诚信是人安身立命的根本，人若不忠信，如木之无本，水之无源。“大车无輗，小车无軏，其何以行之哉？”[①] 孔子一生痛恨外仁内诈、面善骨恶、巧言令色、八面玲珑、欺世骗人的伪君子，痛斥他们是“德之贼”。王安石说：“人无信不立。”[②] 陆九

① 语出《论语·为政》。

② 语出《辞同修起居注状·第四状》。

渊说：“人而不忠信，何以异于禽兽者乎？”[1] 可见，诚信是做人的基本要求，诚信是走向社会的通行证，人无诚信，寸步难行。

（2）要懂得国无诚信不稳定的道理。能否取信于民，关系到国家政权的稳定乃至国家的兴衰存亡。为国之信，建之无形，毁之无影，易毁难建，去即无存。2600 多年前的晋文公说：“信，国之宝也，民之所庇也。”[2] 荀子说：“古者禹汤本义务信而天下大治，桀纣弃义背信而天下大乱。”[3] 国无诚信，“内则不惮诈其民”[4]，“外则不惮诈其子”[5]，“上诈其下，下诈其上”[6]，“权谋日行，而国不免危削，綦之而亡，齐闵、薛公是也”。可见，取信于民，国家政权就能稳定，社会就能发展，反之亦反。

（3）要懂得家无诚信不和睦的道理。夫妻关系是家庭关系的基石，若要家庭和睦，夫妻间就要承担起应尽的道德义务和应负的道德责任。古人云：“贫贱之交不可忘，糟糠之妻不下堂。”[7] 夫妇之间要恪守诚信、同甘共苦、相敬如宾、相濡以沫、和和睦睦、白头偕老。魏征说：“夫妇有恩矣，不诚则离。”[8] 就是说夫妇间只有讲究诚信，才不会同床异梦，貌合神离。“父子为亲矣，不诚则疏”[9]。“父不信以教子，子不信以事父”[10]，则“父子相疑于家”[11]。可见，夫妻之间、家庭成员之间若不讲诚信，家庭就不会和睦，夫妻就会背叛花前月下的“海誓山盟”，兄弟就会反目为仇，子女就会不孝敬老人。

（4）要懂得业无诚信不兴旺的道理。中华传统道德认为，诚信是事业兴旺发达的道德保证。孔子曰：“富与贵，是人之所欲也，不以其道得之，不处也”[12]。古人还说：“允哉允哉，以言非言则百事不满也。”[13] 诚信是兴业之宝，诚信是兴业之本，坚持诚信，事业就兴旺，例如“儒商”讲求诚信，买卖公平，货真价实，童叟无欺，因而事业兴旺。徽州商人讲求“信义服人”，因而“营谋渐裕”。“海尔”讲求诚信，因而成为我国入选世界最具影响力的百强品牌。不讲诚信，事业就会衰败，例如南京冠生园食品有限公司因欺

---

① 语出《陆九渊集·主忠信》。
② 语出《左传·僖公·僖公二十五年》。
③ 语出《荀子·强国》。
④⑤⑥ 语出《荀子·王霸》。
⑦ 语出《反经·是非》。
⑧ 语出《群书治要·体论》。
⑨ 语出《荀子·不苟》。
⑩⑪ 语出《群书治要·傅子》。
⑫ 语出《论语·里仁》。
⑬ 语出《吕氏春秋·贵信》。

骗消费者而信誉扫地。当今假烟、假酒、假药、假化肥、假种子、假文凭、假数字、假广告等违背诚信的教训是沉重的。在世界经济一体化的背景下，社会主义市场经济既是一种法制经济，又是一种道德经济。因此，大学生一定要遵守市场经济规则、法制经济规则、契约经济规则、信用经济规则。

2. 大学生要以中华优秀传统文化涵养“诚信”价值观，必须行诚信之事

不诚不行，不信不立，大学生要诚实做事，抵制功利主义的诱惑，做到诚实守信，遵守契约。

（1）在学习上做到诚信。诚信上课，不请人上课或替人上课；诚信作业，不抄袭，不马虎，不应付；在完成毕业设计、调研报告、社会实践报告时，认真思考，仔细查找资料，反对采用“复制 + 粘贴”的方式进行拼凑；诚信完成毕业论文，遵守学术道德，不抄袭他人论文，不剽窃别人学术成果，同种种学术不端行为做斗争；诚信考试，不夹带、不偷看、不交头接耳、不利用手机、微型耳机等工具进行作弊，不雇用“枪手”或替人考试。

（2）在生活上做到诚信。不编造迟到、请假、逃课的理由；不向家长谎报在校表现；不以虚假贫困证明获取国家或学校的贫困奖助学金；不利用虚拟的网络，发布、编造、虚假信息，窃取他人隐私和信息；不充当“黑客”，影响正常的网络秩序；不欺骗他人，捞取好处；不以恋爱为幌子去欺骗爱侣获得物资利益等，要以诚信处理人际关系。

（3）在经济上做到诚信。讲诚信不骗贷、逃贷、拖欠助学贷款；讲诚信按照规定缴纳学费，不拖欠学费；讲诚信不通过各种手段骗取国家助学金；讲诚信不恶意透支欠款，不恶意透支信用卡，拖赖电话缴费和网络缴费；讲诚信不把父母给的学费用于购买高档消费品、吃喝玩乐、赌博及恋爱支出等，增强信用意识，在经济上做到诚实守信。

（4）在就业过程中做到诚信。讲诚信不伪造求职简历，不伪造“三好学生”、“优秀干部”身份，不把成绩平平说成成绩名列前茅，不把从未参加过社会实践者说成社会实践积极分子。讲诚信不伪造计算机、英语等级证书及各种评优奖状。讲诚信不在求职中“脚踏多只船”“骑驴找马”。不伪造学生党员身份，骗取用人单位信任。签订就业协议后，不违约毁约。

3. 大学生要以中华优秀传统文化涵养“诚信”价值观，必须做诚信之人

德国伟大诗人海涅说：“生命不可能从谎言中开出灿烂的鲜花”。大学生要做诚信之人，必须让诚信入脑入心，从我做起，从现在做起，把“诚信”刻在心底、落实在行动中，说老实话，办老实事，做老实人，“信”立天下，“诚”就未来。

（1）做言必信，行必果的人。庄子言：“真者，精诚之至也，不精不诚，

不能动人”[①]。程颢、程颐指出：“学者不可以不诚，不诚无以为善，不诚无以为君子，修学不以诚，则学杂；为事不以诚，则事败；自谋不以诚，则是欺其心而自弃其忠；与人不以诚，则是丧其德而增人之怨”。[②] 做到内不欺己，不掩耳盗铃，自欺欺人。做到外不欺人，对他人一言九鼎，一诺千金。注意修炼诚信品德，做到为事要忠，为人要信，为学要习。弘扬讲仁爱、重民本、守诚信、崇正义、尚和合、求大同的优秀传统文化，恪守承诺，重诺守信。在人与人交往中，讲仁爱、讲友爱、讲博爱，知信用、讲信用、守信用，牢固树立“有信用者荣，无信用者耻”，“有信用走遍天下，无信用寸步难行”的社会道德观。释放诚意，褒诚贬伪，用诚信建设信仰的精神共同体，防范讹诈欺骗等事件的发生，用道德的力量来谴责“碰瓷”行为，用法律的力量制裁“碰瓷”者。

（2）做诚实劳动、创新创业的人。通过诚实劳动实现个人美好梦想，破解发展中的难题，铸就生命的辉煌。汉代韩婴曾言：“与人以实，虽疏必密；与人以虚，虽戚必疏。”在人与人的交往中，待人真诚，即使本来疏远也一定会变得亲密；待人虚伪，即使本来是亲戚也一定会变得疏远。在创业的大潮中，舍弃贪图享受，选择艰苦奋斗。建立青春之事业，实现青春之价值。在创新的时代，舍弃因循守旧，选择改革创新，做到敢为人先，不守成规，奋发前行。增强创新意识，坚持创新思维，敢闯禁区，形成认识和改造世界的新思想、新理论、新方法，做到有所发明，有所创造。

（3）做以理节欲，以义节利的人。在涉及利益冲突时坚守诚信，自觉站在多数人利益一边；在眼前利益与长远利益冲突时坚守诚信，自觉站在长远利益一边；在情与法冲突时坚守诚信，自觉站在法律一边。在社会主义市场经济的条件下，做到“君子爱财，取之有道”、“己所不欲，勿施于人”。要把诚信转化为德行，把德行转化为德行，自觉遵守社会公德、职业道德、家庭美德、个人品德，严守政治底线、法律底线和道德底线，讲究诚信不为名利所惑，不为浮华所动，不为人情所困。做到慎思，理性思考，每日三省；做到慎行，言有所规，行有所止；做到慎微，公烛之下，不展家书；做到慎友，谨慎择好，结交诤友；做到慎微，勿以恶小而为之；做到慎独，诚信为本，存正祛邪。心系民族命运、心系国家发展、心系人民福祉，为建设中国特色社会主义建功立业。

（4）讲诚信做到平等待人，友好合作。古人说：“与人交，开心见诚”，“与朋友交，言而有信”。穷则独善其身，达则兼济天下。大学生要做到不论

---

① 语出《庄子·渔父》。

② 朱熹. 河南程氏遗书［M］. 北京：商务印书馆，1935：370.

贫穷或富贵，不论权重或位卑，不论学识高深或学问疏浅，不论是孩子还是老人，都要平等交往，平等对待，做到尊重他人的人格、尊严、个性、差异和创造性。大学生要学习友好合作的典范，如1968年，世界首富比尔·盖茨和保罗·艾伦在创业过程中相互合作、互相启发、互相鼓励、互相帮助，共同迈进了计算机王国，1975年，共同创立了“微软帝国”，从此在全世界掀起了一场软件革命。又如扎克伯格在创立著名社交网站Facebook时，得益于达斯汀·莫斯科维茨（Moskovitz）、克里斯·休斯（Chris Hughes）以及爱德华多·萨维林（Saverin）三位同学的共同协作，创造了人生价值。

（5）做“真”“善”“美”的人。在民事活动中，行使权利时必须维护社会利益，履行义务时必须信守承诺。在社会生活中，讲诚信，崇至善，分清真与伪、善与恶的界限，匡正失范行为，激浊扬清，抑恶扬善，防止陌生公共空间里的冷漠症、社会和谐建设上的便车症、助人为乐上的恐惧症；追求“老吾老以及人之老，幼吾幼以及人之幼”的大善，永远走在“明明德，在亲民，在止于至善”的道上，永远走在追求真、善、美的路上；把“明明德”当作做人的座右铭，把“在亲民”当作创新的动力，把“在止于至善”当作人生目标；做到清如菊、正如松、直如竹、廉如梅、洁如兰。

总之，大学生培育和践行社会主义诚信价值观，必须从中华优秀传统文化中汲取道德营养，做到知诚信之理、行诚信之事、做诚信之人。让诚与信手拉起手，形成一条诚信的线。让诚与信肩并着肩，织成一张诚信的网。以诚实守信为荣，以见利忘义为耻，做诚信的倡导者、引领者、践行者，用自身诚信品格去辐射社会，引领诚信风气之先，带动更多人凝聚在诚信的道德磁场，提升社会整体的诚信品格。

参考文献：

［1］朱熹. 河南程氏遗书［M］. 北京：商务印书馆，1935.

（本文作者系广东科技学院教授）

岭南文化蕴涵的民族凝聚力

饶品良

民族凝聚力是一个民族的生命力和发展力，也是一个国家综合国力发展和强大的重要根基，而文化则是凝聚力的载体和生发基础，是民族凝聚力形成和发展的前提条件。没有文化，民族凝聚力就是无源之水，无本之木。没有文化作为基础，民族凝聚力就不复存在。[①] 岭南文化是中华民族文化之中独具特色、充满生机和活力的地域文化，岭南地区依靠其特殊的地理环境和历史条件，在农业文化和海洋文化的基础上，不断吸取和融汇中原文化和海外文化，逐渐形成散发着浓郁民族凝聚力的地方文化，不但把岭南人民紧密团结在中华民族之内，还把散居海外的无数华侨华人紧紧地维系在中华民族的血脉中。

一、岭南文化蕴含的民族凝聚力的主要内涵

越城岭（广西）、都庞岭（湖南）、萌渚岭（湖南、广东、广西等三省的自然界岭）、大庾岭（江西）和骑田岭（湖南）等五座山岭横卧在中国南方，成为长江流域和珠江流域的分界线，五座山岭以南的广大地区就被通称为岭南，范围包括广东和广西全境，湖南、江西等省的部分地区。由于五岭山脉把岭南与中原相隔，加之古代交通不便，信息不能及时传递，致使岭南地区与中原的联系只能在半交流的状态下自我发展，从而逐渐形成极具鲜明地方特色的岭南文化，成为中华文化分支下的一个光辉灿烂子文化。

从岭南地域上来划分，岭南文化又大体上可以划分为广东文化、桂系文化和海南文化三大块，但是主要还是以属于广东文化的广府文化、客家文化和潮汕文化为主体，而这三种地方文化又具有各自不同的风格、精神。所以，岭南地区虽然有别于内陆文明或河谷文明，远离中华传统文化的内核，

① 陈载舸，陈剑安，殷丽萍．中华民族凝聚力学概论［M］．广州：广东人民出版社，2013.

却是在不断的自我发展中迸发出超越“传统”的进取精神，形成创新、进取的特质，蕴含着民族凝聚力。

1. 民族认同

岭南自秦代纳入中国版图后，随着不断迁入的中原移民，为岭南地区带来先进的中原文化，促使南越原住民与北方移民进行民族融合，成为汉族的一部分，岭南也由此逐渐形成以汉族为主体的聚居地。但是岭南丰富的自然资源、宜人的气候和地理环境，使岭南同时又成为一个多民族的居住地，特别是改革开放之后，随着人口流动，中国55个少数民族都聚居在岭南文化的中心地——广东。一些原本世居广东的少数民族如瑶族、壮族、回族、满族、畲族等，已建立起连南、乳源瑶族自治县和连山壮族瑶族自治县；东源县漳溪畲族乡等。广东的少数民族既保存着本民族的生活、文化习俗，也融入了汉族的一些生活习俗，如壮族长期与汉、瑶族交错杂居，逐步形成小聚居的布局以及独特的语言圈和风俗习惯；广东的满族在吸收汉文化的同时，仍保留有自身民族特色的传统文化，女性在娘家有较高地位，保留“祖宗袋”习俗等。[①] 这些少数民族与生活在岭南的汉族人民一起长期生产生活，在岭南文化凝聚力的影响下，共同丰富和发展了岭南文化精神，也使这些生活在广东地区的少数民族成为中华民族大家庭的重要成员，具有高度的民族认同感和自豪感。

2. 文化认同

岭南文化与其他外来文化都有着悠久的交流历史，虽然岭南文化在语言与性格方面与中原文化有着很大的差别，但岭南文化作为中华文化的有机组成部分，对中华文化有着高度的文化认同感。例如，关羽的忠、义、信、智、仁、勇凝聚了中华民族的价值观，是中华文化的重要内容，而到过广东的人都可以发现一个现象：大凡以经商为生的广东人，大多供奉关公；在广东随处可见关帝庙，甚至寺庙里也有专门供奉关羽的珈蓝殿，这正是岭南对中华民族的文化认同。此外，中华民族传统文化的姓氏宗祠文化演变而成的“宗亲文化”，传承着爱国爱乡、慎终追远、包容共济、造福社会等美德，岭南人对此特别注重，也正因此而把散居在世界各地的岭南儿女紧紧地联系在一起。由此可见，岭南文化对中华文化高度认同所展现的凝聚力量，使无论是生活在岭南的人民，还是生活在海外的岭南华人，都不会忘记自己是炎黄子孙，都无时无刻以中国人为荣，对促进中华民族大团结发挥着积极的作用，也使中华文化得以在海内外源远流长，从不中断。

---

① 陈泽泓．岭南文化概说［M］．广州：广东人民出版社，2013．

3．国家认同

国家由民族构成，国家的兴衰又制约着民族兴衰，故此国家利益与民族利益息息相关，所以生活在中华大地的中国人，对中华民族的认同以及对国家认同的意义都相当重要，只有两者统一才能有利于保持社会稳定，维护国家统一。岭南文化虽然与中原文化的品质与个性有着一定的差异，但在国家认同方面却是绝不含糊，岭南的开拓者赵佗建立了南越国，并在秦末自立为王，但是赵佗在汉王朝建立之后，毅然接受汉朝廷的封王并归化中央政权，使岭南地区始终成为中国不可分割的一部分，也同时促进了岭南地区的经济发展，为岭南文化的产生与形成奠定了重要的坚实基础；公元6世纪岭南地区的百越女首领冼夫人，一生经历了梁、陈、隋三朝，在战乱频繁的社会状态下，她以自己的威望与智慧，促进俚人汉化和少数民族的内部和睦相处，促进了岭南地区的民族团结和民族融合，为国家的和平与稳定做出了杰出的贡献，周恩来总理称誉她为“中国巾帼英雄第一人。”这些众所周知的事例都彰显了岭南文化的民族凝聚力，对国家的高度认同。

二、岭南文化凝聚力的现实体现

岭南文化的凝聚力内涵还有着强大的适应性，不但丰富了覆盖地的文化生活，还为覆盖之地遗留宝贵的物质文明和精神文明财富，诸如香港、澳门在岭南文化的影响下，成为近现代中西文化交流的桥梁；此外，岭南文化在国外的华侨华人活动、海外移民及中外贸易等方面也发挥出很强的凝聚力。

1．在港澳地区的凝聚力

广义的岭南文化是包括香港和澳门地区在内的，只是由于历史和政治等原因的影响，港澳文化在近现代西方文化的影响下才独自发展起来，然而，港澳文化的根始终倚傍在岭南文化之内，岭南文化的民族凝聚力对港澳文化的形成和发展都产生了剧烈的双向互动影响。

香港在20世纪六七十年代的迅速崛起，使香港文化在重“实”的广东人心目中成为一种高位文化；与此同时，香港文化中的突出经济、注重享受等特点也深深影响了改革开放之后的广东，这使粤港两地的文化在交流上较为容易达到融洽，形成融汇。因而，关于岭南文化的现代性审视离不开对香港的认识，岭南文化的民族凝聚力对香港的成功回归有着无可取代的重要作用。

澳门自古以来就是中国的领土，与岭南文化有着不可分割的关系，16世纪中叶，葡萄牙人以租赁形式入据澳门，在西方文化的影响下，澳门逐渐形成自己独特的文化风格与特点，即开放多元，中西合璧。尽管如此，澳门文化仍然保留着中华民族的文化本质，岭南文化的精神也长期在澳门得到保留和发挥，并占据着主体地位。而且，由于澳门长期作为中西文化交流的重要桥梁，西方的近代科学技术、宗教艺术、价值观念等纷纷通过澳门传入广东，继而扩散到中国内地，使岭南文化“得风气之先”，又“开风气之先”，在近现代的中国文化发展中占有重要地位。所以，16世纪中叶以后的岭南文化与澳门文化是相互促进，双向互动的。在岭南文化的凝聚力推动下，澳门不仅成为中国维新运动和民主革命的一个重要据点和策源地，而且还作为一批又一批有识之士认识世界、走向世界的窗口和桥梁，中国文化精英们在澳门的活动，又大大提升了澳门的文化品格，催化了澳门爱国进步文化的成长，使澳门与岭南文化的双向互动关系再次得到体现和升华。

2. 对海外华侨华人的凝聚力

岭南地区是我国海外移民最早、人数最多的地方，广东也因此成为中国最大的侨乡，广东的华侨历史悠久，华侨文化积淀深厚，素有“海外广东”一说。[①] 据统计，广东有2500多万海外侨胞，占全国侨胞的三分之一，分布在世界100多个国家和地区。其中，人数最多的是广府人。华侨旅居海外，本身固有的传统文化与西方文化碰撞、融合、创新，产生了具有较强的民族性、时代性和先进性的华侨文化，但这种文化基因在海外形成，根还在中国，在华侨中代代相传。[②] 尽管现在许多华侨华人已经从初期的“落叶归根”发展到现在的“落地生根”，但是对于广大华侨来说，异国“落地生根”不等于文化同化，中华文化仍然是华侨的主体文化，华侨依然与祖国保持着密切的文化联系，保持着浓郁的岭南传统文化习性；另一方面，华侨留居海外之后，又与当地文化进行“通婚”，吸收当地文化的有益成果，形成崭新的华侨文化，之后又对岭南文化进行反哺，使岭南文化受到很多华侨文化的反哺，使华侨文化成为岭南文化的重要组成部分，如潮汕的善堂，就是华侨文化反哺的结果。在岭南文化的凝聚力感召下，海外华侨华人的命运与中国的命运紧紧地联系在一起，华侨华人这个特殊的群体也成作为中华民族不可分割的一部分，时刻为中华民族的发展作出不可磨灭的贡献。

3. 对外传播中华文化的凝聚力

岭南自古以来一直是中国海上对外交流的枢纽，早在西汉时期，就开始

---

① 司徒尚纪. 21世纪海上丝绸之路广东再出发［M］. 广州：广东旅游出版社，2016.

② 广府人联谊总会. 广府天地［M］. 广州：羊城晚报出版社，2015.

出现了以番禺（广州）为起点，往东至朝鲜、日本的东方“海上丝绸之路”，往西至黄支国（斯里兰卡）的西方“海上丝绸之路”。随着历史的发展，这条“海上丝路”不断延伸，至明清时可至里斯本、墨西哥和秘鲁，形成了以广州为起点的全球大循环的“海上丝绸之路”，广州由此一直成为中国古代对外贸易的第一大港和世界著名港口，成为中国海上丝绸之路的起点和东西方贸易的中转站，从而使外国文化通过岭南文化辐射到内地，而且中华文化也通过岭南文化的动态开放传播到世界各地，使世界认同中国文化，不仅对世界文化的发展产生了积极影响，促进了世界文明的进步，也使中华民族文化的世界地位随着岭南文化的世界地位上升而上升。在近代，为数众多的粤籍华侨把充满岭南风情的生活方式展示在外国人面前，虽然他们没有进行跨文化传播的自觉意识和进行学术文化交流的能力，但在外国营造了一种与众不同的岭南生活和文化氛围，形成了一处处颇具岭南文化浓郁特色的华人领地，向外国人展示了中国人的刚毅性格和精神风貌。可以说，在很长一段时间内，中华民族文化在一定程度上是借助华侨的努力和岭南文化凝聚力的形态传向海外的，岭南文化成为中华文化提升世界地位的强有力的杠杆之一。[①]

三、岭南文化凝聚力的当代价值

2017 年 1 月，中共中央办公厅和国务院办公厅印发了《关于实施中华优秀传统文化传承发展工程的意见》，指出文化是民族的血脉，是人民的精神家园；文化自信是更基本、更深层、更持久的力量。中华文化独一无二的理念、智慧、气度、神韵，增添了中国人民和中华民族内心深处的自信和自豪，是建设社会主义文化强国、增强国家文化软实力、实现中华民族伟大复兴的中国梦的重要根基。习近平总书记也多次反复强调，中华民族伟大复兴需要以中华文化发展繁荣为条件，必须结合新的时代条件传承和弘扬好中华优秀传统文化。[②] 这也预示着岭南文化在中华民族复兴的大业中任重道远，必须在新时期赋予新的更强的凝聚力，发挥新的时代价值。

1. 凝聚改革共识，再增改革动力

日本马克思主义哲学家永田广志在其著作《日本哲学史》中认为：传统既不可能原封不动搬到现代，也不可能完全地和现代生活断绝。完全放弃传

---

① 杨影，于丹. 岭南文化［M］. 长春：吉林文史出版社，2010.

② 中共中央宣传部. 习近平总书记系列重要讲话读本（2016 年版）［M］. 北京：学习出版社，2016.

统文化得不到世界的认同，在世界现代潮流中一成不变地坚守传统文化也是不可能的，所以最好的办法是在自己传统文化的基础上接受外来文化，让现代化成为沟通传统与现代的桥梁。[①] 现在，随着中国经济的高速发展，中国已经逐渐成为亚太地区的经济发展领头羊，海洋文化也进入蓬勃发展的更新期，以现代化为核心内容的亚太新文化体系正在萌发和形成。岭南地区尤其是珠江三角洲地区正进入亚太地区乃至国际的竞争体系，成为亚太经济圈中最具活力的地区之一，岭南文化必须再次紧紧把握时代机遇，凝聚改革共识，发扬敢于破局、敢于拓展、敢为人先的传统岭南文化精神和品质，结合新时代的新精神、新要求和新品质，利用多媒体等信息化工具，建造适应新时代中国特色社会主义征程的新岭南文化，使岭南文化永远保持生机活力，形成亚太新文化体系中极富特色的地域文化，创造新时期的辉煌和成就，为中华文化乃至人类文明的发展作出更大的多方面贡献。

2. 增进民族凝聚力的文化自觉与自信

古代的岭南文化在中华民族文化中一直处于从属地位，是一种非主导文化，然而到了近代，中国的主导文化由北方易位于岭南，使岭南文化成为时代的精神、社会发展方向的主导文化；改革开放后，“敢为天下先”的岭南文化率先从农业文明转化、过渡为工业文明，再次成为中国主导文化之一，其蕴含的凝聚力要素不仅丰富和发展了中华民族文化，还对内陆文化的发展起着巨大的推动乃至示范作用，为我国社会主义新文化的发展和壮大做出了不可忽视的贡献。但是，在全面建成小康社会的时期，岭南文化必须以马克思主义为指导，坚守中华文化立场，立足当代中国现实，结合当今时代条件，发展面向现代化、面向世界、面向未来的，民族的科学的大众的社会主义文化，推动社会主义精神文明和物质文明协调发展，再次培育新一轮高度的文化自觉和文化自信，强化岭南历史和传统文化教育，树立良好的岭南文化新形象，推进岭南城市的文化名片建设，大力培育岭南文化产业，让岭南地区成为融贯中西的“文都”，更好地在新时代中发挥岭南文化的凝聚力、影响力。

3. 凝心聚力反对分裂，推进祖国统一

反对分裂，坚持统一，这是中华民族自古以来的优秀传统。中华民族之所以能够在数千年来一直坚持民族团结和国家统一，始终融合成一个整体，历经无数次变故和动荡却永不分离，其根本原因就是中华文化中的爱国主义向心力起着积极的凝聚作用，这也是中华民族几千年来形成的传统文化价值

---

① 楼宇烈. 中国文化的根本精神［M］. 北京：中华书局，2016.

所在。岭南文化蕴含着中华母体文化中丰富的反分裂、促统一等精神内涵，在中华民族形成和发展、维护国家统一和民族团结等方面，一直发挥着重要的影响作用，做出了不可磨灭的重要贡献，从古时的赵佗、冼夫人等，到近代抵御外敌入侵的邓世昌、丘逢甲等，可谓数不胜数。20世纪香港和澳门在推行与实施“一国两制”时，岭南文化又以其独特的民俗与文化凝聚力，激发了港澳同胞的民族认同感情，促成港澳两地的顺利回归和一国两制的成功实施。在今后把维护中央对香港、澳门特别行政区全面管治权和保障特别行政区高度自治权有机结合起来，确保“一国两制”方针不会变、不动摇，确保“一国两制”实践不变形、不走样，保持香港、澳门长期繁荣稳定，实现祖国完全统一，这是实现中华民族伟大复兴的必然要求，这也要求岭南文化再次发挥凝聚力，获取港澳同胞的文化认同和民族认同，甚至获取部分受岭南文化影响的台湾同胞的文化认同和民族认同，增进港澳台和海外同胞的亲情和福祉，增强对中华民族命运共同体的认知，才能坚决遏制任何形式的分裂行径，坚持“一国两制”，坚持“九二共识”，推动两岸关系和平发展，深化两岸经济合作和文化往来，推动两岸同胞共同反对一切分裂国家的活动，共同为实现中华民族伟大复兴而奋斗；推进祖国的和平统一，维护国家主权和领土完整，开创共同美好的未来，实现中华民族的伟大复兴。

参考文献：

[1] 陈载舸，陈剑安，殷丽萍. 中华民族凝聚力学概论［M］. 广州：广东人民出版社，2013.

[2] 陈泽泓. 岭南文化概说［M］. 广州：广东人民出版社，2013.

[3] 司徒尚纪. 21世纪海上丝绸之路广东再出发［M］. 广州：广东旅游出版社，2016.

[4] 广府人联谊总会. 广府天地［M］. 广州：羊城晚报出版社，2015.

[5] 杨影，于丹. 岭南文化［M］. 长春：吉林文史出版社，2010.

[6] 中共中央宣传部. 习近平总书记系列重要讲话读本（2016年版）［M］. 北京：学习出版社，2016.

[7] 楼宇烈. 中国文化的根本精神［M］. 北京：中华书局，2016.

（本文作者系广东省科技干部学院副教授、博士）

文化交流中如何让西方受众更好理解认同中华民族的价值理念和思维方式

韩景云

21世纪是中西文化进一步交流融合的世纪。一般认为，价值理念沉淀着政治理念、社会理想、民族精神和传统美德。思维是人类最本质的资源，所以除了语言文字和器物层面的学习，文化交流的核心和重中之重是价值理念和思维方式的互相比鉴、理解、认同与吸收。明朝郑和率舰队七下西洋，给所经之国送去了中国的瓷器、茶叶、丝绸，更带去了中华民族讲信修睦、协和万邦的和平理念。历史上如此，今天亦然。近年来我国对外文化传播内容丰富、形式多样、投入很大，主要集中在语言诗词学习、各种艺术形式演出、风土人情介绍和文物、中医、书法、武术、展览等特色内容的推介上，而由“技”上升为“道”并有意识有重点地传播中华民族价值理念和思维方式仍显不够。十九大报告指出：“文化兴国运兴，文化强民族强。”当今世界，以价值认同和文化影响为核心的文化软实力竞争日益凸显，文化软实力正逐渐成为国家发展的“硬支撑”。2013年12月30日，习近平总书记在中共中央政治局第十二次集体学习时强调，要“努力传播当代中国价值观念”“努力展示中华文化独特魅力”“要加强国际传播能力建设”[①]。2017年初，中共中央办公厅、国务院办公厅印发了《关于实施中华优秀传统文化传承发展工程的意见》，首次以中央文件形式专题阐述中华优秀传统文化传承发展工作，提出要探索中华文化国际传播与交流新模式。为我国发展争取良好的外部环境，实现中华民族伟大复兴的中国梦，推进“一带一路”倡议等，都需要让世界理解当代中国和中国领导人，接受中国方案，理解中国智慧，认同乃至悦纳中国引领，对外文化交流中重点传播中华民族价值理念和思维方式就显得极其重要。中华民族价值理念和思维方式来自于中华优秀传统文化特别是中国哲学的浸染、传承，来自于实践的提炼与升华，与美英法等西方

① 习近平：建设社会主义文化强国 着力提高国家文化软实力[EB/OL].(2014-01-01)[2017-12-21].http://cpc.people.com.cn/n/2014/0101/c64094-23995307.html.

发达国家有着较大的区别。在与目前相对强势的西方文化交流过程中，如何既巩固原有的有效做法，又积极适应西方受众的思维特质和理解习惯，把看不见且不易理解的中华民族价值理念和思维方式具体化、表象化，减少误解、曲解或费解，从而更好地讲好中国故事、传播好中国声音、阐释好中国特色、展示好中国形象，都需要在传播理念、传播方法、传播路径方面作进一步的研究和改进。这是一个极其巨大的系统工程，需要借助全媒体手段和大量前沿的科学技术作支撑，需要立足大数据平台、运用互联网思维来实现，甚至需要国家层面的顶层设计、组织领导和持续投入。

一、用合适文本全面诠释

西方哲学流派众多，著述颇丰，体系严谨，概念明晰，国民有较强的哲学自信和基于自身传统的哲学理解、阅读习惯。中华文明有着独特的内生动力、路径和特质，古代文史哲基本不分家，儒道释多元共存，以儒家思想为主流，先贤们大多“述而不作”，未留下专业系统的政治著述和哲学著作，中华民族的价值理念和思维方式更多散见于浩如烟海的诗词、策论、著作、讲授、史书和各类历史典籍中。中国人穷其一生尚且无法完全读完读懂，对外文化交流中就更难以让西方受众领略中国语言文字和器物层面背后蕴含的独一无二的理念、智慧、气度和神韵了。很显然，强调用专门适合对外传播的哲学文本来全面诠释中华民族价值理念和思维方式具有相当的现实针对性。按照现代传播学、阐释学的原理和要求，不妨契合西方人的理解习惯，从几个方面入手进行权威解读和系统化横向研究。一是横向系统化研究。价值理念与思维方式几乎是一体两面，更多地贯穿于哲学体系中。近现代学者个人哲学著作和当代大学哲学史教材，大多按编年体格式，依时间顺序介绍各种哲学流派和其核心概念。可以考虑以编纂通论的形式，把中国哲学作为一个整体，横向系统梳理，打破年代划分，跳出个人体系，区分哲学精神、宇宙论、本体论、价值论、方法论、知行观等，把未系统化的系统化，同时讲清楚中国哲学与政治、军事、科技、文化、宗教、个体等各个层面的关系。这方面，中国人民大学宋志明教授的《中国传统哲学通论》已经提供了参考。二是全面、权威、精炼地解读。通论重点涵盖儒学、道家、佛教（特别是中国化了的禅宗）、墨家等，而非只有儒道两家。同时要适应目标国家（地区）的受众对宗教的理解方式来看待佛教，防止沿用我们过去的习惯对佛教贴标签。三是完成中华文化核心理念、传统美德和人文精神在目标语言中的准确重构。比如天人合一、心物一元、内在超越、内圣外王、实事求是、道、无为、和而不同、孝老爱亲、心、禅定、兼爱等，都直接关系到如何理解中国价值理念和思维方式，需要集中各个领域的专家学者进行集中研究，使翻译精准、权威；同时要充分考虑目标国家（地区）的文化背景和思维习惯，找准合适的语言形态特征，探索中国传统哲学术语进入世界哲学话语体系的途径。四是解读好一些重点字词所蕴含的民族性格和价值指向。如“武”字，止戈之意，表达了中国人民不战慎战、热爱和平又不惧战争的价值理念；如“佛”字，“弗”即“不”，意即人只有去掉之前的各种我执（和法执）才能立地成佛，表达了中国人自省自励、内在超越的精神；如“舒”字，由“舍”和“予”构成，想要舒心、舒适，先要学会舍得（放下）和给予（付出）才行，表达了中国人反求诸已、智慧达观的入世观；如“妈”字，比喻母亲（“女”）像牛“马”般辛苦，体现了中国人尊重女性、感恩女性的平等思想和人权理念，等等。

二、用实验实证直观揭示

美英法等西方发达国家崇尚形式逻辑，主客二分，重视实验实证及可重复性。这就提醒我们，对中华民族的一些价值理念和思维方式，如果能用实验或实证的方式呈现，会更贴近西方受众的理解习惯。在人类文明“轴心时代”，中国诞生了以孔子、孟子、老子、庄子、孙子、墨子、韩非子等为代表的一大批杰出思想家，特别是老子、孙子的著作中包含着大量关于阴阳、善恶、美丑、强弱、进退、祸福、胜败等矛盾相互依存、互相转化的朴素辩证法思想，今天仍然具有重燃火焰、提供精神动力的现实意义。通过实验实证方式，能在较短时间内令西方受众直接理解和接受中华民族的辩证思维。兹举四例：如，《周易·系辞上》提出“一阴一阳之谓道”，如何理解阴阳是自然界的根本规律，事物都蕴含阴阳两个方面、两种力量，且彼此依存、消长、转化、制约和平衡？可以用中国传统木质榫卯建筑结构优秀的抗震性能来揭示。榫卯结构是中国人在造物过程中体现的大智慧，在其令人惊叹的结构与和谐之美的背后，是传统哲学思维特别是阴阳之道的自觉运用。榫卯为凸（意味着阳）凹（意味着阴）结构，阴阳结合，刚柔并济，坚实耐用。尤其是不同方向嵌接的多个榫卯结构平时能互相抵消木头的缩胀作用力，地震来临时能巧妙化解纵向波和横向波的破坏力。正如山西应县木塔等木质建筑历经千百年和多次地震仍屹立不倒，以 3D 的形式一经动态演示，答案不言自明。如，《道德经》第 30 章说：“以道佐人主者，不以兵强天下，其事好还”。后人衍生出“天道好还”这一成语。如何理解付出终有回馈，善恶自有回报？可以借助飞去来器来形象直观理解。飞去来器，顾名思义就是依托自身形状产生的空气动力，飞出去以后还会再飞回来，它有“V”字形、香蕉型等形状，是用坚硬的曲木制成的一种巧妙武器，曾是澳大利亚土著人的传统狩猎工具，如今已经成为一种户外休闲健身运动。当亲手放飞又回收飞去来器的时候，也许对“天道好还”的理解更进一步了。又如，《道德经》第67章说：“我有三宝，持而保之。一曰慈，二曰俭，三曰不敢为天下先。”从“不敢为天下先”，后人引申出“以退为进”这个成语（见汉代扬雄《法言·君子》“昔乎颜渊以退为进，天下鲜俪焉。”）退怎么会是进呢？只要用动画的形式，演绎农村插秧时人往后退、插下的秧苗却往前延伸的过程，瞬间就能触类旁通。再如，“以迂为直”出自《孙子兵法·军争篇》（“军争之难者，以迂为直，以患为利。故迂其途，而诱之以利，后人发，先人致，此知迂直之计者也”。）为什么用迂回曲折的途径能够达到甚至超过近直的目的呢？比较难以理解。物理学上有一个“最速曲线”规律，即两点之间一小球滚下，不是之间的连线下降最快，而是小球在最速曲线上滚下最快。两点之间的连线就是“直”，最速曲线则为“迂”，用动画一演示，道理就明白了。

三、用统计数据如实发声

恩格斯说过，任何一门科学的真正完善在于数学工具的广泛应用。数学分析方法是西方科学中不可或缺的极其重要的方法，其核心理念是严谨和定量，在人文科学领域亦广泛应用。哈佛大学曾对一群智力、学历、环境等条件差不多的年轻人做了25年的连续跟踪调查，得出的结论是，只有3%有清晰且长期目标的人，他们通过长年累月的钻研与坚守，最终大都成了社会各界的顶尖成功人士。[①] 中国古人讲“有志者事竟成”，“风物长宜放眼量”，这种经验式、定性化甚至带着一丝神秘感的人生感悟论断，与哈佛大学这一定量调查结论殊途同归，但两者思维路径不同，说明传播中华民族价值理念和思维方式完全可以借鉴和运用统计学、概率论等数学知识，以契合西方人文社会科学的当代研究范式。尤其在大数据时代的理念下，适当将定量分析方法引入，传播中华优秀传统文化将拥有新的利器。试举三个方面。以积德行善、因果报应这个观点为例，这是贯通儒道释三大家、令中国古人保持几千年敬畏和严谨的核心理念之一。（如孔子所作《文言》：“积善之家，必有余庆；积不善之家，必有余殃。”道家《太上感应篇》：“祸福无门，惟人所

① 与其留学考研不如学汽修　给职业规划上好双保险[EB/OL].(2011－10－12)[2017－12－21].http://edu.163.com/11/1118/16/7J5H0OVT00294J0J.html.

召。善恶之报，如影随形。”佛教《三世因果经》“欲知前世因，今生受者是，欲知后世果，今生作者是。”）如何把这些论断式的道德劝世文，转换为西方受众容易理解、接受的数据事实或调查报告，可以作较大范围的社会统计。如可否考虑以近代以来一直颇有良好口碑和道义形象且其后代人才辈出的曾国藩的曾氏家族为统计对象，用近二百年的时间跨度，逐代做一个过细的梳理，看每一代人在积德行善上主要做了哪些实事好事，代与代之间是如何传承良好家风家训、打破“富不过三代”魔咒的，从而用典型事例完成创造性转换。又如，中国人一直提倡助人为乐，认为“仁者寿”（化自《礼记·中庸》“故大德……必得其寿。”）道德高尚、乐于助人为什么就能健康长寿？精神修养和心理状态的变化是如何影响到身体层面的？这里面涉及中国哲学本体论的核心概念“心物一元”和身心互相影响的道理。心理学研究表明，一个人经常做好人好事（这就是“仁”的体现），与他人相处融洽，社会赞誉就多，自己就开心，开心后大脑就会分泌号称“年轻荷尔蒙”的“内啡呔”。这种物质有助于镇痛、抗衰老，还能激活人体免疫系统功能，增大血液吸收营养的能力。这种良性循环久而久之，自然就健康长寿了。我们可以选择几百甚至上千名合适的志愿者，敷设必要仪器或设备，连续跟踪调查若干年，用大量翔实可行的仪器数据来论证和支撑这些经验化、定性式论断。近年来，美国耶鲁大学和加州大学合作研究“社会关系如何影响人的死亡率”课题，用大量的数据统计，得出了“行善能延长人的寿命”的结论。[①] 再如，《易经》是中华优秀传统文化中自然哲学与人文实践的理论根源，是华夏民族思想和智慧的结晶，是中华文明的源头活水，囊括了天文、地理、军事、科学、文学、农学等丰富的知识内容。仅以占卜为例，想要学通弄通就需要耗费非常大的精力和时间。如何打破神秘感，把这一文化瑰宝推向世界？国内学者如欧阳维诚等撰写研究著作，详细分析借助排列组合、概率论、微积分等数学知识来分析占卜的各种可能性，还《周易》以科学和平实的面目；[②] 学者何中良建议把函数概念和函数计算引入易学研究，比如理想的太极曲线就可以用余弦函数来表示。[③] 这方面的研究还远未普及，还有很大改进的空间。

---

① 科学家惊人发现：善恶有报是真正的科学［EB/OL］.（2018－01－08）［2018－03－21］. http://www.sohu.com/a/215385115_161283.

② 欧阳维诚. 周易的数学原理［M］. 武汉：湖北教育出版社，1993.

③ 何中良. 现代易学原理［M］. 北京：团结出版社，2014.

四、用现代科技生动呈现

科学技术哲学在西方国家的盛行，不仅消除了自然科学与社会人文科学之间的分野，更为人们乐观描绘了一幅二者可以相互诠释、促进的思想图景。如，灵魂问题在古希腊哲学乃至整个西方哲学史中占有重要的位置，根据科技讯网报道，曾被美国《时代》杂志评选为全球“100名最有影响力人物之一”的哈佛大学知名物理学家、量子物理学家丽莎·蓝道尔，一直非常严肃严谨地用试验和研究来判断有没有灵魂和灵魂重量多少。又如，“性空缘起”是佛教最核心的理念之一，中国科技大学前校长、中国科学院院士朱清时经研究后认为，当代物理学弦理论就是佛教的缘起性空观点，他的学术报告《物理学步入禅境：缘起性空》一度在网上广为流传。对上述两位科学家的研究和报告，尽管科学界和大众看法不一，但他们的研究方向是否昭示着科学技术哲学的全球普及呢？类似于“文王拘而演周易”，中国古代的先哲们往往是在生活经验总结基础上，或者直觉感受时，或者静坐状态下，甚至打坐禅定时，形成了对宇宙、对大自然、对人生的独特的知识体系和哲学体系。而囿于各种条件，这些知识和哲学体系的核心概念一直使用着古代的文本表述，缺乏与现代科技直接对话的基础。但能几千年沿用至今，这些核心概念并非没有理论的自洽性，只是需要现代性解读。今天解读和传播这些古圣先贤的思想、思维，如果能借助科技的力量，肯定可以达到事半功倍的效果。试举儒道释领域各一例。如被汉代董仲舒发展到极致的“天人合一”思想，是中国哲学史上一个极其重要的命题，是最能体现中华民族整体综合性思维的核心概念。“天人合一”反映的是人与自然的关系，认为宇宙自然是大天地，人身是小天地，人和自然在本质上是相通的，故一切人、事均应顺乎自然规律，达到人与自然之和谐。季羡林老先生曾说：“我曾说天人合一论，是中国文化对人类最大的贡献。”① 钱穆老先生亦言：“我以为‘天人合一’观，是中国古代文化最古老最有贡献的一种主张。”② 儒道两家对“天人合一”都有独到的见解，但大多是一种抽象的，或意境上的，或道德化的基于人文精神的理解、感悟和类比。在西方人看来，这些解释因人而异、因事而异，容易趋于随意性、实用主义和神秘主义。如果能直观呈现已成熟运用二千多年的中医针灸“子午流注”理论，或许可以从应时养生和治

---

① 季羡林：“天人合一”新解[EB/OL].(2008-12-31)[2019-03-21].http://www.aisixiang.com/data/23861-2.html.

② 钱穆. 中国文化对人类未来可有的贡献[J]. 中国文化，1991(1)：93-96.

疗角度理解“天人合一”思想之一二（“子午”代表十二地支，“流注”是指人体气血循行像流水一样，在经络中川流不息、循环输注）。中医认为人体中十二条主要经络对应着每天十二个时辰，由于时辰在变，因而每条经络中的气血在不同的时辰有盛有衰，无论养生或针灸取穴都要应时而行，这就是“天人合一”思想在养生和治疗上的运用。比如子时阴气最重，阳气初生，人体则（足少阳）胆经最旺，务必睡眠以保护阳气，如果这个时候还不就寝，无异于拿健康开玩笑；如针灸治病，则取本经一侧主要穴位。西医大多建立在尸体解剖分析基础上，而中医的经络穴位理论基础是活体感知。但随着中医不断走出国门，当前西方发达国家对中医经络、穴位和针灸理论接受度越来越高。北京中医研究院何广新等人实验显示，能够使用红外热成像技术检测经络循行路线的热学特征并拍摄循经感传的红外辐射图像来研究经络实质；[①] 日本科学家中谷通过测定皮肤阻抗（即皮肤对电流的抵抗）高低来确定穴位位置。[②] 《人民日报》今年7月1日报道，世界顶级医学期刊《美国医学会杂志》力挺中医针灸治疗女性尿失禁靠谱，成为中医针灸走向世界的又一里程碑。可以乐观地预见，在更多新技术新手段的支撑下，更加适时、动态、连续地呈现针灸“子午流注”理论，进而触类旁通地、逻辑地理解“天人合一”思想将成为现实。又如，“人生如梦”思想最早来自于道家，唐代《枕中记》用“黄粱美梦”的故事告诫世人不要忘记初心、迷失于世间功名利禄。如何把这一充满智慧思考和良苦用心的道德教化巧妙演绎给现代西方受众？奥斯卡影帝罗伯特·德尼罗曾参与虚拟现实 Storyscapes 单元“6X9：单人监禁的沉浸式体验”项目，9分钟短暂体验却饱受煎熬，内心受到极大触动。[③] 受此启发，可以考虑运用 VR（虚拟现实）技术和 AI（人工智能）技术来呈现。通过具有强大交互性、沉浸感和计算能力的现实场景仿真，令实验者在虚拟世界里迷失方向，经历各种荣华富贵，到头来却否极泰来。体验结束吓出一身冷汗之时，也许就是顿悟名利如烟云、初心最重要之刻。再如，《华严经》云“一花一世界”，微观如一朵花，宏观如花的世界，二者之间没有连接词，究竟是“就是”还是“如同”？如果是“就是”，那完全不可等量齐观的两类事物如何能等同？如果是“如同”，比喻的共性在哪里？其实，如果用现代全息生物学理论来分析，就可以得出结

---

① 何广新，石君玺，张澍源，等．经络现象客观化的研究：以红外线热象图显示经络现象的实验观察［J］．中国针灸，1983（5）：23－25.

② 中谷义雄．良导络の全貌［J］．汉方の临床，1956，3（7）：53.

③ 翠贝卡电影节：在虚拟现实技术中亲历单人监禁的恐怖［EB/OL］．（2016－04－16）［2017－12－21］．http://www.sohu.com/a/69570941_381245.

论：一朵花就是一个花的世界。全息生物学理论认为，一切动植物都是由许多全息胚组成的，生物体上任何一个相对独立的部分都是全息胚；全息胚包含着生物整体的全部信息，都是整体发育的缩影，都有着向新个体自主发育的能力。故而仙人球上任何一部分都能长出小仙人球，榕树的气根都可长成树。如果方法科学，一朵花同样可以培养出无数同样的花并成为一片花的世界。

五、用典型案例全面彰显

季羡林老先生认为，中西方文化的本质区别在于思维。中华优秀传统文化中除了朴素辩证思维、整体思维，还有直觉思维值得重点传播。冯友兰老先生在20世纪30年代研究中国传统哲学时首次提出了“负的方法”。他认为西方哲学偏重“正的方法”，擅用概念思维，即形式逻辑推理；而以儒道释为主要内容的中国优秀传统文化（哲学）倡导内在超越，重视身心体验和个体直觉，偏重“负的方法”，用直觉思维，即审美逻辑推理。由于近现代以前，中国传统文化发展到极致，也没有更多地往自然科技、现代科学这个方向走，逻辑推理、定量分析这些正的方法便难以发展起来。而中国古代的诗词、戏曲、小说、音乐、书画等人文学科发展到了一个登峰造极的程度，这些领域更多的是感性和直觉，是个体对宇宙天地大道、社会人生真谛的追问和对真善美的追求，是难以说清和复制的独特的精神心理体验，当然无法严格地推理论证和用数据说话。浸泡在这种人文艺术中的中国古人，自然而然偏重于用直觉思维这一“负的方法”，强调主体于客体瞬间的感悟，强调一种整体、融合的理解；在表达技巧上，不从正面下定义，不作正面刻画，而是从运用看本体，把不属于它的特性、状态列举出来，把它的边界规定好。通过类似画家“烘云托月”的手法，让人领略那种“不思之思、不说之说”的微妙状态和特定意境。这可以从儒道释典籍中找到大量论证：比如，“仁”是儒家的重要范畴，当学生问什么是“仁”时，孔子往往不做正面答复，而是说“克己复礼，仁在其中”，“仁者爱人”，“泛爱众而亲仁”，即不从本体上规定仁是什么，而是从仁在政治、人伦、生活的具体运用上，来让人理解这样做是仁，那样做不是仁。又如，“道”是道家思想的核心概念和最高范畴。但什么是道呢？《道德经》并未明确，而是给了一个描述：“道可道，非常道；名可名，非常名”。《道德经》通篇没有对“道”下一个定义，仍然是从道的各种运用和现象上来阐释道的本质属性。再如，禅宗六祖惠能说“诸佛妙理，非关文字”。（见《坛经》“机缘第七”）试想文字都不要，哪里还需要逻辑和分析呢？等等。由此可见，这种“负的方法”贯穿于中国几千年的历史长河，体现在各类文学作品和艺术形式之中，成为中华文化区别于西方文化在思维方式上的一个显著特点，也逐步滋养了中华民族包容、内敛、自省的精神气质和善于整体思考、系统推进的思维特质。几千年的文化源远流长、一脉相承，中国是世界上唯一的古代文明至今没有中断的国家，直觉思维、“负的方法”功不可没。“负的方法”至今仍在运用。试举一例。党的十八大之后，习主席提出了“中国梦”这个标志性的政治理念，还从各个方面诠释了中国梦的基本内涵、实践基础、实现途径、依靠力量和外部环境等，以不断增进我们对中国梦的理解。中国梦，何其美好，何其诱人，然要下个定义比较难。说它是当代中国政治学的形而上思考也无好，因为它代表了当代中国最高的政治诉求、利益诉求和情感诉求；说它是亿万人民形而下的生活也无妨，因为它关系到千家万户、体现于衣食住行。说它是抽象的，我们又能从现实中感受到梦想的实现程度；说它是具象的，但筑梦、追梦、圆梦的过程又充满了思辨、探讨。何况中国梦还在实践中不断丰富其内涵、拓展其外延。因此，从各种角度描述中国梦、用诠释而不下定义，从表达方式上看，是“负的方法”的运用。

参考文献：

[1] 与其留学考研不如学汽修 给职业规划上好双保险[EB/OL].(2011-10-12)[2017-12-21].http://edu.163.com/11/1118/16/7J5H0OVT00294J0J.html.

[2] 科学家惊人发现：善恶有报是真正的科学[EB/OL].(2018-01-08)[2018-03-21].http://www.sohu.com/a/215385115_161283.

[3] 欧阳维诚. 周易的数学原理［M］. 武汉：湖北教育出版社，1993.

[4] 何中良. 现代易学原理［M］. 北京：团结出版社，2014.

[5] 季羡林：“天人合一”新解[EB/OL].(2008-12-31)[2019-03-21].http://www.aisixiang.com/data/23861-2.html.

[6] 钱穆. 中国文化对人类未来可有的贡献［J］. 中国文化，1991（1）.

[7] 何广新，石君玺，张澍源，等. 经络现象客观化的研究：以红外线热象图显示经络现象的实验观察［J］. 中国针灸，1983（5）.

[8] 中谷义雄. 良导络の全貌［J］. 汉方の临床，1956，3（7）.

[9] 翠贝卡电影节：在虚拟现实技术中亲历单人监禁的恐怖[EB/OL].(2016-04-16)[2017-12-21].http://www.sohu.com/a/69570941_381245.

（本文作者系广州市社会主义学院调研员）

新媒体语境对青年群体承继传统文化的影响

镡祎梦

一、当下传统文化承继的传播困境

1. 传统文化的基本概念及发展

传统文化就是由人类文明不断发展演化从而集聚形成的一种可以反映本民族特点、风貌的民族文化，是一个民族不断发展的历史文化中各种思想意识形态、观念集合的总体表征。世界各地、各民族都有自己的传统文化。我国的传统文化主要以儒家、道家相互补充为内核，除此之外，还有墨家、法家、名家、宗教类、西学格致类等文化形态。这些文化形态的具体表现包括例如诗词、曲赋、灯谜、酒令、对联、书法、国画等艺术形式。如果将“传统文化”这一概念拆分开来，又可将其解读为传统的文化，即这种文化是以传统为核心，区别于其他任何外来文化与当代文化。传统文化应当是对应着历史发展，并随着历史的长流积淀而成的一些文化实体与思想意识，例如我国传统文化中所保留的思想意识、生活观念、民族习俗与服饰等，也就是通俗所说的文化遗产。

传统文化通过历史积淀而形成，其生命力的延续与发展需要后人的保护与维持。任何文化遗产的保护与传统文化的承继都需要本民族对其进行保护与重视，然而，随着现代文明的不断发展，当代文化已经逐渐从传统文化中脱离出来，并不断吸收外来文化的影响，传统文化的承继遇到了危机与挑战。在我国，伴随着社会不断发展，传统文化也曾一度遭遇承继危机，早在五四运动期间，青年人推崇“德先生”与“赛先生”，宣扬民主自由，重视科学发展，这些本无可厚非，但却对儒家文化全盘否定，当时传统文化曾一度遭遇危机。当下虽然文化遗产的保护问题已经引起社会各界重视，但是随着大众传媒的不断发展与新媒体的诞生，外来文化与当代文化也在悄然影响着当下青年群体的思想意识与生活观念，高效迅捷的信息时代使得传统文化的承继岌岌可危，而青年一代对时尚、潮流的推崇与从众之风也使得传统文化的承继遭遇了挑战。

2．青年群体对传统文化承继的影响

青年群体扮演着社会中承上启下的重要角色，一方面他们承接着上一代的教育与本民族传承下来的思想意识与生活观念，另一方面他们也代表着当下社会的精神面貌，同时也肩负着将传统文化继续承传的重要任务，因此在传统文化承传的工作中，青年群体是重要一环。但是，由于社会环境、心理状态等方面的影响，青年群体在传统文化承传方面也存在一定的负面影响。

首先，由于改革开放，当下的青年群众受到良好的教育，文化水平和个人素质提到了相应的提高，同时在青年一代中独生子女是一个占有较大比重的群体，随着教育环境的宽松、家庭结构的重构，青年人的主体意识也在不断增强。在这样的教育环境与家庭环境的影响下，青年人一方面具有较强的个性意识与主体意识，同时在面对多元文化的选择时又具有着一定的从众心理，即关注新奇、鲜活的信息，会追随较多同龄人所关注的文化潮流，例如“日流”、“韩流”等文化潮流。

其次，青年人的思维、心理结构容易受到外在的社会环境的影响，青年正处于心理结构产生较大变化的阶段，是形成独立人格的关键时期，在自我意识形成的过程中往往会过分的强调、展现自我，表现出一种对传统的反叛与对现实的激烈反抗。同时随着全球化进程的不断加快，外来文化不断深入传播，这些新鲜的文化符号也使得青年人群在信息选择的过程中拥有了更为多元的选择机会，因此青年群体在文学、音乐、语言等方面都展现出了对传统文化的颠覆、挑战，甚至对抗，对传统文化的继承工作带来了一定的负面影响。

3．新媒体语境下传统文化传播的困境

对于传统文化的传播来说，人际传播与文字传播这些传统的传播方式都有着重要的影响力，文学作品、生活习俗与民俗民风等大都是通过这些传统的传播方式得以保留与传承的，但是在当下的新媒体语境中，受众大多被数字信息所包围，高效迅捷的数字化时代使得传统的传播模式渐渐被受众所忽视，这也使传统文化的传播受到了阻碍。文化传播更多需要的是一种思想上的交流与互通，文字上的传达与激励，以给予人们一种精神慰藉与情感归属，从而将现实与历史相连接，继承传统文化。对于当下的青年群体来说，这种耗时较长、传播模式单一的信息已经不能满足于他们猎奇、个性化的需求，新媒体给予了青年群体高效的沟通与海量的数字信息，使传统文化的传播随之陷入困境。

同时，由于新媒体的发展过于迅速，导致相关部门对于新媒体传播的管理难以做到全面严格，宽松的网络环境赋予了每一个网民自由发声的机会，以至于每天都有大量的信息充斥于新媒体，这其中也包括一些不法分子为了提高曝光率，对传统文化进行妖魔化或恶搞化的包装再进行二次传播。这些真假难辨的信息对于正在建立个人世界观的青年群体来说，造成更大的影响，由于青年群体社会经验较少，更容易被一些恶搞内容、恶趣味的信息所吸引，甚至会对这些信息产生错误的判断，这种畅通无阻的传播模式势必会对传统文化的继承带来较大的负面影响。

二、青年群体对新媒体语境的依赖

（一）新媒体传播的优势与特点

随着信息技术与数字技术的不断更新与发展，以互联网为代表的新媒体产业日渐蓬勃壮大，高速海量的信息化时代便利了人们的日常生活并改变了传统的传播模式，受众们不再局限于传统媒体单一化、局限化的传播，而是可以随时随地浏览各类新闻信息，这种迅捷的传播模式也正好符合当下了快节奏的社会生活，尤其对于青年群体来说，高强度的工作与学习使得他们更期望自由无拘的生活模式，而新媒体正好符合了当下青年群体的心理。不论是手机端还是电脑，每一个社交软件与新闻软件都可以随时刷新信息并且浏览历史记录，可以说，新媒体传播在一定程度上有效优化了时空与地域局限，而其简单机械化的操作流程也方便了受众获取信息的过程，缩小了信息鸿沟。且宽松自由的网络环境赋予了受众一定程度上的言论自由，这也符合青年群体的反叛精神与崇尚自由的思想意识，每一个受众都可以在接收信息的同时进行二次传播并且发表反馈意见，这些优势也使得新媒体不断继续发展壮大，并成为了时下最重要的传播模式之一。据第 40 次《中国互联网络发展状况统计报告》显示，截至 2017 年 6 月，我国网民规模达 7. 51 亿，其中网民仍以 10 ~ 39 岁群体为主，占整体的 72. 1%：其中 20 ~ 29 岁年龄段的网民占比例最高，达 29. 7%。[①] 由此可以看出，青年群体成为了新媒体语境下最主要的受众，新媒体也成为了青年群体较为依赖和信任的传播媒介。

---

① 中国互联网络信息中心. 第 39 次中国互联网络发展状况统计报告[EB/OL].（2017 - 01 - 22）[2017 - 12 - 21]. http://www. cnnic. net. cn/hlwfzyj/hlwxzbg/hlwtjbg/201701/P020170123364672657408. pdf.

（二）新媒体语境下文化传播的优势

新媒体语境下的文化传播相较于传统媒体而言有了更多的可变性与自由性，在新媒体语境中，受众可以通过多方的社交软件获取多元文化，一方面外来文化的侵入也更为便利，但同时对于传统文化的传播工作来说也是一个更占优势的机遇。因此一些相关的主流媒体、文化单位也在借助新媒体的传播优势，通过整合传播模式，文化融合等方式，力求能在各大社交网络中获得更多的曝光率，从而实现承继传统文化的最终目的。例如，故宫博物院的官方微博“故宫博物院”在日常发布微博时除了展示文物之外，也会发起一些相关历史、文化的微博话题，与网友进行互动，如“让我们一起来读日历”“紫禁城与海上丝绸之路”等话题，在展示文物的同时向网友普及传统节气、历史故事等相关传统文化。同时故宫博物院也通过设计 gif 动图、拼图等方式将文物做成表情包、将静态图画动态化等方式还原历史故事、模拟古代市井人情，或通过网络流行语叙述历史典故等等，这种将传统文化与时代背景、当下流行元素相结合的方式不仅调动了网民们关注与参与互动的积极性，同时也促进了新旧文化的融合，使传统文化可以拥有新的活力，增添了传统文化的趣味性，从而与青年群体的个性化心理相符合。这种文化融合的传播手段可以有效避免青年受众的反叛与对抗心理，又能在另一方面将传统文化赋予新的活力与时代气息，从而更有效的吸引青年网民的关注，促进传统文化的正向传播。

同时，除了通过社交网络传播传统文化之外，一些文化类的影视作品或节目也在新媒体的语境下重新获得关注。例如《我在故宫修文物》在央视播出后反响平平，但却在哔哩哔哩弹幕网上获赞无数，同样的情况也发生在《舌尖上的中国》《寻味顺德》等等文化纪录片中，青年受众在这些文化类节目中找到了文化归属感，同时也受到了传统文化与民族精神的教化。

新媒体语境给予了传统文化传播与继承一定的优势与机遇，一方面新媒体通过自身优势吸引与集结了绝大部分的青年受众；另一方面新媒体的传播模式也能够赋予传统文化传播工作新的活力与发展，突破以往传统传播模式，从而有效地吸引青年受众并且获得肯定，使得传统文化在当下的信息化时代可以获得新的生命力并且能够有效地继承与传播。

三、新媒体语境对青年群体承继传统文化的有效影响

1. 文化传播语境的重构

在信息的传播中，传受双方之间的沟通效果是整个过程的核心，传播效

果的大小表现在信息的沟通与共享的程度。① 在当下的融媒体环境下传播传统文化，也同样需要对传播语境进行创造与优化，使得传统文化可以与融媒体语境做到有机结合。央视纪录片《我在故宫修文物》之所以能够在哔哩哔哩弹幕网获得了网民热捧并随即迅速在网络上蹿红，就是因为该片不仅讲述了我国历史，同时也展现了匠人精神及中国人民勤劳勇敢，热情乐观的生活态度，将历史与现实相结合，将枯燥的文物修复工作与市井人情相结合，也获得了较好的传播效果。且青年网民在观看该片时，可以同时在线通过发布弹幕表达感想，这与通过传统媒体收看的效果与体验截然不同，新媒体赋予了青年群体自由发声的机会，类似的例子还有乐视视频制作的纪录片《传家》，以喜事、新生、闲趣、交情、团聚、传承六个主题为主线，纪录50个平凡家庭的日常生活，从而展现并传播我国的民俗文化以及诸如尊老爱幼、薪火相传、家国情怀等民族情感；爱奇艺视频也推出了纪录片《传家本事》，与《传家》不同的是，爱奇艺的纪录片时间较短，每集大约在5分钟左右，以神话传说、家传本事、五谷节气等主题，讲述中国人的习俗伦常，这些在新媒体语境下传播的文化纪录片，通过重构传播语境缩短了传受双方的距离，也使得其更具有说服力，更易于被青年群体所接受。其次，受众在观看的同时也可以通过转发、点赞等将其二次传播，一定程度上也使得传统文化在青年群体中的承继工作得到了有效的发展和推进。

2. 对青年受众心理的有效利用

前文已经提到，由于社会背景、教育背景与个人心理发展等方面的影响，青年受众的心理更凸显出一种自主性与个性化心理较强、追求自由与反叛的特点，而由于新媒体语境的宽松与自由，这种心理状态在新媒体语境下得到了更为具象化的表现，青年群体通过评论、恶搞等语言形式表达着自己对社会或现实的态度与看法，这其中也有对外来文化的跟风从众或对本族文化的看法与态度。因此，传统文化的继承工作也应当贴合青年群体的心理，并且有效利用这种心理推进继承工作的有效开展。例如《中国诗词大会》、《汉字英雄》等文化类节目的成功制作，以及如“故宫博物院”官方微博与网友在线上的积极互动等等成功案例，我们不难看出，在新媒体时代下，文化的传播与继承同样也需要与时俱进，除重构传播语境外，掌握时代特性也是文化传播的重要一环。只有牢牢把握时代特性并将传统文化与大众文化进行有机结合，才能吸引各个年龄段受众的关注，形成高质有效的传播效果。故宫博物院的官方微博除了日常普及历史、与网友进行高频互动外，同时也

① 叶家铮. 电视传播的艺术［M］. 北京：北京广播学院出版社，1988：21.

在追求着文化产业的商业效应。“故宫淘宝”这一官方微博的开通意味着新媒体语境下的文化传播除了线上的信息传递，同时也可产生线下的商业效益，一些富有着典型传统文化符号意象且又拥有着时下时尚意味的文化纪念品如主题胶带、团扇、手机壳、笔记本等商品也同样获得了受众的青睐。视听之维的传播有助于受众了解并关注传统文化，而将文化符号实体化同时也可使受众从获取信息的基础上进一步靠近传统文化，缩小传受双方的距离，且满足时下青年受众的个性化、猎奇的心理。

有效利用青年群体的心理虽然一方面可促进传统文化的正向传播，但另一方面也要注意把握尺度，避免媚俗化的传播态度。各方媒体、相关部门在进行传统文化的传播时决不可完全以受众心理作为唯一的宗旨，为了吸引关注、增加曝光率而戏谑历史、调侃传统文化，这种媚俗化的传播态度不仅不会促进文化传播，相反会一定程度上阻碍传统文化的承继。宽松的网络环境使得各方新媒体、自媒体等媒体用户都有了发声的机会，在这样的现实环境下，相关部门更要加强文化传播环境的监管，有效责查、杜绝传统文化的媚俗化传播。

3. 可视化传播：多维展现传统文化

新媒体对于传统文化传播来说不仅是一种新的媒介和传播语境，新媒体技术也可以成为文化传播的有效助力。例如在 2008 年奥运会中借助新媒体技术合成的“中国画卷”、“飞天点火”等表演给全球民众都留下了深刻的印象；春节联欢晚会的 3D 舞台也将传统文化中的色彩美学通过多种新媒体技术展现的淋漓尽致。传统文化通过与现代多媒体技术相结合创造了与技术交融的新的特点，形成了新的审美色彩，也更能为现代受众所接受。融媒体时代下的传统文化传播除了需要重构文化传播语境，与时下的传播媒介相结合，另一方面，与现代数字、网络技术相结合也尤为重要。传统文化传播不仅要从视听之维传播信息，通过多种技术相结合，从多维展现我国传统文化之美，展现传统文化的美学色彩，受众也能从多角度感受传统文化，满足受众的追求娱乐，追求多维感官刺激、好奇求知的心理相吻合，促进并提高文化传播的正向效果，例如 VR 技术、3D 打印技术等，可以使受众全方位、多角度的感受传统文化、历史变革，对传统文化有更深的认识，并且产生兴趣，促进传统文化的承继与发展。

新媒体的发展对于文化传播而言既是机遇也是挑战，高速的信息化时代除了给予受众信息符号可视化的便利之外，外来文化的侵袭、对传统文化的颠覆、城市亚文化的弊端都对主流文化造成了一定的影响，且受众的心理状态发展、主体意识的不断增强、自媒体传播的发展都对于传统文化的继承都是新的挑战，如何将新媒体发展从挑战化为机遇，如何更好地把握受众所需，提高传播效率，这对于媒体工作者、媒体单位来说都是现时最为首要的工作。因此，在时下融媒体的语境中，媒体工作者只有与时俱进、把握受众心理、时刻跟进传播过程，将网络技术与大众传媒相结合，用新视角、新思维传播传统文化，从而助力我国文化产业及文化传播工作的开展，使传统文化的继承永葆活力。

参考文献：

[1] 毕宏音. 网民心理特征分析［J］. 社科纵横，2006，21（9）.
[2] 郑傲. 网络互动中的网民自我意识研究［M］. 成都：电子科技大学出版社，2013.
[3] 李雪云. 新媒体视阈下传统文化的发展动力［J］. 青年记者，2015（5）.
[4] 刘海. 论青年文化与大众传媒的相互作用［J］. 法制与社会，2007（5）.
[5] 常江. 以先锋的姿态怀旧：中国互联网文化生产者的身份认同研究［J］. 国际新闻界，2015，37（5）.
[6] 叶家铮. 电视传播的艺术［M］. 北京：北京广播学院出版社，1988.
[7] 中国互联网络信息中心. 第 39 次中国互联网络发展状况统计报告［EB/OL］.（2017－01－22）［2017－12－21］. http://www.cnnic.net.cn/hlwfzyj/hlwxzbg/hlwtjbg/201701/P020170123364672657408.pdf.

（本作者系深圳大学硕士研究生）

“至圣”观念对高校思想政治教育的启示

黄金魁

“至圣”，一个极富宗教色彩的词汇，原意为道德及学识修养达极致者。但在中国几乎成了孔子的代名词，孔子墓碑上便刻有“至圣”二字，这是绝无仅有的。自司马迁冠孔子以“至圣”称呼开始，最终被多朝君王在追授孔子谥号中钦定。“至圣”，说明后世之人认为孔子具有极高德行和学识修养，更体现了后人对孔子德行和学识的无上尊崇。本文试图以“至圣”为切入点，在叙述孔子“至圣”这一荣誉形成历程的基础上，探究“至圣”观念对高校思想政治教育的启示，昭示以孔子及儒家思想为代表的中华优秀传统文化，对高校思想政治教育的涵养和启迪作用。

一、“至圣”是后世之人加诸给孔子的至高荣誉

“至圣”这一至高荣誉，最先是史家司马迁给的。司马迁在《史记·孔子世家》中说：“天下君王至于贤人众矣，当时则荣，没则已焉。孔子布衣，传十余世，学者宗之。自天子王侯，中国言‘六艺’者折中于夫子，可谓至圣矣!”这段话翻译成白话文就是：“天下从君王直至贤人，是很多很多了，生前都荣耀一时，死后也就完了。孔子是个平民，传世十几代，学者尊崇他。上起天子王侯，中原凡是讲习六经的都要以孔子为标准来判断是非，孔子可说是至高无上的圣人了。”“至”，就是“最”，至高无上的意思。能称为“至圣”者，非得具有崇高的道德和渊博的学识不可。司马迁还引用《诗经》中的“高山仰止，景行行止”来描述孔子，由此足见司马迁对孔子的景仰，在他看来只有“至圣”才配得上孔子在其心中的地位。

可是，孔子本人在世时并不认为自己可以称得上是圣人，更何况“至圣”呢。孔子认为，人以人格分有五个层次：“人有五仪：有庸人，有士，有君子，有贤人，有大圣。”① 至于孔子自己如何看自己，《论语·子罕》中

① 荀子译注［M］．张觉，译注．上海：上海古籍出版社，2012：452.

记载的一个故事很能说明孔子的态度。一位太宰问子贡："夫子圣者与，何其多能也?"子贡道："固天纵之将圣，又多能也。"孔子听到后说：太宰知我乎！吾少也贱，故多能鄙事。君子多乎哉，不多也。① 这里，孔子虽然没有明说自己是不是圣人，但解释了自己多才多艺的原因：只是因为年轻时家境贫困才不得不学了很多技艺，而那些地位很高的君子是不需要的。《论语》中另一则对话，孔子则有比较明确的表态。一次，子贡与孔子对谈，子贡说："如有博施于民而能济众，何如？可谓仁乎?"孔子答道："何事于仁！必也圣乎！尧舜其犹病诸!"② 孔子认为，这何止于仁德，一定是达到了圣人的境界。他甚至认为，尧舜或者都难以做到。孔子常常以尧舜为榜样，既然尧舜都难以做到，自己就更加不用说了。在另一场合，孔子对于"圣"的态度则更明确，他说："若圣与仁，则吾岂敢？抑为之不厌，诲人不倦，则可谓云而已矣。"③ 他还说："圣人，吾不得而见之矣，得见君子者，斯可矣。"④ 在孔子看来，君子还不多见，更何况圣人。孔子自认为在朝着"圣"与"仁"的方向努力，但并不认为自己已经达到了圣人的境界和修养。

可是，孔子的弟子们并不这样认为，他们不断地将"圣人"之名号加诸孔子。前引太宰与子贡的对话，子贡就把孔子提到了比较高的地位，他以"天纵之将圣"来描述自己的老师，间接肯定回答了太宰提出的"孔子是不是圣人"的问题。子贡甚至用"日月"来比拟自己的老师。据《论语·子张》记载，叔孙武叔诋毁孔子，子贡回答道："无以为也！仲尼不可毁也。他人之贤者，丘陵也，犹可逾也；仲尼日月也，无得而逾焉。人虽欲自绝，其何伤于日月乎？多见其不自量也。"⑤ 颜渊用"仰之弥高，钻之弥坚，瞻之在前，忽焉在后"来刻画自己老师及老师对自己的教诲，虽然没有直接用"圣"，但意思差不多。

孔子去世之后，孟子则直接称孔子为圣人。他将孔子与伯夷、伊尹、柳下惠并提："伯夷，圣之清者也；伊尹，圣之任者也；柳下惠，圣之和者也；孔子，圣之时者也。"圣之时者，意即孔子能够量时而变，依照形势的变化而变化，具有较强的适应性和灵活性。孟子认为孔子是集大成者，并对"大成"一词作了说明："集大成也者，金声而玉振之也。金声也者，始条理也；玉振之也者，终条理也。始条理者，智之事也；终条理者，圣之事也。"⑥ 明确说孔子所做，就是"圣人所从事的事"。

随着汉武一朝，董仲舒"独尊儒术、罢黜百家"之后，孔子的圣人形象与神圣的地位便愈加高大。司马迁在《史记》中不但称孔子为"至圣"，更

---

①②③④⑤ 论语译注［M］. 杨伯峻，译注. 北京：中华书局，1980：88.

⑥ 杨伯峻. 孟子导读［M］. 北京：中国国际广播出版社，2008：158.

将孔子列为"世家"。世家，本是记载王侯的，司马迁把孔子提升到世家为其作传，足以体现出对孔子厚爱与尊崇。孔子的神圣地位，更能从历朝历代对孔子的封谥中得以集中体现。据有关学者研究，从汉平帝追谥孔子为"褒成宣尼公"开始，北魏孝文帝定孔子的谥号为"文圣尼父"，唐太宗诏尊孔子为"宣父"，唐玄宗又追谥为"文宣王"，宋真宗大中祥符元年，又加谥孔子为"玄圣文宣王"，四年后，为避国讳，改谥为"至圣文宣王"。此时，"至圣"被加诸孔子谥号。元武宗时，加孔子号为"大成至圣文宣王"。"大成"、"至圣"，合加在孔子谥号中，已达最高，"至矣，尽矣，无复有加矣！"[①] 明嘉靖年间，孔子谥号中的"王"被换成"师"，以"至圣先师"称之，清初又称为"大成至圣文宣先师"。至民国，1935 年国民政府祭祀孔子时称为"大成至圣先师"。此后没有再对孔子的谥号进行更改，"至圣先师""大成至圣先师"一直流传至今。在孔子的谥号中，虽然有"王""师"之变，但"至圣"一词未有变化和更替，彰显出孔子的崇高地位和后世给他的无上荣誉。

排除历代王朝因为其倡导"忠君尊王"思想而尊崇孔子之外——虽然这是其中最为关键的因素，其他诸如孔子道德修养、道德理论与实践，学问追求与"六经"整理，教育思想及其实践等方面，都对后世有着非常深远的影响。[②] 因为历代君王的尊崇、各代后儒的继承与诠释，孔子在学问及道德追求方面的"至圣"地位得以确立，并被不断强化，"至圣"几乎成了孔子的代名词。以至于当孔庙、孔府、孔林中随处可见的"至圣"的篆体"至"字，较之今天的简体"至"，像倒着写一样，被解释为"圣人的思想至高无上、高远无界，所以才要倒着写"。有学者考证，这个说法其实是误读。从汉字的演变看，自甲骨文、金文到篆文，"至"都是那样写的，在由篆体向隶书演变的过程中，"至"的字形才有了根本性变化，两边向上的羽翎变成了一横。[③] 不过，"圣人的思想至高无上、高远无界"的说法，倒也符合人们对孔子崇高地位的追崇，符合"至圣"这一称呼所给予孔子的至高荣誉。

---

① 董喜宁，陈成国．孔子谥号演变考［J］．湖南大学学报（社会科学版），2010，24（3）：5－10．

② 匡亚明．孔子评传［M］．南京：南京大学出版社，1990：421－422．

③ 杨立新．错字的尖叫：细数那些被误读的错字［M］．北京：人民日报出版社，2014：23－24．

二、“至圣”对高校思想政治教育的涵养与启迪作用

孔子，作为儒学的创始人，被后世尊崇为“至圣”，经过历朝历代帝王、后学的涂抹、诠释，孔子的本来面目已被掩隐。以至于在近代乃至当代中国，孔夫子的形象在两个极端摇摆，时而是“至圣先师”，时而是“至恶罪人”；时而是“精神导师”，时而是“巧伪人”；时而是“敲门砖”，时而是“落水狗”；时而是“政治的秕糠”，时而是“心灵的鸡汤”。[①] 由此，数千年的中国传统文化，以孔子和儒学为代表，不知如何安放。对此，习近平总书记在纪念孔子诞辰 2 565 周年国际学术研讨会暨国际儒学联合会第五届会员大会开幕式上说：“传统文化在其形成和发展过程中，不避免会受到当时人们的认识水平，时代条件、社会制度的局限性的制约和影响，因而也不可避免会存在陈卡五星过时或已成为糟粕性的东西”，正确态度应是，“坚持有鉴别的对待、有扬弃的继承”，“实现传统文化的创造性转化，创新性发展。”[②] 因此，我们今天认识孔子及儒学，需要剥离掉那些加诸其上而本不属于他们的东西，厘清其中不符合当代价值的思想观念，弘扬其符合现代民主性、人民性的精华部分，实现孔子及儒学思想的精华部分在当代发扬光大。[③] 如此，才符合我们今天所倡导的弘扬优秀传统文化的理念，才能以优秀传统文化涵养、涵育今天的价值观。习近平总书记在党的十九大明确提出，“深入挖掘中华优秀传统文化蕴含的思想观念、人文精神、道德规范，结合时代要求继承创新，让中华文化展现出永久魅力和时代风采。”[④] 孔子的“至圣”，我们也应用这样的方式加以考察和运用。

何为圣人，李零先生依《论语》所作考证提出，首先，圣人都是聪明人，不是一般聪明，而是绝顶聪明，谁都比不了；其次，还得有权有势，坐在唯我独尊的位置上；最后，圣人都是死人，活着的统治者都不配当圣人。[⑤] 在孔子心目中，圣人主要指的就是尧舜等人。而且，在孔子看来，“圣”也是有层次的。前面所引孔子与子贡关于“博施于民而能济众”的对话，便是

---

① 刘再复．孔夫子的三条精神出路［J］．华文文学，2018（1）：5－7.

② 习近平．习近平谈治国理政：第二卷［M］．北京：外文出版社，2017：31.

③ 匡亚明．孔子评传［M］．南京：南京大学出版社，1990：9.

④ 习近平．决胜全面建成小康社会　夺取新时代中国特色社会主义伟大胜利［M］．北京：人民出版社，2017：42.

⑤ 李零．去圣乃得真孔子：《论语》纵横读［M］．北京：生活·读书·新知三联书店，2008：17.

明证。孔子认为能够"博施于民而能济众"者，已不仅仅是仁，而是圣，他还说尧舜都不一定做得到。也就是说，孔子对于"圣"，还有比他一直推崇的尧舜等圣人更高的标准，所以才有"大圣"、"至圣"等说法。从另一个角度来说，"圣"，是可以而且需要不断向上修炼的。修炼的过程，便是走向"圣"的过程，即如果把"至圣"的"至"看作动词，"至"就是走向的意思。因此，"至""圣"的追求，应该体现在两个层面：其一，对崇高道德修养和渊博学识的追求，这是无止境的，所谓"止于至善"；其二，追求崇高思想道德修养和渊博学识的过程，尤其是"修炼"过程中的方法和态度，这是有层次的，有层次高低、程度深浅之分，也就是说，不一定能够成"圣"——能成"圣"者绝对是少数，只要走在成"圣"的路上就可以了。结合去伪存真的真孔子，"至""圣"，便可以作为一种追求，用上述思路、方法和态度，推进高校的思想政治教育工作。

1. 被尊崇为"至圣先师"的孔子及儒家思想中的精华，对高校思想政治教育具有涵养与涵育作用

习近平总书记明确指出，要对我国的传统文化进行科学分析，"对有益的东西、好的东西予以继承和发扬，对负面的、不好的东西加以抵制和克服，取其精华，去其糟粕，而不能采取全盘接受或者全盘抛弃的绝对主义态度。"① 习近平总书记为我们如何正确对待传统文化提供了根本指引，即：要重视对中华传统文化进行研究，要继承和弘扬中华优秀传统文化。"优秀"二字尤为重要，传统文化中的优秀者，才能起到涵养与涵育作用。对待孔子及儒学，也应如此。匡亚明先生在《孔子评传》中提出的对孔子思想实行"三分法"，很有借鉴意义。他提出，"研究孔子思想应从三个方面加以剖析，即：①对其封建性糟粕进行批判和清除；②对其人民性精华进行继承和发扬；③对其封建性和人民性相混杂的部分进行批判分析，去其糟粕，取其精华，即扬弃。"② "至圣先师"孔子及儒学思想的精华部分，包含着丰富的内容，是优秀传统文化的重要组成部分，包含着"中华民族最根本的精神基因"③。我们以孔子在个人修身和政治主张两方面为例，叙述孔子思想精华对高校思想政治教育的启示。

在个人修身方面，孔子追求君子人格的培养。什么是君子，孔子认为应

---

① 牢记历史经验历史教训历史警示 为国家治理能力现代化提供有益借鉴［N］. 人民日报，2014－10－14（1）.

② 匡亚明. 孔子评传［M］. 南京：南京大学出版社，1990：9.

③ 中共中央办公厅印发《关于培育和践行社会主义核心价值观的意见》［N］. 人民日报，2013－12－24（2）.

从“仁、知、勇”三方面来修为。君子首先是一种道德要求，德高者才能称得上是君子。孔子说：“君子怀德，小人怀土；君子怀刑，小人怀惠。”[①] 君子首先注重的是道德上的事情。孔子还说：“君子义以为质，礼以行之，孙以出之，信以成。君子哉!”[②] 君子对于事业，以合宜为原则，依礼节实行它，用谦逊的言语说出它，用诚实的态度完成它。其次，应具有高超的智慧和才能。孔子强调治学的重要性，他曾用“君子不器”“君子博学于文”等简单话语说明君子应该博学。他还提出“君子病无能焉，不病人之不知也”[③] 最后，君子还应该是勇敢、不畏惧的。孔子说：“仁者必有勇”，意为有仁德的人一定勇敢。他还说：“三军可夺帅，匹夫不可夺志。”匹夫指的是普通人，连普通人都如此，君子当然更不必说。而且，孔子所倡导的“勇”还常常跟“义”、“仁”联系在一起。如他说，“见义不为，无勇也。”“好勇疾贫，乱也。人而不仁，疾之已甚，乱也。”“君子以义为上。君子有勇而无义为乱，小人有勇而无义为盗。”“仁、知（智）、勇”“三达德”，应该成为当代大学生追求的目标，以使自己既具有良好道德修养，也具有广博学识，还应该有在坚持道德原则时的勇而无畏。

在政治主张方面，孔子主张仁政善治。一般认为孔子是主张忠君尊王的，但孔子的忠君尊王是有条件的。“忠的是明君，尊的是贤王”，“有了明君与贤王作为这个权力象征和实体的代表，就可以实现‘仁德政治’，就可以使全国上下，也就是使各个不同阶级、不同等级和各民族的贵族和平民，都能过着各安其分的安定生活”。[④] 只不过孔子“对暴君昏王或昏君蠢王并没有提出任何积极措施”，仅提出“天下有道则见，无道则隐”的消极主张。这是孔子的局限性。但是，孔子提出的以“爱人”为核心的仁政的主张，彰显了朴素的人本主义思想。“爱人”与“善治”，这是当今思想政治教育所应该坚守的底线原则。我们党倡导的“以人为本”，可以说是对这一优秀传统文化的继承与发展。我们思想政治教育的目的之一，便是培养具有“尊重人、保护人、为了人”理念的社会主义事业的接班人和建设者。“善治”的目的，最终还是为了人，为了人本身，这正契合我们党为人民服务的宗旨，契合我们党所倡导的“一切为了人民、一切依靠人民”，“要最大限度地实现好、维护好、发展好广大人民群众的根本利益”的价值理念。我们党提出的这些价值理念，应通过我们的思想政治教育，让广大学生牢牢掌握，深入他们的灵魂，融入他们的血液。

---

① 论语译注［M］. 杨伯峻，译注. 北京：中华书局，1980：38.

②③ 论语译注［M］. 杨伯峻，译注. 北京：中华书局，1980：38.

④ 匡亚明. 孔子评传［M］. 南京：南京大学出版社，1990：422.

同时，由于新媒体的发展过于迅速，导致相关部门对于新媒体传播的管理难以做到全面严格，宽松的网络环境赋予了每一个网民自由发声的机会，以至于每天都有大量的信息充斥于新媒体，这其中也包括一些不法分子为了提高曝光率，对传统文化进行妖魔化或恶搞化的包装再进行二次传播。这些真假难辨的信息对于正在建立个人世界观的青年群体来说，造成更大的影响，由于青年群体社会经验较少，更容易被一些恶搞内容、恶趣味的信息所吸引，甚至会对这些信息产生错误的判断，这种畅通无阻的传播模式势必会对传统文化的继承带来较大的负面影响。

二、青年群体对新媒体语境的依赖

（一）新媒体传播的优势与特点

随着信息技术与数字技术的不断更新与发展，以互联网为代表的新媒体产业日渐蓬勃壮大，高速海量的信息化时代便利了人们的日常生活并改变了传统的传播模式，受众们不再局限于传统媒体单一化、局限化的传播，而是可以随时随地浏览各类新闻信息，这种迅捷的传播模式也正好符合当下了快节奏的社会生活，尤其对于青年群体来说，高强度的工作与学习使得他们更期望自由无拘的生活模式，而新媒体正好符合了当下青年群体的心理。不论是手机端还是电脑，每一个社交软件与新闻软件都可以随时刷新信息并且浏览历史记录，可以说，新媒体传播在一定程度上有效优化了时空与地域局限，而其简单机械化的操作流程也方便了受众获取信息的过程，缩小了信息鸿沟。且宽松自由的网络环境赋予了受众一定程度上的言论自由，这也符合青年群体的反叛精神与崇尚自由的思想意识，每一个受众都可以在接收信息的同时进行二次传播并且发表反馈意见，这些优势也使得新媒体不断继续发展壮大，并成为了时下最重要的传播模式之一。据第 40 次《中国互联网络发展状况统计报告》显示，截至 2017 年 6 月，我国网民规模达 7.51 亿，其中网民仍以 10～39 岁群体为主，占整体的 72.1%；其中 20～29 岁年龄段的网民占比例最高，达 29.7%。[①] 由此可以看出，青年群体成为了新媒体语境下最主要的受众，新媒体也成为了青年群体较为依赖和信任的传播媒介。

---

① 中国互联网络信息中心. 第 39 次中国互联网络发展状况统计报告[EB/OL].(2017－01－22)[2017－12－21]. http://www.cnnic.net.cn/hlwfzyj/hlwxzbg/hlwtjbg/201701/P020170123364672657408.pdf.

是新的挑战，如何将新媒体发展从挑战化为机遇，如何更好地把握受众所需，提高传播效率，这对于媒体工作者、媒体单位来说都是现时最为首要的工作。因此，在时下融媒体的语境中，媒体工作者只有与时俱进、把握受众心理、时刻跟进传播过程，将网络技术与大众传媒相结合，用新视角、新思维传播传统文化，从而助力我国文化产业及文化传播工作的开展，使传统文化的继承永葆活力。

参考文献：

[1] 毕宏音. 网民心理特征分析 [J]. 社科纵横，2006，21 (9).
[2] 郑傲. 网络互动中的网民自我意识研究 [M]. 成都：电子科技大学出版社，2013.
[3] 李雪云. 新媒体视阈下传统文化的发展动力 [J]. 青年记者，2015 (5).
[4] 刘海. 论青年文化与大众传媒的相互作用 [J]. 法制与社会，2007 (5).
[5] 常江. 以先锋的姿态怀旧：中国互联网文化生产者的身份认同研究 [J]. 国际新闻界，2015，37 (5).
[6] 叶家铮. 电视传播的艺术 [M]. 北京：北京广播学院出版社，1988.
[7] 中国互联网络信息中心. 第 39 次中国互联网络发展状况统计报告[EB/OL]. (2017-01-22)[2017-12-21]. http://www.cnnic.net.cn/hlwfzyj/hlwxzbg/hlwtjbg/201701/P020170123364672657408.pdf.

（本作者系深圳大学硕士研究生）

明证。孔子认为能够“博施于民而能济众”者，已不仅仅是仁，而是圣，他还说尧舜都不一定做得到。也就是说，孔子对于“圣”，还有比他一直推崇的尧舜等圣人更高的标准，所以才有“大圣”、“至圣”等说法。从另一个角度来说，“圣”，是可以而且需要不断向上修炼的。修炼的过程，便是走向“圣”的过程，即如果把“至圣”的“至”看作动词，“至”就是走向的意思。因此，“至”“圣”的追求，应该体现在两个层面：其一，对崇高道德修养和渊博学识的追求，这是无止境的，所谓“止于至善”；其二，追求崇高思想道德修养和渊博学识的过程，尤其是“修炼”过程中的方法和态度，这是有层次的，有层次高低、程度深浅之分，也就是说，不一定能够成“圣”——能成“圣”者绝对是少数，只要走在成“圣”的路上就可以了。结合去伪存真的真孔子，“至”“圣”，便可以作为一种追求，用上述思路、方法和态度，推进高校的思想政治教育工作。

1. 被尊崇为“至圣先师”的孔子及儒家思想中的精华，对高校思想政治教育具有涵养与涵育作用

习近平总书记明确指出，要对我国的传统文化进行科学分析，“对有益的东西、好的东西予以继承和发扬，对负面的、不好的东西加以抵制和克服，取其精华，去其糟粕，而不能采取全盘接受或者全盘抛弃的绝对主义态度。”[①] 习近平总书记为我们如何正确对待传统文化提供了根本指引，即：要重视对中华传统文化进行研究，要继承和弘扬中华优秀传统文化。“优秀”二字尤为重要，传统文化中的优秀者，才能起到涵养与涵育作用。对待孔子及儒学，也应如此。匡亚明先生在《孔子评传》中提出的对孔子思想实行“三分法”，很有借鉴意义。他提出，“研究孔子思想应从三个方面加以剖析，即：①对其封建性糟粕进行批判和清除；②对其人民性精华进行继承和发扬；③对其封建性和人民性相混杂的部分进行批判分析，去其糟粕，取其精华，即扬弃。”[②] “至圣先师”孔子及儒学思想的精华部分，包含着丰富的内容，是优秀传统文化的重要组成部分，包含着“中华民族最根本的精神基因”[③]。我们以孔子在个人修身和政治主张两方面为例，叙述孔子思想精华对高校思想政治教育的启示。

在个人修身方面，孔子追求君子人格的培养。什么是君子，孔子认为应

① 牢记历史经验历史教训历史警示 为国家治理能力现代化提供有益借鉴［N］．人民日报，2014-10-14（1）．

② 匡亚明．孔子评传［M］．南京：南京大学出版社，1990：9．

③ 中共中央办公厅印发《关于培育和践行社会主义核心价值观的意见》［N］．人民日报，2013-12-24（2）．

（6）潮汕人轻理论和学术的倾向有待更正。商业经济的长期发达，小商小贩众多，受商业文化心理的支配，潮汕人更讲究实惠。“目前点火目前亮”，“百赊不如五十现”等潮汕俗语，正是这种追求实惠的商业文化心理的折射。与轻政治相连，潮汕人轻理论、轻学术，“拣有猪屎旦有话”、“识字掠无蟛蜞”，赚到钱最有本领，赚着钱最光荣，什么理论、学术，不如一盘生意、一宗买卖。[①] 理论指导、学术研究，在许多潮汕人脑海中几乎是空白的。潮汕未有什么有名的学派，学术氛围不浓，与潮汕人讲实惠的商业文化心理不无关系。文化建设中表现出强烈的实用主义色彩，短期性行为、投机取巧，泡沫文化、快餐文化时而有之，甚至盛极一时，这些都对潮汕的社会发展有着深远的不良影响。

三、以潮汕传统文化为切入点培育社会主义核心价值观的若干建议

摒弃潮汕传统文化中的糟粕，重视潮汕传统文化的继承与发展，对培育社会主义核心价值观能收到事半功倍的效果。

1. 注重培养潮汕人的国家意识

潮汕传统文化中，国家意识的缺乏是个严重缺憾，政府必须充分重视这种文化弱点，大力在潮汕传统节日中开展爱国主义教育，如端午节赛龙舟、食粽子，是为了纪念战国时楚国大夫屈原；中秋节食月饼，是为了纪念元末民众抗击蒙古贵族腐朽统治的运动；凭吊丁日昌是因他既是揭阳（今丰顺）人，又是清末爱国名将等；以及建国、建党等重大革命纪念日为载体，广泛开展爱国主义；同时，充分利用海内外潮人捐款建设学校、修桥开路等多种手段进行爱乡爱国教育，进而培养潮汕人国家意识。由于激烈的商业竞争，以及异国他乡谋生的艰辛，潮商尤其是在外的潮商，以潮州话为坚固的纽带，组成各种商业组织，互相帮助、相互照应，形成了高度的凝聚力。海外潮汕人在加强团结的同时，更要把宗族观念拓展为爱国爱乡的思想，实实在在地行动践行社会主义核心价值观。

2. 注重培养潮汕人的道德意识

由于受潮汕传统文化影响，多数潮汕人特别是农民尚未养成公共道德意识，城市乱搭建、乱摆卖、乱丢垃圾等情况普遍存在。因此，当前道德建设要得到具体的落实，必须涵盖道德生活的方方面面，而其中社会公德、职业

---

① 谈谈潮汕人的商业文化心理[EB/OL].(2010-04-20)[2017-12-21]. http://www.0898cs.com/zhenwen.asp?id=16677.

道德和家庭美德是最基本的三个部分。要提倡以为人民服务为核心，以集体主义为原则的社会主义思想道德。提倡尊重人、关心人、热爱集体、热心公益，扶贫帮困，为社会多做好事等新风尚。反对和抵制拜金主义、享乐主义和极端个人主义，反对损公肥私、见利忘义、损人利己等不道德行为。在这个教育中，有效的方法是运用身边人、身边事，典型引路，弘扬正气，体现潮汕人以自己行动践行社会主义核心价值观的基础。

3. 注重培养潮汕人的诚信意识

诚信，代表着一个城市的文化和修养。诚信是城市的衣裳，是一座城市的名片。没有诚信的城市，不会被人喜爱；没有诚信的都市人，不会受人尊重。许多潮籍华侨在海外发财后都不忘记他们在家乡受到的资助救济的恩泽，纷纷回到家乡兴办公益事业，体现了“义利并重”的文化特点，体现了潮汕传统文化的信用价值。新中国成立前，不少地方，一些职业性的侨批、侨资携带者往返于国外、港澳和潮汕，传递侨胞和内地亲属之间的信息、生活物资乃至资助款，诚信程度较高，反映历史上潮汕人的诚信是值得肯定的。市场经济时代，潮汕许多民营企业都以诚实守信赢得效益，赢得发展。生活、生产、商贸等领域的许多事实都雄辩地说明，诚信是潮汕地方风气的基调，也是潮汕践行社会主义核心价值观的基础。

4. 注重培养潮汕人的社会意识

在用潮汕传统文化践行社会主义核心价值观的活动中，存在诸多与时代不相适应的因素，因此，需要批判地继承，用社会主义核心价值体系为指导，破除封建迷信，抛弃急功近利和投机取巧等心态，抛弃多子多福、重男轻女和男尊女卑等落后封建观念。同时政府部门应大力扶持和宣传重点培育促进社会公益事业发展的公益慈善类社会组织、群众参与面广的文体类社会组织、与群众生活密切相关的服务类社会组织，以及促进经济发展的中介型社会组织，引导群众组建志愿者等活动来培育潮汕人的社会意识。

5. 注重培养潮汕人的法制意识

潮汕地区曾经的信用缺失和骗税之风的根本原因有两个方面：一方面，我们国家的改革开放政策是“摸着石头过河”，相当长一段时间内，法律法规很不完善，特别是在经济特区，由于赋予了特区先行先试的试验权，政策更加灵活，这些灵活的政策背后都有巨大的利益漏洞。另一方面，由于潮汕人商业意识的早熟，他们作为成熟的经营者，能清楚地计算出违法成本与收益之间的关系，因而很多人铤而走险。因此，如果法制不完善，制度不完善，就容易导致大量违法犯罪行为。这也就能解释为什么在法制比较完善的香港，潮汕商人如李嘉诚特别守法经营，做强做大；为什么法制最完善的新加坡，数量众多的潮汕人是守法的典范；为什么在制度不严密、法律法规不健全的地方他们违法违规较多。如果在潮汕地区能形成严明的法制环境，加大违法成本，强化执法力度，就可以有效地遏制这种文化弱点，把潮汕人的逐利意识变成灵敏的市场嗅觉，把他们的聪明才智引向合法经营道路。

6．注重培养潮汕人的理论思维意识

由于潮汕人长于实践，轻于理论，使潮汕人一方面成为务实的实干家，一方面普遍缺乏长远战略眼光，热衷于追求眼前利益的短期行为。潮汕人有句俗语叫“百赊不如五十现”，这句俗语被广泛地接受和应用，它深刻地揭示了轻视理论，缺乏长远目光的文化心理。这些都迫切需要通过培养学习借鉴能力，强化理论思维能力。理论来源于实践，当前，最迫切的是强化对潮汕经济社会和潮汕人的研究，特别是对潮商群体的研究，把他们在实践中取得的伟大成就上升到理论层面，这样既服务于潮商群体本身，也可以指导更多潮汕人去把握潮汕文化中最精华的部分。特别是如何用社会主义核心价值观统领潮汕文化理论与研究。

总之，逆水行舟，不进则退。习近平总书记高度重视传统文化，强调培育和弘扬社会主义核心价值观必须立足中华优秀传统文化，使中华优秀传统文化成为涵养社会主义核心价值观的重要源泉。核心价值理念往往与文化传统与文化积淀息息相关、一脉相承。在中国改革开放快步走向世界的航程上，潮汕人应扬长避短，勇于超越自己，凭借优秀的文化品格，把握好历史的时机，用社会主义核心价值观为指路明灯，去探索和开辟属于自己的辉煌。

参考文献：

［1］习近平．决胜全面建成小康社会 夺取新时代中国特色社会主义伟大胜利：在中国共产党第十九次全国代表大会上的报告［M］．北京：人民出版社，2017.
［2］杜松年．潮汕大文化［M］．北京：中国科学技术出版社，1994.
［3］陈晓东，适庐．潮汕文化精神［M］．广州：暨南大学出版社，2011.

（本文作者系潮汕历史文化中心青年委员会委员、高级政工师）

广州陈家祠与民族凝聚力

王发志

一、广州陈家祠简介

广州陈家祠筹建于清光绪十四年（1888），落成于清光绪二十年（1894），是广东省七十二县（包括现在海南省及广西壮族自治区一些县）的陈姓宗族捐资兴建的合族祠。其主体由十九座单体建筑组成院落式的建筑群。建筑布局主次分明，纵横规整。庭院相隔，布局严谨对称，空间宽敞，廊庑秀美，庭院幽雅，是极为典型的广东民间宗祠式艺术建筑。其建筑装饰巧妙地运用木雕、砖雕、石雕、陶塑、灰塑、彩绘画和铜铁柱等不同风格的工艺，使陈家祠处处洋溢着浓郁的古典诗情画意和强烈的民间文化气息，被誉为岭南艺术建筑的明珠。古祠历经风雨沧桑，整体建筑极为完整地保留下来。一百多年来，陈家祠一直作为岭南传统建筑文化的遗产，成为岭南地区最具文化艺术特色的建筑，体现出强烈的民族性、地域性。它是吸取了数千年来岭南文化的精华而汇聚成一体的建筑，以简练、朴素、通透、淡雅的风貌展现在南国大地上，也是适合于岭南的气候、信仰、民俗的代表性祠堂建筑艺术，其建筑文化正是整个岭南建筑文化的一个缩影。2006 年，陈家祠被评为广州的文化名片。

二、以广州陈家祠为中心的祭祀活动与民族凝聚力的关系

广州陈家祠的首要功能是祭祀祖先。“吏民为立祠堂，岁时祭祀不绝”,[①] 祭祀作为家族的重要活动受到人们的高度重视，它是以宗祠为中心在本宗族人中开展的纵向活动。祭祀仪式，包括祠祀与墓祀。通过这些繁杂的

---

① 语出《汉书·循吏传·文翁卷八十九》。

仪式来以一种血缘家族的权威维系平民社会的凝聚不散。[1]

以广州陈家祠为实体场所开展的祭祖活动，着力证明公祖、校正辈分、树立祖碑，强化了同宗共祖的认同思想，巩固了慎终追远的传统信念，是维系陈氏宗族血缘亲情关系的精神支柱。其所追求的实际上就是对同宗文化的认同，并将这种文化心理积淀传输到下一代。这种以血缘为基础的民族文化传统的社会教化作用，成为民族凝聚力的源泉。它对一个民族社会心理的形成和发展起着整合作用。[2] 广州陈家祠每开展一次这样的活动，都会强化陈氏族人的集体意识和民族认同心理，这是对民族文化认同心理的有力刺激。

广州陈家祠的祭祀表现出一种对国家文化政策的特殊关注。近几年，国家一直在大力提倡凝聚力，广州陈家祠对此就表现出一种积极响应的姿态，重要的表现就是进行半官方性质的华侨返回祠堂的祭祀运动，它是在政府政治的操作层面上进行的，属于一种地方性的政治操作活动。泰国陈氏家族就多次来到广州陈家祠进行祭祀活动，通过回国祭祖，加深华侨对国内祖先的认同，对祖国的认同，进而增加了国家民族的自豪感和凝聚力。

广州陈家祠祭祀可以使个体更加社会化。广州陈家祠祭祀是一个精神联系的纽带，通过祭祖活动，加强了血缘关系，联系了陈氏族人感情，强化了陈氏家族内部的凝聚力和向心力。通过广州陈家祠的祠规、族规的制定，可以着力宣传封建礼法，维护封建伦理纲常，使很多陈氏家族成员接受教化，改邪归正，成为社会的优良分子。同时，也使陈氏家族中每位成员都明确了自己的社会角色，使个体更加社会化，努力为社会服务。这是增强民族凝聚力的一种有益的途径。

围绕广州陈家祠开展的祭祀活动一直是陈氏家族引以为荣的事。这样一种地方性的荣耀感，其自主性的发展却无形中加强了地方社会的统治力量。具体来说也就是先由广州陈家祠的祭祀来加强陈氏家族的凝聚力，然后再传递到地方社区的凝聚力，最终传递到国家民族的凝聚力。一切围绕营造这种力量的祭祀活动旨在创造一个符合正式权威体系的共同体，一个稳定的地方共同体就会加强民族凝聚力在地方基层文化中的认同感。由地方基层团体向上层国家民族造成一种一体化的联系从而形成社会发展中的凝聚力，再由地方性秩序和传统来营造民族凝聚力，客观上加强了地方区域和国家的稳定利益。同时，作为一种建构的地方象征秩序及其力量与自上而下的行政权力形成了分化与联系，分化了的权力体系在关键时刻通过公共象征的营造运

---

① 李家欣．祭祀传统与民族凝聚力［J］．贵州文史丛刊，2001（3）：9－15.

② 黄靖生，黄隆生．民族和国家凝聚力的社会心理探析［J］．广西民族大学学报（哲学社会科学版），2000（2）：118－121.

动——祭祀结为一体，并借用自上而下提供的话语权来赋予这种一体化的共同体以一定的合理性。这就有利于地方社区重新确立自身的象征秩序和共同体意识而展开地方性政治活动，这是地方凝聚力与民族凝聚力的互动。①

三、广州陈家祠在加强民族凝聚力中的表现及意义

（1）广州陈家祠是当地象征秩序的重要组成部分，体现着伦理与政治的合一。广东陈氏宗族建造广州陈家祠的目的就是要宗族团结和睦。陈氏宗族经常在陈家祠宣讲忠、孝之道，希望培育出忠臣孝子，希望民风淳化。所以，广州陈家祠的建立，对于政府治理国家，治理盛世是大有帮助的。以广州陈家祠为核心实体的宗族制度文化，封建伦理道德寓融于血缘亲情关系之中，内化为陈氏族人为人处事的内心信念，体现了重血缘、重宗法、以家庭为本位、以孝悌为基础的程朱理学思想和精神，大大凝聚了同宗合力。同时，陈家祠在建成后还要担负起宗族及地方的管理职能。“凡属宗亲，遇有以强凌弱，以众欺寡，或械斗不休，或缠讼不息，或意外株连者，可赴本祠投诉，传集众绅调处。总期息事为先。或理屈恃强，不遵众议者，同宗的长老代为伸理，以免寡弱者苦受欺凌。”② 这样就构建了家族、宗族、乡族紧密有序的宗族结构，维系和控制着陈氏族人的思想和行为，缓和了陈氏家族内部与外部的阶级矛盾，形成了一个稳定的陈氏宗族团体，给别的家族、社会上的各种团体组织树立凝聚力的榜样。同时也加强了对基层社会的管理与控制，在一定程度上起到了组织建设社会、管理社区的作用。有利于当地的社会政治的稳定，起到安邦定国规范秩序的作用。

广州陈家祠是传统伦理道德的载体，对陈氏族人的社会越轨行为起着控制作用。以其为依托的宗法形态是家国共同体从组织上到思想上最为完备的典型，也是中国专制制度对基层控制最为严密的类型。广东陈氏宗族以广州陈家祠为依托实体，不仅担当教化、教育、互济、公益建设等自治职能，而且担当起治安、司法、赋役等基层政权的管理职能，为地方社会的经济、文化的发展创造了一个长期安宁稳定的环境。正是从这个意义上来说，广州陈家祠的宗族文化精神是民族凝聚力的基础。广州陈家祠的宗族文化在形成一个凝聚不散的团体时，也形成了一个极其浓厚的文化传统。这种文化认同由一个团体延伸到另一个团体，慢慢地扩散开来，直至整个国家民族的文化认

① 王铭铭．溪村家族：社区史、仪式与地方政治［M］．贵阳：贵州人民出版社，2004：215－217．

② 选自《广东省各县建造陈氏书院》，藏广东省江门新会区景堂图书馆。

同，加深了国家民族成员对凝聚力的更加认同与亲和。

（2）陈氏家族在广州陈家祠里面创办学堂对外招生，不局限于本族子弟，吸纳社会上贫穷子弟读书，凝聚下层的他姓普通社会民众，提供可靠的有效帮助，有限的同情，使下层他姓群众对社会不至于失去信心，不致引起人为的不安定的因素。聚贤中学在其招生简章上直接明示："广东陈族主办聚贤纪念中学招三十六年度秋季初高中新生：宗人等为纪念先贤太邱公，特就广州泮塘陈氏书院，创设斯校，作育人才，旨在救济失学青年，培养高尚道德，增进时代智能，使适应建国需要"。[①] 这就是陈氏宗族以广州陈家祠为实体广济社会民众，努力营建社会和谐氛围的具体行动。同时广州陈家祠堂也给很多学校提供教学场所，先后举办了陈氏实业学堂、广东公学、广东体育专科学校、文范学校等学校。这些学校以广州陈家祠良好的读书环境为依托，教书育人，传播先进行知识和文化。特别是传授西方先进知识，开启民智，为社会提供了大量的知识技术型人才，这些人才则用学到的知识投身于社会的建设之中，齐心协力为国家民族的发展和团结贡献个体的力量。

（3）广州陈家祠可以给人们提供寻根问祖、联络宗亲的场所。广州陈家祠是一个祠堂建筑，是陈氏宗族的标志，也是陈氏宗族图腾崇拜的一个实体，更是凝聚亲情，传播优良文化，弘扬民族精神的文化载体。作为一个供奉祭祀祖先的圣地，其本身折射出的宗族认同感是非常强大的，它发挥着维系海内外血脉亲情和加强海外乡亲同祖国联系的不可替代的桥梁作用。广州陈家祠牵动每一位与其有联系的陈氏游子的心，远居海外的陈氏赤子回到故乡，头等大事就是到广州陈家祠向祖宗告知其平安归来。近几年来，陈姓华侨到祠堂祭祀次数增多，这就利于团结海外华侨对祖国的认同感，从而吸引其到国内投资，促进经济与社会发展。许多华侨为了本宗的荣誉，都会不遗余力地投身于建设家乡的各种公益事业中去。南洋华侨领袖陈嘉庚曾言："我是一个商人，没有学问，没有才力，更不懂政治，不能直接为国家民族服务，惟有将我经营民族企业所得金钱，毫不吝惜地兴办教育文化事业，培养各种有用人才，为拯救和建设祖国尽力，这是我的义务。"[②] 这就充分体现了海外宗亲爱国爱乡的赤子情怀，他们的义举印证了同宗同血脉这种说法。

（4）新中国成立以来，以广州陈家祠为馆址开辟广东民间工艺博物馆，保护、收藏、展览民间工艺技术和产品，保护非物质文化遗产，给社会民众提供文化知识，提高公众的文化素养。自从 1959 年开馆以来，广东民间工艺博物馆以陈家祠为依托先后收藏、保护、研究和展览了广东地区为主兼及

---

① 选自《广东陈氏联谊会章暨分支会组织通告》，藏广州市公安局。

② 吴泽. 华侨史研究论集［M］. 上海：华东师范大学出版社，1984：3 750

全国各地历代民间工艺品，包括瓷器、玉器、木器及其他各种文物几万件，并为保护和传承广东地区优秀传统民间工艺搭建服务平台。工作人员通过一定的技术手段，把这样文物展览出来，让社会公众感受到中国博大精深的灿烂文明。面对当今很多物质和非物质文化遗产面临灭绝的情况，广东民间工艺博物馆利用自身的技术优势、资金优势、场地优势努力地去抢救它们，通过培养传承人员来进行继承与发扬，也通过摄像、刻录等现代技术手段来记录和保存。通过几十年的不懈努力，已经保存记录了大约几十个种类的文化遗产，为我国的灿烂古代文明提供了证据和材料，留给社会公众一个较好的了解中华文明的平台，增加了民众对国家民族的认同和自豪。

四、余论

广州陈家祠这一实体建筑，其祭祀功能加强了个体对回家文化的政策的关注，使个体更加社会化，从而团结族人，形成稳定的社会团体，具保持地方团体与社区稳定的重要标志与象征。一个稳定的宗族团体对于国家凝聚力的发展具有基础性推动作用。国家凝聚力是不断发展与进步的，从微观层面上讲，一个最基层的宗族团体也能在基层社会努力地推动国家凝聚力的不断发展。国家凝聚力能够不断发展，离不开最基层的社区宗教团体的推动。以广州陈家祠为场所传播伦理道德、举办社会学堂，联络海外华侨，挽救濒危工艺、展示民间艺术都在一定程度上促进了国家凝聚力的发展。

参考文献：

[1] 黄淼章．陈家祠［M］．广州：广东人民出版社，2006.
[2] 李家欣．祭祀传统与民族凝聚力［J］．贵州文史丛刊，2001（3）.
[3] 黄靖生，黄隆生．民族和国家凝聚力的社会心理探析［J］．广西民族大学学报（哲学社会科学版），2000（2）.
[4] 王铭铭．溪村家族：社区史、仪式与地方政治［M］．贵阳：贵州人民出版社，2004.
[5] 2002年韩国陈氏祭祀广州陈家祠［N］．广州日报，2002-12-04.
[6] 2006年美国纽约陈颍川堂陈氏祭祀广州陈家祠［N］．广州日报，2006-10-12.
[7] 吴泽．华侨史研究论集［M］．上海：华东师范大学出版社，1984.

（本文作者系广东民间工艺博物馆副研究员）

遏制糟粕文化　夯实国家凝聚力基础

陈剑安

“文化传承与国家凝聚力”是互为渗透、密不可分的研究领域。从大文化的视角看，文化传承的状态势必要制约国家凝聚力走势；国家的凝聚力提升舍传承优秀文化则无从竟其功。问题在于，由于受到腐朽落后文化的侵蚀，相沿至今的中华文化并非全是优秀文化，其中还存在不以人们意志为转移的糟粕，诸如“贪赃枉法”“利令智昏”“奴颜婢膝”“卖国求荣”“倒行逆施”“祸国殃民”等，不仅在我们的词典上屡有所见，而且在现实社会中也时有所闻。其实，被视为国家凝聚力的三大祸患即分裂主义、投降主义、虚无主义，也都和糟粕文化保有千丝万缕的联系，因此，要弘扬中华优秀传统文化以增强国家凝聚力，就必须对之着力遏制直至大加挞伐，否则便难以夯实国家凝聚力稳步增强的基础。

（1）遏制分裂主义，是夯实国家凝聚力基础的重中之重。所谓分裂主义，系指在国家内部，任何民族或社会组织、利益群体为获取和膨胀狭隘的局部利益，不惜破坏国家的统一，试图分裂国家或试图把隶属国家的行政区域从中国的版图中分割出去的行为和现象。一个国家倘若分裂主义盛行，国家便不能不处于一盘散沙状态，也没有多少凝聚力可言。

在中国传统文化中，“大一统”思想是主流观念，有道是“王者受命，制正月以统天下，令万物无不一一皆奉之以为始，故言大一统也。”① 它既要求国家实现地域方面的统一，更要求国家在政治上的整齐划一，经济制度和思想文化上的高度集中。虽然，这种思想在古代的封建中国发挥过极其重要的凝聚作用，但是，它到底不是万应妙药，以至于在秦王朝实现大一统以降，还是先后出现过汉朝的军阀混战、三国鼎立、十六国和南北朝、五代十国、南宋夏金和近代的军阀纷争等五大分裂时期，而且累计时间约达六百年之久。值得一提的是，在近代以往的历史时期，分裂现象尚在大中国的版图之内，各个分裂的国家或政权还是宇内分头并立、互不统属的“国中之国”

① 语出《公羊传·隐公元年》。

或政治实体，而非“大中国”之外的独立存在，并且随着时间的推移，它们最终又要殊途同归地走向局部的统一和全局的统一。所谓天下“合久必分、分久必合”，其实是古代中国内部各民族相互碰撞进至于相互融合的过程，也是“多元一体”的中华民族之国发展定势。因此，从现在的视角看，中国古代的分裂主义固然有害于中国各族人民的团结凝聚，但仍未在确切意义上产生分裂大中国的恶果。

相形之下，在近代中国由于西方资本主义列强破门而入和当时中国政府的被迫开放，国内的分裂主义者渐次突破了仅仅在内部搞分裂活动的红线，他们追求的也不仅仅是大中国之内的“国中之国”，已经显现出试图把隶属国家的行政区域从中国的版图中分割出去的恶劣动向。例如，辛亥革命期间，在沙俄的卵翼下，“外蒙古”的某些王公贵族竟然脱离“中华民国”宣布独立建国，他们所立之国不仅脱离了中华各族人民历来共有之国，而且也很快外化为沙俄的保护国，使其原来承载的局部的国家凝聚力骤然之间化为乌有。又如，1932 年 3 月 9 日即“九一八”事变后不久，前清废帝溥仪在东北建立了伪满洲国，它其实是由日本掌控的傀儡政权。这个政权为时达 14 年之久，其“领土”包括现中华人民共和国辽宁、吉林和黑龙江三省全境，内蒙古东部及河北省北部。这个傀儡政权的存在，不仅使当时的中国饱受分裂之痛，也大大削弱了举国上下抗击日本帝国主义侵略的国家凝聚力。由此足见近代分裂主义对国家造成了多么严重的危害。

1949 年中华人民共和国成立，标志着中国由近代步入当代。在当代中国，不但结束了近代中国涣散不聚、“一盘散沙”的状况，而且实现了国内各族人民的大团结，与此相应的是国家凝聚力的大幅提升。但是，如果以为当代中国业已与分裂主义绝缘则是一个莫大的误会。事实上，在中华人民共和国恢复对香港、澳门行使主权后，台湾仍是一个分裂的所在；来自内、外两个方面试图分裂中国的逆流仍时有表现。“台独”头子李登辉在回应日本人司马辽太郎所谓“没有比‘中华’这个词更混淆不清了”的谬论时就曾说过：“中国一词也混淆不清”，“当今大陆正在高唱民族主义，号称五族，把新疆、西藏蒙古各族全部划归中华民族；我在想，北京如果老是想要缔造大中华民族、大中华帝国，那亚洲真会不得了。”① 他不仅溢于言表地托出了试图分裂中国的用心，而且较之司马辽太郎之流有过之而无不及，这正反映他的分裂主义迎合了日本扩张主义者的需要。1999 年 5 月，还是这个李登辉又抛出了臭不可闻的《台湾的主张》，其实正是他自己的主张。其中，他

① 孔庆榕，鲁开垠. 中华民族精神与当代中华民族凝聚力研究［M］. 北京：中国社会科学出版社，2006：9.

"将台湾定位为'在台湾的中华民国'"，这个民国"具有国家的主体性"。在他看来，"最理想的状况，是中国大陆摆脱大中华主义的束缚，让文化与发展程度各不相同的地区享有充分的自主权，如台湾、西藏、新疆、蒙古、东北等，大约分成七个区域"①。显然，他的"中国七块论"再清楚不过地暴露了他指望中国陷于大分裂的罪恶用心。其后，台湾的陈水扁、蔡英文之流，大体都可以归为李登辉的徒子徒孙。必须强调的是，境内外的分裂分子决不会满足于散布分裂言论，总要窥伺机会，蠢蠢欲动，直至付诸行动。2009 年 7 月 5 日发生在新疆乌鲁木齐严重的打砸抢烧暴力事件，显系由境内外分裂势力、宗教极端势力和暴力恐怖势力所操纵，其要害正是分裂中国并且企图在新疆建立所谓的"东突厥斯坦共和国"。其后，在新疆的和田、鄯善、莎车、巴楚等地，与分裂主义一脉相通的暴力事件仍时有所闻。所有这些无不表明，分裂主义仍是当代中国维系国家凝聚力的严重威胁，遏制分裂主义仍是夯实当代中国国家凝聚力基础的重中之重。

正因为此，2005 年第十届全国人民代表大会第三次会议通过了《反分裂国家法》，它庄严宣告："台湾是中国的一部分。国家绝不允许'台独'分裂势力以任何名义、任何方式把台湾从中国分裂出去。"不言而喻，它是针对"台独"分裂分子祭出法律之剑。至于在新疆出现的那类暴力事件，在国家反对分裂、维护稳定的重拳打击下，很快归于平息。那些"疆独"分子和在事件中猖獗一时暴徒们，也只能落得以卵击石、自取其辱的下场。必须看到，国家的断然出手平息暴乱和及时推出《反分裂国家法》一样，不仅是遏制分裂逆流的应急措施，更是着力夯实国家凝聚力基础的应有之义。

（2）遏制投降主义，是夯实国家凝聚力基础的长期任务。所谓投降主义，系指为保全和扩大个人、小集团或狭隘群体利益而不惜出卖国家整体利益的思想、观念、动机和行为。国家外部敌对势力存在的长期性，决定了投降主义将长期存续的命运。必须看到，那些在国家执掌要津的投降主义者，通常要通过出卖国家的领土和主权来践行投降主义路线，而一旦国家内部的投降主义者得逞，国家的领土和主权的完整性遭到破坏，则必然要产生弱化国家凝聚力的连锁反应。

在中国数千年的历史发展长河中，精忠报国、舍生赴义的英烈可谓层出不穷，代不乏人，张扬爱国拒敌的文化精粹也可谓汗牛充栋，不绝于书。但是，苟且偷生、屈膝卖国者并不鲜见，标榜投降有理、卖国有由的文化糟粕也未曾绝迹，在近代中国尤其如此。一个不争的事实是，但凡投降主义盛

---

① 陈载舸，陈剑安，殷丽萍．中华民族凝聚力学概论［M］．广州：广东人民出版社，2013：180．

行，则国家均要因缺失凝聚力而迅速走向败亡，古往今来概莫能外。

古代的南宋当属投降主义盛行的王朝，秦桧则是朝中奉行投降主义的典型。他官至御史中丞、宰相，曾代表宋高宗向金朝使臣跪接诏书，并签订屈辱的和约，以至于“宋”向“金”称臣、纳贡、割地；他更以“莫须有”的罪名加害爱国抗金名将岳飞，致使朝中凝心聚力的正能量倍受打击。南宋败亡的一个重要原因，正在于投降主义者着着得手，精忠报国者横遭厄运，从而极大地衰减了芸芸众生对国家的向心力。缺乏民众支持的南宋王朝也正是在丧失与金国对抗之力的情况下寿终正寝的。这样的历史前车是值得借鉴的。当然，值得一提的是，秦桧虽足以被永远钉在投降主义的耻辱柱上，但从民族融合的过程和中华民族“多元一体”的演进动向看，他投降的金人是中华民族大家庭内部的成员，从中华民族之国的视角看，还不能说秦桧的投降主义在确切意义上出卖了中华民族之国的整体利益，其结果是使汉族贵族主政的南宋将权力让渡给女真族（经历史演化，逐渐形成为当今的满族）贵族，国家的权力仍掌控在多民族国家内部的少数民族之手。与之相较，近代中国的慈禧太后和汪精卫之流的投降主义，则在确切意义上造成了出卖中华民族之国整体利益的恶果。

慈禧在主政晚清的48年间，向列强投降成为常态，签订的投降卖国条约不胜枚举。在签订《辛丑条约》的过程中，她的表现尤其令人发指，在一则所谓的“上谕”中，她竟明确表示要“量中华之物力，结与国之欢心”。投降到如此彻底的地步，也预示“大清帝国”的凝聚力衰减殆尽，所以《辛丑条约》签订后不过十年，清王朝便在辛亥革命打击下走到了尽头。至于汪精卫，他在辛亥革命时期曾经是远近闻名的“反清”志士，曾几何时，又在抗日战争期间堕落成了可恶的投降主义者。1938年12月29日，他发表“艳电”，公开投降日本，一年后，又与日方签订所谓《日华新关系调整纲要》，以出卖国家的领土主权、承认伪满洲国为代价，换取日本对其成立伪政权的支持。可以说，旧中国积贫积弱、国民党内部党争不已以及日本帝国主义的强势入侵，是汪精卫每况愈下、转红为白和卖国投敌的重要原因。不过，中国的投降主义者历来就没有什么前途可言，汪精卫及其伪政权也莫能例外，理所当然地遭遇了众叛亲离、万人唾弃厄运，也只能像软体动物那样歪歪斜斜，浑身乏力，并且很快气若游丝地走进了坟墓。

随着中华人民共和国成立，结束了帝国主义在中国的统治。从毛泽东到习近平，历代党和国家元首都奉独立自主、维护国家核心利益为圭臬。2013年1月28日，习近平在主持十八届中央政治局第三次集体学习时再一次强调：“我们要坚持走和平发展道路，但决不能放弃我们的正当权益，决不能牺牲国家核心利益。任何外国不要指望我们会拿自己的核心利益做交易，不要指望我们会吞下损害我国主权、安全、发展利益的苦果。”① 这表明反对投降主义是当代中国不可移易的国家意志，也反映形形色色的投降主义者再也不能像在旧中国那样获得恶性膨胀的条件。时下，当代中国经过近70年的发展，综合国力业已大幅提升，国家和民族已经比历史上任何时期都接近伟大复兴之梦。国家力量强则投降势力弱、国家力量弱则投降势力强，这是一条基本的规律。它表明在当代中国不大可能出现类同慈禧太后那样的投降“专业户”，也不大可能出现类同伪满洲国、汪伪政权以及抗战期间“汉奸还比鬼子多”现象。一句话，当代中国早已告别了近代中国“一盘散沙”状态，当代中国的国家凝聚力远非近代中国的国家凝聚力可与争辉比肩。

在当代中国，虽然涣散国家凝聚力的投降主义已风光不再，但这并不意味它已经偃旗息鼓，更不意味它已经寿终正寝。在新历史条件下，它还有可能冥顽不化地继续残喘下去，并且继续释放涣散国家凝聚力的负面能量，只不过它的能量和表现形式和过往有所不同而已。这是因为，境内外的敌对势力依然存在，特别在国际大环境中，与中华人民共和国异质的西方资本主义各国特别是美国，仍是处于强势并且不肯放弃对当代中国采取攻势的一方，这就为国内的投降主义者提供了并非难得的投效和投降的对象。事实上，在经济全球化、政治多极化、文化多元化、信息网络化的大势下，当中国面对以美国为首资本主义世界发起的一波又一波的攻势时，国内形形色色的投降主义者便沉渣泛起并迫不及待地蠢蠢而动。无须讳言，在投降主义者的巢穴中，有的为外敌收买，出卖国家情报，致使国家在诸如朝核六方会谈中处于不利地位；有的罔顾国家的经济利益，致使国家在对外交往中蒙受重大经济损失；有的潜伏甚深，充当外敌的军事间谍，致使国家重要的军事机密得以外泄……虽然，这类投降主义者或与投降主义结缘的败类为数极少，并且通常只能在暗地里从事罪恶的勾当，但是他们的所作所为都会或大或小，或直接或间接的削弱国家的凝聚力。

值得注意的是，另有一类投降主义者，他们自命民主和自由的真诚追求者，实则为西方敌对势力的喉舌和代言人。因此，他们与前面说的投降主义者不同，不是在暗地里而是在阳光下公然散布向往西方、菲薄祖国、涣散国家凝聚力的所谓政见和主张。在他们的所谓“政见”中，既有赤裸裸的“不赞成爱国主义”的谬论，还有误导国人的“你不必太在意你是哪一国”的邪说，更有“中国不是要解放，而是要解散，要解体”等刺耳的叫嚣②。

---

① 习近平．习近平谈治国理政［M］．北京：外文出版社，2014：249.

② 中共北京市委宣传部理论处．资产阶级自由化言论辑录［M］．北京：中国青年出版社，1989：126－139.

虽然，这类人的绝对数量也只能是一个很不起眼的少数，但是他们可以凭借现代高科技网络化的资讯，轻而易举地将他们的投降主张散布于天南地北，灌输于芸芸众生。如果我们掉以轻心，则躺枪中招者将不知凡几。

值得一提的是，广大海外的华侨、华人中的绝大多数是与投降主义绝缘的，他们中热衷报效祖宗之国的爱国人士所在多有。但是不可否认，在改革开放以来的新移民中，确有一些是在投降主义思想支配下走出国门的。对此，我们必须保持清醒的头脑，推出遏制投降主义的有效措施，其中包括：不失时机地提升国人对投降主义的免疫力，大张旗鼓地弘扬爱国主义精神。只有这样，才能使当代的投降主义者难以藏身，才能使国家的凝聚力不为投降主义所累，立于稳固不摇之基。

（3）遏制虚无主义，是夯实国家凝聚力基础的系统工程。所谓虚无主义，此间特指国家虚无主义，其要害在于全面怀疑和否定国家的物质文化、制度文化和精神文化的建设，这就决定了遏制虚无主义必然是长期、艰巨和复杂的系统工程。时下，国家虚无主义者一方面菲薄、怀疑和否定中国特色社会主义国家，另一方面对西方资本主义国家的经济模式、政治制度、价值标准陷于迷信和盲从。在国外敌对势力不遗余力的推行“西化”和“分化”阴谋、交替鼓吹“中国威胁论”和“中国崩溃论”的情况下，虚无主义已有沉渣泛起之势，如果任其发展，国家凝聚力的基础将大有动摇的危险。

在中国，虚无主义并非是古已有之的事物。由于中国在古代不但创造了辉煌的中华文化，贡献了伟大的四大发明，而且综合国力长期遥遥领先于世界各国，因此国家虚无主义无从获得赖以滋生的土壤。然而，近代以降，斗转星移，情势迥异。从鸦片战争开始，伴随着西方列强的“坚船利炮”，“欧风美雨”也不期而至，在中、西文化的碰撞和冲突中，人们渐次发觉，沉睡在农耕文明中的中国已经远远落后于工业化的西方。正是在这种情况下，一些人开始憧憬西方，反思中土，并且对中华文化由反思进至于怀疑，由怀疑进至于否定，由否定进至于要求全盘西化。必须看到，这种虚无主义的病毒辗转相沿，一直感染到当代。

在物质文化建设方面。当代中国分明取得了举世瞩目的奇迹。据日本内阁公布的数据显示，2010 年日本名义国内生产总值（GDP）折合美元为 5.4742 万亿美元，而中国的这一数字为 5.8786 万亿美元，这意味着当代中国经济总量首次超过日本跃居世界“第二经济大国”的地位。与此同时，国民收入水平、生活水平以及社会的保障水平同步迈上了新的台阶。但是在虚无主义者眼中，国家在经济领域危机四伏，全是问题，诸如存在投资过度的泡沫，这种泡沫随时可能破裂；房地产行业病入膏肓，即将崩盘，届时整个国民经济都会大受其累；人口红利荡然无存，劳动人口正在急速萎缩，经济萧条的阴云就在眼前。如此等等，不一而足，仿佛国家的物质文化建设不仅乏善可陈，而且正在制造灾难。

在制度文化建设方面。当代中国分明大幅提升了民主和法制的建设水平。作为国家的根本大法《中华人民共和国宪法》规定：一切国家机关和国家工作人员“必须依靠人民的支持，经常保持同人民的密切联系，倾听人民的意见和建议，接受人民的监督，努力为人民服务”。2007 年，为了维护国家基本经济制度，维护社会主义市场经济秩序，明确物的归属，发挥物的效用，保护权利人的物权，国家又及时推出了《物权法》。在此前后，以国家名义制订的法律尚有《劳动合同法》《未成年人保护法》《消费者权益保护法》等，从而使国家的法制建设获得了长足的发展。自告别“以阶级斗争为纲”以来，公民获得了越来越多的知情权、话语权、建议权、监督权等一系列权益。广大人民群众最基本的共识是，改革开放以来是民主法制建设最好的一个时期。然而，虚无主义的信徒们却对此视而不见。在他们看来，国家在民主法制建设方面仍然一无是处，甚至认定中国目前“基本上都是独裁制、集权制，这样的国家没有民主因素”。[①] 显然，他们意在否定中国共产党的领导，否定中国共产党领导的多党合作和政治协商制度，企望依照西方国家的政治制度标准，改变中国的颜色。

在精神文化建设方面。当代中国开辟了中国文化发展的新纪元。在马克思主义、毛泽东思想和中国特色社会主义理论体系的引领下，通过大规模的文化建设，不仅奠定了文化发展的坚实基础，而且为构建与时俱进的新文化迈出坚实的步伐，取得了巨大成绩。在中华人民共和国成立之初，全国的文盲和半文盲占人口总数的比率高达 80%，时至今日，国民至少要接受九年义务教育，“十三五”规划已将普及高中教育纳入目标中，受高等教育的人口也超过了人口总数的 10%，这不能不说是巨大的飞跃；党的十五大以来，党和国家更加注重提高国民的素质，满足广大群众的精神文化需求和促进人的全面发展；党的十八大则首次以“富强、民主、文明、和谐、自由、平等、公正、法治、爱国、敬业、诚信、友善”二十四个字作为社会主义核心价值观。这些都殊途同归地从文化层面强化了国家的凝聚力。然而，对国家精神文化建设的成就，虚无主义者竟视而不见，无端否定。例如，有人置疑邓小平的“猫论”，认为它是实用主义的写照；曲解“时间就是金钱，效率就是生命”口号，认为它将人们导入了“一切朝钱看”歧途；而作为社会主义核心价值观重要内容的“爱国、敬业、诚信、友善”，也无法获得人们的内

---

① 辛向阳、王珊珊：国家虚无主义思潮的危害及应对策略[EB/OL].(2017-08-01)[2017-12-21].http://www.rm/t.com.cn/2017/0801/487260.shtml.

心认同。果真如此，国家便无从释放对亿万人民群众的吸引力，芸芸众生也无须释放对国家的向心力。

可见，在物质文化、制度文化和精神文化的建设方面三管齐下地防堵虚无主义，绝不是什么等闲视之的事情。

综上，反映糟粕文化的分裂主义、投降主义、虚无主义，是侵蚀国家凝聚力基础的三大要害，只有着力防堵这三大要害，才能夯实国家凝聚力的基础，才能脚踏实地地传承和弘扬中华优秀传统文化，构建和发展中国特色社会主义文化，从而促使当代中国的国家凝聚力与时俱进地跃上新的台阶。

参考文献：

[1] 习近平. 决胜全面建成小康社会 夺取新时代中国特色社会主义伟大胜利：在中国共产党第十九次全国代表大会上的报告（2017 年 10 月 18 日）[N]. 人民日报，2017-10-28（1-2）.

[2] 孔庆榕，鲁开垠. 中华民族精神与当代中华民族凝聚力研究 [M]. 北京：中国社会科学出版社，2006.

[3] 陈载舸，陈剑安，殷丽萍. 中华民族凝聚力学概论 [M]. 广州：广东人民出版社，2013.

[4] 习近平. 习近平谈治国理政 [M]. 北京：外文出版社，2014.

[5] 中共北京市委宣传部理论处. 资产阶级自由化言论辑录 [M]. 北京：中国青年出版社，1989.

[6] 日本公布 2010 年 GDP 数据　被中国赶超退居世界第三[EB/OL].(2011-02-14)[2017-12-21]. http://finance.sina.com.cn/j/20110214/08519369574.shtml.

[7] 辛向阳，王珊珊. 论国家虚无主义思潮的危害及应对策略 [J]. 马克思主义研究，2016（7）：146-152.

（本文作者系广东中华民族凝聚力研究会教授）

后　记

党的十九大报告指出："文化是一个国家、一个民族的灵魂。文化兴国运兴，文化强民族强。没有高度的文化自信，没有文化的繁荣兴盛，就没有中华民族伟大复兴。"为繁荣发展哲学社会科学，更好地为实现广东省"十三五"时期的奋斗目标和国家"振兴中华"的伟业提供理论支撑和智力支持，由广东省社会科学界联合会主办、广东中华民族凝聚力研究会和广东省社会主义学院联合承办、主题为"文化传承与国家凝聚力"的学术年会于2017年11月25日在广东省社会主义学院隆重召开。

参加这次会议的有来自华南理工大学、暨南大学、华南师范大学、广东财经大学、广东外语外贸大学、广州大学、深圳大学、广东技术师范学院（现为广东技术师范大学）、广东省社会主义学院、广东省委党校、广东省委党史研究室等高校及科研院所的100多位专家学者和实践工作者。会议收到论文73篇，取得良好的理论成果。与会者达成了高度一致的共识，即"文化认同和文化自信是国家凝聚力形成的前提和基础，没有文化认同和文化自信就不会产生民族认同，更不会产生政治认同和国家认同，也就不可能产生国家凝聚力。"因此，致力于强化文化自信是提升当代中国国家凝聚力的当务之急和重中之重。会后，若干论文即被有关刊物选定为发表和待发表的作品。

为较为全面地反映这次会议的理论成果，我们在征求了作者的意见后，特编辑出版这本《文化自信与国家凝聚力：2017广东社会科学学术年会"文化传承与国家凝聚力"分会场论文选集》，以期收到应有的社会反响。

编　者

2018年8月